品牌战略 AI 理论与技术

曹定爱 著

科学出版社

北京

内 容 简 介

对品牌价值进行研究有其特殊性与困难之处，传统上一般采用基于管理学或营销学的理论和方法进行研究，难以充分考虑品牌系统的复杂性、广泛性和多样性。鉴于此，本书以人工智能理论作为研究品牌的出发点，将机器学习算法、神经网络、动态随机一般均衡理论和累积法参数估计方法与品牌学进行有机结合，从经济学和人工智能视角，系统阐述和厘清人工智能算法在品牌发展战略中的应用方法，是一本关于方法论的著作。书中既有完备清晰的数学推导、精妙新颖的研究想法，又有规范严谨的学术过程，这使得本书兼具学术价值与实际应用价值。

本书可作为政府部门、企事业单位决策人员的参考书籍；也可作为相关研究机构研究人员的参考书籍；还可作为高等院校经济学、管理学相关专业学科建设和教学参考用书。

图书在版编目（CIP）数据

品牌战略 AI 理论与技术/曹定爱著. —北京：科学出版社，2022.8

ISBN 978-7-03-072445-8

Ⅰ. ①品…　Ⅱ. ①曹…　Ⅲ. ①品牌战略-研究　Ⅳ. ①F272.3

中国版本图书馆 CIP 数据核字(2022) 第 094828 号

责任编辑：李　欣　范培培／责任校对：彭珍珍

责任印制：吴兆东／封面设计：无极书装

科 学 出 版 社 出版

北京东黄城根北街 16 号

邮政编码：100717

http://www.sciencep.com

北京建宏印刷有限公司印刷

科学出版社发行　各地新华书店经销

*

2022 年 8 月第　一　版　开本：720×1000　1/16

2024 年 8 月第二次印刷　印张：25 1/2

字数：514 000

定价：198.00 元

（如有印装质量问题，我社负责调换）

前言

我从 2010 年开始推动品牌战略，至今已逾 10 年，相关研究报告先后受到国家有关部门的重视。2014 年 5 月 10 日，习近平总书记在河南中铁工程装备集团进行考察时提出了“三个转变”，为推动我国产业结构转型升级、打造中国品牌指明了方向。为推动践行总书记的“三个转变”理念，经国家有关部门批准，特此创立品牌中国战略规划院。

因求学经历的缘故，凡事总希望搞清楚它的背景是什么？理论基础为何物？经过不断探索发现，如果把品牌战略作为社会科学问题来看待将无法求解，更没有实现帕累托最优化的可能。只能将其转置为一个工程问题，目的才能达到。自 2015 年品牌中国战略规划院成立伊始，我们就力图于创建工程化的品牌理论，同时将品牌战略转置为系统工程问题，提出建设“品牌战略 AI 系统”(品牌 e 搜 AI 系统)，将大数据、互联网、物联网、区块链和人工智能融为一体，构建一个庞大的系统工程，推动品牌战略的系统集成。为了奠定其理论基础，我们从 2015 年开始就创建“品牌系统工程学”和“品牌战略 AI 理论与技术”等进行基础性研究。它们与我 21 岁时创立的“累积法理论”构成“品牌战略 AI 系统”的三大理论与技术基础。目前，已经完成《品牌系统工程学》的大部分研究，该书将会分上、下两册出版。《品牌战略 AI 理论与技术》业已完稿并交付出版，该书 50 余万字的篇幅，共四篇 12 章。内容涵盖品牌与人工智能基础、神经网络算法在品牌发展战略中的应用、动态随机一般均衡模型在品牌发展战略中的应用、累积法在数据识别、再生和处理中的应用及品牌战略的发展趋势等内容。这些成果是开创性的，是我们多年努力的结晶。

目前大数据分析的结果只适用于特定环境，缺乏迁移性和普适性，缺乏有效的算法，经典计算机的算法不能直接用到大数据分析中。深度学习依赖很多大样本，同时解释性很差，容易受到偏移的欺骗，基于简单数学分析，无法有效找出最优解，等等。目前没有更好的算法来替代，解决这些问题就要对相关数学理论进行深入研究，了解大数据里面的数学结构和原理；目前人工智能由于计算机速度限制，只能采取多层状结构解决问题，在可见的未来，如何提升量子计算机的硬件，发展有效的数学算法，经研究表明推动累积法的算法应用是可行的方向；让量子人工智能与量子深度学习变成实用工具，必须依靠基础科学和应用数学的深度结合。

真正的创新是极其困难的，本书凝聚了我们多年的心血。国家要强大，创新是基础，科学理论的创新更是基础的基础，国家必须调整相关政策，大力支持基础性研究，大力鼓励创新。如果太浮躁是很难从事科研与创新的。本书所进行的研究既是开创性的也是初步的，难免有不足之处，我想经过我们不断的努力，终将会不断完善。也希望同行给予支持和帮助，共同推动国家品牌战略的发展。

2012 年 10 月，我向党中央、国务院有关部门提出“关于推动自主创新，打造品牌大国，维护国家经济安全的建议”和“进一步建议”，相关领导十分重视并作出重要批示。感谢陈光亚、乌家培、汪同三、杨圣明、张晓山等专家学者，尤其是汪同三教授对我工作的支持与肯定。为此，在《品牌战略 AI 理论与技术》出版之际，我表示衷心的感谢。

感谢品牌中国战略规划院创院理事长、山西省原省长刘振华同志，他是最早参与品牌战略推动的领导，为品牌中国战略规划院的成立做出了不可磨灭的贡献，多年来给我很大的帮助和培养。

感谢乐柏成、李喜宏、熊光奎、刘猛、刘晓东、汤鲁林、魏振宇、蒋世祖、李燕、闫春蕾、高杨、聂军华、汤雄文、杨刚、开胜林等好友一直以来的关心、支持和帮助。感谢生命中的知己朋友！

感谢品牌中国战略规划院的全体领导和同仁，感谢四川品牌中国规划研究中心的同仁，谢谢他们给予的帮助。本项目研究由安徽中品数字医药技术有限公司提供支持，特此表示感谢。

最后还要感谢我的家人在本书撰写过程中对我的鼓励与支持。

曹定爱

2021 年 7 月 1 日

目录

第三篇 动态随机一般均衡模型在品牌发展战略中的应用

第一篇

品牌及人工智能综述

第 1 章

品牌及品牌价值

本章主题

本章是全书的开篇，以与品牌基本概念相关的综述性内容为主，主要对品牌及品牌价值的内涵与外延进行论述。重点探讨什么是品牌和品牌价值，对品牌可识别性、品牌知名度、品牌美誉度、品牌忠诚度进行讨论。再从国家政策角度分析品牌发展战略的重要意义。最后说明如何从国家、企业和市场三个截然不同的层面对品牌战略展开研究。

本章组织

1.1 节对品牌基本概念进行论述；
1.2 节从不同维度探讨品牌的价值；
1.3 节论述品牌发展战略对国家具有重大战略意义；
1.4 节谈论品牌战略研究的三个层面。

1.1 品牌的界定

我们总说品牌，到底什么是品牌？有的人认为品牌就是名字，有的人将品牌视作企业文化的综合体现，还有的人将品牌视作一种具有经济价值的无形资产。对于品牌是什么这个问题，众说纷纭、莫衷一是。但是有一点可以肯定，品牌是一个十分复杂的社会学概念，难以从单一维度对其进行说明，需要综合考虑多个维度，而非故步自封在某个单一视角，才能获得品牌的全貌[①]。要回答品牌是什么，涉及对品牌进行定义，这种定义既包括学术上的定义，也包括企业界对品牌的定

① 不识庐山真面目，只缘身在此山中。

义。笔者认为，只有将两者纳入同一框架下，才能获得科学、规范、严谨并且具有现实意义的品牌定义。

品牌的历史几乎与人类从事劳动和交易的历史一样悠久。品牌的英文单词是 Brand，源于古挪威语 Brandr，中文意思是 “灼烧”。因为当时的人们会在家畜等私有财产上烙印以区别于别人的财产，其本质意义是通过灼烧以确定所有权归属，品牌一词就来源于此。到中世纪，欧洲商人会在其所出售的产品上铭刻一些符号和标记，用以将自己的产品与其他商家的同类产品相区分，这就是早期品牌的雏形。

品牌这一概念在我国也源远流长，真正意义上的品牌可以追溯至北宋时期，彼时山东济南的 “刘家功夫针铺” 印制的 “白兔儿” 铜版 (图 1-1)，在铜版上详细说明了商铺的经营范围，并通过 “白兔” 图案将自己的商铺与其他商铺进行区分。无论从形式上还是内容上来看，实属比较完备的广告作品，具有品牌的本质特征。

图 1-1　“白兔儿” 铜版。我国北宋时期的印刷广告实物，清楚说明店铺的名称以及经营范围，还将店铺与白兔图案关联，加强顾客印象 (右侧图为解释说明)

时至今日，品牌已经成为报纸、杂志、传统媒体和自媒体中使用频率非常高的词汇，也是人们津津乐道的一个词，它已经成为广告学和市场学的同义词，成为一种新的国际语言。品牌及其衍生出的品牌孵化理论、品牌发展理论、品牌系统工程理论业已成为一个跨领域、跨学科的综合性研究对象，受到广大学者与市场从业人员的重视。

1.1.1　品牌及其相关概念

目前，全球范围内的品牌数量巨大，并且呈指数增长，已经很难说清楚世界上到底有多少个品牌。“2021 年度第十八届世界品牌 500 强排行榜” 发布，榜单从市场占有率、品牌忠诚度和全球领导力三项关键指标进行综合评价，最终确定了华为、海尔、华润、小米、徐工等中国品牌。中国共有 44 个品牌入选，仅次于美国、法国、日本，位列第四。品牌已经成为我们日常生活中必不可少的一部分，对品牌进行研究业已成为管理学界的重要课题，衍生出众多理论和学说，同时出现了许多对品牌的定义。

1. 品牌的本质特征

早期对品牌的研究一般将品牌与市场营销等同，因此多在管理学 (Management) 或营销学 (Marketing) 框架下进行讨论。美国市场营销协会 (AMA) 在 1960 年出版的《营销术语词典》中提出，“(品牌) 是一种名称、术语、标志、符号或设计，或它们的组合，用于识别一个或多个产品或服务，以便与其他竞争者进行区别”。简单来说，品牌就是一个产品或服务的名称、标识或商标。品牌通常由图像、文字、声音、标记、符号、颜色等元素或元素的组合所构成。

从上述定义可以看出，品牌应该具有如下三个本质特征：

指代性：指品牌必须能够代表一个或一系列产品或服务。产品可以没有品牌，但品牌必须代表某种产品，否则从形式逻辑上就不能将其定义为品牌。从时间顺序上而言，一般先有产品，才能有品牌①。前文提到的“白兔儿”品牌，就代表刘家针铺所提供的产品或者服务。刘家针铺可以脱离“白兔儿”单独存在，但“白兔儿”这一品牌脱离刘家针铺后将不具有任何现实意义。

映射性：指顾客看到品牌后，能够很容易就联想到该品牌代表的某产品或某几种产品。从生物学角度来看，将顾客看到某种品牌作为刺激，大脑内的反射弧将品牌与产品进行映射。“白兔儿”品牌就是将该品牌与刘家针铺相偶合，使顾客一看到“白兔儿”，就马上联想到刘家针铺。

可区分性：品牌的最终目的就是将企业所生产的产品或服务与其竞争对手相区分，因此不同品牌之间也必须可区分。简单来说，品牌的文字、图像、标识等内容应该具有特殊性，与同类型产品或服务能够明显区分。“白兔儿”品牌将刘家针铺与市场上其他针铺进行有效区分。

只有同时满足指代性、映射性、可区分性三个本质特征，某一品牌从逻辑上才能成立。“白兔儿”品牌同时具有指代性、映射性、可区分性，因此本质上确实属于一种品牌。

2. 品牌的定义

有些人将产品或服务的品牌与具体的产品或服务相混淆，这里需要对两者进行区分。从知识产权角度来说，品牌是一种无形资产 (Intangible Assets)。既然是资产，就能够为企业带来未来现金流。品牌就是这样一种能给企业的生产经营状况带

① 随着市场程度与商业规模不断发展，也会出现先有品牌再有商品的情况。如某个公司最早生产 A 产品，并为该产品塑造了著名的品牌；之后，该公司为了最大程度获得该品牌所带来的价值，会为该品牌打造新的产品，新产品仍然通过老品牌进行溢价销售。此时，从时间顺序上看，就出现了先有品牌再有产品的情况。

来持续性收益的某种权利或非物质资源，具有使用价值和价值两种属性，其产权属于品牌所有者 (一般是企业)。与之相对，产品或服务在销售前属于企业库存，销售后为企业带来一次性现金流，其产权也将让渡于消费者，故与品牌有本质区别。品牌似乎是抽象的，但是它又以具体的产品或服务为客观基础，是产品或服务品质、性能和风格的综合形象。正如 Enterprise IG 的首席执行官 Mike Murphy 认为："品牌是一种感觉，是存在于人们心智中的一种无形资产，而不是产品本身。"

此外，品牌与产品或服务的注册商标也不同，虽然注册商标也是无形资产。例如，同质化的产品或服务使用不同注册商标，所产生的效益存在较大差别，这就说明商标和品牌有本质区别，即商标不能等同于品牌。品牌是一个经济概念，一般不受法律保护，品牌有正规的注册程序和注册商标，产品或服务注册商标只是品牌的一部分，是突出品牌的一个载体。注册商标是一个企业对另一个企业复制或侵犯它的名字、设计、商业包装或其他识别要素时的法律依据。通常，进行品牌注册转化为产品或服务的注册商标，取得商标专用权后，品牌才具有合法性。简单来说，注册商标直接受到法律保护，而品牌无法直接受法律保护，只能通过注册商标间接接受保护。另外，一般情况下，一个品牌对应一个注册商标，但一个注册商标可能对应多个品牌。

品牌的合法性能维护、巩固企业的存在和发展，提升和改善企业形象，累积顾客的信任。品牌合法性 (Brand Legitimacy) 与效用、认同和程序有关，且分别对应于绩效合法性、价值合法性和程序合法性。"品牌合法性是指企业的功能、价值及其与社会系统互动方式的有效性、正当性和合理性，是企业自我辩护和获得认同的根本规范和依据"。

值得注意的是：《兰登书屋韦氏大学英语词典》将品牌解释为"代表某一种产品或服务的广为人知的品牌名称"。然而，笔者对上述定义持否定态度，品牌名称并不能代表品牌，品牌名称只是某一种产品或服务的为顾客所知的名字，而品牌则是以某些独特的品质属性为特征的事物的集合。

以顾客为中心，品牌被赋予了更加广泛和独特的定义。正如世界著名的品牌专家大卫 • 奥格威认为的那样，品牌是一种错综复杂的象征，它是品牌属性、名称、商标、商业包装、口号、标语、价格、历史声誉、广告方式的无形总和；品牌同时也因顾客对其使用的印象以及自身的经验而有所界定。再如，伦敦商学院营销学教授蒂姆 • 安布勒指出："品牌曾经只是一个消费品术语，现在出现在每一个部门 ……，当今的市场意味着品牌 = 产品 + 包装 + 附加价值 ……，附加价值成为顾客在考虑产品时的一种方式，例如 '价格便宜快乐多''创新''只是为了孩子' 等。这些可能只是心理层面的，但是由此带来的品质认知度和经济效益却远远超过产品本身所提供的。" 这说明品牌已被赋予了更加广泛、更加丰富和更加深刻的内涵与意义。

3. 品牌的附加价值

产品需要品牌，企业需要品牌，各行各业需要品牌，城市需要品牌……。品牌已经成为人们日常生活中的一种必需品而非奢侈品。此外，顾客越来越倾向于购买产品或服务的附加价值 (带来情感上或心理上利益)，而不再仅仅满足于产品或服务所固有的使用价值。简单来说，就是顾客消费越来越认品牌，也愿意为自己心仪的品牌支付更多费用。传统西方经济学对市场需求端进行分析时，认为消费者会从商品或服务的消费中获得正效用，同时也会因为支付费用而获得负效用 (以机会成本衡量，即今天消费所花费的金钱会减少未来的消费)，当消费所获得的正效用刚好等于支付费用所获得的负效用，此时市场需求端达到均衡状态。然而，传统西方经济学假设消费者从消费中所得到的正效用源于商品或服务的使用价值，而没有考虑由企业品牌所带来的附加价值。在这一前提下计算出的商品保留价格①，将会低于考虑品牌附加价值之后的保留价格，两者的差额理论上可用于衡量品牌所带来的溢价②。

换言之，品牌是顾客在考虑、购买和使用时，所进行的包括观点、属性、感情、心理等在内的全部体验，对品牌进行研究需要用到研究人们心理现象和心理活动规律科学的心理学。类似地，麦当纳在《市场驱动的公司》一书中提到："品牌是为顾客 (以及有关各方) 提供的一个在功能和性能之上具有附加值的实体，这种附加值或品牌价值使得产品的报价不同，也为顾客的偏好以及忠诚度提供了基础。" 这也进一步展示了品牌能够使顾客同时获得品牌产品或服务上的一些物质利益 (即需求带来的生理满足，是指产品或服务的使用价值的具体体现形式，包括材料、规格、质量、价格等可见的物质化形式)、情感利益 (即欲望带来的快乐、享受等) 或心理上的利益 (即心理上的种种需要，如个人身份需要的、在他人面前显示或炫耀等)，顾客能够对品牌产生独特的看法，形成对该品牌印象的总和；特别是指出了品牌能够溢价③，以及品牌能够使品牌所有者与其目标顾客达到行为互惠、利益共享。

从信息论角度来看，品牌是一个信息载体，它蕴含着丰厚的信息，具有联想效应。事实上，品牌与品牌的拥有者之间在大众传媒界 (包括传统媒体与新兴媒体) 是相关的。提到产品或服务品牌会涉及企业，提到企业会联系到它拥有的品牌及其品牌标识的产品或服务，品牌是产品或服务的形象；品牌是拥有者企业的牌子，

① 消费者介于购买与不购买之间的一种价格。假设某个消费者对某种产品的保留价格为 500 元，当产品价格高于 500 元时，消费者将不予考虑；反之，价格低于 500 元时，消费者将会购买该商品。

② 之所以在 "理论上" 可以衡量，是因为通过这种方法衡量品牌溢价并不具有实际可行性。保留价格只是微观经济学中的概念，而现实中无法进行观测，也就无法量化，更无法通过保留价格测度品牌溢价。

③ 溢价 (Premium) 是指产品或服务价格高于原定价格或一般水平，其高出部分也称为加价或升水。在证券发行价格或市场价格或到期前赎回价格超过票面价值的部分，以及商品交易中现货与期货之间或各个月份的期货之间，一种价格高于另一种价格的差额也称为溢价或升水。

在大众传媒界和市场影响下品牌成为拥有者的代言或形象，即品牌是企业的形象；品牌凝集着企业的技术创新和理性营销策略；或者品牌蕴含着经久不衰的传统技艺与文化特色。品牌携带着产品或服务的品质、性能和风格等信息量。特别是，品牌通过大众传媒界发送和传递的信息，能够与顾客进行交流、沟通，在消费品市场或生产者市场可以吸引更多顾客关注，有利于他们进行有效的选择、做出理性的消费决策。

4. 品牌和信用

市场经济的核心是信用经济。从信用经济 (Credit Economy) 的意义上来说，经济发展水平与经济活动参与者或经济代理人的诚信水平正相关。以此类推，品牌建立在组织诚信 (Good Faith) 水平的基础上，即品牌通过其合法性或注册商标履行产品或服务的质量、性能及售后服务等做出对目标顾客获得某些物质上、情感上以及心理上利益的商业承诺并实现其承诺的程度，这种承诺并实现其承诺的程度称为品牌信用度 (Credit Measure)。品牌信用或信用度必须获得目标顾客的认同、信任和评价。同时，品牌信用是目标顾客对企业或厂商通过注册商标所作承诺和接受的评价。品牌在顾客心目或心智中确立的印象是品牌的形象，品牌形象一旦被顾客真正注意到便成为产品或服务质量、性能及售后服务等的信用以及为顾客所购买的理由。因此，品牌具有双重信用的效果，对品牌拥有者而言，品牌是信用的支出，对顾客而言，品牌是一定信用的购买。没有信用的品牌是不存在的，品牌失去信用或出现了信用危机即信用恐慌将被挤出市场。品牌是信用的凝集物、是信用的物质承担者，信用是品牌的资源，也是信用有价值的体现。

从这个角度看，品牌也可以视为一种特殊的商品，其使用价值来源于品牌信用。企业需要支付成本才能获得品牌①，但也能够从品牌中获得价值，即品牌为其产品所带来的溢价。当然，品牌又与商品有明显不同，主要体现在如下两点：

(1) 品牌能为企业带来的价值依托于顾客对品牌的信任，如果没有这种信任，品牌价值永远无法实现“第二次飞跃”，品牌资产无法向货币资产转换。

(2) 品牌与一般商品不同，不会因为顾客的消费而出现量上的减少。相反，还有可能使品牌更具有价值。用西方经济学的术语来说，企业为顾客提供品牌商品的边际成本几乎为零，甚至有可能为负数。

声誉 (Goodwill & Reputation) 通俗地说是信用和名誉。声誉与品牌都和建立产品或服务、企业形象等有关，都是与顾客持续联系的基础，它们都是企业的无形资产，同时也都受法律保护。但是，品牌与声誉存在如下三点重要区别：

---

① 企业所支付的成本，并不只局限于所支出的货币，比如企业在宣传上所投入的广告费、宣传费等；更多的是指企业为维护其品牌信用，对产品质量严格监管所支出的成本。

(1) 声誉可以理解为对一个企业 (组织)、品牌或个人 (如企业家) 的整体评价，它需要随着时间的推移、通过组织机构的公共行为来获得，建立在令人敬仰的因素上，是可以分享的。建立声誉是使企业能够获得认知和认同，显现对企业行为的评价，成为具有令人敬佩素质的模范企业，而品牌主要是建立在对顾客的承诺或信用上。

(2) 声誉是有价值的，可是在法定意义上无法像品牌那样被企业拥有，因而无法像品牌那样可以被出售、挂牌、用于抵押或被处理，即品牌具有财产权，声誉没有财产权。

(3) 在受法律保护方面，对品牌来说，主要是防止假冒、侵权、欺诈、滥用、混淆客户等，然而对声誉来说，企业诉诸法律主要是为了保护其声誉，所以上诉时一般只限于保护那些被诽谤的企业。

品牌能够给它所处在的地区或城市带来声誉和影响，提高其知名度，甚至具有连锁的波及性和扩散性。

品牌能够衍生出许多市场和非市场，如品牌设计、包装业务、广告业务、大众媒体宣传和传播业务等市场，商标注册、专利申请等服务机构，品牌形象大使、形象代表以及经济代理人等，品牌已成为宏观的概念。

从新闻学或广告学角度看，"品牌通常被理解为企业与利益相关者接触时在其心智中留下的印象"，利益相关者涉及顾客、中介机构 (如批发商、零售商等)、企业的供应商、企业合作者和企业股东、企业员工等，心智可以理解为人们接收、过滤和处理信息的机制和空间。企业与利益相关者接触的基本界面是：沟通、利益和价值 ……。品牌所表征的是企业与利益相关者之间信息交流、利益互惠和价值共享的范围、程度和状态 ……。品牌即企业与利益相关者在对话中共建信息共同体、利益共同体和价值共同体。

综上所述，可以界定：品牌是一个组织或产品或服务的名称，是以某些独特的品质、性能、风格和标识 (包括名字、历史声誉、注册商标、商业包装、价格、广告方式等) 为特征的有形或无形的事物的总和或集合；它能使目标顾客或消费者产生独特的看法和认可，在物质上和情感上或心理上获得某些长期或短期利益，并始终如一地履行它自己的承诺；它本身具有价值，且可以使其所有者与利益相关者达到行为互惠、利益互惠和价值共享。

不同的人从不同的学科或角度看待"品牌"，会提出不同的见解或品牌定义，应该说，这样的"百家争鸣"对品牌的广泛研究以及品牌的理论发展是有益的。

1.1.2 与品牌相关的专业术语

本书中会用到与品牌相关的各种各样的术语或词汇，这些专业术语是对品牌内涵的一些概括，有利于理解品牌战略的实施。所选取或参考的与品牌有关的术语

主要或部分来自 *The Brand Mindset* 一书中的“品牌词典”中的内容，或 *Building Customer-Brand Relationships* (Schultz et al., 2009) 一书中的“中英文名词对照”中的内容。

品牌智慧 (Brand Mindset)：从品牌角度出发来思考问题的能力，或者以品牌思维进行思考的能力。

品牌承诺 (Brand Promise)：现有的顾客或潜在的顾客认购或体验某一品牌的产品或服务之后，渴望能够从其功用上和情感上获得某些利益；这些利益的本质就是品牌承诺，或者可以理解为是对品牌内涵的某种主张，即品牌价值主张 (Brand Value Proposition)。品牌承诺是品牌信用的基础。

品牌价值 (Brand Value)：顾客凭它们的体验或经验对某一品牌产生感觉，并基于这种感觉愿意为某一品牌的标的产品或服务多支付的价格。

品牌信用 (Brand Credit)：企业通过自身经营与发展在市场环境中建立的形象，并借由这种形象获得银行授信、投资者认可以及产品超额溢价等优惠。

品牌战略方针 (Brand Strategy Doctrine)：企业用来描述品牌本质 (品牌内涵、品牌承诺等) 的总体行动方案 (或规划)，其目标是使企业品牌出现模式的根本性转变，建立某种“领先地位”来维持竞争优势，并实现整个品牌资产的最优化。

领先地位 (Position Privilege)：拥有稳定的无人可比的竞争优势。

品牌优势 (Brand Advantagy)：通过对品牌进行强化、培育和创新等一系列措施所取得的成果，一般表现为领先地位。

品牌中心论 (Brand Focus)：在企业制订经营计划和预算的过程中，一切要从品牌战略方针这个中心出发来考虑，这一思想被称为品牌中心论。目前，品牌研究领域存在两种形式的品牌中心论。第一种是认为企业的经营决策不再以利润最大化为前提，而是以品牌价值最大化为前提。第二种则认为企业仍然以利润最大化为其决策目标，只是要将品牌价值作为决策变量，品牌价值的积累类似固定资产和无形资产，在企业生产经营过程中起着至关重要的作用。

品牌原则 (Brand Discipline)：结合经营实际、消费者和市场调研以及有关品牌方面的专业知识，从品牌出发来进行决策。

品牌模式转变 (Brand Paradigm Shift)：① 在某一业务或战略模式中所发生的最根本的改变；② 品牌特征是最基本的也是最明显的改变。

品牌规划 (Brand Blueprint)：① 有组织地创立、计划、设计和培育品牌的行为及过程；② 为了完整地描述和表现品牌所采用的字符及结构，如品牌构架 (包括品牌名称、品牌说明、品牌口号、品牌承诺以及图标或图形的表达等)。

品牌名称 (Brand Name)：某一种或某一类产品或服务，拥有一个市场顾客及其他利益相关者所知晓的名字。

品牌说明 (Brand Byline)：一个短语和几个描述性的词语，用来使当前的顾客或潜在的顾客在其心目中明确地把该品牌所提供的产品或服务归入某一类别。例如，海尔的品牌说明的是家用电器。

品牌口号 (Brand Tag Line)：一组词或一句短语，用来向当前顾客或潜在顾客 (统称为受众) 风趣地表明或诉求该品牌将在情感上或功能上给他们带来哪些利益，以影响受众对该品牌的看法。例如，“一切皆有可能” 就是李宁的品牌口号。

图标 (Icon)：代表某种产品或服务的符号或图案。例如，一个闪烁的报警器图形或美人鱼图案。

公司标志 (Logo)：由公司 (企业) 名字、商标、字母缩写、颜色等绘制而成的图案或符号，通常设计独特，便于记忆。

注册商标 ^{R} (Registered Trademark)：该符号用于表示该商标已经在国家商标专利局进行了注册登记。此外，还用来做注册服务标志。

注册服务商标 ^{SM} (Service Mark)：类似于商标注册，只是注册服务商标应限于在服务和活动中使用，而注册商标则限于在产品上使用。

商标 ^{TM} (Trademark)：该符号表示此商标尚未被国家商标专利局核准注册。

自有品牌 (Private Brand)：指那些零售商专门生产供自己独家销售或私人使用的产品。

自有品牌名称 (Private Label)：指那些供给零售商的产品，但产品上要被冠以各零售店的品牌商标或是其他现成的商品名称。

品牌评估 (Brand Assessment)：对品牌形象和品牌认知度进行客观的分析。

品牌认知度 (Brand Knowledge Measure)：是指顾客及其他品牌利害关系者提到某一类产品或服务时想起或知晓其品牌的程度。

品牌形象 (Brand Image)：品牌在顾客心目中的印象。

顾客心目中的形象 (Mind's Eye)：品牌在顾客心目中所处的位置。

品牌外观形象 (Trade Dress)：指某一品牌的产品、包装及其建筑物等的独特外观。

品牌视角形象 (Visual Vocabulary)：通过一组灵活生动的图案、符号、颜色、版本、标准字体、个性化的广告词等将品牌阐述成为视角形象。

品牌杠杆 (Brand Leverage)：根据业务范围的不同，有针对性地制订一个计划，实现品牌认知规模和价值不同的最大化。

品牌资产 (Brand Equity)：对品牌认知度的综合评价，其中包括该品牌的所有产品和服务的相对质量、销售业绩以及顾客等其所持有的品牌的忠诚度、满意度和尊重程度等。

品牌忠诚度 (Brand Loyalty)：当顾客对某一品牌具有好感时，他们将有规律地获取这种品牌的产品和服务；企业期望看到这样一个结果：消费者能将其品牌视为第一选择，并视之为朋友，这一结果被称为品牌忠诚度。

品牌驱动要素 (Brand Drivers)：传播品牌利益，建设和提升品牌资产的主要途径，包括品牌品质、品牌联想、品牌知名度、品牌忠诚度以及其他无形资产。

培植品牌文化 (Brand Culturalization)：① 使现有的和未来的企业员工及利益相关者置于某一氛围中，这种氛围由带有某一特定品牌特点的信念、行为和方法综合在一起而形成；② 遵循不断进取 (包括个人和企业) 的精神，不断提高认识水平；③ 体验品牌承诺，等。

品牌生存区 (Brand Playing Field)：在一定竞争环境下，企业通过利用包括人、产品及服务等在内的各种因素创立某一独特的品牌，该品牌所在的这一竞争环境被称为品牌生存区。

公众流行品牌 (National Brand)：被收入国家产品名录的广为人知的品牌。

未来品牌 (Future Brand^{SM})：它是对强制性商标理念的创造性表述，即以完全不同的方式代表现在和将来经营战略的鼓动性。

白牌 (Generic Brand)：属于专业词汇，指那些销售时不在包装上标识品牌的产品。例如，无牌药。

真品牌 (Genuine Brand)：某一品牌带给顾客或消费者情感上和功能方面的某些利益，并使他们对该品牌产生独特看法，而由此他们形成了对该品牌的印象总和。特称这种品牌为真品牌。

D.R.E.A.M：培育真品牌的五个决定因素的第一个英文字母的组合，依次是差异性 (Differentiation)、合适 (Relevance)、尊重 (Esteem)、知名度 (Awareness) 和顾客心目中的形象 (Mind's Eye)。

品牌联盟 (Brand Alliances)：通过利用其他企业所拥有的品牌来提高本企业品牌资产的行为。

品牌贿赂 (Brand Bribery)：某些品牌采取的所谓的 “购买忠诚” 的行动，特别是那些普通商品，当它们不能或者不愿意提供一种独特的品牌承诺时，常常采取这样一种办法。

【有关术语】

广告游戏 (Advergames)，广告新思维 (Advertised Mind)，广告媒体策划 (Advertising Media Planning)，AIDA(Attention，Interest，Desire，Action) 模型，品牌接触点 (Brand Touchpoints)，品牌附加值，事件营销 (Event Marketing)，促销 (Sales Promotion)，直接营销 (Direct Marketing)，关于消费者购买行为的 SIVA (Solutions，Information，Value, Access，即解决方案、信息、价值、获取) 理论是重要的消费者主动参与理论，以及 SIVA 方法论，4P(four-P：Product，Price，Place，Promotion，即产品、价格、地点、促销) 方法论。

1.1.3 品牌可识别性、知名度、美誉度、忠诚度

1. 品牌可识别性

品牌所标志的产品或服务的标志或品名 (注册商标) 是品牌的一部分，品牌在市场上通常是独一无二的，具有唯一性，称为品牌个性，又称为品牌人格 (Brand Personality)。品牌个性是指品牌和人类具有某些独有的特征，同一类产品或服务的品牌可能具有极为类似的品牌人格，在 1997 年之后，品牌人格才有了比较确切和客观的衡量方式 (Aaker，1997)。如果品牌在顾客心智中具有明显的人格，那么基于该品牌人格就可形成与其他竞争对手品牌的差异。顾客具有自己的人格特质，当顾客在使用某一品牌时，事实上是在进行这一品牌人格与顾客人格之间的沟通。品牌品质和信用是品牌人格的灵魂。

不同的品牌 (个性) 使人们能区别不同企业及其产品和服务，识别一个营销者或一个营销机构的产品或服务，这是品牌所具有的可识别性，称为品牌可识别性 (Brand Identifiablity)。品牌存在或品牌存在的价值，体现为顾客在多少程度上知道该品牌，能认识它，记得它，了解它的功能、特征、个性及其价值。品牌存在可通过品牌可识别性获得品牌形象 (Brand Image，即在顾客心目或心智中确立的综合印象)；品牌存在的价值要通过品牌可识别性来见证和维持，可见品牌存在及其价值，也含有顾客所奉献的价值。品牌可识别性既能有利于企业销售品牌产品或服务，又能方便顾客选择自己所需要的产品或服务，是品牌参与市场竞争的充分条件。

品牌可识别性主要发挥在顾客群体中，它解决了品牌最基础的品牌认知 (Brand Knowledge) 问题。以顾客对品牌的了解、认知、关注、联想等，可树立起品牌在顾客心目或心智中的形象，称为品牌形象 (Brand Image)，构建品牌联想 (Brand Associations) 且确定品牌的知名度。品牌知名度 (Known Degree of Brand & Brand Awareness) 是市场上顾客提到某一类产品或服务时想起或知晓某一品牌的程度，是心智占有率。品牌知名度大小通过品牌属性、特征和个性，主要是其名称、商标、商业包装、历史声誉、价格等所携带和传递的信息，以及通过品牌口号、标语、广告方式等承载的信息来宣传和影响顾客，即通过品牌传播而达到。

2. 品牌知名度

品牌可识别性是品牌在目标顾客心目中有知名度的前提。在市场上，品牌知名度越高，品牌的可识别性自然也就越强；反之，品牌可识别性越强，品牌知名度就越高。可以说，品牌可识别性是品牌知名度的一个充分和必要条件。品牌知名度可用连续分布于区间 $[0,1]$ 的连续统进行度量。品牌知名度高，影响广泛，可以赢得顾客普遍的尊重、信任和忠诚，有利于品牌产品或服务的销售和推广。但

是，品牌知名度越高，当品牌声誉受损时所面临的机会成本就越大，这意味着品牌的声誉风险越大。品牌知名度属于事实判断，它并不直接指向价值 (判断)。

另外，品牌有知名度并不必然表示该品牌在市场上有竞争力。中国经济进入新常态后，市场早已从供给短缺的卖方市场进入顾客占主导地位的买方市场，同一类产品或服务的品牌多如牛毛，供给侧竞争激烈。而顾客见多识广，有的品牌有知名度，但没有顾客愿意购买；虽然，顾客对某一类产品或服务的信息不完全或不对称时，有知名度的品牌或许由于先入为主的效应会影响顾客，并使其认牌购买；但是，能够使顾客产生长期、连续的认牌购买，是顾客在每一次购买和使用后都可以获得该品牌物质上的享受和积极的情感体验，而不是品牌知名度本身。识别品牌的关键是品牌能被顾客购买，品牌知名度只是识别或认知了品牌的最低层次。

品牌的目标市场定位称为品牌定位 (Brand Positioning)，它被理解为对品牌产品或服务的目标顾客群体的确定，使得品牌能在目标顾客心中占有独特的、有价值的位置。顾客对品牌消费倾向是品牌发展的明确方向。因此，目标市场和目标顾客是品牌定位的方向。同一类产品或服务的品牌一般具有相同的品牌目标市场 (为方便简称为品牌市场)。品牌定位是品牌发展战略问题，也是系统工程的技术手段问题之一 (有关品牌发展战略及其相关的理论在后面章节叙述)。品牌信用度要通过品牌定位才可能精确度量，即通过目标顾客的感受、体验、比较和评定来实现。品牌知名度显然在其目标市场要大、影响广泛，并且随着品牌市场上品牌的竞争是变动的。例如，有的品牌虽然知名度极高，却退出了品牌市场。换句话说，今天的品牌竞争已不是简单的品牌知名度问题。

3. 品牌美誉度

在品牌市场，品牌要获得顾客认可，取决于顾客对品牌及其产品或服务的接触、体验、感受、认同、满意和喜好等程度，即获得品牌的美誉度。品牌美誉度 (Brand Reputation) 是指顾客对品牌品质及其产品或服务的认同、满意和喜好程度。相比于品牌知名度，品牌美誉度是认知品牌的较高层次，它通过品牌接触和体验，从品牌比较研究的事实判断指向了价值判断。在品牌目标市场，品牌美誉度会驱动顾客对品牌的购买欲望或实施购买。认同、喜好度及其购买还与顾客的偏好、效用和价值有关，不同的顾客群体有不同的偏好、效用和价值观。

例如，有的品牌在人们心目中的确具有很高的美誉度，即使如此，仍然有许多顾客不愿意购买该品牌的标的产品。可见品牌美誉度与品牌定位的市场息息相关。同时，品牌美誉度要以品牌信用度为支撑，要靠其信用度的提升来维持和提高。当然，品牌信用又可以通过品牌知名度、品牌美誉度来传播。市场是以顾客为中心的，品牌产品或服务必须满足顾客的物质上和情感上的需求才能创造价值，品牌美誉度实质上就是，企业所关注的品牌产品或服务的 (价值) 客观性要与顾客所关注品牌产品或服务的 (价值) 主观性相结合、互动，从而达到一致的效果。品牌美誉度同样可用均匀分布于 $[0,1]$ 区间内的连续型随机变量表示。相比于品牌知名度，品牌美誉度要相对稳定些，一般情况下，品牌知名度越高，品牌美誉度也就越强。

4. 品牌忠诚度

品牌的最终目标就是其标的产品或服务被购买或者消费。在品牌市场，能获得顾客对品牌的购买特别是持续购买的意愿和行为，就可建立品牌的忠诚度。品牌忠诚度 (Brand Loyalty) 是顾客对某一品牌认可、购买及其持续购买的意愿，表示该品牌在顾客心中有不可替代 (排他性) 的重要性。品牌忠诚度体现了顾客的购买意愿，尤其是持续购买意愿。顾客把每一次购买某一品牌都看成是一种自我追求、自我价值的体现。品牌忠诚度体现顾客对品牌的满意程度和额外付出的程度。顾客愿意对某一品牌重复购买或支付更多，则表现出对该品牌的信任，使用、体验、感受等的满意度。因此，品牌知名度对应顾客对品牌的认知，品牌美誉度对应顾客对品牌的认同，而品牌忠诚度则上升到更高的层次，即顾客对品牌的认可。品牌忠诚度通过品牌比较直接指向的是品牌的价值判断。

顾客对品牌满意度表现在随意购买、习惯购买、表现购买、满意购买、情感购买等消费行为上。所谓额外付出度是指顾客为购买某一品牌的产品或服务时自愿额外付出的资金成本或时间成本。对品牌忠诚度的度量指标主要是统计的重复购买率和替换品牌的频率，品牌忠诚度也可用区间 $[0,1]$ 内的连续型随机变量表示。品牌忠诚度关键还在于品牌信用，品牌信用度越高显然品牌忠诚度也会较高。

品牌忠诚度使得品牌与顾客保持了一种特殊的关系，即顾客从对品牌的信任达到忠诚，是顾客的品牌忠诚对品牌承诺 (忠诚) 顾客的回应。正是这种忠诚关系使这样的品牌在品牌市场上保持了大量长期 (不易转移) 的顾客，并且不断赢得新的、潜在的顾客，能够获得较高的市场占有率。这种忠诚关系形成了一种“关系中的交易”，本质上是关系，较之买卖关系是“交易关系”来说，具有更重要的意义和价值。

虽然，品牌竞争已经从品牌认知、认同和认可的品牌知名度、美誉度和忠诚度的三个层次上升为品牌内涵，即品牌独特的核心价值的较量。但是，增进顾客对品牌广泛、深入和持久的认知、认同和认可，提升品牌知名度、美誉度和忠诚度是品牌定位、品牌建设和品牌竞争的重要问题。品牌知名度、美誉度和忠诚度是顾客和品牌的关系。品牌知名度、美誉度和忠诚度将决定品牌的价值。

“信用是金钱”，信用度指向了价值判断。品牌建立在信用的基础上，对品牌信用的评价不是静态的、一蹴而就的，也没有普适的判断标准 (只有顾客说了算)，是一个长期复杂的过程，而品牌信用度是动态变化的量，是时间和场合的函数，但是，品牌信用度可以通过其目标市场顾客所反映的品牌知名度、品牌美誉度，特别是品牌忠诚度 (虽然它们也是变量) 的统计数量来进行综合估计。换言之，我们可以通过某种综合评估方法，对品牌信用度进行度量。

1.2　品牌的价值

品牌存在的价值是品牌价值的最基本部分。一般来说，品牌价值是顾客和品牌基于信任而相互建立的、有一定强度和深度的一种社会关系。品牌具有使用价值和价值。

品牌价值存在的前提条件是品牌的资产属性。品牌资产可以定义为，它是指企业过去的交易或者事项形成的，由企业拥有或者控制的，预期会给企业带来经济利益的品牌资源。

一般地，称品牌是无形资产，无形资产能够激活有形资产。品牌资产可以重复使用，使用一次可能增值一次。从理论上来说，品牌资产的使用次数可以是无限的。品牌价值是处于竞争活动或博弈中的价值，它本身具有运动性又有增值功能，因此，品牌是以知识产权为形式的商品化产品，其自身具有价格，是可以进行交易的；在资本延伸的概念下，它是品牌资本，产权属于品牌拥有者。

1.2.1　品牌价值描述

品牌存在的价值就在于，人的价值高于物的价值，共同价值高于个人价值，顾客价值高于生产价值，社会价值高于利润价值。品牌价值主要来源于品牌的信用度，品牌价值取决于品牌能给所有者与顾客及其他利益相关者所带来的利益、效用综合。主要可以分为如下几方面内容。

品牌所有者: 对品牌所有者来说，品牌是企业经济价值的源泉，例如，品牌可以用来协助定价 (有关品牌定价安排在后)，有利于产品销量和规模经济即企业大规模生产的经济效益而扩张到其他市场；又如 1.1 节提到的品牌知名度、美誉度，特别是忠诚度有助于企业 (包括中介机构) 和顾客建立一种长期的“关系中的交易”形成竞争壁垒；这样提高的经济效益，对企业的收益表和资产负债表具有正面的影响。

顾客: 对顾客来说，如前所述，品牌为顾客提供了一系列功能上、情感上以及心理上的利益和价值；品牌信用使顾客相信他们所付出的钱将会等同于获得的价值；品牌意味着一种自我表达或实现，意味着轻巧品、精致品、奢侈品，意味着价格高。品牌价值源于相互信任，对中介机构包括批发商、零售商和转销商等来说，品牌之所以能够创造价值，是因为他们可以利用品牌对产品进行高额定价，促进顾客产生较高的品牌忠诚度，增大品牌产品或服务的销售量。

供应商: 对企业的供应商来说，他们提供生产要素，如未经加工的原材料、资源、能源、科技管理服务等，使企业 (供应商的顾客) 生产最终产品或提供服务惠及最终消费者，供应商提供给企业的产品或服务的质量，对企业的声誉 (信用) 和最终消费者的满意度 (美誉度、忠诚度) 的影响是极大的；供应商可以成为企业品牌发展、建设和传播的合作伙伴，并拥有一定份额的 (品牌) 预算。

企业员工: 对企业员工来说，他们的行为和表现不仅对企业形象的塑造不可或缺，而且对顾客形成对品牌的美誉度也是十分关键的；因为，企业声誉以及品牌美誉度的一部分是企业在其周边地区或社区保持的形象，这个形象 (价值) 在很大程度上是由作为周边地区或社区居民的个体员工的行为和表现创造的；企业为员工提供激励机制、奖励机制，使员工喜欢自己的工作和积极参与品牌建设，并共享品牌价值带来的利益，是企业最重要的价值。

股东及企业合作者: 对股东以及企业合作者来说，品牌创造的价值能够满足他们的投资利润率，并带来某些形式的股东以及企业合作者利益的增加，等等。

总之，品牌是联系着企业、顾客和其他利益相关者的一种社会关系，品牌价值是涉及企业、顾客和其他利益相关者利益的价值，是一种共享价值、社会价值。

品牌作为企业的无形资产，在很多情况下，它是企业所拥有的最有价值的资产，品牌价值也可以和任何资产一样被衡量和监测，其中能被衡量的品牌价值区分为品牌的财务价值，可以监测到的给企业和利益相关者产生的利益是品牌的附加值。决定一个品牌的财务价值的过程称为品牌评估 (Brand Valuation)。品牌作为企业资产可以对品牌进行投资并能够实现回报。正如伦敦商学院的教授蒂姆·安布勒指出的那样："品牌价值是随着时间的推移，通过营销活动建立在消费者、客户和其他利益相关者头脑中的资产；另一方面，品牌价值评估是品牌在市场中建立起来的结果，是在某个时间点上的资产的衡量。" (Ambler et al., 2000)

1.2.2 品牌定价

上面提到，品牌能够创造价值，在于企业可以用品牌来协助定价，对中介机构 (批发商、零售商和转销商等) 来说，可以利用品牌来定高价。

一般地，一些企业在印发的产品或服务目录中往往注明各种产品或服务的价格，通常称为产品或服务目录价格或定价 (Catalogue Price)；其中，有由企业自己决定产品或服务价格的自主定价，以及由政府部门所规定的各种产品或服务价格的 (称为) 政府定价 (Valorize) 等。定价权 (Pricing Power) 是指在同时满足股东投资利润率以及产能等于销量的条件下，企业对属于自己的注册商标及其承载的产品或服务，具有自主定价的能力。

定价权具有以下特性。

(1) 定价权突出的是自主定价的"能力"，而不是权利。企业在符合有关法律规定的前提下，对自己的产品或服务当然具有制定价格的权利。例如，企业在新产品或服务打入市场之际，将其价格定得高于预期的正常价格，以便吸引最不在乎价格的、而在乎对新产品或服务感受和体验的顾客，随后在市场竞争趋向激烈时再降价，这就是企业有权利定价但不一定有能力定价。

(2) 定价权强调同时满足股东投资利润率和产能等于销量的两个条件。如果不满足股东投资利润率的要求，会影响或改变股东投资的意愿、动机和决策；如果投资的产能不能成为销量，会导致生产能力闲置、成本增加、利润减少，从而也使股东利益受损。

(3) 定价权强调的是自主品牌的注册商标。当我们讨论定价权时，并不包含贴牌生产或者代工企业，因为这种类型的企业从理论和实务上来说，无论是 OEM(代工生产) 还是 ODM(原始设计制造商)，都难有定价权 (有关自主品牌战略、贴牌战略、创牌和贴牌战略结合以及自有品牌战略等的叙述安排在后)。

没有定价权的企业，随着上游成本的增加，出厂价格的下降，损失的就是利润，而当利润损失到一定程度时，企业只能停产。这就是贴牌经济为何难以持久的根源，也是中等收入陷阱的微观机理所在 (孙日瑶和宋宪华，2014)。

企业或中介机构的确对产品或服务价格具有一定的控制。例如，规模经济足够大的企业试图单独制定产品或服务的价格，或者影响支付投入的生产要素的价格或工资。但是，没有独占某一产品或服务市场的、规模足够大的企业在市场价格竞争中并不一定能获得定价权，要获得定价权取决于目标顾客的选择及其最终的消费者。从经济学理论上说，“垄断”具有定价权。某种产品或服务只有一个生产者，并且没有其他产品或服务可以替代时，称为垄断 (Monopoly)，即由一家或几家企业共同行动控制某种产品或服务的生产和分配，没有竞争，而人为地抬高或压低其产品或服务的价格。规模足够大是垄断的结果，而不是垄断的原因，即垄断一定形成规模，但规模不一定得到垄断。垄断通常分为自然垄断与行政垄断。理论上自然垄断是指一个行业只有一个企业存在，例如铁路、电力、自来水等；行政垄断是指国家通过立法授予的独家经营，例如授予中国烟草总公司独家生产和批发卷烟的垄断权力，授予中国盐业总公司批发食盐的垄断权力等。

利用品牌定价或获得定价权是品牌能够获得溢价的表现，品牌溢价是品牌价值的体现。品牌定价或品牌获得定价权是一种新的垄断，即“品牌垄断”。所谓品牌垄断，就是在目标顾客产生需求欲望和动机时，最不在乎价格地选择该品牌产品或服务，该品牌成为目标顾客所需要的物质上、情感上或心理上利益的具有排他性的代言或象征。品牌垄断强调产品或服务差别，生产产品或服务差别是企业竞争的重要手段。产品或服务差别越大，品牌垄断程度越高，其企业在目标市场就越处于有利地位。产品或服务差别要获得目标顾客的认知、认同特别是认可，因此，品牌垄断即品牌获得定价权也必须以其知名度、美誉度特别是忠诚度为前提。

不完全竞争分为垄断竞争 (Monopolistic Competition)、寡头垄断 (Oligopoly) 和完全垄断 (Perfect Monopoly) 三种。完全竞争与完全垄断是两种极端情形，实际中极为少见，仅仅是理论上的抽象。制造产品或服务差别会提高其成本，因此，必须研究垄断与竞争的关系问题。微观经济学对垄断竞争与顾客日常生活关系问题给予了充分的重视。微观经济学试图说明价格的形成机制和市场调节经济的作用，因此，对品牌定价或品牌垄断的考察，可以说涉及微观经济学的研究前沿，在后面章节将进一步讨论品牌定价的有关议题。

1.2.3 品牌的使用价值

品牌价值还可分为使用价值和交换价值。品牌使用价值主要表现在品牌具有竞争功能和增值功能。品牌的竞争功能和增值功能是品牌的属性，称为品牌特征或品牌功能。

1. 品牌竞争

1995 年，美国哈佛大学商学院教授汉斯就指出："15 年前，各公司在价格上竞争，今天在质量上竞争，明天将在品牌上竞争。" 现在看来，品牌上的竞争早已覆盖了质量上竞争和价格上竞争的内涵。例如，在购买产品或服务时，认为品质比价格更重要的顾客已明显呈上升的趋势；在产品或服务质量相同前提下，品牌上的竞争能构成单纯的价格竞争，因为品牌意味着高价格；在产品或服务质量和销售价格无明显差别的情况下，品牌信用度、满意度 (美誉度与忠诚度) 所展示的品牌竞争就特别重要和关键了。因此，品牌及其产品或服务的质量和价格使品牌拥有者能够在其竞争市场上赢得更多的顾客和获得更多的 (品牌) 价值。

中国市场上运营的品牌类型有崛起的中国品牌、原有的老字号品牌 (它们称为自主品牌)、进入中国市场的外国品牌、外国品牌在中国本土化的品牌等。品牌的效应突破了行业的界限，新的品牌在不同行业和不同地区崛起，品牌出现快速扩张的态势，拓展到方方面面，出现品牌企业、品牌行业、品牌旅游、品牌城市、品牌旅游城市等。

品牌的竞争功能体现为品牌竞争力，品牌竞争力通常是指品牌占领市场、开拓市场的能力。满足顾客 (或客户) 物质上、情感上以及心理上的需求，并不断维系品牌与顾客长期的信任关系的能力是品牌竞争力的一项重要指标。品牌核心竞争力的关键虽然建立在品牌信用上，但主要手段是品牌满足顾客需求及与顾客关系的管理能力的转移。一个企业是否具备品牌与顾客或客户关系管理 (CRM:Customer Relationship Management) 的能力可以从以下方面来衡量：企业是否以顾客的信息作为战略性的资源来管理；企业是否评价顾客持续的价值；企业如何定义和满足顾客的期望；企业的发展战略是否与顾客的价值相匹配；企业是否主动地管理顾客的体验和感受；企业是否得到顾客的信任、满意而生成对品牌的忠诚等。顾客关系管理能力显然与品牌竞争力上的满足顾客物质上、情感上以及心理上的需求是一致的。培植品牌顾客关系具有唯一的不可替代性。品牌核心竞争力的源泉是品牌长期产生和发展的社会利益和价值，品牌核心竞争力的路径是不断地创新和技术进步，此外，品牌核心竞争力与企业的核心竞争力、企业的品牌核心价值的定位，以及企业长远发展目标是相互一致的。

品牌竞争力简称为品牌竞争。品牌竞争可以用市场占有率，品牌吸引力、扩张力、辐射力等来刻画。

1.1 节叙述了通过品牌可识别性、品牌传播、品牌接触及其品牌比较，建立在顾客认知、认同和认可上的品牌知名度、美誉度和忠诚度 (品牌满意度) 是品牌具有市场、进行品牌竞争的必要条件；增进顾客对品牌广泛、深入和持久的认知，提升品牌知名度、美誉度和忠诚度是品牌竞争的充分条件。因为品牌竞争主要取决于品牌信用度、属性、个性，品牌产品或服务质量、性能及其服务水平等差异化的特征和科技创新。毫无疑问，在同类产品或服务市场中，品牌具有不同的知名度、美誉度、忠诚度。通常来说，品牌知名度、美誉度特别是忠诚度越高，在相应的品牌市场上竞争力会越强，其产品或服务的市场占有率就越高。

为方便，把品牌产品或服务在同行业中的市场占有率称为品牌的市场占有率。品牌忠诚度强是品牌市场占有率高的充分条件，但不是必要的。因为，市场占有率还与品牌信用和声誉、品牌产品或服务的产能及企业规模经济等因素有关。换句话说，某一品牌是以品牌忠诚度在一定时间、一定场合 (指同类产品或服务市场) 导出的序关系的、同一类产品或服务品牌集中的极大元，但不一定是以市场占有率导出的序关系的、同一类产品或服务品牌集中的极大元。此外，利用佐恩引理可以证明，现实中，在同一类产品或服务的品牌竞争市场上必定存在 (以品牌忠诚度或品牌市场占有率度量的) 领头或龙头品牌。如果出现既是品牌忠诚度意义上、也是品牌市场占有率意义上的领头品牌，那么，这样的品牌应该是最具有核心竞争力的品牌。

2. 品牌吸引

因此，企业要在市场中求生存、求发展，就必须创造品牌，培植品牌，经营品牌，追求品牌信用度和满意度 (美誉度与忠诚度)，提高品牌产品或服务市场占有率。当然，在市场容量有限的情况下，新的同类产品或服务的品牌将要承担市场进入和市场成长的风险。

品牌的吸引力体现在品牌具有对市场的影响力、对顾客承诺的信用度，吸引政府、行政部门关注和政策支持的力度，引起社会广泛重视的程度，对新闻舆论界产生宣传兴趣的影响，吸引外部资金投入的融资能力，吸纳高端科技人才、管理人才、营销人才等优秀人才参与或进入的活力，具有与科研院所合作的机遇等。

品牌的吸引力主要由它的知名度、规模经济和经营业绩表现等来决定。

不考虑品牌产品或服务的质量、性能和风格 (受到技术性约束)，品牌产品或服务的销售受到区域性的约束，其市场容量也受地区范围的限制。品牌的扩张力表现在品牌具有进入新市场、开拓新市场并扩张市场的能力，以及具有国际化能力。品牌的扩张力表现在经营过程中它的所有者因为它的活力，能够以它为主线进行品牌扩张，例如，进行品牌延伸、产品延伸，可以生产不同系列的品牌产品和提供多种服务；还能够使其进行行业延伸甚至产业延伸，并不断衍生出许多市场和非市场，促使品牌拥有的企业能够扩张为集团公司或跨国公司。品牌的扩张力是品牌生命的延续。

同一类产品或服务在市场上的竞争已演化为同类品牌竞争。品牌的辐射力反映品牌竞争过程中能成长为优势品牌，推动品牌企业发行股票 (品牌的融资能力) 并上市交易的能力，以及具有收购、并购其他品牌企业的实力。

品牌竞争力所涉及的扩张力、辐射力实际上通过品牌的地理扩张和地理重构，来寻找新的区域，借用多种机制来创造品牌价值，并处理品牌经营过程中可能存在的危机，这是品牌具有的动力性，是品牌的动力学机制 (参见后面部分的讨论)。

有关城市品牌竞争力的讨论涉及品牌吸引力、扩张力、辐射力三方面①。

3. 品牌的增值功能

品牌资产的增值是品牌效应之一。通常来说，在同一个市场上，同等质量的产品或服务会因为品牌美誉度的知名度不同而具有不同的价格，知名品牌产品或服务的价格会高于一般品牌产品或服务的价格，美誉度的知名度较高品牌产品或服务的价格会高于美誉度的知名度较低品牌产品或服务的价格。这种仅仅因为品牌美誉度的知名度不同而形成的产品之间的价格差，会给拥有知名品牌的企业或拥有美誉度的知名度较高品牌的企业带来丰厚的超额利润。因此，品牌的增值功能也被称为品牌的超值创利功能。

品牌的增值功能主要表现在三个方面：一是通过品牌竞争提高其产品或服务的销售量即提高其市场占有率，在价格与成本不变的条件下，能为其企业创造出更多超额利润；二是利用品牌声誉和满意度 (指品牌美誉度和忠诚度) 的优势，通过定价提高其产品或服务的销售价格即通过溢价 (Premium)，在销售量不变的条件下，能够为企业创造出超额利润；三是不断和持久地提高品牌信用度和满意度，实现品牌溢价 (Brand Premium)，即指某一品牌产品或服务在相同质量 (即同质化产品或服务) 条件下，取得高于其他企业同类产品或服务的价格和销量。因为，在品牌比较和竞争前提下，(不少) 顾客愿意为自己购买这样的品牌产品或服务支付更高的价格，从而使该品牌产品或服务得以溢价销售，企业由此获得超额利润。

① 荒村. 2003. “中国品牌年鉴”：“中国城市品牌评估报告”. 中国城市品牌评估课题组. 执笔，张涛。

此外，品牌的增值功能受信息不对称的影响。品牌涉及品牌产品或服务信息的不对称，这里的信息不对称是指顾客对某一品牌产品或服务所了解和掌握的信息比较有限，而企业对此却掌握很多，两者间差距越大，信息越不对称。由于这种信息越不对称，顾客才可能找信得过的企业为品牌多付费用。

4. 品牌使用价值的可变性

由于市场需求的有限性、企业经营策略的改变、营销渠道与商业模式的变化，特别是市场经济具有排他性、市场是动态的，品牌知名度的高低会随着市场竞争而发生变化，品牌竞争功能的强弱会随着同类品牌所标志的产品在其竞争市场上而变动，品牌超值创利能力的大小也会随着市场竞争而变化。这些品牌资产使用价值在市场经济中的变动，体现了品牌资产使用价值具有可变性。

此外，有的品牌具有广泛的知名度却没有忠诚度，有的品牌与其产品没有形成良好的互动关系，而有些品牌同质化现象比较严重，在缺乏技术含量的前提下，又缺乏差异化和个性化 (独特性) 的品牌特征，品牌的内涵只能沦落为商标名称，降低或丧失了品牌的使用价值，构成品牌的“空心化”危机。

1.2.4　品牌财务价值

使用价值是价值的物质承担者。品牌资产的价值是对品牌资产的使用价值的度量，它由成本价值和增值价值两部分构成，这是与有形资产价值的一个明显区别。品牌资产的价值简称为品牌价值，品牌资产的成本价值简称为品牌成本价值，品牌资产的增值价值简称为品牌增值价值。

1. 品牌成本价值

品牌成本价值由企业投入的与品牌资产的形成直接或间接的各要素的价值构成，包括直接费用和间接费用两部分。

品牌成本价值的直接费用是指企业在创建品牌资产过程中发生的能够对象化的费用。例如，品牌名称和标识的设计费用、品牌商标的注册费用、品牌的广告费用等。

品牌成本价值的间接费用，涉及企业为提高产品质量而发生的费用、开拓市场的费用、产品售后服务的费用，以及宣传企业或公司形象的费用等。

一般情况下，我们主要关注直接费用，却经常忽略间接费用。然而，对于企业品牌的长远发展，起决定性作用的往往是间接费用。在现有会计准则下，无论直接费用还是间接费用，都在当期进行费用化处理。笔者认为，如果将企业品牌视作一种无形资产，更为合理的会计处理方法应该是将直接费用进行费用化处理，而当间接费用作为资本性支出。这种会计处理方法可能更有利于企业发展品牌的积极性，尤其是促使企业从更加长远的视角发展自身品牌。

2. 品牌增值价值

品牌资产价值中超出成本价值的部分就是它的增值价值。

品牌的增值价值与品牌资产使用价值中的增值功能直接对应，是品牌增值功能在货币形态上的表现。显然，品牌使用价值越高，品牌的增值价值越多，反之亦然。

因为存在品牌增值价值，所以品牌价值的大小与品牌成本价值没有必然的关系，这正是品牌资产的市场价值并不取决于品牌成本价值的原因所在。

品牌资产的市场价值在于品牌的溢价能力。

3. 品牌价值特征

品牌价值具有累积性、随机性、不稳定性等特征。品牌资产价值的形成不像有形资产价值是一次性完成的，而是要经历一个从无到有、从少到多的逐步累积、逐步增值的过程。

品牌资产价值的累积性，表现在它的成本价值除了品牌的设计费用、注册费用等直接费用是一次性投入之外，其他的直接费用和间接费用都是要多次投入的，每增加一次投入相应就会增加它的成本价值。按照对品牌资产增值价值的定义，品牌资产的增值价值自然也存在一个累积过程，虽然，品牌成本价值的增加并不能必然地导致品牌增值价值的提高。

品牌成本价值每次的投入显然要视机会而定，其费用也是不确定的，具有一定的随机性。同时，品牌增值价值也具有不确定性，是预期的，虽然品牌成本价值增加与其增值价值是否增加没有因果关系。品牌成本价值增加与其增值价值增加之间存在一定的相关性。

与品牌资产使用价值的可变性相对应，品牌资产的价值具有不稳定性，呈现动态变化的特征。这是因为：一方面，品牌资产价值所具有的累积性使它的价值不断发生变化；另一方面，品牌的使用价值受到企业难以控制的内部环境和外部环境诸多因素的干扰，以及品牌资产价值具有随机性，从而导致品牌资产价值具有不稳定性。

品牌资产的使用价值可以理解为品牌具有效应或品牌效力。品牌的经营、发展扩张必然导致品牌公司集团化，公司的体制、机制也随着公司品牌的变动而变化，这也是品牌的效应。综合品牌资产的使用价值和价值，可以说品牌资产具有效用。品牌的文化体现在品牌的价值，直接反映着企业文化的优劣。

4. 其他对品牌价值的界定

马华 (1999) 把品牌价值划分为三个层次：第一是功能价值，第二是表现价值，第三是中心价值。功能价值决定产品或服务的功能和效用；表现价值更多涉及的是消费者，反映和提高消费者的自我感觉；中心价值是最持久、最直接地涉及消费者价值系统核心的价值。他提出的功能价值和表现价值实际上分别与上述的品牌使用价值和品牌价值相对应，中心价值则是另外两种价值的结合。

艾丰 (1997) 将国外对品牌价值的研究归纳为两个方面：一是交易价值，二是内在价值或信誉价值。这里的交易价值相当于品牌所标志的产品或服务的价格；而内在价值或信誉价值是一种评价，不属于交易范围，相当于政治经济学中的价值观念，其量化的是品牌的超值创利能力。事实上，这里的交易价值是指企业或公司用于产品或服务创造的总价值 (总收入或总收益)，而内在价值则揭示了品牌价值的真正内涵，即品牌资产所带来的超过一般或正常盈利水平的收益。

1.3　品牌发展战略是国家经济发展和改革战略

1.3.1　党和国家领导人重视和关心品牌发展

品牌发展历来受到党和国家领导人的高度重视和关心。特别是，2014 年 5 月，习近平在河南考察时提出“推动中国制造向中国创造转变，中国速度向中国质量转变，中国产品向中国品牌转变”的重要观点。这“三个转变”观点的提出，吹响了全面提升中国品牌软实力的号角，指明了品牌理论研究和实践创新的基本方向。习近平非常重视中国品牌的建设和发展，多次在不同时间和不同场合作出了重要讲话。2016 年，李克强在政府工作报告中提出“提品质、增品种、创品牌”的号召；在 2017 年的政府工作报告中他又明确指出，打造更多享誉世界的“中国品牌”，推动中国经济发展进入质量时代。

党和国家领导人为中国品牌发展战略确立了指导思想和行动纲领。品牌发展战略成为国家经济发展的战略。中国品牌的建设和发展要使人们产生对中国品牌消费的安全感、获得感、幸福感，同时要不断满足人民对更加美好生活的享受和追求，这是中国品牌发展战略的最终目标。

1.3.2　国家政府部门对品牌建设高度重视

在党和国家领导人对品牌建设的高度重视和关怀下，多年以来，中央和地方的各级部门及机构在不同地区、不同行业为企业和消费者提供了诸多的服务，多次组织品牌的评比及品牌排行榜的发布，为中国品牌的建设提出和制定了一系列相关的纲领性文件。

特别是，2016 年 6 月 20 日，国务院办公厅印发《关于发挥品牌引领作用推动供需结构升级的意见》(以下简称《意见》)，标志着品牌建设已经实质性地上升到国家经济发展和改革的战略高度。《意见》明确指出，品牌是企业乃至国家竞争力的综合体现，代表着供给结构和需求结构的升级方向。2017 年 4 月 24 日，国务院发布《关于设立“中国品牌日”的批复》，同意自 2017 年起，将每年 5 月 10 日设立为“中国品牌日”。

设立“中国品牌日”，就是要大力宣传知名自主品牌，讲好中国品牌故事，提高自主品牌影响力和认知度。为此，从以下四个方面强调了具体的方针、政策、法规和规划。

1. 净化市场环境

中国品牌经济的形成和发展壮大需要净化的市场环境、规范的竞争秩序，而这些行为的实施又需要完善的法律法规作保障。中国市场经济还处于发展的初级阶段，假冒伪劣产品泛滥，市场机制不健全，市场竞争无序，法律法规不到位，致使知名品牌往往遭受侵害，品牌成长面临种种困难，品牌经济发展必然也受到影响。因此，需要政府制定有关品牌的产业政策，扶持民族品牌的发展壮大，激励创新品牌的成长，提高知名品牌的市场比较优势；强化对市场的监管职能，完善相关的法律法规，加大对各种违法违规行为的处罚，塑造品牌信用经济，净化品牌市场环境；要强化行业协会等中介机构对市场的监督和信息服务职能，提高市场透明度；要倡导舆论对塑造法则社会和信用经济的关注，发挥正确的舆论导向。因此，要建立更加严格的市场监管体系，加大专项整治联合执法行动力度；严厉打击侵犯知识产权和制销假冒伪劣商品行为；破除地方保护和行业壁垒，维护公平竞争市场秩序。

2. 清除制约因素

要清理、废除制约自主品牌产品消费的各项规定或做法；建立产品质量、知识产权等领域失信的联合惩戒机制，研究提高违反产品质量法、知识产权保护相关法律法规等犯罪行为的量刑标准，建立商品质量惩罚性赔偿制度；完善汽车、家电、家具等耐用消费品举证倒置制度；支持高等院校开设品牌相关课程，培养品牌创建、推广、维护等专业人才。

3. 实行制度激励政策

要积极发挥财政资金引导作用，带动更多社会资本投入，支持自主品牌发展；鼓励银行金融机构向企业提供以品牌为基础的商标权、专利权等质押贷款；发挥国家奖励作用，鼓励产品创新，弘扬工匠精神。

4. 要抓好组织实施

国务院有关部门要结合本部门职责，制定出台具体的政策措施；各级人民政府要结合本地区实际，制定出台具体的实施方案。

品牌发展战略的目标就是要推动国家的经济发展和改革，推动国家自主创新，维护国家经济安全 (品牌经济的落后，直接关系到中国经济安全大局)，打造国际

一流的自主品牌 (社会品牌智库)，建设全球化时代的品牌强国，实现中华民族伟大复兴的中国梦。

1.3.3 实施品牌发展战略需要全社会的关注

在政府的积极支持和指导下，在各级政府部门及机构大力扶持和推动、并提供多方面和多渠道的服务下，实施品牌发展战略需要全社会的关注、科研团体的投入、新闻舆论的宣传监督、社会中介的参与，特别是消费者的积极支持和维护；它需要在不同地区、不同行业和不同所有制类型的企业或公司立足市场需求、注重供给侧与需求侧改革、强化创新、开拓进取、强化质量管理、提高产品质量；要在技术、资金、资源配置、鼓励政策等方面，制定企业或公司发展品牌的战略目标。

理论界、新闻界、企业界举办了大量的品牌论坛，各类品牌研究 (专门) 机构和服务机构大量涌现、竞相成长，丰富多彩的有关品牌的出版物不断发行，品牌理论 (包括品牌经济理论、品牌管理理论、品牌的社会关系理论等等，以及它们上升为品牌系统工程理论) 和思想正在逐步形成。

1.3.4 品牌发展战略的实施现状

美国品牌战略咨询公司总裁杜纳 • E. 科耐普在《品牌智慧：品牌战略实施的五个步骤》一书中为创立、管理或提升品牌设定了五个战略：树立品牌经营观念，制定品牌承诺，传播最佳品牌信息，履行品牌承诺和提升品牌资产。他认为品牌战略的实施过程包括如下五个步骤：完成品牌评估，制定品牌承诺，构建品牌规划，培植品牌文化和提升品牌优势。

实施品牌战略为促进企业管理水平和产品质量的提高，满足消费者对产品和服务消费的更高需求，促进经济结构的调整和资源的优化配置，促进地方经济、区域经济以及国家经济的增长，维护国家经济安全，打造国家更多一流的自主品牌。对加快拥有国际知名品牌和具有国际竞争力等都具有极大的推动力。

2017 年 11 月 29 日，品牌中国战略规划院和社科文献出版社在北京举行了《中国品牌战略发展报告》发布会。《中国品牌战略发展报告》首次从推动文化认同、夯实产业基础、培育区域特色和推进制度创新四个维度对国家品牌发展的现状进行了一体化分析。报告指出，在中国经济从要素规模驱动向创新引领驱动转型的关键时期，品牌战略地位和作用正在从辅助、支持向引领、支撑、主导升级，品牌正在与社会经济的各个维度产生激烈的碰撞和交互，在推动供需结构升级的整体战略中，品牌正在成为发展的新动能、增长的新力量、驱动的新模式。

《品牌蓝皮书》认为，中国品牌的发展经历了从数量模型增长向质量效益型增长的转变，面向未来，品牌发展必将经历从品质效益型向品牌溢价型增长的升级，并逐步进入品牌生态发展的新时代。《品牌蓝皮书》提出，中国品牌发展战略正在以自主品牌建设为主进入到自主品牌建设和全球品牌并购同步发展的新时代，中国品牌正在从“不求所有，但求所在”向“不求所在，但求所有”转变，以国际视野强调品牌的控制力，关注资本对品牌的影响作用，或将成为品牌增长新时代的第一关键词；中国品牌正在从产品认知、质量认知向品牌内涵认知转变，随着中等收入群体持续扩大，消费结构不断升级，消费者对产品和服务的消费提出更高要求，更加注重品质、更加重视美学，更加讲究品牌消费，呈现出个性化、多样化、高端化体验式消费特点，越来越多的顾客愿意为“更好”买单，这个“更好”就是人们对美好生活追求最好的诠释，打造全新的品牌层次，聚焦富于国家大众品牌的轻奢品类或将成为热点，提高轻奢品牌认知力，成为品牌增长新时代的第二个关键词。

中国品牌正从点阵模式扩张向链式辐射升级，越来越多的企业开始启动品牌战略重构，过去中国品牌走出去是伴随着跨国公司的全球产业重新布局推动下的被动走出去，更多体现在产品走出去上，是与拥有庞大金融后盾垄断巨头的一城一池的争夺，从引进来到走出去，但很难走进去；随着“一带一路”正在成为新型全球化的重要载体，依靠务实的基础建设，贸易投资推进，激活了庞大的欠发达地区的发展活力，“一带一路”倡议通过六大经济走廊的联通和海上丝绸之路的延续，打破地缘政治的博弈、超越宗教隔阂、超越种族歧视、超越文化偏见，惠及世界一半的人口，覆盖 75%的能源资源和 40%的全球国内生产总值 (GDP)；在“一带一路”的空间格局下，中国品牌将伴随经济走廊的联通形成快速的链式辐射，增强国家品牌影响力或将成为品牌增长新时代的第三个关键词。“开创品牌新时代”，提高国际品牌控制力，提升轻奢品牌认知力，增强国家品牌影响力，将成为推动品牌增长的重要驱动力。相信品牌的力量，构建品牌生态，推动品牌的增长，维护品牌的安全，共创品牌的价值是新时代的历史重任。

在明确品牌定义的基础上，下一步就是对品牌价值进行研究。正因为品牌具有价值，我们才有研究品牌、打造品牌、制定品牌发展战略的必要。同时，只有理清品牌的价值，品牌价值评估体系的存在才有意义。品牌的价值不仅体现在企业端，从国家层面来讲，也有巨大的价值。因此，分析品牌对我国经济发展的价值，尤其是结合经济新常态、产能过剩、“一带一路”倡议等现实背景分析品牌的战略价值，具有十分重大的研究意义。系统工程的概念、发展沿革、理论框架并非新东西，相关专家学者早已进行深入分析，只需对前人的研究进行梳理、总结即可。

1.4 品牌研究的三个层面

现阶段，国内外对品牌的研究相比于其他社会科学课题要远远落后。研究方法一般基于管理学或营销学，多使用波特五力原理或者马斯洛需求理论进行分析，研究缺乏规范性，也不具有理论深度。另外，分析品牌问题时，往往混淆研究主体，最常出现的是将品牌与其标的产品或服务相混淆，或者将品牌与知识产权等概念相混淆。鉴于此，本节重点讨论品牌研究的三个层面 (图 1-2)。

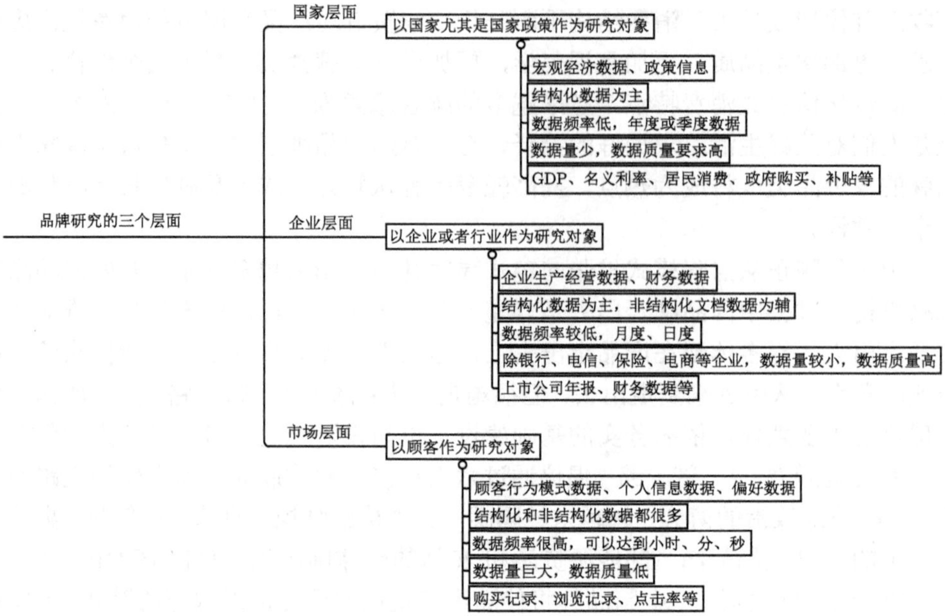

图 1-2　对品牌进行研究的三个层面

1. 国家层面

国家层面在三个研究层面中最为宏观，我们将从国家视角切入品牌研究，以国家尤其是国家政策为研究对象。比如，我们想研究国家产业发展政策、补贴、减税、退税等政策对某个产业甚至是企业带来的影响，进而论证品牌孵化、品牌产业园区等政策对我们品牌发展和品牌壮大的宏观效应。从国家层面进行研究，可以采用宏观计量经济学或者动态随机一般均衡理论等主流宏观经济学方法，本书后面会有专门章节探讨在动态随机一般均衡框架下研究国家品牌发展战略的宏观经济效应。

就所用数据而言，一般使用宏观经济数据或者政策信息，这些数据多为结构化数据，数据频率低，多为年度、季度，或者月度数据，数据量相应较少。由于结构化的宏观经济学模型在参数估计或者动态模拟时对数据质量要求较高，因此需要注重数据的准确性和有效性，但对数据的时效性要求不是太高。使用的数据经常为 GDP、名义利率、居民消费、政府购买、补贴等；此外，数据的详细级别并不固定，视研究目的而定，有的时候使用国家宏观数据，有时使用省级数据，也可以使用市级数据。无论何种详细级别，从国家层面分析品牌战略，在数据收集与数据整理上相对比较轻松。

2. *企业层面*

品牌塑造与品牌发展离不开企业，因此我们还需要从企业层面出发，对品牌进行研究，即以企业或者行业作为我们的研究对象。无论国家政策如何，企业才是品牌战略的直接行为人，同样也是直接受益人。如果企业不配合，即使国家政策力度再大，也无法达到预期效果。因此，国家品牌战略及相关政策必须通过企业来实施。另外，企业直接面向市场，对产品价格及消费者偏好的感觉与理解十分直观与直接，相比于国家层面具有绝对的信息优势，因此可以有效破除国家在制定品牌战略过程中所面临的信息壁垒。

从企业层面进行品牌研究，可以使用的方法较多，比如可以通过管理学中的波特五力原理、营销学理论、传媒学理论等，也可以通过经济学中的博弈论、微观生产理论、产业组织理论、横纵向一体化等方法，还可以通过管理会计、财务分析等方法进行。上述方法均为传统研究手段，本书则通过人工智能算法对这一主题进一步扩展研究。

就数据而言，一般使用企业的财务数据，比如资产负债表、利润表、现金流量表等比较宏观的数据；同时还需要配合企业的生产经营数据及各种 KPI (Key Performance Indicator) 数据，比如生产量、销售额、采办数据、合同数据、科目余额表数据、SAP (System Applications and Products) 数据等。相比于国家层面的品牌研究，企业层面的研究所需要的数据量较高；除银行、保险、电信、电商等行业，数据量还远没有达到大数据级别。数据同样以结构化数据为主，非结构化的文档数据为辅，由于涉及各种采购合同、销售合同、招投标文件，非结构化数据量较大。数据频率也比较高，一般可以达到日度。

3. *市场层面*

品牌战略的最终归宿是什么？答案是市场。所谓市场，实际上就是顾客。因此，我们还需从市场层面，或者说是顾客层面，对品牌进行研究，才能形成闭环，成为一套完备，并且逻辑上自洽的品牌理论。市场对品牌起到怎样的作用？首先，品牌的价值需要得到市场认可，没有市场的认可，品牌价值将成为无源之水、无本之木，从逻辑上也就不成立。其次，品牌的价值需要从市场中变现，将品牌资本转换为货币资本，使企业得以进行扩大化再生产。最后，市场将会反馈企业品牌的相关信息，使企业能够根据信息制定品牌发展决策，同时企业也将把这些信息传递给国家。由于上述三方面原因，市场成为品牌发展战略中至关重要的一环。

从市场层面研究品牌，本质上就是以顾客作为研究对象，一般对顾客的行为模式以及消费偏好进行研究。可以通过传统的营销学方法进行，也可以使用近年来比较流行的行为经济学或者行为金融学进行，还可以使用人工智能的方法展开研究。从市场角度进行，往往涉及海量数据，比如顾客行为模式数据、个人信息数据、偏好数据等，常见的行为模式数据包括点击率、浏览记录、购买记录等等。数据频率非常高，甚至可以达到小时、分、秒、毫秒级别。因此涉及大数据分析技术的使用，包括分布式计算和存储、海量数据抽取及清洗等技术。

综上，本书将分别从国家层面、企业层面、市场层面对品牌展开研究，最终形成研究闭环，使品牌理论具有逻辑完备性与自洽性。

第 2 章

人工智能算法综述

本章主题

本章向读者介绍机器学习领域的一些重要概念和内涵，重点说明人工智能和机器学习的定义、特征以及主要分类，尤其是监督学习与无监督学习的异同；在此基础上介绍几种常用的机器学习算法，使读者对人工智能和机器学习有一个直观了解。

本章组织

2.1 节对人工智能在品牌价值评估中的应用进行简单介绍；
2.2 节介绍机器学习的定义与常见任务；
2.3 节介绍机器学习算法的分类方法；
2.4 节介绍机器学习的发展历程；
2.5 节介绍机器学习的性能度量；
2.6 节介绍几种常用的监督和无监督学习算法。

2.1 人工智能概览

人工智能的概念最早在 1956 年就已被提出，经过六十多年的发展，经历了大起大落。近十年来，人工智能已经逐渐受到各行各业从业人员和研究人员的欢迎与认可，业已成为高等院校与科研机构培养专业化人才的必修之课，同时已经成为信息技术领域最受欢迎与最具发展前景的学科门类。究其缘由，在于人工智能强大的自动学习能力和泛化应用能力。所谓**自动学习能力**，是指人工智能算法能够从已经输入的数据中提取有用信息，并自动对算法进行修正 (修改算法中的参数或权重)，以此获得更好的分析与预测能力。所谓**泛化应用能力**，则指任何一种人工智能算法的应用范围都非常广，一类算法无须局限在某个或某几个场景，而是具有广阔的应用天地。

2.1.1 人工智能在品牌研究中的应用前景

人工智能相关研究起始于 20 世纪中期，鉴于彼时计算机硬件性能上的局限性，对人工智能的研究仅停留在理论与学术层面，并未投入到实际应用中，也就无法转化为真正的生产力。因此，在很长一段时间内，对人工智能的研究几乎处于停滞不前的状态。

进入 21 世纪，计算机硬件飞速发展，运算和储存能力呈指数上升。几十年前信息技术专家不敢想的计算任务，现在通过一台普通计算机就能轻易实现，计算能力不再成为制约人工智能技术发展的关隘。正因如此，近二十年来人工智能技术如雨后春笋般发展，展现出勃勃生机，并且丝毫没有减弱之势。

人工智能理论早期多用于自然科学领域，现在也逐渐扩展至经济与管理领域。在经济管理领域，一个长期被忽视但却具有重大理论研究意义和实践意义的方向便是品牌价值。从企业角度来看，在品牌战略视角下进行投入产出分析、广告收益分析、品牌定位、品牌营销等决策行为，当属管理学范畴。从国家角度来看，如何通过政策引导、财政支持、产业规划、带头示范、金融补贴等政策行为提高企业打造品牌的积极性，降低品牌战略势垒，提升我国在国际竞争中的生存与发展能力，对这一系列问题展开的研究，当属于宏观经济学范畴。换言之，品牌价值研究横跨管理学和经济学两个领域，因此既可使用管理学的研究方法和手段，又可以使用经济学的研究方法和手段对品牌价值展开研究。

对品牌价值进行研究有其特殊性与困难之处。主要体现在两点：

其一，从企业角度来看，影响企业品牌价值因素众多，涉及内容广泛，很难通过某个甚至某几个财务指标或者生产经营指标对品牌价值进行准确评估，更不用说对品牌资产进行价值评估。如果无法准确评估品牌价值，建立在此基础上的以提升企业品牌价值为目的的企业发展战略也就缺乏逻辑合理性与理论一致性。

其二，从国家角度而言，应该帮助何种行业、何种类型的企业，应该采取何种政策工具进行帮助，要回答上述问题并不容易，需要政府与相关监管部门对企业生产经营情况和品牌发展情况有清晰认识。这就涉及海量监管数据的实施收集、储存和分析能力。对于以抽样、总体估计和参数估计为基石的统计学或计量经济学不再适用于海量数据分析，大数据技术也成为品牌价值研究不可或缺的手段之一。

鉴于品牌系统的复杂性、广泛性和多样性，以人工智能理论作为研究品牌的出发点具有方法论上的必然性。

2.1.2　人工智能的五大核心技术

对于人工智能这一概念，无论其内涵还是外延，均十分广博，目前无论是学术界还是产业界，对人工智能并没有一致的定义。根据现有的研究，可以总结出人工智能的五大核心技术，分别是机器学习、自然语言处理、计算机视觉、机器人流程自动化和语音识别。这五大核心技术既相互独立，彼此之间又存在密切的联系。

1. 机器学习

机器学习 (Machine Learning) 指的是计算机系统无须遵照显式的程序指令，而只依靠从数据中获取信息来提升自身性能的能力；是人工智能的实现途径之一，也是其中最核心的部分。同样，机器学习也是本书的核心内容，是将人工智能运用到品牌战略中的具体实现途径。本书后文会有大量篇幅进行介绍，此处只简单了解即可。机器学习的核心在于从数据出发，在大量数据中自动发现模式，模式一旦被发现并固化，便可进一步用于预测。比如，给予机器学习系统一个关于交易时间、商家、地点、价格及交易是否正当等信用卡交易信息的数据库，再预先设置一些必要参数，系统就会学习到可用于预测和识别信用卡欺诈的行为模式，并应用于实际的预测与识别。输入系统的交易数据越多，预测和识别的结果就会越准确。按照算法的任务目标，可以将机器学习分为聚类算法、分类算法、回归算法、推荐算法四大类别，每种类别又分别包含众多具体算法，图 2-1 列示机器学习不同分类下的主要算法。

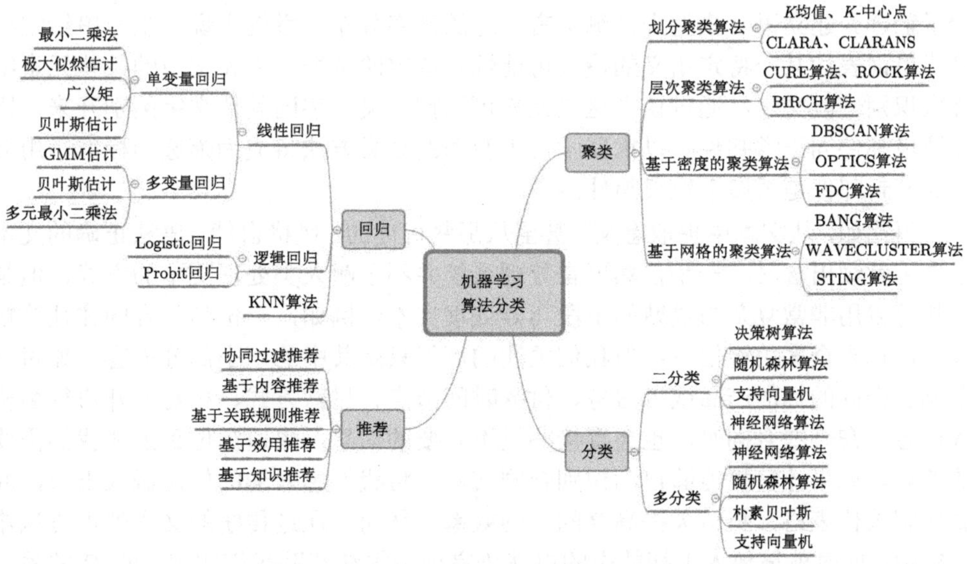

图 2-1　机器学习算法分类

机器学习的应用范围非常广泛，针对那些产生庞大数据的活动，它几乎拥有改进一切性能的潜力。除了欺诈甄别之外，这些活动还包括销售预测、库存管理、石油和天然气勘探，以及公共卫生等。机器学习技术在其他的认知技术领域也扮演着重要角色，比如计算机视觉，它能在海量图像中通过不断训练和改进视觉模型来提高其识别对象的能力。现如今，机器学习已经成为认知技术中最炙手可热的研究领域之一，在 2011—2014 年这段时间内就已吸引了近 10 亿美元的风险投资。谷歌也在 2014 年斥资 4 亿美元收购 DeepMind 这家研究机器学习技术的公司。

2. 自然语言处理

自然语言处理 (Natural Language Processing，NLP) 是指计算机模仿人类对文本和语言处理能力的一种技术。所谓自然语言，是相对于计算机语言的语言，是人类在发展过程中逐渐形成的一种信息交流和传递方式，是人类思维的载体，也是人类思维最重要的表现形式。人类自呱呱落地开始，就会不断接触自然语言，并锻炼出越来越强大的语言处理能力。换言之，人类本身就具有处理自然语言的能力。此处所说的自然语言处理，是指赋予计算机处理自然语言的能力。然而计算机和人类具有本质上的不同，也就无法像人类一样处理自然语言，而是需要通过人类输入某种自然语言的形式，并在内部通过人类所定义的算法进行加工、计算等一系列操作，最终实现模拟人类对自然语言的理解，并返回人类所期望结果的目的。

自然语言处理像计算机视觉技术一样，将各种有助于实现目标的多种技术进行了融合。建立语言模型来预测语言表达的概率分布。举例来说，某一串给定字符或单词表达某一特定语义的最大可能性。选定的特征可以和文中的某些元素结合来识别一段文字，通过识别这些元素可以把某类文字同其他文字区别开来，比如垃圾邮件同正常邮件。以机器学习为驱动的分类方法将成为筛选的标准，用来决定一封邮件是否属于垃圾邮件。

再比如，从文本中提取意义，甚至从那些可读的、风格自然、语法正确的文本中自主解读出含义。一个自然语言处理系统并不了解人类处理文本的方式，但是它却可以用非常复杂与成熟的手段巧妙处理文本。例如，一份商务合同往往篇幅较大，包含众多关键信息；但我们关注的可能只是其中的一小部分内容，如付款金额、合同的标的产品或者服务、付款时间节点、付款方式、相对方开户行名称等信息。在查看合同时，也会直接跳过不必要的信息，快速定位到上述我们需要的信息。如果计算机能够自动识别合同文本，将我们感兴趣的信息截取出来，并做成制式化表格，将极大提高合同审阅效率。然而，通过传统的文本处理方法难以实现，此时就需要人工智能中的自然语言处理算法帮助我们实现。NLP 的另一应用场景就是自动翻译功能，通过自然语言处理算法，可以很容易实现中译英或者英译中等功能；虽然翻译质量比不上专业的翻译人员，但人工智能算法最大优势就在于其可以通过不断学习逐渐提高，最终获得接近于专业人员的翻译能力。

3. 计算机视觉

计算机视觉是指计算机从图像中识别出物体、场景和活动的能力。计算机视觉技术运用由图像处理操作及其他技术所组成的序列，来将图像分析任务分解为便于管理的小块任务。比如，一些技术能够从图像中检测到物体的边缘及纹理，分类技术可被用作确定识别到的特征是否能够代表系统已知的一类物体。

计算机视觉有着广泛的应用，其中包括：医疗成像分析被用来提高疾病预测、诊断和治疗；人脸识别被 Facebook 用来自动识别照片里的人物；在安防及监控领域被用来指认嫌疑人；在购物方面，消费者现在可以用智能手机拍摄下产品以获得更多购买选择。

机器视觉作为相关学科，泛指在工业自动化领域的视觉应用。在这些应用里，计算机在高度受限的工厂环境里识别诸如生产零件一类的物体，因此相对于寻求在非受限环境里操作的计算机视觉来说目标更为简单。计算机视觉是一个正在进行中的研究，而机器视觉则是“已经解决的问题”，是系统工程方面的课题而非研究层面的课题。因为应用范围的持续扩大，某些计算机视觉领域的初创公司自 2011 年起已经吸引了数亿美元的风投资本。

4. 机器人流程自动化

机器人流程自动化 (Robotic Processing Automation，RPA) 是指用软件自动化方式实现在各个行业中原本由人工操作计算机完成的业务。它让机器人自动处理大量重复的、却又基于固定流程的工作任务。RPA 在多个领域发挥着重要作用，比如财务流程自动化、审计自动化、办公自动化、工业控制自动化。RPA 面向的实际上是人类在计算机上的所有重复性操作，其设计的初衷和终极目标就是要实现人在计算机上进行重复性操作的自动化执行，从而达到节省人力，降低企业成本，提高办公效率的目的。RPA 依靠先进的软件自动化技术，极大降低了开发成本和开发周期，实现了企业内部跨系统及工作流程的自动化目的，提高生产效率并降低了成本。

RPA 的一些主要应用场景包括：在企业的业务流程中，通常有纸质文件录入、证件票据验证、从电子邮件和文档中提取数据、跨系统数据迁移、企业 IT 应用自动操作等，软件机器人能准确快速完成这些工作，减少人工错误、确保零失误、提高效率、大幅度降低运营成本。再如，传统保险行业涉及许多重复性工作，RPA 可以推动保险行业的运营转型，实现企业的前、中、后台协同自动化运营。RPA 可以利用知识图谱和智能问答技术，每天自动从企业后台获取最新的产品列表，在与客户线上交流的工具中 (比如微信群、论坛、微博) 自动回答用户提问，节省工作人员大量时间，并且回答的准确性与合规性也能得到最大程度的保证。另外，RPA 在医疗行业也有重大的应用价值。比如可以从 ERP 系统中读取药物供应商信息，并与从搜索引擎中得到的供应商信息进行比对和分析，且每隔一段时间对每个供应商进行评级，生成信誉报告；或者从客户系统中读取患者信息，并将患者医药、病房费用信息进行汇总，自动生成费用报表，存储在指定的系统中。

5. 语音识别

语音识别技术，通常称为**自动语音识别** (Automatic Speech Recognition，ASR)，主要是将人类语音中的词汇内容转换为计算机可读的输入。用于转换的一般都是可以理解的文本内容，也有可能是二进制编码或者字符序列。但是，我们一般理解的语音识别其实都是狭义的语音转文字过程，简称语音转文本 (Speech To Text，STT) 过程更合适，这样就能与文本转语音 (Text To Speech, TTS) 对应起来。语音识别是一项融合多学科知识的前沿技术，覆盖了数学与统计学、声学与语言学、计算机与人工智能等基础学科和前沿学科，是人机自然交互技术中的关键环节。但是，语音识别自诞生以来的半个多世纪，一直没有在实际应用过程得到普遍认可，一方面与语音识别的技术缺陷有关，其识别精度和速度都达不到实际应用的要求；另一方面，与业界对语音识别的期望过高有关，实际上语音识别与键盘、鼠标或触摸屏等应是融合关系，而非替代关系。

语音识别主要是关注自动且准确地转录人类的语音技术。该技术必须面对一些与自然语言处理类似的问题，在不同口音的处理、背景噪声、区分同音异形/异义词 (“buy” 和 “by” 听起来是一样的) 方面存在一些困难，同时还需要具有跟上正常语速的工作速度。语音识别系统使用一些与自然语言处理系统相同的技术，再辅以其他技术，比如描述声音和其出现在特定序列与语言中概率的声学模型等。语音识别的主要应用包括医疗听写、语音书写、电脑系统声控、电话客服等。许多导航 APP 都允许用户口述目标地点，然后 APP 自动导航。再如，微信提供语音转文字工具，可以让用户将对方发过来的语音信息转换为文字，正确率也比较高。

2.2 机器学习的定义与常见任务

2.2.1 机器学习的定义

1. 机器学习

机器学习是通向人工智能的众多途径之一，也是人工智能的核心。深度学习则是一种特定类型的机器学习方法，致力于使计算机系统从经验和数据中进行学习并得到提升。从字面上看，机器学习可拆分为两个部分进行理解，即 “机器” 与 “学习”；“机器” 指计算机，“学习” 则是指从经验中提炼有效信息。因此，机器学习可以被理解为一门学科，其致力于研究在一个系统内部，如何让计算机对现有经验与数据进行分析，提炼出有效信息并加以利用，进而改善系统自身环境与机能。人工智能与机器学习领域专家 Mitchell 教授在其 1997 年巨著 *Machine Learning* 一书中对机器学习给出一个更为形式化的定义：“假设用 P 来评估和度量计算机程序在某任务类 T 上的性能，若一个算法或程序通过利用经验 E，进而在任务类 T 上获得性能改善，则我们就说关于 T 和 P，该程序对 E 进行了学习。”在 Mitchell 教授的定义中，出现了三个重要概念，分别是任务类 T、性能度量 P 和经验 E。

2. 任务类、性能度量和经验

任务类 T：机器学习可以让我们解决一些人为设计和使用确定性程序很难解决的问题，而任务就是我们需要通过学习实现的目的。用更专业的术语来说，任务类被定义为机器学习算法应该如何处理样本 (Example)。样本则是指我们从客观世界中存在的对象或者事件中收集的已经量化的特征集合。我们可以将特征集合表示为一个多维度的数据集合，集合的维度数即为特征的数量，每个样本则是该数据集合中的一个元素。常见的机器学习任务包括分类、回归、转录、结构化输出、异常检测、补充缺失值、去噪、密度估计或概率质量函数估计。

性能度量 P：算法的好坏需要衡量，为了衡量算法的好坏，涉及对其性能的定量度量。一般情况下，性能好坏需要对具体任务类 T 而言，也许某个算法运用于 A 任务效果不佳，但运用于 B 任务确能达到很好的效果。机器学习中的性能度量指标众多 (图 2-2)，常用的包括以下几种。

		True condition				
	Total population	Condition positive	Condition negative	Prevalence $=\frac{\Sigma \text{ Condition positive}}{\Sigma \text{ Total population}}$	Accuracy (ACC)= $\frac{\Sigma \text{ True positive}+\Sigma \text{ True negative}}{\Sigma \text{ Total population}}$	
Predicted condition	Predicted condition positive	True positive	False positive, Type I error	Positive predictive value (PPV), Precision= $\frac{\Sigma \text{ True positive}}{\Sigma \text{ Predicted condition positive}}$	False discovery rate (FDR)= $\frac{\Sigma \text{ False positive}}{\Sigma \text{ Predicted condition positive}}$	
	Predicted condition negative	False negative, Type Ⅱ error	True negative	False omission rate (FOR)= $\frac{\Sigma \text{ False negative}}{\Sigma \text{ Predicted condition negative}}$	Negative predictive value (NPV)= $\frac{\Sigma \text{ True nagative}}{\Sigma \text{ Predicted condition negative}}$	
		True positive rate (TPR), Recall, Sensitivity, probability of detection, Power= $\frac{\Sigma \text{ True positive}}{\Sigma \text{ Condition positive}}$	False positive rate (FPR), Fall -out, probability of false alarm $=\frac{\Sigma \text{ False positive}}{\Sigma \text{ Condition negative}}$	Positive likelihood ratio (LR+)= $\frac{\text{TPR}}{\text{FPR}}$	Diagnostic odds ratio (DOR)= $\frac{\text{LR+}}{\text{LR}-}$	F1-score= $2\cdot\frac{\text{Precision}\cdot\text{Recall}}{\text{Precision}+\text{Recall}}$
		False nagative rate (FNR), Miss rate $=\frac{\Sigma \text{ False negative}}{\Sigma \text{ Condition positive}}$	Specificity (SPC), Selectivity, True negative rate (TNR) $=\frac{\Sigma \text{ True negative}}{\Sigma \text{ Condition negative}}$	Negative likelihood ratio (LR−)= $\frac{\text{FNR}}{\text{TNR}}$		

图 2-2 性能度量指标汇总

准确率，表示被分类正确的样本数在所有样本数中所占的比重，该数值越高，算法性能越好。

精确率，表示被算法划分为正例，实际上确实是正例的样本所占比重，该数值越高，算法性能越好。

召回率，表示实际上为正例，并且被算法划分为正例的样本所占的比重，数值越高，算法性能越好。

F1-score，综合考虑精确率与召回率，对两者进行平衡，计算方法上采用两者的调和平均数，两者数值越接近，F1-score 数值越高。该数值越高，算法性能越好。

FPR，表示实际上为反例，并且被算法划分为正例的样本所占的比重，数值越高，算法性能越差。

ROC 曲线，分别以召回率为纵轴，FPR 为横轴，取不同阈值点所作曲线。该曲线与横轴间的面积越大，算法性能越好。

经验 E： 简单来说就是历史数据。根据学习过程中的不同经验特征，可以将机器学习算法划分为监督学习和无监督学习。监督学习算法用于训练的数据集中每一个样本都有一个标签或目标，而无监督学习的数据集没有预设的标签或目标，算法将自动学习出这个数据集上有用的结构性质。可以简单理解为，在监督学习中有老师提供指导，无监督学习则没有老师提供指导，算法必须学会自主进行学习，挖掘有效信息。

上面对机器学习的定义过于抽象，之前没有接触过这一领域的读者可能比较难理解。说简单一点，机器学习就是通过某种方法训练计算机，使其能够独立从数据中提取有用的信息，帮助用户进行判断与决策。换言之，机器学习就是一种数据处理方法，其价值源于数据，但又不是仅仅依靠数据，而是在数据的基础上进行升华。

3. DIKIWI 层次分析

随着计算机技术的飞速发展，我们每天所接触到的数据，每天产生的数据，以及我们所拥有的数据都呈现出指数级别的增长。这也催生出一种新技术，即大数据技术。近二十年中国互联网技术快速普及，众多企业开始重视 IT 硬件设施和软件设施，也逐渐加大在数据收集和存储等方面的投入，企业所拥有的数据量也表现出爆炸式增长，许多企业业已将数据视为自己的重要资产，甚至是最重要的资产。然而，数据并非越多越好，光拥有数据无法给企业带来价值，正如管理学大师彼得·德鲁克所说："迄今为止，我们的系统产生的还仅仅是数据，而不是信息，更不是知识。" 只有对数据进行进一步处理，才可能实现数据资产的"第二次飞跃"，为企业带来价值。

现在我们采用 DIKIWI 模型论述数据形成价值的过程。DIKIWI 模型本质上是一种层次分析方法，从数据、信息、知识、洞见、智慧、影响力六个层次探索数据价值的形成过程。

数据 (Data，D)：是理解客观世界的一种标记与符号。数据并非数字，比如 50000 只是数字，而非数据。根据后面跟着的量纲，该数字也将被赋予不同含义，变为不同的数据。比如在其后面加上元，变成 50000 元，就由数字变成数据；在其后面加上米，就变为 50000 米，也就成为意义完全不同的数据。在我们的生活中存在大量数据，这些数据往往十分抽象，在数据未被整理或者加以理解之前，是没有价值的，如同地底未被开采的煤炭或石油一样，对人类没有价值。

信息 (Information，I)：原数据经过简单的数据处理和加工，就能够告诉我们一些基本信息。可以将信息理解为带有逻辑的数据组合，大多是一些结构化描述。相比于数据，信息能够告诉我们更多，对我们而言已经具有一定的价值，但价值量不大，而这通常需要我们对数据进行一些简单操作，如数据准备与数据清洗。前面说过，50000 元是一个数据，但没有告诉我们任何有用的信息，如果变为“张三的年收入是 50000 元”或者“一台高性能服务器的价格是 50000 元”，我们就拥有了一些有用的信息。但这种级别的信息远远不够，需要进一步分析。

知识 (Knowledge，K)：让不同信息之间进行交互，产生联系，信息就可以上升为知识。知识就是在众多数据、信息中使用各种认识世界的方法和手段，进一步提炼和升华所得到的产物。在逻辑上更复杂也更完备。比如我们知道“张三的年收入是 50000 元”，我们又知道了“李四的年收入是 56000 元”“王五的年收入是 40000 元”……；我们还知道张三、李四、王五以及其他几个人都在同一家企业工作，我们就可以进一步得到“在该企业工作的员工年平均工资是 55000 元”。此时，我们就获得了比知道单一员工年收入更有价值的信息，也就是知识。

洞见 (Insight，I)：从现有知识出发，去探索不同信息之间新的关联模式，形成新的知识，知识不断积累、聚合与扬弃，最终上升为洞见。洞见是比知识所处逻辑层面更高的层次。当我们知道“某公司员工的年平均工资是 55000 元”，再结合该公司所处行业，以及该行业其他公司的年平均工资，就可了解整个行业的年平均工资；再将某公司的工资福利水平放到整个行业内进行对比分析，即可判断该企业的工资福利是否具有竞争力，是否可以吸引更多行业人才聚集。此时，我们就将知识进一步上升到洞见层次，而洞见能够直接辅助企业管理者进行决策。

智慧 (Wisdom，W)：将一系列洞见串联起来，由点连成线，由线张成面，就会形成智慧。比如，将分析视野由某个行业扩展到其他行业，对比分析不同行业的工资水平，可以借此判断某个行业所处的产业发展阶段，以及行业的发展趋势，此时我们就获得了比洞见更高层次的智慧。

影响力 (Impact，I)：智慧不断向外传播，就会形成影响力。比如，国家决策层面根据各行业的信息，制定相关的产业发展规划或者协同发展规划，此时智慧就带来了影响力。

上述分析层次即为 DIKIWI 层次分析法 (图 2-3)，模型的每一层对应不同的

"数据相关者"。数据层面对应 IT 人员，信息层面对应数据分析师，知识层面对应业务经理，洞见和智慧层面对应企业高管，影响力层面则对应国家监管部门和规划部门。随着数据规模的爆炸式增长，企业的主要矛盾也逐渐从"如何获得更多数据"转变为"如何更好地分析数据进而从数据中获得价值"。

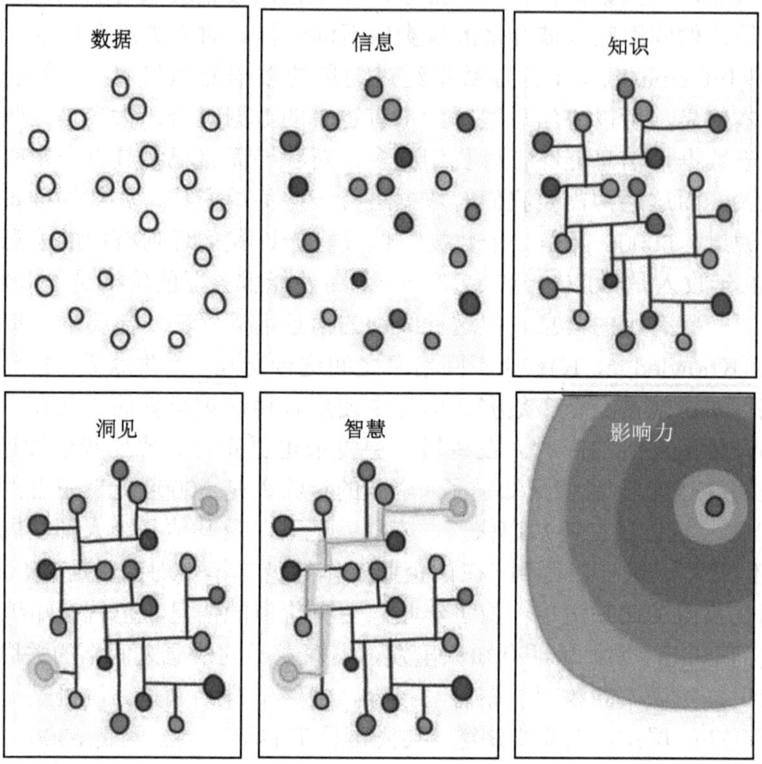

图 2-3 数据到影响力的跃迁示意图

最后，数据本身不具有价值，只有从数据中提炼出信息，从信息中总结出知识，再从知识中训练出洞见，由洞见演绎出智慧，最终由智慧爆发出影响力，数据的价值才最终得以体现。我们现在所用的一切数据处理、数据分析、数据可视化、数据模拟、数据孪生技术，都是在实现这个流程中的某个或者某几个环节。机器学习的终极目的，就是帮助人类实现由数据到影响力的跃迁，最终使数据价值得以体现。

2.2.2 机器学习的常见任务

目前，机器学习能够帮助人类处理许多任务，有些很简单，有些则很复杂。这一部分我们主要讨论机器学习领域几个十分常见的任务。要进行机器学习，就必须要有过往经验。信息化时代，经验一般以数据形式存在，既可以是结构化数据，也可以是非结构化数据。

所谓结构化数据，是指可以借助多维矩阵结构对其进行逻辑表达与存储的数据集合；例如，若对企业品牌价值进行量化，则不同企业在不同年度的品牌价值就可以表示为一个具有时间与截面两个维度的二维面板数据 (Panel Data)。

非结构化数据则指数据结构不规则或者不完整，没有预定义的数据模型，不方便或者不可能使用数据库二维逻辑来表现的数据集合。简单来说，无法归为结构化数据的都可称为非结构化数据，这些数据无法通过多维矩阵实现其表达与存储。常见的非结构化数据如音频、视频文件、网页信息、文档等。

传统数据分析方法与人工智能算法主要处理结构化数据，对于非结构化数据的处理能力较弱。但处理非结构化数据又是人工智能算法进一步发展的必然趋势。目前，比较热门的研究方向如自然语言处理、图像识别、语音识别等。

在机器学习领域，输入数据集合一般称为训练集 (或训练样本)。机器学习算法将使用训练集中的数据作为训练"教材"，从中提取有效信息。在训练集中，每个元素称为一个示例 (在数据分析领域通常称为"观测值"或"记录")；每个示例可由若干个属性 (数据分析领域一般称为"变量"或者"字段") 对其进行描述。以线性代数形式表示，令 $D=\{X_1, X_2, \cdots, X_m\}$ 表示包含 m 个示例的训练集，每个示例由 n 个属性进行描述，则训练集 D 可以表示为一个 $n\times m$ 矩阵；这样，每个示例可以理解为 n 维实数空间 $\mathbb{R}^n$ 中的一个向量。对训练集 D 进行学习，实际上就是一个发现客观数据间某种潜在规律，再利用所发现规律进行预测的过程。

常见的机器学习处理任务如下。

分类：机器学习中的常见任务，在这类任务中，算法需要通过对训练数据进行学习，然后将新输入的测试数据划分为某个具体类别。比如对银行贷款客户的行为数据、财务数据进行学习，然后将新客户划分为高违约风险客户与低违约风险客户两类。

回归：算法需要对新输入的数据进行预测，比如预测贷款客户的违约概率、预测股票未来的价格、预测未来的经济增长速度等。

异常检测：算法对一组同质性样本或者对象进行筛选，标记出其中不正常或者数据异常的个体。比如对上市公司进行年报审计，确认企业收入是否真实，可以构建机器学习算法，将该财年所有收入合同作为输入数据，识别出其中明显异常的合同，用于后续延伸审计，以此判断企业是否存在虚增收入的行为。

自然语言处理：目前，自然语言处理是人工智能领域的一个重要研究方向，具有重大学术价值与实用意义。语言是逻辑与思维的载体，NLP 主要研究实现人与计算机之间用自然语言进行有效通信的各种理论和方法，是计算机科学、人工智能、语言学等学科的一个交叉研究领域。实现人机间自然语言通信意味着要使计算机既能理解自然语言文本的意义，也能以自然语言文本来表达给定的意图、思想等；前者称为自然语言理解，后者称为自然语言生成。由于理解自然语言需要关于外在世界的广泛知识以及运用操作这些知识的能力，所以 NLP 也被视为解决人工智能完备 (AI-complete) 的核心问题之一。可以说，NLP 目前是人工智能领域中的关键技术，对它的研究是充满着魅力和挑战的。

视觉和图像识别：视觉和图像识别技术是人工智能时代的一个重要研究课题，其产生目的就是为了让计算机代替人类去处理大量的图像信息。随着计算机技术的发展，人类对图像识别技术的认识越来越深刻。在现代社会中，图像识别技术应用于各种场景，比如文本识别、人脸识别、自动监控、刷脸支付、自动驾驶等。图像识别技术的过程分为信息的获取、预处理、特征抽取和选择、分类器设计和分类决策。与图像识别密切相关的机器学习算法就是卷积神经网络算法，后文会对此进行详细介绍。

去除噪声：在人工智能领域，噪声泛指信号中的无用信号成分，会干扰人或算法正常决策过程，降低决策效率。噪声往往会增加输入信号的标准差，但又无法给系统或者网络带来更多有用信息。可以通过机器学习算法去除噪声，我们需要先定义没有噪声的输入样本，让人工智能算法进行学习；接着再用包含噪声的样本输入经过训练后的算法，算法据此预测不包含噪声的“干净输出”，或者预测“干净输出”的概率分布，以此达到去除噪声的目的。

降低数据维度：降维过程，实际上就是寻找一个映射，将 m 维实数空间中的样本投影到 l 维实数空间，即 $f:\mathbb{R}^m \to \mathbb{R}^l$ (l 严格小于 m)。降维过程中，原本由 m 维空间表征的样本信息难免丢失。这就需要我们选择一种合适的算法，使维度下降越多越好 (l 越小越好)，同时样本信息量丢失越少越好，并且存在可逆映射 $f:\mathbb{R}^l \to \mathbb{R}^m$ 使被降维后的样本能够恢复成原始维度样本。在实际使用中，经常会遇到多投入、多产出的综合评估问题，此时就需要对数据进行降维处理。

值得一提的是，机器学习能够处理的任务远不止上述几类，我们在上文所举的例子，只是希望说明机器学习都可以做哪些任务，而不是要给机器学习任务进行一个严格分类。

2.3 机器学习算法的分类

2.3.1 分类与回归

机器学习的根本目的是预测，根据预测值是离散还是连续，可将机器学习划分为“分类算法”与“回归算法”两大类。上一节已经对分类与回归进行了简单介绍。所谓**分类**，是指所需预测属性的数值为离散型变量，比如研究企业品牌战略时，可能需要预测企业处于产品生命周期的哪个阶段，此时被预测属性一般只能

选择 {导入期、成长期、成熟期、衰退期} 中的一种，属于离散型变量，故应划入分类算法这一大类。从这也可以看出，分类学习中的被预测属性集合总是离散的。

所谓**回归**，是指被预测属性为连续型变量，比如预测以货币计量的品牌价值，其价值可近似视为连续分布于正实数空间的一组数值，故划入回归算法类别。在计量经济学领域，绝大多数计量方法都是回归算法，如最小二乘法、矩估计法、工具变量法、广义矩法等；只有少数计量方法是分类方法，如 Probit 模型、Logit 模型等。这也是计量分析常被称为回归分析的原因。

需要注意的是，回归算法中，由于被预测属性是连续型变量，因此一定有无数种取值；根据概率论，真实值为某一具体取值的先验概率为零①。而分类算法中的被预测属性多数情况下只有有限种取值 (也可能有无数种取值，只要取值为离散值即可，现实中并不多见，因此后文不予考虑)，真实值为某一具体取值的先验概率不一定为零，即使有无数种取值也是如此。

下面以代数形式对分类与回归进行表示。关于分类算法，预测目的是通过对训练集 $D=\{(X_1,Y_1),(X_2,Y_2),\cdots,(X_m,Y_m)\}$ 进行学习，获得一个由输入空间 χ 到输出空间 Υ 的二元映射 f： $\chi\mapsto\Upsilon$，属性集 Υ 只包含有限离散元素。如果是二分类问题，$|\Upsilon|=2$；如果是多分类问题，$|\Upsilon|>2$。关于回归算法，属性集 Υ 为实数集合。

2.3.2 监督学习与无监督学习

根据是否对训练集的被预测属性按照先验准则进行标签化 (Labelizing) 判定，又可将机器学习区分为监督学习 (Supervised Learning) 与无监督学习 (Unsupervised Learning) 两大类 (图 2-4)。监督学习会对研究数据施加先验约束，指导算

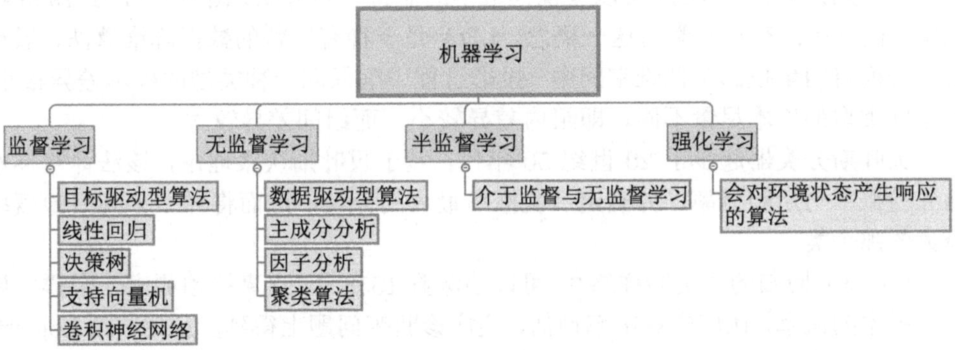

图 2-4 机器学习算法分类

① 在计算先验概率时，需对概率密度函数 (Probability Density Function) 在积分限内进行积分；对某一具体取值，积分上、下限相同，积分值为零，故先验概率也为零。

法解析输入数据。常用监督学习算法包括线性回归、决策树、支持向量机、卷积神经网络等。无监督学习不对研究数据施加先验约束，使算法获得极高自由度，自主解析输入数据。常用无监督学习算法包括主成分分析、因子分析、聚类算法等。

其实，除了监督学习与无监督学习，机器学习算法还可以分出半监督学习与强化学习两种。半监督学习介于监督与无监督学习之间，只对输入数据施加少量约束，剩余的大量数据都处于未标注状态。而强化学习是指，在没有监督的情况下，先尝试性地进行计算，根据结果不断修正算法，最终得到效果显著的算法。强化学习是一类特殊的机器学习算法，算法要根据当前环境状态确定下一步执行动作，然后进入下一个状态，如此反复，目标是让算法的学习性能达到最好的效果。从这个角度而言，强化学习也属于监督学习的一种，只是指导算法学习的是系统当前所处的状态，而非某种外部强制性干涉。如围棋游戏就是典型的强化学习问题，在每个时刻，要根据当前的棋局决定在什么地方落棋，此轮决策结束之后，进入下一轮博弈，系统状态也相应改变。反复地放置棋子，直到赢得或者输掉比赛。这里的目标是尽可能赢得比赛，以获得最大化奖励。

从严格学术分类来说，半监督学习大致可归入监督学习类别，而强化学习与监督、无监督学习并列。

2.4 机器学习发展历程

2.4.1 监督学习

监督学习是机器学习中数量最庞大的一类算法，图 2-5 列示一些经典的监督学习算法[①]。

线性判别分析 (LDA) 可以被视作最早的监督学习算法，由 Fisher 在 1936 年提出，彼时还没有机器学习这一概念。LDA 是一种有监督的数据降维算法，通过线性变换将向量投影到低维空间中，投影过程中确保同一种类型的样本差异很小，而不同类型的样本尽量不同，即组内差异较小，而组间差异较大。

贝叶斯分类器起步于 20 世纪 50 年代，基于贝叶斯决策理论，该法计算样本的先验概率与后验概率，并确定后验概率最大的分类，进而将样本分到后验概率最大的那个类。

Logistic 回归的历史同样悠久，可以追溯到 1958 年。它直接预测出一个样本属于正样本的概率，在广告点击率预估、疾病诊断等问题上得到了应用。除 Logistic 回归外，还有 Probit 回归，两者功能类似，原理也基本相同，只不过前者服从 Logistic 分布，后者服从正态分布，导致两者的转化函数也有显著不同。

① 深度学习算法也应该归入监督学习中，鉴于该类算法的重要性，后文单独介绍其发展历程，而不放在这一部分讨论。

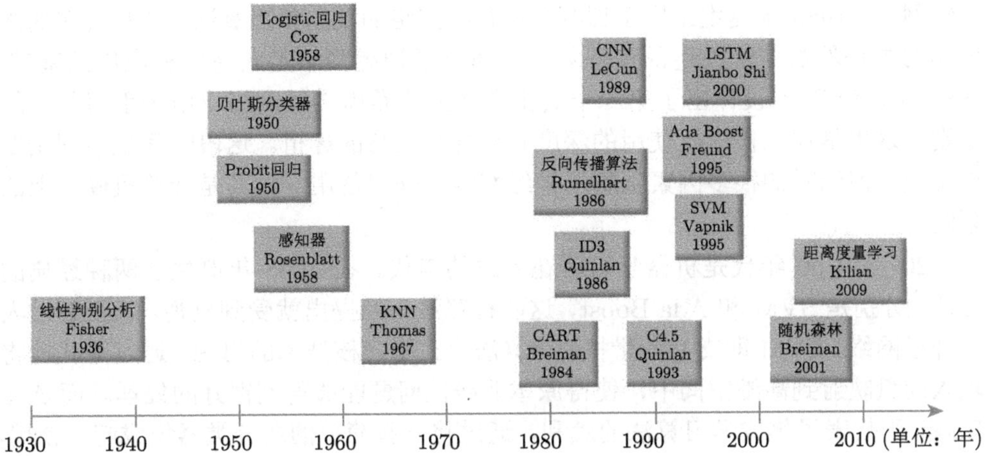

图 2-5 监督学习算法发展历程

感知器模型由 Rosenblatt 在 1958 年提出，可以将其视作人工神经网络的前身，本质上是一种线性分类器。感知器只有单层网络结构，故只能处理线性可分问题，对于“异或”等非线性可分问题则无能为力。在实际使用中价值不大，更多的是起到思想启蒙作用，为后面的复杂神经网络算法奠定理论上的基础。

K 最近邻 (K-Nearest Neighbor，KNN) 算法诞生于 1967 年，这是一种基于模板匹配思想的算法，是最简单的分类算法之一，但却十分有效，至今仍然活跃在人工智能舞台上。KNN 算法的基本原理是当预测一个新的样本点所属的类别时，就寻找与该样本点最近邻的 K 个样本所对应类别，并以此为依据进行分类。

在 1980 年之前，这些机器学习算法都是零碎化的，不成体系。但它们对整个机器学习的发展所起的作用不能被忽略。从 1980 年开始，机器学习才真正成为一个独立的发展方向。在这之后，各种机器学习算法相继出现，人工智能领域得到快速发展。

一类非常重要的监督算法是决策树模型，三种比较典型的决策树模型分别是 ID3 (Iterative Dichotomiser 3)、CART (Classification and Regression Tree) 和 C4.5。决策树算法是 20 世纪 80—90 年代机器学习领域的重要成果，其原理虽然简单，但模型的解释能力和泛化能力均比较强大，在今天仍被广泛使用。

随机森林算法的理论基础建立在决策树之上，于 2001 年提出，本质上属于集成学习，即将许多决策树集合起来使用。同决策树一样，随机森林原理简单，但在很多问题上效果非常理想，因此现在还在被大规模使用。

监督学习的另一类重要算法是神经网络。在 1986 年到 1993 年之间，神经网络理论得到了极大的丰富和完善，其中最重要的成果当属反向传播算法和卷积神经网络。1986 年诞生了用于训练多层神经网络的反向传播算法，这是现在的深度学习中仍然被广泛使用的训练算法，奠定了神经网络走向完善和应用的基础。1989 年，LeCun 设计出了第一个真正意义上的卷积神经网络，用于手写数字的识别，这也是现在被广泛使用的深度卷积神经网络的鼻祖。这段时间虽然理论发展迅速，但当时的很多因素限制了神经网络大规模使用，尤其是计算机硬件上的限制。

20 世纪 90 年代是机器学习百花齐放的年代。在 1995 年诞生了两种经典的算法，分别是 SVM 和 Ada Boost，这两种算法一经提出就受到重视，甚至超过人工神经网络。SVM 即支持向量机，该算法内在隐含核技术的思想，通过隐式地将输入向量映射到高维空间中，使得原本非线性问题能够得到很好的处理。而 Ada Boost 则代表了集成学习算法的胜利，通过将一些简单的弱分类器集成起来使用，产生十分优异的效果。

此外，长短期记忆网络 (LSTM) 在 2000 年就被提出，但当时并没有受到重视。直到 2013 年后与深度循环神经网络结合，才在语音识别上取得突破性成功。从 1980 年开始到 2012 年深度学习兴起之前，监督学习算法得到快速发展，但是，没有任何一种机器学习算法能够在所有问题上优于其他算法，很难对监督学习算法进行优劣高下的判断，只能根据我们的使用需求，选择合适的算法。

2.4.2 聚类

前面已经说过，聚类算法属于无监督学习，是一类算法的集合。聚类算法的历史与监督学习一样悠久，图 2-6 列示聚类算法发展趋势。最早的层次聚类算法出现于 1963 年，目前仍在使用。层次聚类算法的一些具体实现方式，包括 SLINK 和 CLINK，两者均诞生于 20 世纪 70 年代。

K 均值算法在所有聚类算法中知名度最高，其历史可以追溯到 1967 年。此后出现大量的改进算法，也有大量成功的应用，是所有聚类算法中变种和改进型最多的算法。模型基本原理在于将样本数据划分为不同组，分类的原则应保证每组间样本的数值距离尽可能靠近，而不同组间样本的距离尽可能偏离。换言之，离得越近的样本越相似，反之则差异性越大。此外，通常以欧氏距离度量相似性，数据之间的相似性与其欧氏距离成反比。

另一种非常重要的聚类算法是 EM 算法，也称期望最大化算法，诞生于 1977 年，它不光被用于聚类问题，还被用于求解机器学习中带有缺失数据的各种极大似然估计问题。EM 算法实质上采用迭代优化策略，其计算方法中的每一次迭代都分两步，其一为期望步 (E 步)，其二为极大化步 (M 步)，故得名 EM 算法。其基本思想：首先根据已经给出的观测数据，估计出模型参数的值；然后根据上一步估计出的参数值估计缺失数据的值，再根据估计出的缺失数据加上之前已经观测到的数据重新对参数值进行估计，反复迭代直到收敛。

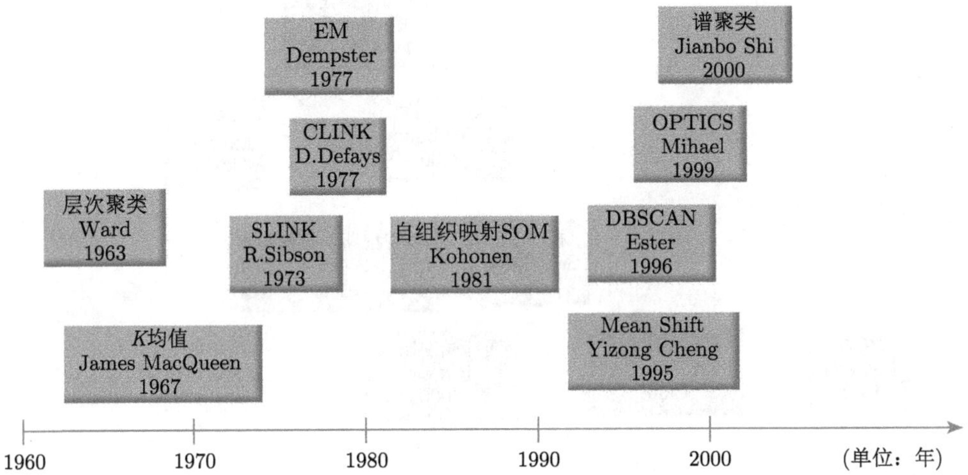

图 2-6 聚类学习算法发展历程

Mean Shift 算法早在 1995 年就被用于聚类问题，和 DBSCAN 算法、OPTICS 算法一样，同属于基于密度的聚类算法。相比于基于距离的聚类算法，基于密度的算法其主要目标是寻找被低密度区域分离的高密度区域，可以发现任意形状的聚类，而不再局限于球状聚类，对于带有噪声的数据具有十分优良的运用效果。

谱聚类算法是在聚类算法家族中比较年轻的，诞生于 2000 年左右，是一种基于图论所演化出的算法，将聚类问题转化为图切割问题。这种转化思想一经提出，就出现了大量的改进算法。

2.4.3 数据降维

数据降维算法属于另一大类无监督学习算法 (发展历程见图 2-7)，该类算法的主要目的是降低数据维度。经典的主成分分析算法 (PCA) 最早于 1901 年提出，这比第一台真正的计算机还早 40 多年。

此后的近一百年里，数据降维在机器学习领域没有出现太多重量级的成果。直到 1998 年，核 PCA 作为非线性降维算法出现在机器学习舞台，这是核技术的又一次登场。核技术与 PCA 相结合，使 PCA 从线性算法被改造成非线性降维算法。

从 2000 年开始，流形学习在机器学习领域兴起，这种非线性方法是当时机器学习中炙手可热的研究方向，这股浪潮起始于局部线性嵌入 (LLL)。此后，等距映射、拉普拉斯特征映射、局部保持投影等算法相继提出。流形学习在数学上非常优美，但遗憾的是并没有多少成功的应用。

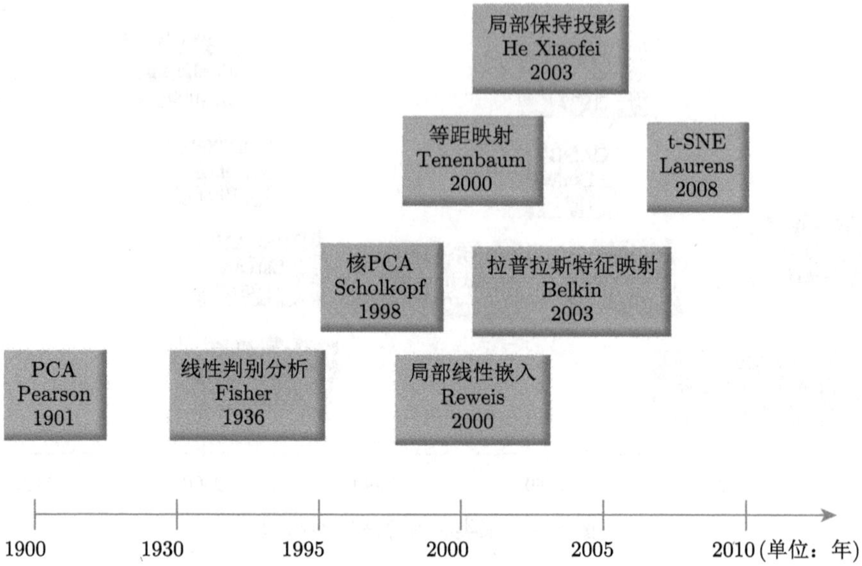

图 2-7　数据降维算法发展历程

t-SNE 是降维算法中比较年轻的成员，诞生于 2008 年，其思想很简单，效果却非常显著。

2.4.4　概率图模型

概率图模型是机器学习算法中比较独特的一个分支，它是图论与概率论完美结合的产物。在这类模型中，每个节点都表示随机变量，连接节点的边则表示概率。这类算法往往晦涩难懂，让许多使用者难以推进，图 2-8 列示概率图模型发展历程。

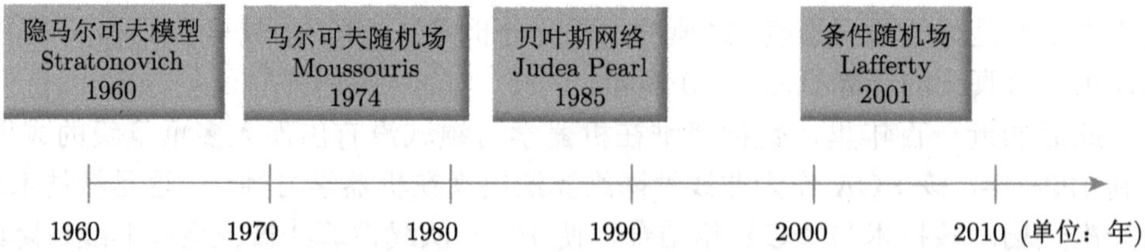

图 2-8　概率图模型发展历程

概率图模型中著名的隐马尔可夫模型诞生于 1960 年，在 20 世纪 80 年代，它在语音识别中取得了成功，一时名声大噪，后来被广泛用于各种序列数据分析问题。在循环神经网络大规模应用之前，该算法一直处于主导地位。

马尔可夫随机场则于 1974 年被提出，也是一种经典的概率图模型算法。贝叶斯网络是概率推理的强大工具，诞生于 1985 年，其提出者是概率论图模型中的重量级人物，后来获得了图灵奖。条件随机场则是概率图模型中相对年轻的成员，被成功用于中文分词等自然语言处理问题，也是序列标注问题的有力建模工具。

2.4.5 深度学习

虽然真正意义上的人工神经网络诞生于 20 世纪 80 年代，反向传播算法、卷积神经网络、LSTM 等成果也早就被提出，但遗憾的是神经网络在过去很长一段时间内并没有得到大规模的成功应用。甚至在与 SVM 等机器学习算法的竞争中处于劣势。究其原因，主要在于算法本身的问题，如梯度消失问题导致深层网络难以训练、训练样本数的限制、计算能力的限制。直到 2006 年，这一情况才慢慢改变。图 2-9 列示深度学习算法发展历程。

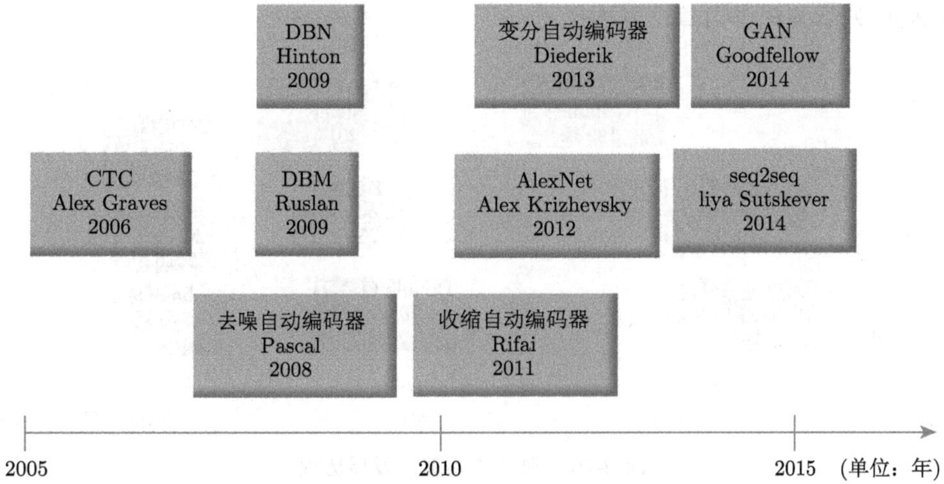

图 2-9 深度学习算法发展历程

对神经网络改进一直在进行着，在深度学习的早期，自动编码器和受限玻尔兹曼机被广泛研究，典型的改进和实现有去噪自动编码器、收缩自动编码器、变分自动编码器、深度置信网络 (DBN)、深度玻尔兹曼机 (DBM) 等。这些算法轮流出场，虽然热闹，但还是没有真正得到成功应用。

后来在语音识别中起到重要作用的连接主义时序分类 (CTC) 早在 2006 年就被提出，同样没有受到重视。直到 2012 年，情况才真正得以改善，Alex 网络的巨大成功使得深度神经网络卷土重来。在这之后，卷积神经网络被广泛地应用于机器视觉的各类问题。循环神经网络则被用于语音识别、自然语言处理等序列预测问题。整合了循环神经网络和编码器-解码器框架的 seq2seq 技术，巧妙解决了大量的实际应用问题。而生成对抗网络 (GAN) 作为深度生成模型的典型代表，在图像生成应用领域得到不可思议的效果，是现在深度学习中热门的研究方向。

历史选择了神经网络并非偶然，它有万能逼近定理作为保障，可以拟合闭区间上任意一个连续函数。另外，我们可以人为控制网络规模，用来拟合非常复杂的函数，这是其他机器学习算法不具备的。深度学习的出现，让图像、语音等感知类问题取得了真正意义上的突破，并且离实际应用越来越近。

2.4.6　强化学习

相比有监督学习和无监督学习，强化学习在机器学习领域的起步更晚。虽然早在 20 世纪 80 年代就出现了时序差分算法，但对于很多实际问题，我们无法用表格的形式列举出所有的状态和动作，因此这些抽象算法无法大规模使用。图 2-10 列示强化学习算法发展历程。

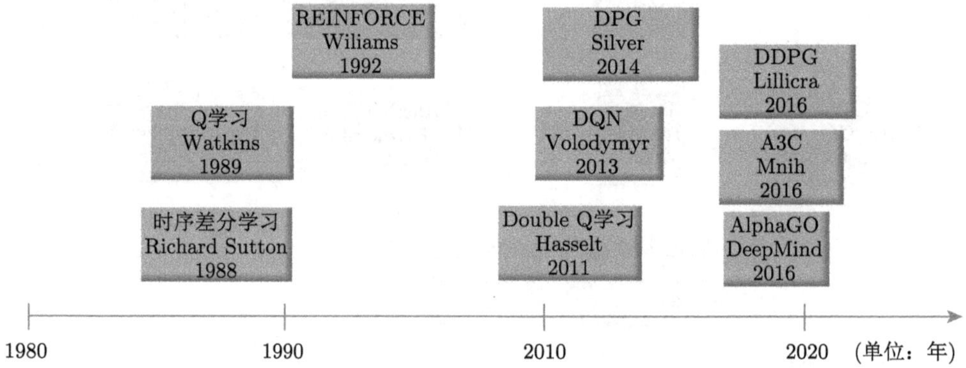

图 2-10　强化学习算法发展历程

神经网络与强化学习的结合，即深度强化学习的出现，为强化学习带来了真正的发展机会。在这里，深度神经网络被用于拟合动作价值函数 (Q 函数)，或者直接拟合策略函数，这使得我们可以处理各种复杂的状态和环境，在围棋、游戏、机器人控制等问题上真正得到应用。神经网络可以直接根据游戏画面、自动驾驶汽车摄像机传来的图像、当前的围棋棋局，预测出需要执行的动作。其典型的代表是深度 Q 网络 (DQN) 这种用深度神经网络拟合动作价值函数的算法，以及直接优化策略函数的算法。

2.5 性 能 度 量

机器学习的目的并不是要在训练样本集合中取得好的效果，而是要在训练样本外的数据中取得好的预测效果，这种能力被称为算法的泛化性能 (Generalization)。要判断一个机器学习算法是否有效，是否满足研究人员的需求，就需要设计一个能够度量机器学习算法性能的指标。对机器学习性能进行度量，实际上就是对算法的泛化性能进行度量。

对于不同类型的学习任务，在度量指标的设计上也会有所不同。不存在一个统一的度量标准，适用于所有算法，对于同一个模型或者算法，使用不同的度量指标，评价结果可能完全不一样。这也说明算法的"好坏"是相对的，评价一个算法的度量，除了从算法有效性 (泛化能力) 层面出发，还得结合研究人员自身需求。下面我们简单讨论分类任务和回归任务的常用性能度量。

2.5.1 分类任务

错误率是分类错误的样本数量占所有样本数量的比例，精度则是分类正确的样本数量占样本总数的比例，错误率与精度之和恒等于 1。两种度量指标的计算简单，逻辑上也十分清晰。

查准率和**查全率**：对于二分类问题，只有两种分类结果，一般可以称为正例和反例。将真实样本的分类结果与算法预测结果两两组合，可以组合成四种情况：① 真实样本和预测结果均为正例，即真正例 (True Positive)，以 TP 表示真正例样本数；② 真实样本为正例，算法预测结果为反例，即假反例 (False Negative)，以 FN 表示假反例样本数；③ 真实样本为反例，预测结果为正例，即假正例 (False Positive)，以 FP 表示假正例样本数；④ 真实样本和预测结果均为反例，即真反例 (True Negative)，以 TN 表示真反例样本数。则样本总数 = TP+TN+FP+FN。四种情况可见矩阵表如下。

分类情况	预测结果	
	正例	反例
正例	真正例 (TP)	假反例 (FN)
反例	假正例 (FP)	真反例 (TN)

现在定义查准率 P 和查全率 R 如下，查准率和查全率往往呈现出此消彼长的趋势。查准率高时，查全率往往较低；而查全率高时，查准率往往偏低。通常情况下，只有在特别简单的分类任务中，才可能使查准率和查全率同时达到比较高的数值。对于一个稍微复杂的分类任务，如果有两个算法供我们选择，很少会出现一个算法在查准率和查全率同时高于另一个的情况，因此通过这两个指标很

难判断哪个算法更好。

$$P = \frac{\mathrm{TP}}{\mathrm{TP} + \mathrm{FP}} \tag{2-1}$$

$$R = \frac{\mathrm{TP}}{\mathrm{TP} + \mathrm{FN}} \tag{2-2}$$

鉴于查准率和查全率的局限性，也有人使用平衡点或者 F1 指标度量算法能力。这两种度量方法都同时考虑 P 和 R，进行一个比较综合的评估。

平衡点 (Break-Event Point，BEP)：当输入数据中正例和反例的比例不断调整，查准率和查全率也在不断变化。由于两种指标此消彼长，因此对于多数复杂分类任务，存在一个交点，此时查准率与查全率相等，这个数值就是平衡点。如果 A 算法的 BEP 高于 B 算法，可以认为在这个分类任务上，A 算法优于 B 算法。

F1：F1 指标的计算方法如下式，从 F1 的分子可以看出，该指标综合考虑查准率和查全率，实际上是两者的调和平均值，并且鼓励算法具有比较接近和适中的 P 和 R ($P \times R$ 才具有比较大的数值)，

$$\mathrm{F1} = \frac{2 \times P \times R}{P + R} = \frac{2 \times \mathrm{TP}}{\text{样例总数} + \mathrm{TP} - \mathrm{TN}} \tag{2-3}$$

2.5.2 回归任务

均方误差：给定数据集 $D = \{(X_1, Y_1), (X_2, Y_2), \cdots, (X_m, Y_m)\}$，要评估模型 f 的性能，一般采用均方误差进行度量，均方误差可以表示如下。对于连续型随机变量，将下式中的求和符号变为积分符号即可。

$$E(f; D) = \frac{1}{n} \sum_{i=1}^{n} (f(X_i) - Y_i)^2 \tag{2-4}$$

2.6 几种常见机器学习算法介绍

机器学习算法种类繁复，这一部分拟选择几种重要算法的设计流程进行详细说明，这些算法在品牌定价与品牌发展战略中也具有重要应用前景。后文按照监督学习与无监督学习将算法分为两类。

2.6.1 监督学习算法

1. 线性回归

线性回归 (Linear Regression) 是计量经济学中最核心的内容，但在机器学习中并不占据主要地位。按照前文分类方法，线性回归应被归为“回归算法”与“监督

算法”中。线性回归问题一般具有如下形式：假设数据集由 n 个观测值组成，每个观测值由 $m+1$ 个属性进行描述，包括 m 个非预测属性与一个预测属性。数据集 D 可表示为 $D=\{(X_1,Y_1),(X_2,Y_2),\cdots,(X_n,Y_n)\}$；其中，$X_i=(X_{i1},X_{i2},\cdots,X_{im})$ 表示第 i 个观测值的 m 个非预测属性向量，Y_i 则表示预测属性。线性回归可以写为如下线性组合形式，

$$f(X)=\alpha_0+\alpha_1X_1+\alpha_2X_2+\cdots+\alpha_mX_m$$

$$=\begin{bmatrix}\alpha_0\\ \alpha_0\\ \vdots\\ \alpha_0\end{bmatrix}_{n\times 1}+\begin{bmatrix}X_{11} & X_{12} & \cdots & X_{1m}\\ X_{21} & X_{22} & \cdots & X_{2m}\\ \vdots & \vdots & & \vdots\\ X_{n1} & X_{n2} & \cdots & X_{nm}\end{bmatrix}_{n\times m}\begin{bmatrix}\alpha_1\\ \alpha_2\\ \vdots\\ \alpha_m\end{bmatrix}_{m\times 1} \tag{2-5}$$

线性回归基本原理可以由图 2-11 描述。在二维坐标系中有许多点，每个点都可以由一组二维数组 (X,Y) 表示。线性回归的目的，就是找到一条直线，使直线尽可能接近所有的数据点。我们知道，二维坐标系中，任意一条直线都可以表示为 $Y=a+bX$ 的形式；如果确定参数 a (截距系数) 和 b (斜率系数) 的数值，就可以确定直线的位置。最终，线性回归就可以总结为，运用已有的数据 (图 2-11 中 6 个数据点的坐标值)，估计参数 a 和 b 的数值，进而确定直线的位置。当然，在这个例子中，我们只考虑单一属性 (X)，但在实际使用中，属性的数量可以大于 1。单属性对应一元线性回归模型，而多属性则对应多元线性回归模型。此外，即使是线性回归，根据不同的参数估计方法，也可进一步细分，比如最小二乘法、矩估计法、最大似然法、工具变量法、贝叶斯估计、非参数估计等等。

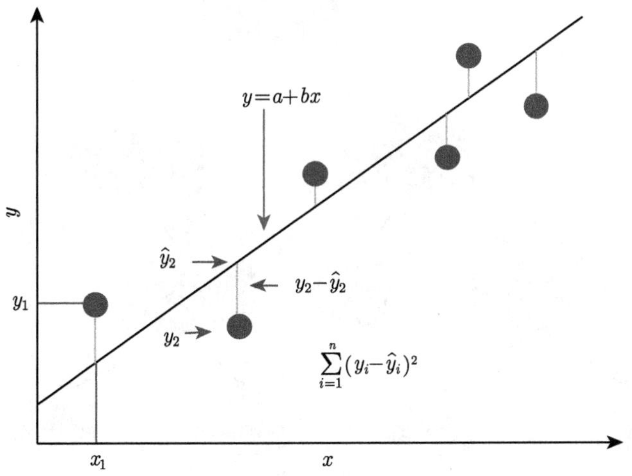

图 2-11　线性回归算法原理示意图

2. 决策树

决策树 (Decision Tree) 算法是一种基于树型结构逻辑对训练数据集展开学习，进而对验证数据集进行分类的机器学习方法。该算法符合人类在面临客观世界决策问题时的思维处理模式，因而在机器学习中占据十分重要的地位。按照决策树分支路径上的属性分类和划分方式，可对其进一步分类。若在每个根节点上只对单一属性进行分类判定，这类方法统称为单变量决策树，其代表模型包括 ID3(Quinlan, 1986)、C4.5(Quinlan, 1993) 和 CART(Breiman et al., 1984)；若对多个属性进行分类判定，则为多变量决策树，常用模型主要是 OC1(Murthy et al., 1994)。单变量法和多变量法在分支路径上的属性划分顺序完全固定，另有一些方法在模型构建过程中引入"增量学习"特征，即在决策树接收到新样本后，会根据新样本信息计算样本后验分布，进而优化分支路径上属性划分顺序，达到减少学习时间的目的，其中比较有代表性的模型包括 ID4(Fisher and Schlimmer, 1988) 和 ITI(Utgoff et al., 1997)。无论哪种模型，都有其优点和缺点，不能简单以优劣高低来判断。

从原理上来讲，决策树方法非常简单，因其逻辑处理过程类似树形结构，故称为"决策树"。其基本原理在于对输入样本数据进行标签化，以图 2-12 为例，将样本分为类 A 与类 B；选择与所需研究的对象直接相关的属性，如图 2-12 选择 A1 至 A5 五种属性。然后使用输入数据对决策树进行训练，经过训练后的决策树模型就可以用于预测分析。决策树算法的关键在于选择最优划分属性，一般情况下，随着划分过程不断进行，我们希望决策树的每一个分支节点所包含的样本尽

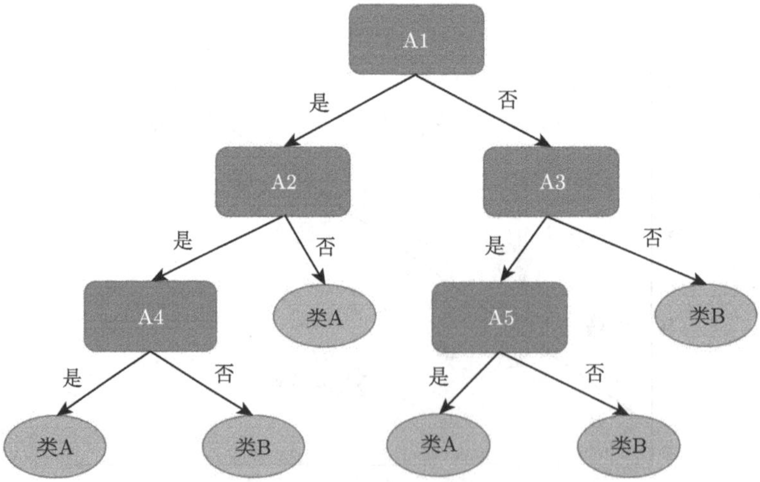

图 2-12 决策树算法示意图

可能属于同一类别。表 2-1 列示决策树算法伪代码，从代码中可以看出算法基本逻辑，现实中一般采用信息熵增益作为度量指标①。信息熵 (Information Entropy) 概念源于热力学，后被引入信息技术领域，作为度量样本集合纯度的指标。假设系统中样本集合 D 中共有 k 种分类，其中第 i 种 $(i=1,2,\cdots,k)$ 分类样本数占集合 D 中所有样本比例为 p_i，则节点 D 的信息熵计算方式如下

$$\mathrm{Ent}(D)=-\sum_{i=1}^{k}p_i\log_2 p_i \tag{2-6}$$

再假设属性集 A 中第 j 种属性有 H 种可能取值 $\{A_j^1,A_j^2,\cdots,A_j^H\}$，若使用该属性对样本集 D 进行划分，会产生 H 个分支节点；信息集 D 在其中第 h 个分支节点的子集可以表示为 D_h；用信息熵计算公式，可以计算出该节点信息熵为 $\mathrm{Ent}(D_h)$。再考虑不同分支节点所包含样本数不同，样本数越大的分支节点赋予越大权重 (或称权值)，可计算出属性集 A 中第 j 种属性的信息熵增益如下

$$\mathrm{Gain}(D,A_j)=\mathrm{Ent}(D)-\sum_{h=1}^{H}\frac{|D_h|}{|D|}\mathrm{Ent}(D_h) \tag{2-7}$$

表 2-1　决策树算法伪代码

输入：	训练集 $D=\{(X_1,Y_1),(X_2,Y_2),\cdots,(X_i,Y_i),\cdots\}$ 属性集 $A=\{A_1,A_2,\cdots,A_m\}$

过程：	生成节点 node;
	if D 中样本全部属于同一类别 then
	　将该节点标记为叶节点；return
	end if;
	if $A=$ 空集 OR D 中样本在 A 上取值完全相同 then
	　将该节点标记为叶节点，其类别标记为 D 中样本数最多的类；
	end if;
	计算信息熵增益，从 A 中选择最优划分属性 A_*；
	for A_* 的每一个取值 A_{i*} do
	　为节点 node 生成一个分支，D_i 表示 D 在该分支的子集；
	　if $D_i=$ 空集 then
	　　将该节点标记为叶节点，其类别标记为 D_i 中样本数最多的类；
	　else
	　　以 D_i，A_{i*} 为分支节点；
	　end if;
	end for;

输出：	以 node 为根节点的决策树

① 以信息熵增益作为度量指标，对应前文提到的 ID3 模型。除信息熵增益外，增益率 (对应 C4.5 模型) 和基尼指数 (对应 CART 模型) 也是常见的度量指标。三者并无明显优劣之分，只是信息熵增益在统计上较直观。

3. 支持向量机

支持向量机 (Support Vector Machine，SVM) 本质上是一种二分类算法，与线性回归类似，可以在多维空间中确定一个超平面，这个超平面可以将空间中的点进行分类。然而，空间中存在许多超平面可以对数据点进行分类，应该选择哪一个？直观上看，我们应该选择最靠近“正中间”的超平面，因为这个超平面对输入数据的扰动具有最好的容忍度，即稳健性 (Robustness) 最高，图 2-13 显示支持向量机基本工作原理，图中的“最优分类界面”即我们想要寻找的超平面。在输入数据空间中，可以用如下方程描述某一超平面，

$$w^{\mathrm{T}}x+b=0 \tag{2-8}$$

其中 w 为该超平面的法向量，决定超平面的方向，而 b 为超平面的位移项，决定超平面相距远点的距离。一个超平面可以由法向量 w 与位移 b 唯一决定。样本中任意一个点到超平面上的距离可以表示为

$$r=\frac{\left|w^{\mathrm{T}}x+b\right|}{\|w\|} \tag{2-9}$$

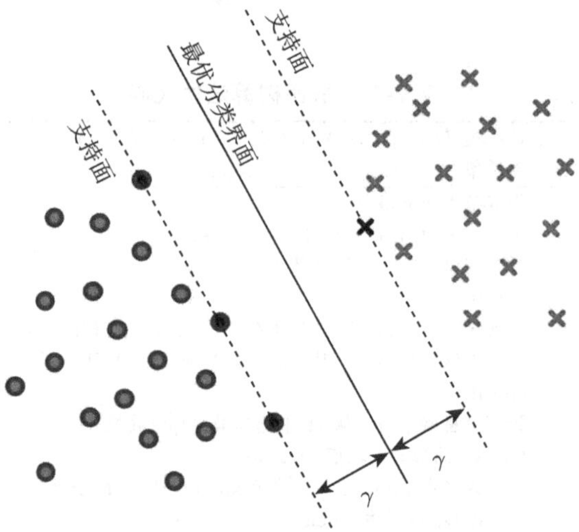

图 2-13 支持向量机基本工作原理示意图

假设超平面能够将输入数据进行正确分类，即对于输入数据集中的任意样本 (x_i,y_i)，都使式 (2-10) 得到满足

$$\begin{cases} w^{\mathrm{T}}x_i+b\geqslant 0, & y_i=1 \\ w^{\mathrm{T}}x_i+b<0, & y_i=-1 \end{cases} \tag{2-10}$$

满足上式并且距离超平面最近的几个点被称为支持向量。定义异类支持向量到超平面的距离之和如下

$$\gamma = \frac{2}{\|w\|} \tag{2-11}$$

接着通过调整 w 和 b 使上式最大，即求解如下最优化问题，

$$\begin{aligned} \max_{w,b} \quad & \frac{2}{\|w\|} \\ \text{s.t.} \quad & y_i(w^{\mathrm{T}}x_i + b \geqslant 0),\ \ i = 1, 2, \cdots, n \end{aligned} \tag{2-12}$$

这就是支持向量机的基本原理，式 (2-12) 也被称为支持向量机算法的基本型。

4. 人工神经网络

人工神经网络 (Artificial Neural Network，ANN) 在监督学习算法中占据极其重要的地位，是机器学习历史上最重要的成就之一，也是本书的重要研究课题。后文将有大量篇幅重点介绍神经网络算法，故此处不再进行深入介绍。

2.6.2 无监督学习算法

1. 主成分分析算法

主成分分析 (Principal Component Analysis，PCA) 是无监督学习下的一类重要算法，最主要的用途是降低数据维度。在海量数据环境下，若使用大数据技术进行具体工作，往往面临数据维度过大的情况 (即变量数目非常多)。由于数据维度高，并且各维度间往往存在相关关系，导致使用人员难以提取有效信息，或者所提取信息出现重大偏差。这就需要一种简化数据的方法，使高维数据降为低维数据。PCA 通过投影手段，使数据降维以达到简化结构的目的。其核心要求是：在最大限度保留原始数据有效信息 (尤其是方差–协方差矩阵中包含的数量关系) 前提下，降低数据维度。下面介绍 PCA 算法的基本原理。

假设有 N 个数据样本，K 个相关属性。相关数据可以表示为形如 $X = (X_{ij})_{N\times K} = (X_1, X_2, \cdots, X_K)_{N\times K}$ 的 $N \times K$ 矩阵。该矩阵的列表示所选属性指标，共有 K 类指标 (需要降低维度)；行表示样本数量，共有 N 个样本。从几何上看，该矩阵可视为在 K 维实数空间 $\mathbb{R}^K$ 中 N 个 K 维点的集合，PCA 的目标就是将这 N 个点投影到更低维度实数空间 (如 P 维空间，$P < K$)。

进行 PCA 处理，第一步是对原始数据进行标准化①。标准化过程如下：对矩阵 X 中第 j 列向量 (对应第 j 个属性指标) 所有元素 (对应所有样本) 求均值

① 若不进行标准化处理，可能会导致数据在降维过程中出现偏聚或者中心化趋势，进而降低分析结果的有效性。

$\bar{X}_j = \dfrac{1}{N}\sum_{i=1}^{N} X_{ij}$ 与标准差 $\sigma_j = \sqrt{\dfrac{1}{N}\sum_{i=1}^{N}(X_{ij}-\bar{X}_j)^2}$，对第 j 列中 N 个元素进行标准化处理 $(X_{ij}-\bar{X}_j)/\sigma_j$ 即可。上述标准化过程可概括为如下矩阵形式，

$$X \xrightarrow{\text{标准化处理}} \left(I - \frac{1}{N}\mathbf{1}\times\mathbf{1}^{\mathrm{T}}\right)\cdot X \cdot \operatorname{diag}\left(\frac{1}{\left\|\left(I-\frac{1}{N}\mathbf{1}\times\mathbf{1}^{\mathrm{T}}\right)X_1\right\|},\right.$$
$$\left.\cdot\frac{1}{\left\|\left(I-\frac{1}{N}\mathbf{1}\times\mathbf{1}^{\mathrm{T}}\right)X_2\right\|},\cdots,\frac{1}{\left\|\left(I-\frac{1}{N}\mathbf{1}\times\mathbf{1}^{\mathrm{T}}\right)X_K\right\|}\right) \tag{2-13}$$

上式中，I 表示单位矩阵，$\mathbf{1}$ 表示元素全为 1 的向量，上标 “T” 表示转置。经过上式处理，可以得到标准化处理后的矩阵，以 Y 表示。上述标准化矩阵 Y 可进一步表示为 $Y=(Y_1,Y_2,\cdots,Y_K)\sim(\mu,\Sigma)$，其中 μ 是每个指标 Y_i 的均值所构成向量，Σ 则是各指标间方差–协方差矩阵，Σ 的迹 $\mathrm{tr}\Sigma$ 表示 Y 的总变差。根据 PCA 核心要求，需要在给定目标累积贡献率前提下，寻找最优维度 P (P 严格小于 K)，使矩阵 Y 在 P 维实数空间 $\mathbb{R}^P$ 中投影具有方差–协方差矩阵中最大变差。从数学角度而言，即规划 P 个两两相互正交的特征向量 $\{d_1,d_2,\cdots,d_P\}$，使下式得以满足

$$\mathrm{tr}[\mathrm{Cov}((d_1,d_2,\cdots,d_P)^{\mathrm{T}}Y)] = \mathrm{tr}[(d_1,d_2,\cdots,d_P)^{\mathrm{T}}\Sigma(d_1,d_2,\cdots,d_P)] \tag{2-14}$$

根据以上分析可知，PCA 算法第二步就是要计算矩阵 Y 的特征值与特征向量。具体做法为，先将矩阵 Y 投影到第一个方向上，以 d_1 表示该方向单位向量。Y 中第 i 行 (表示第 i 个样本) Y_i 在该方向上的投影为 $Y_i^{\mathrm{T}}d_1$，Y_i^{T} 表示 Y_i 的转置。根据 PCA 投影原则，矩阵 Y 在该方向上投影应使投影后数据方差最大，即对如下二次型进行极值优化，

$$\max_{d_1\in\mathbb{R}^K}\frac{d_1^{\mathrm{T}}Y^{\mathrm{T}}Yd_1}{d_1^{\mathrm{T}}d_1} \tag{2-15}$$

在上式中，d_1 是控制变量，对其进行调整，即可求出使上式达到极大值的特征向量 d_1，极大值即该特征向量对应特征值 λ_1。求出第一个投影方向后，再求解第二个投影方向 d_2，该方向需满足两个条件：一是使投影后数据方差最大化；二是与第一个投影方向正交。可将 d_2 求解过程写为如下二次型极值优化，相比于

第一轮极值优化，第二轮极值优化增加了正交约束条件 $d_2^{\mathrm{T}} \times d_1 = 0$，

$$\begin{aligned} &\max_{d_2 \in \mathbb{R}^K} \frac{d_2^{\mathrm{T}} Y^{\mathrm{T}} Y d_2}{d_2^{\mathrm{T}} d_2} \\ &\text{s.t.} \quad d_2^{\mathrm{T}} \times d_1 = 0 \end{aligned} \tag{2-16}$$

经过上述优化，可求解出第二个投影方向的特征向量 d_2 和特征值 λ_2。按照相同逻辑，即可求出矩阵 Y 在 $\mathbb{R}^K$ 空间中所有特征值 $(\lambda_1, \lambda_2, \cdots, \lambda_K)$ 与特征向量 $(d_1, d_2, \cdots, d_K)$。根据二次型特征，矩阵 Y 应满足

$$Y^{\mathrm{T}} \times Y = (d_1, d_2, \cdots, d_K) \cdot \mathrm{diag}\{\lambda_1, \lambda_2, \cdots, \lambda_K\} \cdot (d_1, d_2, \cdots, d_K)^{\mathrm{T}} = D \times \Lambda \times D^{\mathrm{T}} \tag{2-17}$$

求解出各主成分特征值与特征向量，第三步就是通过主成分对总方差的累积贡献率确定需保留主成分数量。假设需要保留原始数据 80%的变化信息，则通过如下方式确定主成分数量，

$$\alpha_P = \sum_{i=1}^{P} \lambda_i \Big/ \sum_{i=1}^{K} \lambda_i \geqslant 80\% \tag{2-18}$$

通过上式求出 P，即为主成分数量，同样也是投影空间维度①。第四步是通过主成分特征向量计算各主成分具体数值。用 $Z_j = Y d_j$，$j = 1, 2, \cdots, P$ 表示所确定的 P 个主成分，并可简化为如下矩阵形式，

$$Z = (Z_1, Z_2, \cdots, Z_P) = Y \cdot (d_1, d_2, \cdots, d_P) = Y \times D \tag{2-19}$$

进一步变形可得

$$Z^{\mathrm{T}} Z = D^{\mathrm{T}} \times Y^{\mathrm{T}} \times Y \times D = D^{\mathrm{T}} \times D \times \Lambda \times D^{\mathrm{T}} \times D = \mathrm{diag}\{\lambda_1, \lambda_2, \cdots, \lambda_K\} \tag{2-20}$$

上式说明，经投影后主成分是原空间的线性变化，并且空间维度从 K 维降至 P 维，降维目的得以实现。主成分分析方法常用于对多输入决策问题进行综合评估。其基本逻辑如图 2-14 所示，对众多属性进行 PCA，获得主成分，此时主成分维度已经低于原属性数量。再确定每个主成分权重，对所有主成分加权求和，获得综合性评估指标。图 2-14 列示 PCA 算法基本原理，通过计算获得综合得分作为评估指标。

① 需要注意，主成分数量与所需保存数据的原始信息百分比直接相关。如果需要保存信息较低，所需主成分数量相应变少，反之亦然。

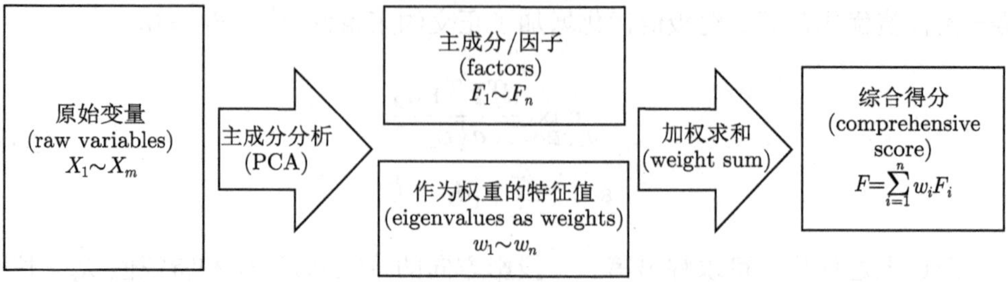

图 2-14 PCA 算法综合评估原理图

2. 聚类分析算法

聚类 (Clustering) 是一种发现数据之间内在关联和结构，并将类似对象区分为不同类的算法。聚类算法是一大类算法的统称，其中常见的包括 K 均值聚类、分层聚类、基于密度的扫描聚类、高斯聚类等。被分为同一类的数据点具有非常相似的特征，而处于不同类的数据点则表现出显著不同，基本原理见图 2-15。由于在进行聚类计算前，未对输入数据进行任何标签化处理，因此聚类分析属于无监督学习算法，并且非常实用与简单。

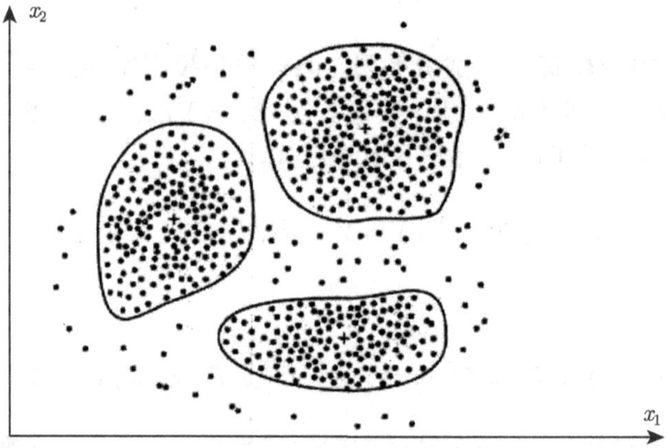

图 2-15 聚类分析算法原理示意图

对数据进行聚类，实际上是通过测算数据点之间的“距离”来判断不同数据点的相似程度，这里所说的距离并不是简单指空间上的距离。因此，我们需要找到合适的“距离”度量指标，这个度量指标应该具备如下基本特征：

非负性 该度量指标始终为一个大于等于零的实数；

单调性 两个数据点之间的距离指标越小，说明两个点之间的相似程度越高；距离指标越大，两个点相似程度越低；

同一性 当且仅当两个点之间的距离指标为 0 时，两个点完全相同；

无方向性 A 点到 B 点的距离指标与 B 点到 A 点的距离指标完全相同；

传递性 A 点到 C 点的距离指标始终小于或者等于 A 点到 B 点与 B 点到 C 点的距离指标之和。

我们所构建的距离度量指标，应该同时满足以上五个基本特征。假设输入数据的其中两个数据点 $X_1 = (x_{11}, x_{12}, \cdots, x_{1n})$ 和 $X_2 = (x_{21}, x_{22}, \cdots, x_{2n})$，则常用的距离度量指标包括：

(1) 曼哈顿距离

$$\mathrm{dist}_{\mathrm{man}}(X_1, X_2) = \|X_1 - X_2\|_1 = \sum_{i=1}^{n} |x_{1i} - x_{2i}| \tag{2-21}$$

(2) 欧氏距离

$$\mathrm{dist}_{\mathrm{ed}}(X_1, X_2) = \|X_1 - X_2\|_2 = \sqrt{\sum_{i=1}^{n} |x_{1i} - x_{2i}|^2} \tag{2-22}$$

(3) 闵可夫斯基距离

$$\mathrm{dist}_{\mathrm{mk}}(X_1, X_2) = \|X_1 - X_2\|_p = \left(\sum_{i=1}^{n} |x_{1i} - x_{2i}|^p\right)^{1/p} \tag{2-23}$$

显然，上述三种距离度量方法都能同时满足五个基本特征，而且我们可以发现，曼哈顿距离只是闵可夫斯基距离在 $p = 1$ 时的特例；而欧氏距离是 $p = 2$ 时的特例。

第二篇
神经网络算法在品牌发展战略中的应用

第 3 章

神经网络基础知识

本章主题

本章我们对神经网络算法的基础知识进行介绍，为后面章节打下基础。先对神经网络算法的起源进行说明，再讨论近 80 年神经网络的发展历程。重点分析神经网络算法推导涉及的数学基础与最优化算法。最后，以最简单的神经网络模型——感知器作为本章结尾。

本章组织

3.1 节对神经网络算法的起源与特征进行介绍；
3.2 节讨论神经网络算法的发展历程；
3.3 节介绍与神经网络相关的数学基础；
3.4 节讨论几种用于性能指标优化的算法；
3.5 节详细介绍感知器和 S 型感知器的数理逻辑；
3.6 节介绍相关算法的 Python 实现。

3.1 神经网络算法的起源与特征

3.1.1 神经网络的生物学起源

神经网络算法，也被称为人工神经网络 (Artificial Neural Network)，是机器学习乃至人工智能领域极其重要的一环。神经网络是一门涉及生物学、数学、物理、信息科学以及计算机科学等学科的综合交叉学科。它用比较简单的数学模型对生物神经网络结构进行描述，并通过特定算法进行训练，实现在某种程度上模拟生物神经网络所具有的智能特征，解决传统计算机算法无法处理的复杂问题。

神经网络一词源于生物学，对应生物学中的神经元以及由神经元组成的神经系统。早在 1904 年，生物学家就已经对神经元的组成结构及工作原理有所了解；再经过一个世纪的补充与完善，目前生物学家与神经学家已经对不同生物甚至人类大脑神经网络有了比较清晰和完整的认识。在生物学范畴，神经元又被称为神经细胞，是神经系统中最基础的构成单位，能够独立承担接收和处理外界刺激信号的任务。每个神经细胞均由细胞体、树突和轴突等部分组成，图 3-1 为具有一般生物学特征的神经细胞示意图。

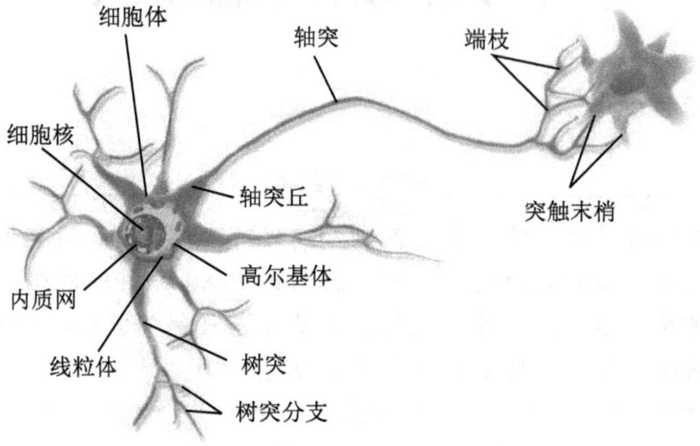

图 3-1　神经细胞示意图，神经元由细胞体、树突和轴突组成

从形态来看，树突较短并且分支较多，主要用于接收其他神经元的轴突传导过来的脉冲；相反，轴突较长并且分支较少，主要功能是将神经元信号传递出去。轴突末梢需要与其他神经元树突连接才能进行信号传递，连接处在生物学上被称为“突触”。

对于任意一个神经元，其始终处于两种状态中的一种：兴奋或抑制。一般情况下，多数神经元处于抑制状态；一旦某个神经元受到刺激，导致其自身电位高于临界值，这个神经元就会被激活，处于兴奋状态，进而向其他神经元传播信息。神经元包括信号接收区域、信号整合与处理区域、信号输出区域三个部分。树突在神经元中起接收信号作用，受到外部脉冲时，该区域被触发，产生激活电位。一个神经元中包含众多树突，每个树突都可能接收到外部信号，这些信号需要通过神经元的信号整合与处理区域进行汇总；经过整合后的电位如果达到神经元的电位阈值，就会触发该神经元动作，产生相应的动作电位。动作电位进入信号输出区域，信号输出功能由轴突负责，该区域将神经元的触发信号通过轴突再传递给下一级神经元①。

① 此处仅对神经元的工作原理进行基本描述，神经元真实工作环境与工作机制远比本章描述复杂。鉴于我们只是希望从神经元工作原理出发，对人工智能领域的神经网络算法进行探索，因此只需有基本了解即可。

3.1.2 神经网络特征

神经网络则是由数量众多的神经元有机结合的复杂系统。最复杂的神经网络当属人类大脑，大约由 1000 亿个神经元组成，但这是生物学领域所研究的神经网络。对于本书的读者，我们的目的，则是研究人工智能领域的神经网络算法以及这种算法在品牌系统工程中的应用。为避免歧义，后文如不加特殊说明，“神经网络”一词均表示人工智能领域的神经网络算法，也被称为人工神经网络，主要是为了与生物学中的神经网络进行区分。我们构建神经网络模型，目的并不是用模型去模拟人类大脑的神经网络，在现有科技水平下很难实现，也没有必要；只是希望通过这种具有网络拓扑结构的模型，能够实现我们的目标和需求。因为这种网络结构的模型与生物学中神经网络类似，所以才沿用生物学中的术语。

在正式介绍神经网络算法前，我们还需要区分几个概念：人工智能 (Artificial Intelligence，AI)、机器学习 (Machine Learning)、深度学习 (Deep Learning)。只要稍微关注一下新闻，读者应该不会对这几个名词感到陌生，尤其是人工智能。那么，AI、机器学习、深度学习与本章重点介绍的神经网络有什么联系呢？首先，人工智能是一个比较宽泛的概念，泛指研究、开发用于模拟、延伸和扩展人的智能的理论、方法、技术及应用系统的一门学科。简言之，人工智能就是为了使计算机能够具备人类大脑部分功能，进而使其性能得到极大提升。要达到这一目标，就必须要有切实可行的实现路径，其中一种路径就是机器学习。

机器学习致力于研究如何通过计算机和统计学手段，从输入数据中提取经验，用于改善系统自身的性能。而机器学习领域又包含众多算法，深度学习是其中一大类算法的总称，也是机器学习领域的研究前沿。深度学习与神经网络的关系极其密切，一般情况下，当神经网络模型的神经元层数较多，模型比较复杂，就可以将其归入深度学习领域。深度学习中的“深度”二字，实际上就表示网络层数多 (后文重点讨论的多层前馈神经网络就是一种很有“深度”的模型)。在许多书籍与文献中，深度学习与神经网络算法并不严格区分，在本章中读者也可将两者视为等同。下面的维恩图 (图 3-2) 显示了人工智能、机器学习、深度学习之间的相互关系。

神经网络算法是近三十年来人工智能领域的研究重点与热点。神经网络的强大功能源于其自身所具备的三大特征，分别是：

并行分布处理 神经网络模型具有高度的并行结构和并行计算能力，因此，也就具备出色的容错能力、扩展能力以及计算速度。神经网络的信息分布地存储在各个结构和功能均简单有效并且高度同质的神经元之中，所有神经元并行协同处理，以实现强大的模拟与预测功能。神经网络就是一种具有并行分布处理特征的网络结构。并行分布处理特征非常适合用于实时和动态处理，同时也和大数据、云计算、区块链等信息技术前沿相契合，这就决定神经网络算法具有强大的发展潜力和广阔的应用前景。

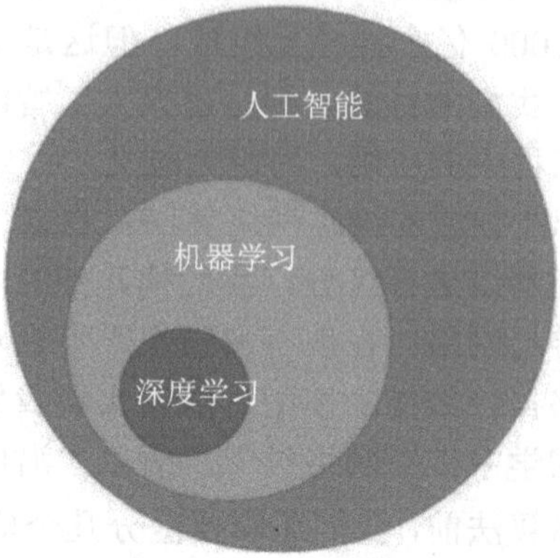

图 3-2　人工智能、机器学习以及深度学习三者的逻辑关系维恩图

非线性映射　无论增加神经网络深度还是调整激活函数形式，都可以使网络输出呈现出非线性特征，即神经网络的近似任意非线性映射能力。在客观世界中，许多系统的输入与输出之间均表现为复杂的非线性关系，难以用传统数学方法与计算机算法进行描述与建立映射。神经网络的非线性映射特性使其可以对输入样本数据自动学习，再以任意精度逼近任何复杂的非线性函数，作为多维非线性函数的通用数学模型。

自动学习　神经网络通过所研究系统的历史数据进行训练，修正自身网络结构，以适应训练样本数据的输入模式。这种自动学习能力能够极大提高人类发现数据统计学特征的能力，进而降低数据分析中的主观性，提高分析效率和精度。自动学习特征使人类处理海量数据，尤其是图像、视频、音频等非结构化数据成为可能。自动学习特征赋予神经网络算法持久的生命力，也使神经网络算法持续焕发生命力。

3.2　神经网络算法的历史沿革

在神经网络算法的发展历程中，许多杰出学者都做出了突出贡献，包括心理学家、计算科学家、数学家等等。神经网络的发展主要从理论创新和开发实现两个方向进行。相关文献和著作太多，很难一一介绍，此处仅对其中影响最大、最具里程碑意义的专著与研究进行介绍。人工神经网络最早可追溯至 20 世纪 40 年代，直到今天仍然是人工智能领域的研究热点。近 80 年的发展历程大致可以分为四个阶段。

3.2.1 1970 年以前

1943 年，心理学家 Warren S. McCulloch 和数学家 Walter Pitts 合作，发表了题为“A Logical Calculus of the Ideas Immanent in Nervous Activity”的论文。论文阐述了著名的神经网络 M-P 神经元模型，为现代神经网络算法研究奠定基础。该模型参考生物学中的神经元结构与功能而设定，是第一个神经元数学模型。在 M-P 模型中 (图 3-3 为 M-P 模型示意图)，对神经元输入信号进行加权求和后与阈值进行比较再决定神经元是否输出信号。由于 M-P 模型中各输入的权值预先设定，并且固定为常数，因此，该模型不具备学习能力，不能算作真正意义上的神经网络模型。即使如此，这篇里程碑式的论文从原理上证明了简单的神经网络能够用于计算算数和逻辑函数，可以将其视为神经网络的开山之作。

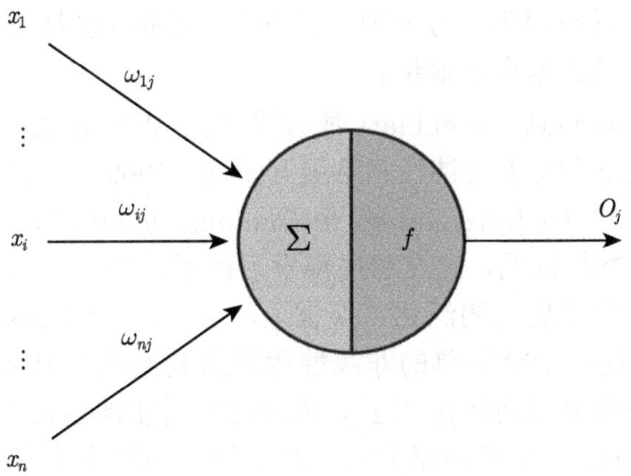

图 3-3 M-P 模型原理示意图

1949 年，心理学家 Donald Olding Hebb 在 *The Organization of Behavior* 一书中首次提出学习率和自组织学习概念。他认为，在人脑神经细胞中，信号传递强度在突触上可以变化，这种变化使神经元对信号处理灵活多变，同时也使神经系统从所接收信号中进行学习成为可能。在此基础上，Hebb 对神经元之间连接强度变化进行了分析，并提出著名的 Hebb 学习规则，该规则属于无监督学习算法范畴，主要思想在于根据两个神经元的信息传递状态调整每一次迭代的连接关系，从而达到模拟简单神经活动的目的。在 Hebb 研究之后，信息技术领域的学者也开始重视在神经元中引入学习能力，主要方法是通过调整各输入信号权值实现机器学习功能。Hebb 学习规则已经初步具备现代神经网络算法的自学习特征。

1958 年，计算科学家 Frank Rosenblatt 在“The Perceptron: A Probabilistic Model for Information Storage and Orgnization in the Brain”一文中设计了一个由两层神经元搭建而成的神经网络，命名为“感知器”(Perceptron)。感知器是最

简单的前馈神经网络，本质上属于有监督学习算法。感知器的激活函数采取阶跃函数形式，其输出信号一般以 (0，1) 或者 (−1，1) 这种二元分类信号形式描述，因此也被视作二元线性分类器。感知器的工作机制虽然简单，并且无法处理“异或”等非线性可分问题，但却是人工智能神经网络的第一个实际应用，标志神经网络以及深度学习进入新的发展阶段，具有重大意义。

继 Rosenblatt 的感知器模型获得成功后，许多学者也开始尝试将神经网络模型推向实际应用。比如斯坦福大学教授 Bernard Widrow 与其学生 Marcian Hoff 在 1960 年合作研发 ADALINE 网络 (Adative Linear Neuron Network，自适应线性神经元网络) 以及最小均方算法 (Least Mean Square Algorithm，LMS 算法)，两者也被统称为 Widrow-Hoff 算法 (WH 算法)。WH 算法类似最速下降法，与感知器最主要的区别在于其激活函数不再采用阶跃函数形式，而是采用线性函数。WH 算法目前被广泛应用于信号处理等任务中，其本身也是反向传播算法的先驱，因此在深度学习领域占据重要地位。

从 Hebb 学习规则到 Rosenblatt 感知器再到 WH 算法，这些神经网络理论均有一个特点，就是只对单层神经网络展开研究。1969 年，Minsky 和 Papert 发表名为 *Perceptrons: An Introduction to Computational Geometry* 专著，在这本著作中，两位学者严格证明，建立在局部学习例子基础上的 Rosenblatt 感知器从本质上讲无法进行全域层面的泛化。换言之，单层神经网络仅能处理线性可分问题，对于“异或”这类十分简单的非线性逻辑问题无能为力 (图 3-4 和图 3-5 列示了异或运算规则和分类问题)；并且，单纯通过增加神经元数目也没有办法解决上述矛盾。以 Rosenblatt 感知器为代表的单层神经网络具有明显的内在局限性。Minsky 和 Papert 的著作一经推出，就在神经网络学界引起巨大反响。彼时学术界普遍不看好神经网络的发展前景，对神经网络的研究也从最一开始的火热转入低迷，并且持续长达十年的时间。

输入		输出
A	B	
真	真	假
真	假	真
假	真	真
假	假	假

图 3-4 异或运算示意图。当 A 和 B 同为真或者同为假时，运算结果为假；当 A 和 B 不相同时，运算结果为真。异或运算是典型的非线性可分运算，感知器无法正确进行异或运算

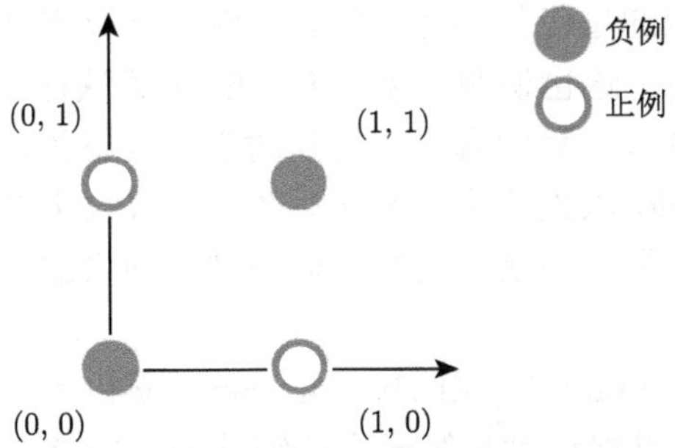

图 3-5 异或分类问题。无法仅通过一条线段将正例和负例区分开来，感知器失效

3.2.2 1970 年至 1982 年

在 Minsky 和 Papert 对单层神经网络提出的批判后，计算科学界对神经网络的研究热情一度降到低谷，并持续十多年时间。在这期间，神经网络研究进展非常缓慢，也没有特别重大的进展，值得一提的是其中的两个研究成果。

1972 年，芬兰的 Kohonen 教授提出自组织神经网络 (Self-Organizing Feature Map，SOM) 模型，该模型基于生理学和脑科学前沿成果，属于无监督学习算法，常用于对数据进行聚类分析和降维。SOM 模型包含两层神经元，分别是输入层和竞争层，以实现对不同模式具有不同响应特征的效果。

另一个重要的研究成果是美国 Grossberg 和 Carpenet 两位教授于 1976 年提出的自适应共振理论 (Adaptive Resonance Theory，ART)。ART 理论是一种无监督学习算法，相比于以往神经网络算法，最大区别在于该算法始终处于训练状态与测试状态，并且无需对两种状态进行区分。这种特性源于 ART 由比较层与识别层两层神经元构成的结构。在最一开始工作时，可以不必确定神经元数量，而是先初始化几个神经元；ART 网络在学习过程中，如果发现神经元数量不足以完成预定任务时，就会动态生成新的神经元以适应新模式，这种成长并不会影响已经存在神经元之间的连接关系，也不会损害以往迭代期次的记忆。简单来说，ART 算法能够通过自学习过程优化神经元数量。

3.2.3 1982 年至 2006 年

经过 20 世纪 70 年代的沉寂，进入 80 年代，神经网络算法又逐渐受到学者的青睐，重新回到热点。其中最重要的几个研究总结如下。

John Hopfield 教授于 1982 年发表名为“Neural Networks and Physial Systems with Emergent Collective Computational Abilities”的论文，在该文中提出 Hopfield 神经网络模型。Hopfield 模型又可以进一步分为离散型与连续型，属于反馈式算法，其突触权重和偏置不是通过训练得到，而是通过预设的规则计算出来。权重一旦确定，便不再更改，而是更新网络中各神经元状态，使系统达到稳定状态。Hopfield 模型通过优化神经元状态，而非优化突触权重和偏置，保证了系统收敛至局部极小值。这也说明，经过 Hopfield 算法计算，可能收敛至错误的局部极小值，而无法收敛至我们真正想达到的全域极小值，这是该算法主要局限性。即使如此，Hopfield 教授使用该算法对非多项式复杂度的旅行商问题进行求解，取得非常理想的效果，而这一研究也促进神经网络的研究进入了一个全新的蓬勃发展时期。

玻尔兹曼机 (Boltzmann 机) 由 Hinton、Sejnowski 和 Ackley 三位学者在 20 世纪 80 年代提出，可以被认为是第一个从统计力学中推导出的多层学习机。该模型包含一个隐藏层，是由随机神经元组成的二值随机机器。在这种网络中神经元只有两种输出状态，即单极性二进制的 0 或 1。状态的取值根据概率统计法则决定，由于这种概率统计法则的表达形式与著名统计力学专家 L. Boltzmann 提出的 Boltzmann 分布类似，故将这种网络命名为 Boltzmann 机。该算法可用于降维、分类、回归、协同过滤、特征学习以及主题建模。

从 1970 年以后的发展不难看出，无论 SOM 模型、ART 模型还是玻尔兹曼机，都不再类似 Rosenblatt 感知器那种单层神经网络，而是采用至少包括两层神经元的多层神经网络结构。层数的增加可以为神经网络提供更大的灵活性。另外，层数增加的同时参数会以更快速度增加，对参数的训练难度也将大幅度提升。长久以来，参数的训练算法一直是制约多层神经网络发展的一个关键瓶颈。而这一问题直至反向传播算法问世才得以解决。

反向传播算法 (Back Propagation Algorithm，BP 算法) 最早由 Paul Werbos 在 1974 年攻读博士期间提出。20 世纪 70 年代，计算科学界对神经网络算法的研究缺乏热情，因而当时 BP 算法没有受到重视。直至 1986 年，Rumelhart，Hinton 和 Williams 发表论文 “Learning Representations by Back-Propagation Errors”，该文重新阐述了 BP 算法，才使该算法受到重视，成为神经网络领域最重要，也最具有里程碑意义的算法之一。

BP 算法使用 Sigmoid 函数刻画神经元激活特征，使激活函数呈现出非线性、连续、可微的特点，克服传统神经元模型的弱点。此时，可以通过微积分中的全微分和链式求导法则，对性能指标函数进行反向递推，从而实现复杂网络结构的参数训练问题。继 BP 算法提出后，又有许多研究围绕 BP 算法的性能与改善进行。比如，BP 算法可以对包括 “异或” 在内的非线性问题进行处理，还能以任意精度逼近任意复杂的连续映射。

在这一段时期，BP 算法的提出使训练复杂神经网络模型成为可能，网络深度不断加深，泛化能力也出现显著上升。另外，建立在 BP 算法之上的卷积神经网络 (Convolutional Neural Network，CNN) 理论也在这一时期被提出。其中最为重要的，当属 LeCun 教授在 1988 年和 1994 年的研究。

LeCun 教授于 1988 年在 BP 网络基础上深入挖掘，发表了名为“A Theoretical Framework for Back-Propagation”以及名为“Handwritten Digit Recognition: Applications of Neural Net Chips and Automatic Learning”两篇文章，使用 BP 算法训练多层神经网络用于识别手写邮政编码。这项研究工作虽然没有提到卷积或者卷积神经网络等字样，但 LeCun 实际上使用了 5×5 的卷积核。1994 年，LeCun 的“Word-Level Training of a Handwritten Word Recognizer based on Convolutional Neural Networks”发表，该文正式提出卷积神经网络概念，可以说是最早的 CNN 研究论文，对深度学习领域起到巨大推动作用。这项由 LeCun 完成的开创性成果也被称为 LeNet5。该模型标志着卷积神经网络的真正问世，但在当时却没有受到主流学界的重视。CNN 理论的兴起和发展主要在 2006 年以后。

3.2.4 2006 年至今

2006 年，神经网络算法继续朝着复杂化与功能性方向发展，深度学习理论也被正式提出。

2006 年，Hinton 提出了深度置信网络 (DBN)，一种深层网络模型。使用一种贪心无监督训练方法来解决问题并取得良好结果。DBN(Deep Belief Networks) 的训练方法降低了学习隐藏层参数的难度。并且该算法的训练时间和网络的大小及深度近乎线性关系。这说明，提高网络结构的复杂性，并不会使算法的训练时间呈现出大幅度提升，这使该算法具有较大的实用价值。

区别于传统的浅层学习，深度学习更加强调模型结构的深度，明确特征学习的重要性，通过逐层特征变换，将样本元空间特征表示变换到一个新特征空间，从而使分类或预测更加容易。与人工规则构造特征的方法相比，利用大数据来学习特征，更能够刻画数据的丰富内在信息。

相较浅层模型，深度模型具有巨大的潜力。在有海量数据的情况下，很容易通过增大模型来达到更高的正确率。深度模型可以进行无监督的特征提取，直接处理未标注数据，学习结构化特征，因此深度学习除了叫作 Deep Learning，也叫作 Unsupervised Feature Learning，即无监督特征学习。随着 GPU、FPGA 等器件被用于高性能计算、神经网络硬件的出现和分布式深度学习系统的出现，深度学习的训练时间被大幅缩短，使得人们可以通过单纯增加使用器件的数量来提升学习速度。深层网络模型的出现，使得世界上无数难题得以解决，深度学习已成为人工智能领域最热门的研究方向。

在这一时期，卷积神经网络也得到快速发展与应用。2010 年，Dan Claudiu Ciresan 和 Jurgen Schmidhuber 两位学者发布了最早的 GPU 神经网络实例。这个实例是在一块 NVIDIA GTX 280 图形处理器上运行 9 层的神经网络，包含前向与反向传播。

2012 年，Alex Krizhevsky 发布 AlexNet 网络模型，该模型将 LeNet5 思想扩展至更大和更复杂的神经网络上。

2013 年，纽约大学 LeCun 实验室在 AlexNet 基础上进一步设计出衍生网络 Overfeat。

2014 年，牛津大学开发的 VGG 网络模型首次在每个卷积层使用过滤器，该网络直接对卷积序列进行处理。

这一时期同样见证了神经网络走出象牙塔，从理论与学术向实用与产业化过渡。其中比较重大的事件包括：

2010 年，美国国防部高级研究计划局 (DARPA) 计划首次资助深度学习项目。

2011 年，微软研究院和谷歌的自然语义识别研究人员先后采用 DNN 技术降低语音识别错误率 20%～30%，是该领域 10 年来最大突破。

2012 年，Hinton 将 ImageNet 图片分类问题的 Top5 错误率由 26%降低至 15%。同年，Andrew Ng 与 Jeff Dean 搭建 Google Brain 项目，用包含 16000 个 CPU 核的并行结算平台训练超过 10 亿个神经元的深度网络，在语音识别和图像识别领域取得突破性进展。

2013 年，Hinton 创立的 DNN Research 公司被谷歌收购，LeCun 加盟 Facebook 的人工智能实验室。

2014 年，谷歌将语言识别的精准度从 2012 年的 84%提升到如今的 98%，移动端 Android 系统的语言识别正确率提高了 25%。人脸识别方面，谷歌的人脸识别系统 FaceNet 在 LFW 上达到 99.63%的准确率。

2015 年，微软采用深度神经网络的残差学习方法将 ImageNet 的分类错误率降低至 3.57%，已低于同类试验中人眼识别的错误率 5.1%，其采用的神经网络已达到 152 层。

2016 年，DeepMind 使用了 1920 个 CPU 集群和 280 个 GPU 的深度学习围棋软件 AlphaGo 战胜人类围棋冠军李世石。

国内对深度学习的研究也在不断加速，并且取得重大进展：

2012 年，华为在香港成立 “诺亚方舟实验室”，从事自然语言处理、数据挖掘与机器学习、媒体社交、人际交互等方面的研究。

2013 年，百度成立 “深度学习研究院”(IDL)，将深度学习应用于语言识别和图像识别、检索。

2013 年，腾讯着手建立深度学习平台 Mariana，Mariana 面向识别、广告推荐等众多应用领域，提供默认算法的并行实现。

2015 年，阿里巴巴发布包含深度学习开放模块的 DTPAI 人工智能平台。

最后对神经网络的发展历程进行一个简短总结。前面我们将神经网络的发展历程分为四个阶段，这四个阶段实际上见证了三次兴起 (图 3-6)。第一次兴起以

1958 年 Rosenblatt 提出的“感知器”模型为标志，预示着人工神经网络算法正式进入实际应用阶段。第二次兴起毫无疑问将以 1986 年重新提出的 BP 算法为标志，该算法使训练深层神经网络成为可能，也预示人工神经网络正式进入深度学习阶段，算法的功能呈现出指数增长趋势。第三次兴起则以 2012 年卷积神经网络算法的成熟为标志，预示神经网络算法在图像和视觉领域实现重大突破。从 20 世纪 40 年代至今，神经网络算法的发展历经八十余载，神经网络结构不断趋于复杂，功能越来越强大，应用也越来越广泛，并且这一趋势将始终持续下去。

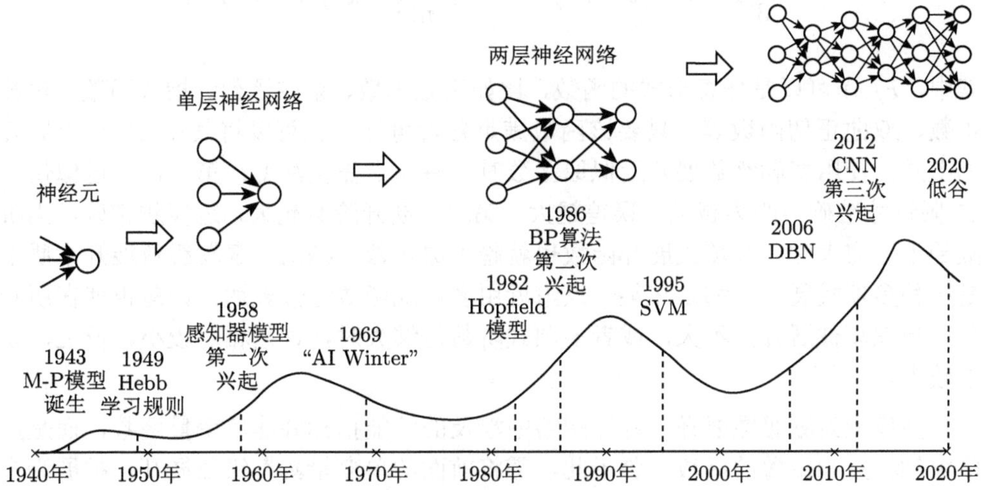

图 3-6 神经网络算法发展历程

3.3 神经网络算法数学基础

3.3.1 泰勒级数展开

神经网络的学习过程比较复杂。首先需要构建一个指标，该指标能够衡量网络对输入样本的分析能力，或者说定量衡量网络泛化性能，这一指标也被称为性能指标。性能指标在设计上，一般采用反向思路。当神经网络性能很好时，该指标较小；反之，当网络性能较差时，该指标数值相应较高。因此，某些文献也将性能指标称为罚函数或者成本函数，表示该指标越小越好。对性能指标进行定义之后，学习过程的下一个步骤就是调整网络的突触权重和偏置，使性能指标逐渐减小，最终收敛至全域极小值点。上述过程实际上就是数学规划中的动态最优化理论，从这也可以看出，神经网络算法深刻扎根于以微积分、线性代数、动态最优化理论为基石的基础数学。进行动态最优化时，涉及泰勒级数、梯度、黑塞矩阵、方向导数等概念，这一部分简单介绍这几个内容。

单变量泰勒级数展开 假设存在一个函数 $F(x)$，我们不需要知道该函数具体形式。若该函数各阶导数均存在，则可以在某个定点 x^* 附近用多项式对该函数近似表示。这一过程称为函数 $F(x)$ 在 x^* 上的单变量泰勒级数展开，具体展开形式如下式，

$$\begin{aligned}F(x)=&F(x^*)+F'(x^*)(x-x^*)+\frac{1}{2!}F''(x^*)(x-x^*)^2\\&+\frac{1}{3!}F'''(x^*)(x-x^*)^3+\cdots+\frac{1}{n!}F^n(x^*)(x-x^*)^n+\cdots\end{aligned}\tag{3-1}$$

其中，$F(x)$ 可以是任意形式的函数，比如正弦函数、余弦函数、指数函数、对数函数、双曲正切函数等。只要该函数满足各阶可导，就可以将其在 x^* 点上展开为上式。使用泰勒级数展开近似原函数时，有两点需要注意：第一，该近似仅在 x^* 附近才准确，距离越远，误差越大；第二，展开阶数越大，近似越精确，当阶数趋于无穷大时，多项式展开函数也就趋于原函数。综上，泰勒级数展开本质上是一种多项式展开，都是在某一点附近用多项式函数近似表达，误差也就在所难免。当偏离被展开点不大，或者多项式阶数足够大时，误差相对较小，反之，误差较大。

多变量泰勒级数展开 神经网络中涉及的性能指标并非单变量函数，而是众多突触权重和偏置的函数。鉴于此，需将前面的单变量泰勒级数展开，扩展为多变量情形。考虑多元函数 $F(x_1,x_2,\cdots,x_n)$，其在 $x^*=(x_1^*,x_2^*,\cdots,x_n^*)$ 处的泰勒展开可以表示为如下

$$\begin{aligned}F(x)=&F(x^*)+\left.\frac{\partial F(x)}{\partial x_1}\right|_{x=x^*}(x_1-x_1^*)+\left.\frac{\partial F(x)}{\partial x_2}\right|_{x=x^*}(x_2-x_2^*)\\&+\cdots+\left.\frac{\partial F(x)}{\partial x_n}\right|_{x=x^*}(x_n-x_n^*)+\frac{1}{2}\left.\frac{\partial^2 F(x)}{\partial x_1^2}\right|_{x=x^*}(x_1-x_1^*)^2\\&+\frac{1}{2}\left.\frac{\partial^2 F(x)}{\partial x_2^2}\right|_{x=x^*}(x_2-x_2^*)^2+\cdots+\frac{1}{2}\left.\frac{\partial^2 F(x)}{\partial x_n^2}\right|_{x=x^*}(x_n-x_n^*)^2\\&+\frac{1}{2}\left.\frac{\partial^2 F(x)}{\partial x_1\partial x_2}\right|_{x=x^*}(x_1-x_1^*)(x_2-x_2^*)+\cdots+\frac{1}{2}\left.\frac{\partial^2 F(x)}{\partial x_1\partial x_n}\right|_{x=x^*}\\&\cdot(x_1-x_1^*)(x_n-x_n^*)+\cdots\end{aligned}\tag{3-2}$$

上式表示的多元函数泰勒展开非常复杂，使用求和符号可以简化为下式，可以看出，多变量泰勒展开涉及对不同变量间求偏导数，展开后的函数形式十分复杂，后

文会引入黑塞矩阵概念，简化下式。

$$F(x) = F(x^*) + \sum_{i=1}^{n} \left.\frac{\partial F(x)}{\partial x_i}\right|_{x=x^*} (x_i - x_i^*)$$
$$+ \frac{1}{2}\sum_{i=1}^{n}\sum_{j=1}^{n} \left.\frac{\partial^2 F(x)}{\partial x_i \partial x_j}\right|_{x=x^*} (x_i - x_i^*)(x_j - x_j^*) + \cdots \tag{3-3}$$

3.3.2 梯度、黑塞矩阵、方向导数

下面我们将引入梯度和黑塞矩阵，进而简化多元函数泰勒展开。首先是梯度，梯度其实是一个有方向的向量，表示某一函数在某一点处的方向导数沿着该方向取最大值，梯度就是方向导数取最大值的那个方向；换言之，函数在某点处沿着梯度方向变化最快。多元函数 $F(x)$ 的梯度 $\nabla F(x)$ 可以定义为如下向量，若多元函数包含 n 个自变量，则梯度向量为 $1 \times n$ 行向量，每个元素均为该函数对不同自变量的一阶导数。

$$\nabla F(x) = \left[\frac{\partial F(x)}{\partial x_1}, \frac{\partial F(x)}{\partial x_2}, \cdots, \frac{\partial F(x)}{\partial x_n}\right] \tag{3-4}$$

黑塞矩阵由多元函数的二阶偏导数组成，实际上是将梯度向量对各变量再求一次导数。根据求导顺序不相关性，黑塞矩阵为对称矩阵，可以表示为如下 $n \times n$ 方阵，主对角线上的 n 个元素分别为函数对自变量的二阶导数，非对角线元素则为函数对不同变量的二阶偏导数。

$$\nabla^2 F(x) = \begin{bmatrix} \dfrac{\partial^2 F(x)}{\partial x_1^2} & \dfrac{\partial^2 F(x)}{\partial x_1 \partial x_2} & \cdots & \dfrac{\partial^2 F(x)}{\partial x_1 \partial x_n} \\ \dfrac{\partial^2 F(x)}{\partial x_2 \partial x_1} & \dfrac{\partial^2 F(x)}{\partial x_2^2} & \cdots & \dfrac{\partial^2 F(x)}{\partial x_2 \partial x_n} \\ \vdots & \vdots & & \vdots \\ \dfrac{\partial^2 F(x)}{\partial x_n \partial x_1} & \dfrac{\partial^2 F(x)}{\partial x_n \partial x_2} & \cdots & \dfrac{\partial^2 F(x)}{\partial x_n^2} \end{bmatrix} \tag{3-5}$$

引入梯度与黑塞矩阵后，可以将多元函数泰勒展开表示为矩阵形式，

$$F(x) = F(x^*) + \nabla F(x^*)(x - x^*) + \frac{1}{2}(x - x^*)^{\mathrm{T}} \nabla^2 F(x^*)(x - x^*) + \cdots \tag{3-6}$$

除了求多元函数在每个自变量方向上的一阶和二阶导数，还可以求函数在任意方向上的导数。设 p 为所求导数方向上的一个行向量，则沿此方向的一阶导数可以

表示为

$$\frac{p\nabla F(x)^{\mathrm{T}}}{\|p\|} \tag{3-7}$$

同理，沿此方向的二阶导数可以表示为

$$\frac{p\nabla^2 F(x)p^{\mathrm{T}}}{\|p\|^2} \tag{3-8}$$

下面举一个简单例子说明前面的概念，考虑三元函数

$$F(x) = 2x_1^2 + 3x_2^2 + x_3^2 \tag{3-9}$$

该函数在点 $[1 \quad 1 \quad 1]$ 处的梯度根据式 (3-4) 可表示为

$$\nabla F(x^*) = [4x_1\ 6x_2\ 2x_3] = [4 \quad 6 \quad 2] \tag{3-10}$$

该函数在点 $[1 \quad 1 \quad 1]$ 处的黑塞矩阵根据式 (3-5) 可以表示为

$$\nabla^2 F(x^*) = \begin{bmatrix} 4 & 0 & 0 \\ 0 & 6 & 0 \\ 0 & 0 & 2 \end{bmatrix} \tag{3-11}$$

沿方向 $[2 \quad 0 \quad 3]$ 的一阶方向导数根据式 (3-7) 可以表示为

$$\frac{p\nabla F(x)^{\mathrm{T}}}{\|p\|} = \frac{[2 \quad 0 \quad 3]\begin{bmatrix} 4 \\ 6 \\ 2 \end{bmatrix}}{\|[2\ \ 0\ \ 3]\|} = \frac{14}{\sqrt{13}} \tag{3-12}$$

沿此方向的二阶方向导数根据式 (3-8) 可以表示为

$$\frac{p\nabla^2 F(x)p^{\mathrm{T}}}{\|p\|^2} = \frac{[2\ 0\ 3]\begin{bmatrix} 4 & 0 & 0 \\ 0 & 6 & 0 \\ 0 & 0 & 2 \end{bmatrix}\begin{bmatrix} 2 \\ 0 \\ 3 \end{bmatrix}}{\|[2 \quad 0 \quad 3]\|^2} = \frac{34}{13} \tag{3-13}$$

3.4 性能指标优化算法

前文提及，需要构建合适的性能指标对神经网络分析能力予以衡量和评价，接着就需要设计相应算法来搜索参数空间并确定性能指标极小值点。在神经网络理

论中，实际上就是确定突触权重和偏置值，使性能指标达到极小值。事实上，这一部分所使用的优化算法在很多年前就由牛顿、莱布尼茨、费马等杰出的科学家提出，再经过几百年的发展和补充，在理论上已然十分完善。近几十年来，这些优化算法又被广泛应用于计算机领域，发挥极其重大的作用，人工智能理论便是优化算法应用于计算机领域最典型的例子。我们重点介绍三类优化算法：最速下降法、牛顿法、共轭梯度法。这些算法是后续神经网络 (尤其是多层神经网络) 算法的基础。

假设存在一个性能指标 $F(X)$，该指标为多元函数，自变量 X 表示神经网络中突触权重和偏置的集合向量。我们设计优化算法的目的，就在于通过迭代计算 X，使性能指标 $F(X)$ 逐渐减小，最终收敛至全域极小值点，此时神经网络的分析性能也达到最优。由于我们的计算是迭代的，因此需要给定初始值 X_0，然后按照如下方式迭代计算，

$$X_{k+1} = X_k + \rho_k p_k \tag{3-14}$$

其中，ρ_k 表示学习率参数，始终为正数，用以确定学习步长。p_k 是搜索方向。我们给定了 X 的初始值 X_0，之后的任务就是通过某种方法确定一系列搜索方向 $p_0, p_1, \cdots, p_k, \cdots$，直到性能指标 $F(X)$ 收敛至最小值点。优化算法不同，确定搜索方向的方法也不相同。

3.4.1 最速下降法

最速下降法也称为梯度下降法，优化性能指标时，我们要使 $F(X)$ 在每一次迭代过程中不断下降，直至收敛到极小值点。因此，有效的搜索方向 p_k 应该使 $F(X)$ 减小。这时，我们需要使用前面描述的多元函数泰勒展开公式，我们只对性能指标进行一阶泰勒展开，

$$\begin{aligned} F(X_{k+1}) &\approx F(X_k) + \nabla F(X_k)(X_{k+1} - X_k) \\ &= F(X_k) + \nabla F(X_k)\Delta X_k \\ &= F(X_k) + \rho_k \nabla F(X_k) p_k \end{aligned} \tag{3-15}$$

要使性能指标在每一次迭代过程中均下降，则 $\rho_k \nabla F(X_k) p_k$ 必须小于 0。由于学习率参数始终为正数，因此，$\nabla F(X_k) p_k$ 始终小于零；换言之，有效的搜索方向 p_k 应该满足其与性能指标在 X_k 点处的梯度向量之间数量积小于 0，满足上述条件的搜索方向有无穷多个。而我们感兴趣的是，沿着什么方向搜索，性能指标下降速度最快？即最速下降方向是什么？从式 (3-15) 可以发现，$\nabla F(X_k) p_k$ 能获得最小值的时候 (绝对值最大)，$F(X)$ 下降最快。根据数量积的定义，当方向向量与梯度向量反向时，$\nabla F(X_k) p_k$ 数值最低；此时，如果选择与梯度相反方向

作为搜索方向，性能指标也将获得最快下降，即最速下降方向满足如下

$$p_k = -\nabla F(X_k) \tag{3-16}$$

由于最速下降方向总与梯度反向，因此找到梯度方向，自然也就找到了最速下降方向。

$$X_{k+1} = X_k - \rho_k \nabla F(X_k) \tag{3-17}$$

最速下降法计算步骤可以总结如下：

(1) 选定计算初始点 X_0，并给定计算终止误差 $\varepsilon > 0$；

(2) 令 $k = 0$，计算函数 $F(X)$ 在 X_0 处的梯度 $\nabla F(X_0)$；

(3) 进行如下判定，若 $\|\nabla F(X_0)\| \leqslant \varepsilon$，停止迭代，输出 X_0，若不是则进行下一步；

(4) 令 $p_0 = -\nabla F(X_0)$，并进行第一次搜索，更新方式如下，$X_1 = X_0 - \rho_0 \nabla F(X_0)$；

(5) 计算 $F(X)$ 在 X_1 处的梯度 $\nabla F(X_1)$，若 $\|\nabla F(X_1)\| \leqslant \varepsilon$，停止迭代，若不是则进行下一步计算；

(6) 迭代计算直至 $\|\nabla F(X_k)\| \leqslant \varepsilon$。

3.4.2　牛顿法

在最速下降法中，式 (3-15) 只对性能指标函数进行一阶泰勒展开，这种做法的优势在于计算量小。但一阶展开存在较大误差，导致收敛速度较慢，尤其是在初始值偏离极小值点较远时，更为显著。而牛顿法可以缓解这种误差，因为在牛顿法中，函数将被展开至二阶。

$$F(X_{k+1}) = F(X_k) + \nabla F(X_k)\Delta X_k + \frac{1}{2}\Delta X_k^{\mathrm{T}} \nabla^2 F(X_k) \Delta X_k \tag{3-18}$$

将上式两边对 ΔX_k 求导，得到

$$\nabla F(X_k) + \nabla^2 F(X_k) \Delta X_k = 0 \tag{3-19}$$

综上，可将牛顿法定义为

$$\Delta X_k = X_{k+1} - X_k = -\nabla^2 F(X_k)^{-1} \cdot \nabla F(X_k) \tag{3-20}$$

上式表明，突触权重和偏置的调整方向应该为黑塞矩阵的逆矩阵与梯度向量之积的相反方向。牛顿法本质上是用二次函数近似性能指标函数，并求驻点。相比于最速下降法只进行泰勒一阶展开，牛顿法进行了泰勒二阶展开，因此保留性能指标函数的曲率信息，模拟精度更高。若性能指标直接为二次函数，牛顿法只需一次迭代就可以找到极小值点，这一特点也被称为二次终结性质，是牛顿法最

具优势之处。若性能指标不是二次函数，一般情况下牛顿法无法通过一次迭代定位极小值点，即使如此，计算精度和收敛速度通常也能超过最速下降法。

然而，从式 (3-18) 和式 (3-19) 不难看出，牛顿法在计算上远比最速下降法复杂。首先，最速下降法只需计算性能指标函数的梯度即可，而牛顿法则需要计算黑塞矩阵。对于一个具有实用价值的神经网络，涉及的突触权重和偏置数量往往巨大，某些网络甚至可以多达数万或者数十万个；此时，如果要求解黑塞矩阵，则需要计算几十亿甚至上百亿次偏导数，而这仅仅只是一次迭代过程中的计算量。这对计算机的计算能力和存储能力都提出极高要求。其次，式 (3-20) 表明，黑塞矩阵不能直接使用，还需对该矩阵求逆；对计算机而言，矩阵求逆的计算量非常大，更别说对数万阶或数十万阶的矩阵求逆。因此，牛顿法一般用于对比较简单的神经网络进行训练，而对于大型网络则不再具有实用价值，因为计算成本实在太高。

牛顿法计算步骤可以总结如下：

(1) 选定计算初始点 X_0，并给定计算终止误差 $\varepsilon > 0$；

(2) 令 $k = 0$，计算函数 $F(X)$ 在 X_k 处的梯度 $\nabla F(X_k)$；

(3) 计算函数 $F(X)$ 在 X_k 处的黑塞矩阵 $\nabla^2 F(X_k)$；

(4) 对黑塞矩阵求逆，得到 $\nabla^2 F(X_k)^{-1}$；

(5) 进行如下判定，若 $\left\|\nabla^2 F(X_k)^{-1} \cdot \nabla F(X_k)\right\| \leqslant \varepsilon$，停止迭代，输出 X_k，若不是则继续计算，则令 $k = k + 1$，回到步骤 2。

3.4.3 共轭梯度法

牛顿法涉及计算与存储性能指标的黑塞矩阵，当参数个数很大时，这需要消耗巨大的计算和存储资源，实现起来十分困难。因此，我们希望能够找到一种介于最速下降法和牛顿法之间的算法，既能像牛顿法一样在有限次迭代过程中使二次函数达到极小值点 (二次终结性质)，也能保留最速下降法计算量小的特点。这就是共轭梯度法。该法只需利用一阶导数信息，并且克服最速下降法收敛慢的缺点，也不用像牛顿法需要计算、存储和求逆黑塞矩阵。共轭梯度法在求解大型线性方程组上功能非常强大，其计算量小、稳定性高、收敛速度快等特点，使其被广泛应用于人工智能领域。由于共轭梯度法计算比较复杂，本章后续计算也没有用到这一算法，故此处不对其进行介绍，有兴趣的读者可以参考《数学手册》一书。

3.5 感知器与 S 型感知器

3.5.1 感知器

感知器 (Perceptron) 最早由心理学家 Rosenblatt 提出并描述，因此又称为

Rosenblatt 感知器，是最先从数理层面进行完整描述的神经网络算法，在深度学习中占据十分重要的地位。

感知器是一种有监督学习算法，本质上属于单层神经网络，主要用于对线性可分模式的对象进行分类，原理上十分简单。感知器的分类原理其实就是规划一个超平面，通过该平面将样本数据划分到平面两边，实现对平面两边的样本进行分类的任务。感知器只能对线性模式进行分类，故可以进行或、且、非三类逻辑运算，但无法进行异或运算，因为异或运算属于非线性计算范畴。感知器是复杂神经网络的基础，因此，这一节着重对其工作原理进行介绍。

感知器的作用是接收外部输入信号，并对不同输入信号赋予不同突触权重①，再对外部信号进行线性求和运算，并通过内部激活器对信号进行处理，处理后的信号通过输出端向外部输出，最终根据信号进行正确分类 (图 3-7)。为使感知器能够正确工作，待分类模式应该尽可能线性可分，如若不是，感知器将无法给出令人满意的分类结果 (图 3-8)，这也正是其局限性所在。图 3-7 列示了一个标准感知器的工作示意图，图中最左端为信号输入端，共有 n 个输入信号，不同信号被赋予不同权重。

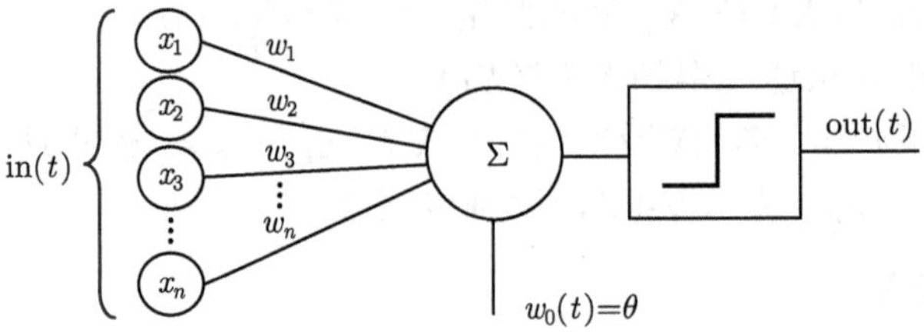

图 3-7 感知器结构及工作原理

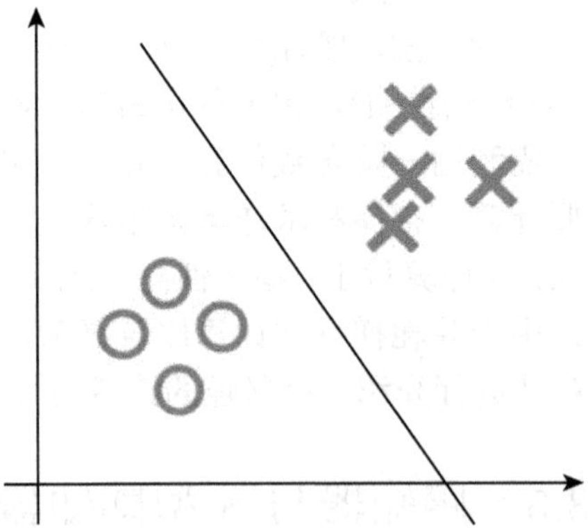

图 3-8 感知器分类原理。规划一条超平面 (图中线段表示)，将正例与反例进行区分

① 突触权重实际上就是权重，只是因为神经网络算法与生物学中的神经网络概念相关，为表现出两者之间的传承与发展，许多人工智能学者喜欢在权重前面加上“突触”二字。

某个感知器接受外部输入信号，信号数量为 n，则输入向量可以记为 $X=(x_1, x_2, \cdots, x_n)$；根据研究人员需求，可对每个输入信号赋予相应权重，权重衡量研究人员对不同输入信号的重视程度。权重越大，该信号对感知器分类结果影响越大；权重越小，对结果影响也就越小。权重也可表示为向量形式 $W=(w_1, w_2, \cdots, w_n)$，其中，$w_i$ 代表第 i 个信号输入的权重。感知器的输入权重并非固定，可以通过对外部训练数据进行学习实现调整，这也是机器学习的核心功能，正是由于学习功能的存在，赋予机器学习算法以“智能”，而“智能”会使算法逐渐适应输入样本，获得越来越强大的泛化能力。

感知器的功能类似于神经元，当输入感知器的信号高于某一阈值时，就会使感知器处于激活状态。因此，感知器中最重要的部分就是激活函数。激活函数具体形式可以依据研究内容而变化，但一般情况下，感知器的激活函数多用阶跃函数 (Step Function) 形式予以表示，图 3-9 是阶跃函数的图形，该函数表现出明显阶梯形状，故因此得名。

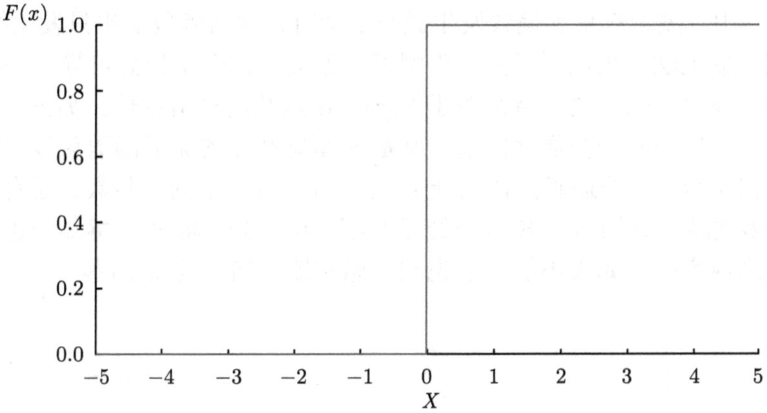

图 3-9 阶跃函数示意图

感知器的工作原理十分简单，假设输入感知器 n 个信号，对所有信号加权求和，偏置可视为权重为 b，输入永远为 $+1$ 的输入信号。若加权求和后的值小于等于 0，感知器处于抑制状态，没有被激活；若求和后的值大于 0，感知器处于激活状态。阶跃函数只能处于激活与未激活两种状态之间，无法表示其他的中间状态，并且在原点处不可导。

$$Y=F(X)=\begin{cases} 0, & \sum_{i=1}^{n} w_i X_i + b \leqslant 0 \\ 1, & \sum_{i=1}^{n} w_i X_i + b > 0 \end{cases} \tag{3-21}$$

3.5.2 S 型感知器

除了阶跃函数以外，在感知器中还可以使用其他函数形式作为激活函数，另一种常用的形式是 Sigmoid 函数，对应的感知器也被称为 S 型感知器。Sigmoid 函数形式如下

$$F(X)=\frac{1}{1+\mathrm{e}^{-X}}=\frac{1}{1+\exp\left(\sum_{i=1}^{m}w_iX_i+b\right)} \tag{3-22}$$

普通感知器与 S 型感知器除激活函数形式不同以外，几乎完全相同。若不加严格区分，可将两者视为相同，均为 Rosenblatt 感知器。从函数图形上也可以看出，Sigmoid 函数和阶跃函数十分相似 (图 3-10)，只是前者相对而言更加“平滑”。当自变量 X 趋于正无穷大时，Sigmoid 函数值趋于 1，X 趋于负无穷大时，函数值趋近于 0，这一点和阶跃函数十分相似。当然两者也不是完全没有区别，在 S 型感知器中，突触权重和偏置发生微小变动时，激活函数值也只发生微小变动，而普通感知器无法产生同样效果。S 型感知器关于自变量处处可导，因此比普通感知器容错能力更强，这一特征源于 Sigmoid 函数的平滑特性。另外，S 型感知器与普通感知器还有一个显著区别，就是 S 型感知器的激活函数可以输出 0 到 1 之间的任何实数，而普通感知器只能输出 0 和 1 这两个固定整数。还有一点需要注意，许多文献对感知器与 S 型神经元并不严格区分，将 S 型感知器也称为感知器。在本章内容中，如果不加特别说明，感知器均指 S 型感知器。

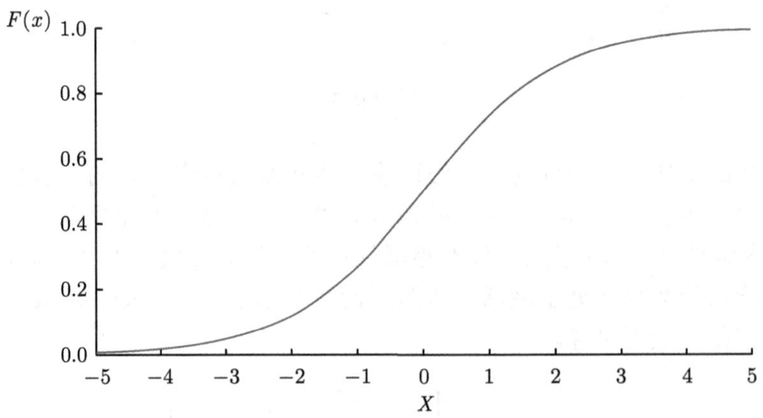

图 3-10 Sigmoid 函数示意图

3.5.3 感知器的梯度下降算法

对感知器进行训练，本质上就是通过不断迭代，修正不同输入信号的突触权重，进而使分类结果更加精确。突触权值一般可以通过梯度下降算法修正。修正突触权重和感知器偏置时，我们希望能够有一个指标来告诉感知器，权重和偏置的修正方向是否正确，是否使感知器向着更加合意的方向靠近 (性能指标下降的方向)；同时，我们也希望这个指标能够告诉感知器，什么时候感知器已经处于最佳状态 (性能指标处于全域最低值点)，修正过程应该停止。明确这一点后，我们的任务就是找到这么一个指标，并以此为基础构造算法，修正感知器的权重和偏置。我们可以从误差角度构造指标，定义如下损失函数，

$$E(w,b)=\frac{1}{2n}\sum_{n}\varepsilon(n)^2=\frac{1}{2n}\sum_{n}[D(n)-Y(w,b)]^2 \tag{3-23}$$

上式中，$E(w,b)$ 为均方误差①，n 是训练样本的数量，式 (3-23) 中的求和是对所有训练样本进行的。$D(n)$ 是期望输出，也就是我们希望感知器能够做出的正确分类判定，即正确答案。$Y(w,b)$ 是感知器输出，由式 (3-22) 的 Sigmoid 函数求出。式 (3-23) 背后的逻辑是，以感知器输出和我们期望输出之间的差异构造均方误差函数，均方误差越小，说明感知器工作效果越好；反之，均方误差越大，感知器工作效果越差。感知器输出 $Y(w,b)$ 是突触权重和偏置的函数，因此，均方误差也是 w 和 b 的函数。这样就可以通过调整 w 和 b 的数值，使均方误差向下降的方向进行修正。现在。我们的任务就是找到一组突触权重和偏置，使均方误差达到全域最低值，梯度下降算法正好可以实现这一目的，梯度下降算法就是前面介绍的最速下降法。

在微积分里面，如果要寻找某个函数的极值 (极大值或极小值)，若函数可导，可以对该函数求导，并求解该函数导数为 0 时的自变量值和函数值。现在以损失函数为例进行说明。假设感知器有 m 个输入，则损失函数 $E(w,b)$ 实际上是 $w_1,w_2,\cdots,w_m$ 和 b 这 $m+1$ 个自变量的函数，根据全微分定理，

$$\Delta E(w,b)=\frac{\partial E}{\partial w_1}\Delta w_1+\frac{\partial E}{\partial w_2}\Delta w_2+\cdots+\frac{\partial E}{\partial w_m}\Delta w_m+\frac{\partial E}{\partial b}\Delta b \tag{3-24}$$

现在，我们需要选择 $\{\Delta w_1,\Delta w_2,\cdots,\Delta w_m,\Delta b\}$ 使 $\Delta E(w,b)$ 为负数 (均方误差下降)。定义损失函数的梯度向量如下

$$\nabla E=\left(\frac{\partial E}{\partial w_1},\frac{\partial E}{\partial w_2},\cdots,\frac{\partial E}{\partial w_m},\frac{\partial E}{\partial b}\right) \tag{3-25}$$

① $E(w,b)$ 的名称很多，还可以称为总瞬时误差能量、均方误差 (MSE)、代价函数、成本函数、罚函数等等；本节主要将其称为均方误差，在第 4 章中，将其称为总瞬时误差能量。

∇ 被称为梯度算符，表示 $\left(\frac{\partial}{\partial w_1}, \frac{\partial}{\partial w_2}, \cdots, \frac{\partial}{\partial w_m}, \frac{\partial}{\partial b}\right)$。引入梯度算符后，就可以将式 (3-24) 简写为如下形式，

$$\Delta E(w,b) = \nabla E \cdot \Delta w \tag{3-26}$$

其中，$\Delta w = (\Delta w_1, \Delta w_2, \cdots, \Delta w_m, \Delta b)^{\mathrm{T}}$。现在我们需要选择合适的 Δw 使 $\Delta E(w,b)$ 始终为负数，并且我们可以根据自身需求选择合适的权重调整速率。一种可能的选择方式是令

$$\Delta w = -\eta \cdot \nabla E^{\mathrm{T}} \tag{3-27}$$

式中，η 被称为学习率参数，由研究人员自行选择，该参数越大，学习速度越快。将式 (3-27) 代入式 (3-26)，得到

$$\Delta E(w,b) = -\eta \cdot \nabla E (\nabla E)^{\mathrm{T}} \tag{3-28}$$

上式始终为正数。因此，采用式 (3-27) 的规则来修正突触权重和偏置，既能使均方误差持续下降，研究人员也能根据自身需求调整修正速度。式 (3-27) 列示的修正规则称为梯度下降法 (最速下降法)，根据该式，每一个权重的修正规则如下

$$\begin{cases} \Delta w_1 = -\eta \dfrac{\partial E}{\partial w_1} \\ \Delta w_2 = -\eta \dfrac{\partial E}{\partial w_2} \\ \quad\cdots\cdots \\ \Delta w_m = -\eta \dfrac{\partial E}{\partial w_m} \\ \Delta b = -\eta \dfrac{\partial E}{\partial b} \end{cases} \tag{3-29}$$

最后再说明一点，学习率参数 η 决定权重修正速度，但该参数绝非越大越好。如果参数过大，可能会出现“过度学习”现象，式 (3-28) 计算出的 $\Delta E(w,b)$ 可能会为正数，进而导致计算结果在全域极小值点周围震荡，无法收敛。当然，如果参数太小，学习速度又会很慢，算法效率也会大打折扣。所以，选择合适的学习率参数需要一定的技巧，也带有很大的主观性。

现在我们对感知器的梯度下降算法进行一个简短的总结。使用均方误差 $E(w,b)$ 作为性能指标。在 3.4 节已经讨论过，性能指标越小，说明模型分析效果越好。而性能指标与突触权重和偏置有关，是两者的函数。图 3-11 显示了均方误差和突触权重之间的函数关系图，由于维数限制，我们只能选择两个突触权重予以表示，突触权重数量可能远远多于两个。训练神经网络的目的是找到能最小化均方误差

的突触权重和偏置。可以将均方误差的函数关系图想象成一个山谷，在半山腰放置一个圆球，由于重力作用，圆球会朝着谷底移动，最终达到谷底并停止，如图 3-12 所示。对于某个感知器，在训练还没有开始时，均方误差很有可能并未处于全域最小值；此时计算均方误差函数梯度，并沿着梯度相反方向修正突触权重与偏置，这一过程与圆球受重力作用向山谷底部移动是完全相同的原理。经过多轮计算以后，就可以找到合适的权重和偏置，使均方误差达到全域最小值点。当然，如果式 (3-27) 中的学习率参数选取太大数值，圆球可能会在山谷底部的周围往复运动，永远无法停留在底部。

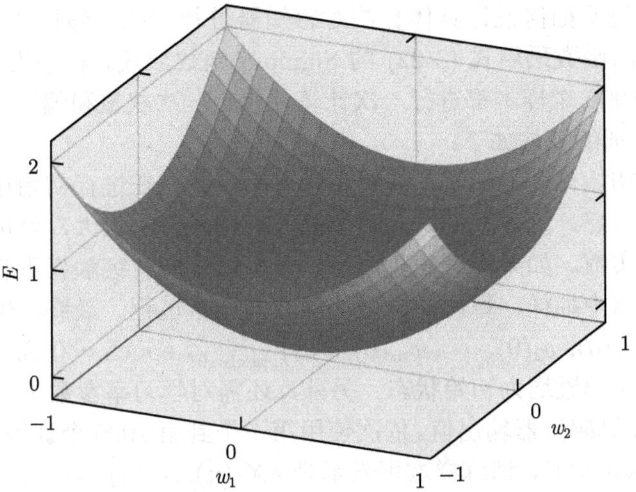

图 3-11 均方误差函数示意图

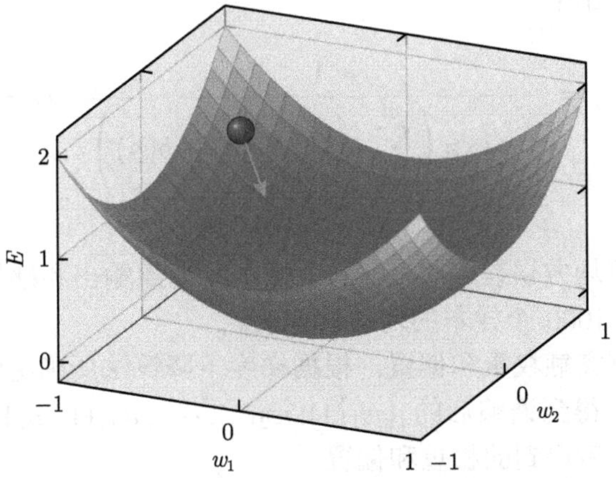

图 3-12 梯度下降算法示意图

还有一点需要注意，优化性能指标的方法并不只梯度下降法一种，在 3.4 节已经说过，梯度下降法 (最速下降法) 只用到均方误差函数的泰勒一阶展开信息，当性能指标偏离全域最低值不大时，使用一阶展开能够得到比较理想的效果；如果性能指标偏离太远，梯度下降法搜索效率就会比较低，甚至可能无法收敛，或者收敛至局部极小值点，而非全域极小值点。与之相对，牛顿法或者共轭梯度法均用到二阶展开信息，但是这两种方法计算更复杂，对计算资源占用较大。因此，在实际使用中，学者普遍采用梯度下降法进行计算。

3.5.4 感知器算法设计

这一部分说明如何设计具体算法对感知器进行训练。假设感知器共有 m 个输入端口，激活函数采用式 (3-22) 的 Sigmoid 函数形式。再假设共有 1000 个训练样本①，对 1000 个样本都进行一次计算并修正一次权重和偏置，称为一个回合 (epoch)。具体训练算法如下：

第一步，初始化突触权重、偏置和学习率参数。在进行初始化时，一般可以结合某些先验信息，比如我们认为某个输入对结果影响较大，就可以将其初始权重设为较大的实数。如果没有先验信息，则可以将所有突触权重和偏置都从完全相同的均匀分布中抽样，每次抽样服从独立同分布过程。最终，确定出如下初始权重和偏置 $\{w_1(0), w_2(0), \cdots, w_m(0), b(0)\}_{\text{epoch}=0}$，epoch = 0 说明此时训练还没有开始，权重和偏置均为初始状态。另外，还需对学习率参数进行初始化。

第二步，计算感知器输出值。依次使用第 1 个到第 1000 个训练样本，进行第一回合训练 (epoch = 1)，训练样本可表示为 $\{X_1(n), X_2(n), \cdots, X_m(n), D(n)\}_{n=1}^{1000}$，$X_1(n)$ 到 $X_m(n)$ 表示第 n 个样本在 m 个属性上的取值，$D(n)$ 则表示该样本的期望输出。将 1000 个样本的 $X_1(n)$ 到 $X_m(n)$ 表示代入下式计算，得到 1000 个样本的 1000 个输出值

$$Y(n) = F(X(n)) = \frac{1}{1 + \exp\left(\sum_{i=1}^{m} w_i(0)X_i(n) + b(n)\right)} \quad (n = 1, 2, \cdots, 1000) \tag{3-30}$$

第三步，计算均方误差。将 1000 个样本的期望输出和感知器输出值代入式 (3-23)，计算出这 1000 个样本的均方误差值。

第四步，调整突触权重和偏置。根据梯度下降算法所确定的修正规则，调整突触权值和偏置，得到调整后的 $\{w_1(1), w_2(1), \cdots, w_m(1), b(1)\}_{\text{epoch}=1}$，也就是经过第一回合训练后得到的权重和偏置。

① 此处只是随意假设有 1000 个训练样本。

第五步，迭代计算。返回第二步，将同样 1000 个训练样本代入进行第 2 回合计算，重复第二、三、四步。权重和偏置进行第 2 $(3,4,\cdots,1000)$ 回合的修正，直至达到计算终止条件。

3.6 相关算法的 Python 实现

3.6.1 感知器算法的 Python 实现

```
#直接将感知器算法封装为函数
def perceptron(data, num_iter);
    features=data[:, :-1]
    labels=data[:, -1]

# set weights to zero
w=np.zeros(shape=(1, features.shape[1]+1))
misclassified_=[]
for epoch in range(num_iter):
    misclassified=0
    for x, label in zip(features, labels):
        x=np.insert(x,0,1)
        y=np.dot(w, x.transpose())
        target=1.0 if (y>0) else 0, 0
        delta=(label.item(0, 0) - target)

        if(delta):
            misclassified +=1
            w += (delta * x)
    misclassified_.append(misclassified)
return (w, misclassified_)
num_iter=10
w, misclassified_=perceptron(data, num_iter)
```

3.6.2 最速下降法的 Python 实现

```
import numpy as np
from sympy import *
import math
import matplotlib.pyplot as plt
import mpl_toolkits.axisartist as axisartist
```

```
# 定义符号
x1, x2, t = symbols('x1, x2, t')

def func():
    # 自定义一个函数
    return pow(x1, 2) + 2 * pow(x2, 2) - 2 * x1 * x2 - 2 * x2

def grad(data):
    # 求梯度向量,data=[data1, data2]
    f = func()
    grad_vec = [diff(f, x1), diff(f, x2)]  # 求偏导数, 梯度向量
    grad = []
    for item in grad_vec:
        grad.append(item.subs(x1, data[0]).subs(x2, data[1]))
    return grad

def grad_len(grad):
    # 梯度向量的模长
    vec_len = math.sqrt(pow(grad[0], 2) + pow(grad[1], 2))
    return vec_len

def zhudian(f):
    # 求得 min(t) 的驻点
    t_diff = diff(f)
    t_min = solve(t_diff)
    return t_min

def main(X0, theta):
    f = func()
    grad_vec = grad(X0)
    grad_length = grad_len(grad_vec)  # 梯度向量的模长
    k = 0
    data_x = [0]
    data_y = [0]
    while grad_length > theta:  # 迭代的终止条件
        k += 1
        p = -np.array(grad_vec)
        # 迭代
        X = np.array(X0) + t*p
        t_func = f.subs(x1, X[0]).subs(x2, X[1])
```

```
        t_min = zhudian(t_func)
        X0 = np.array(X0) + t_min*p
        grad_vec = grad(X0)
        grad_length = grad_len(grad_vec)
        print('grad_length', grad_length)
        print('坐标', X0[0], X0[1])
        data_x.append(X0[0])
        data_y.append(X0[1])

    print(k)

    # 绘图
    fig = plt.figure()
    ax = axisartist.Subplot(fig, 111)
    fig.add_axes(ax)
    ax.axis["bottom"].set_axisline_style("-|>", size=1.5)
    ax.axis["left"].set_axisline_style("->", size=1.5)
    ax.axis["top"].set_visible(False)
    ax.axis["right"].set_visible(False)
    plt.title(r'$Gradient \ method - steepest \ descent \ method$')
    plt.plot(data_x, data_y, label=r'$f(x_1,x_2)=x_1^2+2 \cdot x_
             2^2-2 \cdot x_1 \cdot x_2-2 \cdot x_2$')
    plt.legend()
    plt.scatter(1, 1, marker=(5, 1), c=5, s=1000)
    plt.grid()
    plt.xlabel(r'$x_1$', fontsize=20)
    plt.ylabel(r'$x_2$', fontsize=20)
    plt.show()

if __name__ == '__main__':
    # 给定初始迭代点和阈值
    main([0, 0], 0.00001)
```

3.6.3 牛顿法的 Python 代码实现

```
import random
import numpy as np
import matplotlib.pyplot as plt

def dampnm(fun,gfun,hess,x0):
```

```
    # 用牛顿法求解无约束问题
    #x0 是初始点，fun，gfun 和 hess 分别是目标函数值，梯度，黑塞矩阵的函数
    maxk = 500
    rho = 0.55
    sigma = 0.4
    k = 0
    epsilon = 1e-5

    f=open("牛顿.txt","w")
    W = np.zeros((2, 20000))

    while k < maxk:
        W[:, k] = x0
        gk = gfun(x0)
        Gk = hess(x0)
        dk = -1.0*np.linalg.solve(Gk,gk)
        print(k, np.linalg.norm(dk))
        f.write(str(k)+'    '+str(np.linalg.norm(gk))+"\n")
        if np.linalg.norm(dk) < epsilon:
            break

        x0 += dk
        k += 1
    W = W[:, 0:k + 1]  # 记录迭代点
    return x0,fun(x0),k,W

# 函数表达式 fun
fun = lambda x:100*(x[0]**2-x[1])**2 + (x[0]-1)**2

# 梯度向量 gfun
gfun = lambda x:np.array([400*x[0]*(x[0]**2-x[1])+2*(x[0]-1),
                          -200*(x[0]**2-x[1])])

# 黑塞矩阵 hess
hess = lambda x:np.array([[1200*x[0]**2-400*x[1]+2, -400*x[0]],
                          [-400*x[0],200]])

if __name__=="__main__":
    X1 = np.arange(-1.5, 1.5 + 0.05, 0.05)
    X2 = np.arange(-3.5, 2 + 0.05, 0.05)
```

```
    [x1, x2] = np.meshgrid(X1, X2)
    f = 100 * (x2 - x1 ** 2) ** 2 + (1 - x1) ** 2  # 给定的函数
    plt.contour(x1, x2, f, 40)  # 画出函数的 20 条轮廓线

    x0 = np.array([-1.2, 1])
    out=dampnm(fun, gfun, hess, x0)
    print(out[2],out[0])

    W = out[3]
    print(W[:,:])

    plt.plot(W[0, :], W[1, :], 'g*-')
    plt.show()
```

3.6.4 共轭梯度法的 Python 实现

```
import numpy as np
A = np.zeros((100, 100))
for i in range(100): #generate A
    for j in range(100):
        if (i == j):
            A[i, j] = 2
        if (abs(i - j) == 1):
            A[i, j] = A[j, i] = -1
b = np.ones((100, 1))  #generate b
print("Conjugate Gradient x:")
x=np.zeros((100,1)) # 初始值 X0

r=b-np.dot(A,x)
p=r  #p0=r0
#while np.linalg.norm(np.dot(A, x) - b) / np.linalg.norm(b) >= 10 ** -6:
for i in range(100):
    r1=r
    a=np.dot(r.T,r)/np.dot(p.T,np.dot(A,p))
    x = x + a * p     #x(k+1)=x(k)+a(k)*p(k)
    r=b-np.dot(A,x)   #r(k+1)=b-A*x(k+1)
    q = np.linalg.norm(np.dot(A, x) - b) / np.linalg.norm(b)
    if q<10**-6:
        break
    else:
        beta=np.linalg.norm(r)**2/np.linalg.norm(r1)**2
```

```
        p=r+beta*p    #p(k+1)=r(k+1)+beta(k)*p(k)

print(x)
print("done Conjugate Gradient!")
```

第 4 章

多层前馈神经网络在品牌发展战略中的应用

本章主题

本章在上一章的基础上，使用更加复杂的多层前馈神经网络，对品牌发展战略进行研究。首先重点介绍多层前馈神经网络的定义，然后讨论反向传播算法的数理推导与算法求解；进一步，构建多层神经网络模型对品牌竞争力评估进行探索性研究，并使用反向传播算法训练所建立的多层神经网络模型。

本章组织

4.1 节介绍多层前馈神经网络；
4.2 节介绍反向传播算法；
4.3 节着重讨论反向传播算法的数理推导；
4.4 节通过具体实例对反向传播算法计算过程进行解析；
4.5 节应用神经网络算法对品牌竞争力评估专题进行研究；
4.6 节介绍反向传播算法的 Python 实现。

4.1 多层前馈神经网络

4.1.1 深度学习与多层前馈神经网络

前面两节我们重点对感知器进行介绍。这一节，我们将讨论更复杂的神经网络模型，即多层前馈神经网络[①]，也被称为深度前馈网络或者多层感知器。该模型

① 也可被称作多层感知器，但更准确的名称还是多层前馈神经网络。

的名字隐藏了两个重要特征，分别是“多层”和“前馈”。在介绍多层神经网络之前，我们先讨论一下什么是深度学习。在上一章就已经说过，许多文献对“深度学习”与“神经网络”这两个概念不详细区分。事实上，深度学习确实与神经网络密不可分。我们已经知道，Rosenblatt 的感知器模型可以视为一种真正意义上的神经网络模型，它能够根据结果修正突触权重，使模型具有更好的泛化性能，尤其是在处理线性可分类型的任务时，效果更是显著。然而，Minsky 和 Papert 在 1969 年已经严格证明：Rosenblatt 感知器模型只能处理线性可分问题，对于“异或”等非线性可分问题将束手无策。究其根源，在于感知器的结构过于简单，仅包含两层神经元 (输入层与输出层)。鉴于此，后续神经网络算法的发展趋势之一就是不断加深神经元的层数，即网络结构变得越来越深。这种具有纵深结构的神经网络算法，也被称为深度学习。“深”就是指“多层”。因此，“深度学习”应该与“多层神经网络”，而不是“神经网络”等同。

“多层”是指神经网络表现为大于一层神经元的空间拓扑结构，一般如图 4-1 所示，包含输入层 (input layer)、中间层 (hidden layer，也被称为隐藏层) 以及输出层 (output layer)。输入层和输出层一般都为一层神经元，而中间层则可以包含一层或者多于一层的神经元。比如图 4-1 所示神经网络只包含一层中间层，而图 4-2 所示网络则包含两层中间层。另外，每层神经元的数量也可以根据实际需求任意变化，图 4-1 输出层包含 10 个输出神经元，而图 4-2 输出层只包含 1 个神经元。

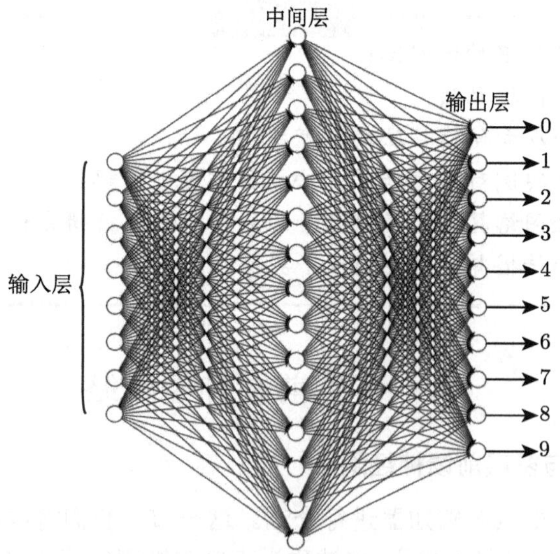

图 4-1　多层前馈神经网络示意图。包含输入层、中间层、输出层中间层层数等于 1

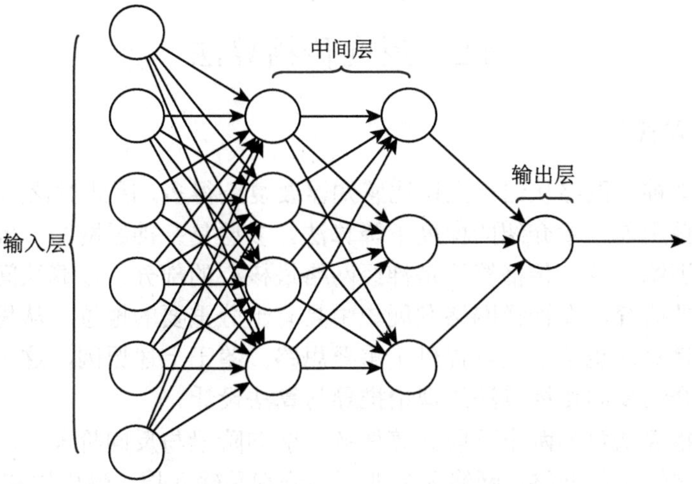

图 4-2 更复杂的多层前馈神经网络

“前馈” 是指在神经网络中，激活信号永远沿着正向传递 (正向是指从输入层指向输出层)。更准确的说法是，网络中除输入层神经元以外，每一层神经元所接收的输入信号，都是上一层神经元的输出信号，神经网络中不存在反向回路。

4.1.2 多层前馈神经网络的特点

多层前馈神经网络具备如下三个重要特点：

(1) 网络中每个神经元模型都包含一个非线性激活函数。与简单感知器相比，多层网络中神经元的激活函数采用更为复杂的函数形式，使激活函数满足连续、可微以及非线性等特征。普通感知器的激活函数一般采用阶跃函数形式，而多层前馈神经网络的激活函数一般采用 Sigmoid 函数形式，该函数相比于阶跃函数，容错性能更强，网络学习效果更好。

(2) 在输入层与输出层之间存在至少一层的隐藏层。隐藏层是指由隐藏神经元张成的神经网络层，是多层前馈神经网络最核心的部分。该层并非输入层和输出层的组成部分，而是独立出来承担重要计算与传递信号任务的。加入隐藏层使神经网络的计算能力得到极大提升，同时也使网络的拓扑结构复杂性呈几何级数递增。

(3) 神经网络具有高度联结性和依赖性。在多层前馈神经网络中，每个神经元的输出结果极度依赖上层神经元的计算结果，表现出对上层结点的高度敏感性。这种敏感性通过复杂网络，层层前向传递至输出层神经元，使最终输出结果对网络结构和各层神经元突触权重具有高度依赖性。

4.2 反向传播算法

4.2.1 两个阶段

多层前馈神经网络从结构上讲比感知器要复杂得多，因此对该网络进行训练，就无法直接使用前一章介绍的梯度下降算法。多层复杂神经网络一般使用反向传播算法进行训练。反向传播算法是神经网络最核心的部分，该算法间接拯救了整个神经网络的研究，在神经网络发展史中具有十分重要的地位。从思维启发上而言，反向传播算法也给研究者提供了重要思路。鉴于上述原因，这一节将花费大量篇幅重点介绍反向传播算法的理论推导与算法设计。

反向传播算法包括两个阶段计算任务：前向阶段与反向阶段。图 4-2 显示一个常规多层前馈神经网络，网络分为四层，分别是输入层、输出层和两个隐藏层。

前向阶段 神经网络从外部接受输入信号，该信号通过网络向前传播 (在图 4-2 中表现为从左到右传播)。首先经过第一隐藏层，该层神经元按照与感知器相同的方式处理信号，再将处理后的信号传导至第二层神经元，最终流入输出层。部分文献也将该层传递的信号称为函数信号，得名于该信号通过激活函数产生。

反向阶段 输出层神经元的输出信号对外部世界是可见的，因此当函数信号向前传导至输出层，输出层给出的输出信号不一定与研究人员所预期的信号一致，可能存在误差。这种误差信号则通过网络反向传导 (在图 4-2 中表现为从右到左传播)，直至第一隐藏层结束。神经网络根据误差信号修正各神经元突触权重，直到识别刻画训练数据的突触特征，实现网络的自主学习功能。

反向传播算法的数学推导比较复杂，与之相关的规模参数众多，包括训练样本数量、神经网络深度、各层神经元数量。为避免后面推导中出现混淆，此处进行统一规定：训练样本数量以 N 表示，神经网络深度以 L 表示 (包括一个输入层、一个输出层和 $L-2$ 个隐藏层)，每层中神经元数量以 n_i $(i=1,2,\cdots,L)$ 表示 (输入层神经元数量为 n_1，第一隐藏层神经元数量为 n_2，第二隐藏层神经元数量为 n_3，以此类推，输出层神经元数量则为 n_L)。后文推导将严格遵守上述符号约定，以避免出现混淆。

4.2.2 性能度量指标

对与神经网络相关的规模参数进行符号约定后，就可以对性能指标进行精确定义。这一部分仍与上一章一样，选择均方误差作为度量网络的性能指标。按照反向传播算法的惯例，一般将该性能指标称为总瞬时误差能量 (Total Instantaneous Error Energy)，本节也沿用这一传统，读者只需注意，本节中的总瞬时误差能量与上节的均方误差完全相同。假设共有 N 个训练样本，训练样本集合可表示如

下，集合 Γ 中共有 N 个元素，

$$\Gamma=\{[X(1),D(1)],[X(2),D(2)],\cdots,[X(N),D(N)]\} \tag{4-1}$$

以第 n 个训练样本为例，该样本以 $X(n)$ 为输入向量，以 $D(n)$ 为期望响应向量。输入向量共有 n_1 个分量，对应输入层神经元数量；期望响应向量共有 n_L 个分量，对应输出层神经元数量。对第 j 个输出层神经元而言，该神经元输出的函数信号表示为 $Y_j(n)$，则对第 n 个训练样本，第 j 个输出神经元的误差信号定义如下。简单来说，误差被定义为真实结果与模型计算结果之间的差异。

$$\varepsilon_j(n)=D_j(n)-Y_j(n) \tag{4-2}$$

对于输出层上的 n_L 个神经元，每个神经元都会产生一个误差信号 (图 4-3)。在误差信号基础上定义如下形式的瞬时误差能量 (Instantaneous Error Energy),

$$E_j(n)=\frac{1}{2}\varepsilon_j(n)^2=\frac{1}{2}[D_j(n)-Y_j(n)]^2 \tag{4-3}$$

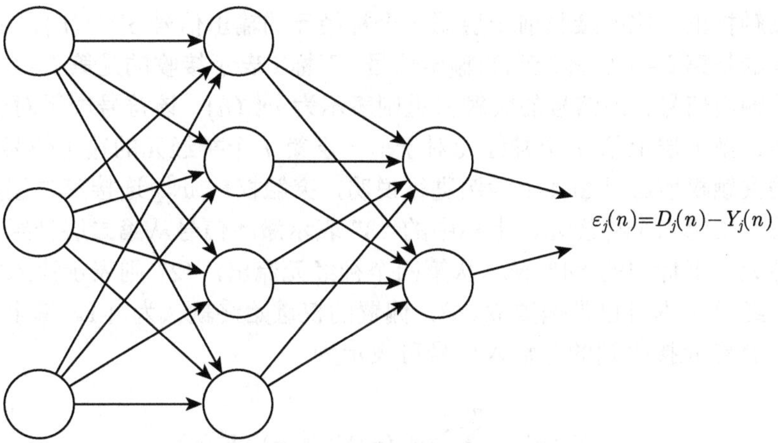

图 4-3 误差信号示意图

瞬时误差能量采用二次函数形式。对输出层上所有神经元的瞬时误差能量求和，即可得到第 n 个训练样本的总瞬时误差能量，也就是上一章所说的均方误差，

$$E(n)=\sum_{j=1}^{n_L}E_j(n)=\frac{1}{2}\sum_{j=1}^{n_L}\varepsilon_j(n)^2 \tag{4-4}$$

从上式不难发现，总瞬时误差能量 $E(n)$ 不再包含表示输出神经元的下标 j，由于输出层共有 n_L 个神经元，因此对 j 从 1 到 n_L 求和。这样，在一个回合的

机器学习中，每个训练样本有且仅有一个总瞬时误差能量。训练样本中共有 N 个元素，将总瞬时误差能量对 N 个训练样本求取平均值，可得平均误差能量，有些文献也称为经验风险，

$$\overline{E}(N)=\frac{1}{N}\sum_{n=1}^{N}E(n)=\frac{1}{2N}\sum_{n=1}^{N}\sum_{j=1}^{n_L}\varepsilon_j(n)^2 \tag{4-5}$$

4.3 反向传播算法的数理推导

4.3.1 基本原理

这一部分重点对反向传播算法进行数理推导，推导过程虽然比较复杂，却是理解反向传播算法所必须经过的环节。在推导之前，需对符号与上、下标进行说明与规范。对于第 l ($l=1,2,\cdots,L$) 层上的某个神经元，不妨设为第 j ($j=1,2,\cdots,n_l$) 个神经元，该神经元接收第 $l-1$ 层所有神经元的输出信号，每个信号均赋予与之对应的突触权重。比如接收前一层第 i 个神经元的输出信号 $Y_i^{l-1}(n)$，上标 $l-1$ 表示接收的是第 $l-1$ 层神经元的输出信号，下标 i 表示接收的是第 $l-1$ 层第 i 个神经元的输出信号；该信号的突触权重则表示为 $w_{ji}^l(n)$，该符号表示对于第 n 个训练样本，第 l 层上第 j 个神经元对于前一层第 i 个神经元的输出信号 $Y_i^{l-1}(n)$ 所赋予的突触权值。以图 4-4 为例进行说明，突触权重 w_{24}^3 连接第二层第四个神经元与第三层第二个神经元，上标中的“3”表示激活信号从第二层神经元流入第三层神经元，下标中的“4”表示从第四个神经元流出，“2”则表示流入第二个神经元。神经元 j 本身自带偏置 $b_j^l(n)$，偏置的权重始终默认为 $+1$。综上，第 l 层上第 j 个神经元接收到的总输入信号可表示为

$$X_j^l(n)=\sum_{i=1}^{n_{l-1}}w_{ji}^l(n)Y_i^{l-1}(n)+b_j^l(n) \tag{4-6}$$

假设神经网络中各神经元激活函数采用 $Y=f(X)$ 的形式[①]，则该神经元在输出端所表现出来的函数信号可以写为如下形式，

$$Y_j^l(n)=f(X_j^l(n))=f\left(\sum_{i=1}^{n_{l-1}}w_{ji}^l(n)Y_i^{l-1}(n)+b_j^l(n)\right) \tag{4-7}$$

① 此处无须关注激活函数具体形式，后文会进行讨论。

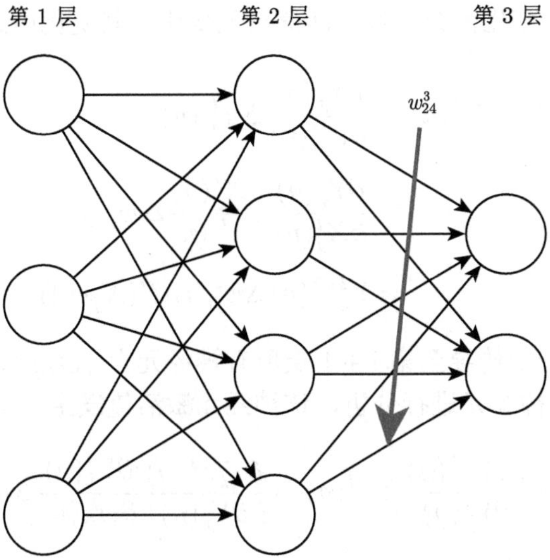

图 4-4 突触权重示意图

训练神经网络的根本目的在于调整网络中各层神经元突触权重，使网络总瞬时误差能量 $E(n)$ 不断下降至全域极小值点，最终使网络输出层的输出信号 $Y(n)$ 与期望响应向量 $D(n)$ 趋于一致 (此时总瞬时误差能量达到全域极小值点)。现在假设输入第 n 个训练样本后，第 l 层第 j 个神经元对前一层第 i 个神经元函数信号的突触权重产生微小偏离 $\Delta w_{ji}^l(n)$，此时突触权重变为 $w_{ji}^l(n)+\Delta w_{ji}^l(n)$，这一微小变化会通过网络前向传导；传导至输出层，将使输出层各神经元输出信号发生改变，进而影响总瞬时误差能量，变为 $E(n)+\Delta E(n)$。现在，我们需要知道 $\Delta E(n)$ 与 $\Delta w_{ji}^l(n)$ 的关系。根据中值定理，两者具有如下关系，

$$\Delta E(n)\approx\frac{\partial E(n)}{\partial w_{ji}^l(n)}\Delta w_{ji}^l(n) \tag{4-8}$$

如果知道总瞬时误差能量关于突触权重偏导数的具体形式，就可以在 $\Delta E(n)$ 与 $\Delta w_{ji}^l(n)$ 之间建立连接关系。通过全微分链式求导法则沿着网络一层一层向前推导即可实现。首先，$\Delta w_{ji}^l(n)$ 会导致神经元 j 接收到的总输入信号出现如下改变，

$$\Delta X_j^l(n)\approx\frac{\partial X_j^l(n)}{\partial w_{ji}^l(n)}\Delta w_{ji}^l(n)=Y_i^{l-1}(n)\Delta w_{ji}^l(n) \tag{4-9}$$

上式第二个等号运用了式 (4-6)。输入信号经过神经元 j 的激活函数变为

$Y_j^l(n)$，突触权重的变化也会导致激活值出现变化，其变化由式 (4-10) 给出

$$
\begin{aligned}
\Delta Y_j^l(n) &\approx \frac{\partial Y_j^l(n)}{\partial w_{ji}^l(n)}\Delta w_{ji}^l(n) \\
&\approx \frac{\partial Y_j^l(n)}{\partial X_j^l(n)}\frac{\partial X_j^l(n)}{\partial w_{ji}^l(n)}\Delta w_{ji}^l(n) \\
&= Y_i^{l-1}(n)\Delta w_{ji}^l(n) f'(X_j^l(n))
\end{aligned} \tag{4-10}
$$

$\Delta Y_j^l(n)$ 会进一步传导至第 $l+1$ 层所有神经元上 (该层共有 n_{l+1} 个神经元)，不妨对该层第 k 个神经元进行分析，该神经元激活值发生如下变化，

$$
\Delta Y_k^{l+1}(n) \approx \frac{\partial Y_k^{l+1}(n)}{\partial Y_j^l(n)}\Delta Y_j^l(n) \approx \frac{\partial Y_k^{l+1}(n)}{\partial Y_j^l(n)}\frac{\partial Y_j^l(n)}{\partial w_{ji}^l(n)}\Delta w_{ji}^l(n) \tag{4-11}
$$

$\Delta Y_k^{l+1}(n)$ 又会依次进入下一层神经元，逐层传导，直至达到输出层。事实上，可以沿着神经网络正向构建一条传导路径，将突触权重变化量 $\Delta w_{ji}^l(n)$ 与总瞬时误差能量变化量联系起来。在这条路径上，由 $\Delta w_{ji}^l(n)$ 引起的误差能量变化可表示为

$$
\frac{\partial E(n)}{\partial Y_o^L(n)}\frac{\partial Y_o^L(n)}{\partial Y_m^{L-1}(n)}\frac{\partial Y_m^{L-1}(n)}{\partial Y_p^{L-2}(n)}\cdots\frac{\partial Y_k^{l+1}(n)}{\partial Y_j^l(n)}\frac{\partial Y_j^l(n)}{\partial w_{ji}^l(n)}\Delta w_{ji}^l(n) \tag{4-12}
$$

一定要注意，上面这条路径只是众多传导路径中的一条，上面的总瞬时误差能量变化值也仅仅是由上述传导路径引起的变化。整个神经网络中存在很多 $\Delta w_{ji}^l(n)$ 可以传播并且影响总瞬时误差能量的路径，只是为了方便描述，才选取上述路径进行分析。要计算 $\Delta w_{ji}^l(n)$ 引起的全部误差能量变化，需要对所有可能路径进行求和，具体形式如下

$$
\Delta E(n) = \sum_{o=1}^{n_L}\sum_{m=1}^{n_{L-1}}\sum_{p=1}^{n_{L-2}}\cdots\sum_{k=1}^{n_{l+1}}\left\{\begin{array}{c}\dfrac{\partial E(n)}{\partial Y_o^L(n)}\dfrac{\partial Y_o^L(n)}{\partial Y_m^{L-1}(n)}\dfrac{\partial Y_m^{L-1}(n)}{\partial Y_p^{L-2}(n)} \\ \cdots\dfrac{\partial Y_k^{l+1}(n)}{\partial Y_j^l(n)}\dfrac{\partial Y_j^l(n)}{\partial w_{ji}^l(n)}\Delta w_{ji}^l(n)\end{array}\right\} \tag{4-13}
$$

另外，很容易就能够计算出传导路径总数为 $n_L \times n_{L-1} \times n_{L-2} \times \cdots \times n_{l+1}$。

讲到这里，可能有些读者会有疑问，上述推导与反向传播算法到底有什么关系？其实，前面的推导是为了从正向说明，突触权重发生变化以后，总瞬时误差能量会出现怎样的变化。即已知突触权重变化量，求误差能量的变化量。如果我们从反方向来看这个问题会出现什么情况？即误差能量变化量已知，突触权重该

如何变化；或者也可以说成，突触权重应该怎样变化，才能使误差能量按照我们期望的方向与大小进行变化。

在实际构建神经网络并进行训练时，我们总是希望通过不断学习新的训练样本，导致误差能量以一个比较合适的速度下降，最终逐渐趋于全域最低值。此时，误差能量对我们是可见的，而实现误差能量下降需要调整网络中各层神经元的突触权重与偏置①。经过这一次调整以后，再使用下一个样本进行训练，观察下一个训练样本的总瞬时误差能量，然后调整突触权重与偏置从而使能量下降。这个调整过程实际上就是前面正向推导过程的反过程。反向传播算法由此得名。下面我们将进行反向推导。

反向传播算法基于梯度下降 (Gradient Descent) 策略，即突触权值和偏置的调整应以误差能量的负梯度方向调整，表示如下

$$\Delta w_{ji}^{l}(n) = -\eta \frac{\partial E(n)}{\partial w_{ji}^{l}(n)} \tag{4-14}$$

上一章已经说过，η 在神经网络相关文献中被称为学习率，一般介于 0 和 1 之间；该参数由研究人员设定，主观性较强。学习率越大，突触权重对误差能量梯度越敏感，学习速度越快；学习率越小，则学习速度越慢。需要注意，神经网络学习速度并非越快越好，速度太快，可能会出现突触权重震荡的情况，结果无法收敛，权重也难以稳定下来。当然，学习速度太慢也不好，网络学习效率过低，计算量也巨大，占用计算资源。另外，学习率前面为负号，说明权重和偏置的调整应该使误差能量变小。现在，我们需要求解梯度 $\partial E(n)/\partial w_{ji}^{l}(n)$ 的具体形式。分两种情况进行讨论。

4.3.2　输出层神经元的梯度求解过程

现在讨论输出层神经元 o 的突触权重修正与梯度下降关系。对输出层神经元而言，其梯度根据求导链式法则，可以写为

$$\frac{\partial E(n)}{\partial w_{om}^{L}(n)} = \frac{\partial E(n)}{\partial \varepsilon_o(n)} \frac{\partial \varepsilon_o(n)}{\partial Y_o^{L}(n)} \frac{\partial Y_o^{L}(n)}{\partial X_o^{L}(n)} \frac{\partial X_o^{L}(n)}{\partial w_{om}^{L}(n)} \tag{4-15}$$

上式可以进一步变换为

$$\frac{\partial E(n)}{\partial w_{om}^{L}(n)} = -\varepsilon_o(n) Y_m^{L-1}(n) f'(X_o^{L}(n)) \tag{4-16}$$

将上式代入式 (4-14)，可以求出输出层神经元突触权重的调整规则如下

$$\Delta w_{om}^{L}(n) = \eta \varepsilon_o(n) Y_m^{L-1}(n) f'(X_o^{L}(n)) \tag{4-17}$$

① 偏置总可以视为输出为 +1、突触权重为 b 的输入信号。

当神经网络对第 n 个训练样本进行学习以后，上一层神经元 ($L-1$ 层) 的所有输出信号、输出层神经元的输出信号、误差信号、学习率参数等信息均为外部可见。因此，上式等号右侧全部为已知，这样就可以求出 $\Delta w_{om}^{L}(n)$，对权重进行调整。

4.3.3 中间层神经元的梯度求解过程

在整个网络中，中间层神经元不能直接访问，但这些神经元也需要分摊整个网络输出的误差能量。在训练网络时，没有对隐藏层神经元指定期望响应，也就没有直接的误差信号传递给这些神经元。然而，根据式 (4-14)，突触权重的修正必须依靠误差信号 (准确地说，应该是误差能量梯度)。这时，我们既需要误差信号给我们提供信息去修正隐藏层神经元权重，又无法获得直接的误差信号，矛盾就此出现。

解决方法就在于将输出层的误差信号通过网络逐层向后传导至隐藏层神经元，用于修正神经元突触权重。首先定义隐藏层神经元的局部梯度 $\delta_j^l(n)$，$\delta_j^l(n)$ 被定义为总瞬时误差能量对第 l 层神经元 j 总输入信号的梯度的负值，

$$\begin{aligned}\delta_j^l(n) &= -\frac{\partial E(n)}{\partial X_j^l(n)} = -\frac{\partial E(n)}{\partial Y_j^l(n)} f'(X_j^l(n)) \\ &= -\sum_{o=1}^{n_L} \frac{\partial E(n)}{\partial \varepsilon_o(n)} \frac{\partial \varepsilon_o(n)}{\partial Y_j^l(n)} f'(X_j^l(n))\end{aligned} \tag{4-18}$$

我们的目的是将上式局部梯度表示为递归形式。将式 (4-3) 等号两侧对隐藏层神经元 j 的输出信号 $Y_j^l(n)$ 求偏导数，得到

$$\frac{\partial E(n)}{\partial Y_j^l(n)} = \sum_{o=1}^{n_L} \varepsilon_o(n) \frac{\partial \varepsilon_o(n)}{\partial Y_j^l(n)} \tag{4-19}$$

进一步对上式使用链式法则，可以得到

$$\begin{aligned}\frac{\partial E(n)}{\partial Y_j^l(n)} &= \sum_{o=1}^{n_L} \varepsilon_o(n) \frac{\partial \varepsilon_o(n)}{\partial Y_k^{l+1}(n)} \frac{\partial Y_k^{l+1}(n)}{\partial Y_j^l(n)} \\ &= \sum_{o=1}^{n_L} \varepsilon_o(n) \frac{\partial \varepsilon_o(n)}{\partial Y_k^{l+1}(n)} f'(X_k^{l+1}(n)) w_{kj}^{l+1}(n)\end{aligned} \tag{4-20}$$

将局部梯度表达式前向递推一层网络，并代入上式，得到

$$\frac{\partial E(n)}{\partial Y_j^l(n)} = -\sum_{o=1}^{n_L} \delta_k^{l+1}(n) w_{kj}^{l+1}(n) \tag{4-21}$$

再将上式代入局部梯度定义式，得到局部梯度的递归表达式，

$$\delta_j^l(n) = f'(X_j^l(n)) \sum_{k=1}^{n_{l+1}} \delta_k^{l+1}(n) w_{kj}^{l+1}(n) \tag{4-22}$$

上式隐含重大意义！对于第 l 层第 j 个神经元，它所接收到的误差信号 (准确说是误差局部梯度) 等于它前面一层所有神经元传递给它的误差局部梯度的加权平均值再乘上该神经元激活函数的导数值。这个方程就为我们提供了这样一条路径：将输出层神经元所接收到的误差信号通过网络反向传导给隐藏层神经元，进而使隐藏层神经元分担整个网络产生的误差成为可能。另外，我们还得计算输出层神经元的局部梯度，才能获得整个神经网络所有神经元的局部梯度。很容易就可以算出，输出层神经元局部梯度为

$$\delta_o^L(n) = -\frac{\partial E(n)}{\partial \varepsilon_o(n)} \frac{\partial \varepsilon_o(n)}{\partial Y_o^L(n)} \frac{\partial Y_o^L(n)}{\partial X_o^L(n)} = \varepsilon_o(n) f'(X_o^L(n)) \tag{4-23}$$

综上，可以将整个网络各层神经元局部梯度总结为

$$\delta_j^l(n) = \begin{cases} \varepsilon_o(n) f'(X_o^L(n)), & \text{对输出层 } L \text{ 的神经元} \\ f'(X_j^l(n)) \displaystyle\sum_{k=1}^{n_{l+1}} \delta_k^{l+1}(n) w_{kj}^{l+1}(n), & \text{对隐藏层 } l \text{ 的神经元} \end{cases} \tag{4-24}$$

知道如何计算局部梯度以后，就可以通过局部梯度计算出突触权重的调整值。对式 (4-14) 进行如下处理，

$$\begin{aligned} \Delta w_{ji}^l(n) &= -\eta \frac{\partial E(n)}{\partial w_{ji}^l(n)} = -\eta \frac{\partial E(n)}{\partial Y_j^l(n)} \frac{\partial Y_j^l(n)}{\partial X_j^l(n)} \frac{\partial X_j^l(n)}{\partial w_{ji}^l(n)} \\ &= -\eta \frac{\partial E(n)}{\partial Y_j^l(n)} f'(X_j^l(n)) Y_i^{l-1}(n) = \eta \delta_j^l(n) Y_i^{l-1}(n) \end{aligned} \tag{4-25}$$

最终，对于隐藏层神经元 j，其突触权重修正值 $\Delta w_{ji}^l(n)$ 等于学习率、局部梯度与上层神经元 i 的输出值三者之积。至此，无论输出层还是隐藏层神经元，我们都已经具备足够的信息与工具对其突触权重进行修正。

4.3.4 反向传播算法小结

最后我们对本节内容进行总结。我们需要弄清楚反向传播算法到底在做什么。图 4-5 节选部分多层前馈神经网络，在该网络中，我们令突触权重 w_{jk}^l 有一个微小变化 Δw_{jk}^l，该变化将通过整个网络影响总瞬时误差能量。

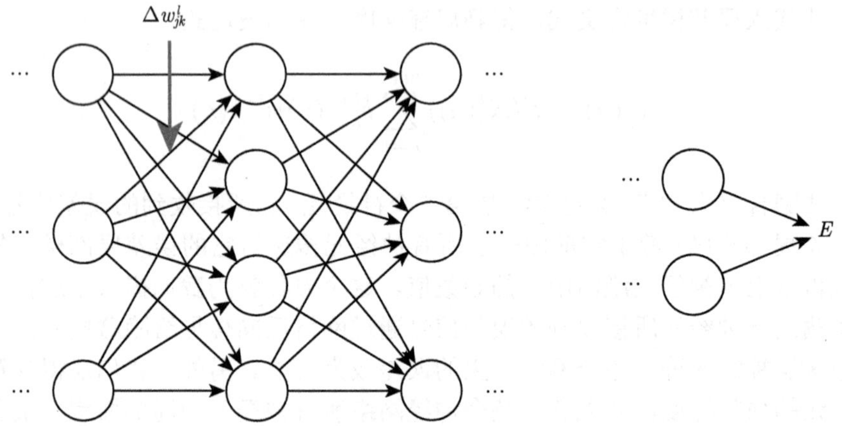

图 4-5　突触权重出现微小变化

首先，Δw_{jk}^l 会使其直接连接的第 l 层第 j 个神经元输入信号发生变化 ΔX_j^l (见图 4-6 的输入箭头)。

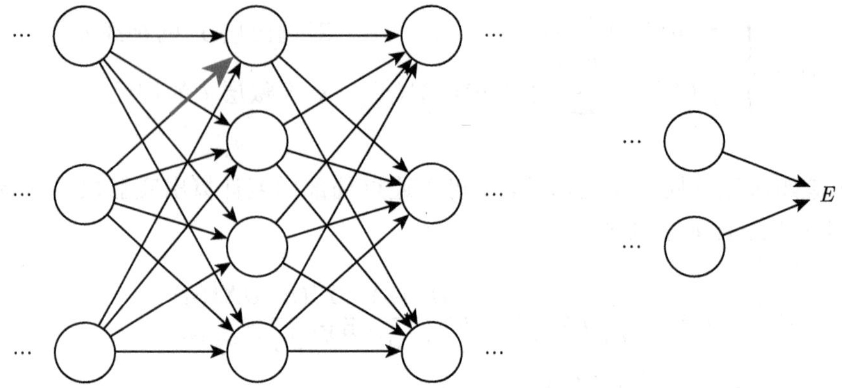

图 4-6　权重变化对下一层神经元产生影响

该变化又会影响神经元的输出信号，进而影响第 $l+1$ 层神经元的所有输入信号 (见图 4-7 的三条输出箭头)。

这种变化通过神经元一层层向前传输，最终影响到总瞬时误差能量 (见图 4-8 最右侧)。这样我们就将总瞬时误差能量与突触权重的变化 Δw_{jk}^l 关联起来。

反向传播算法，实际上就是找到 Δw_{jk}^l 和 E 之间的所有可能联系途径，并将这些途径进行求和。换句话说，BP 算法就是一种巧妙追踪权重和偏置微小变化对网络所带来的影响，并对所有可能传递路径变化率进行求和的算法。

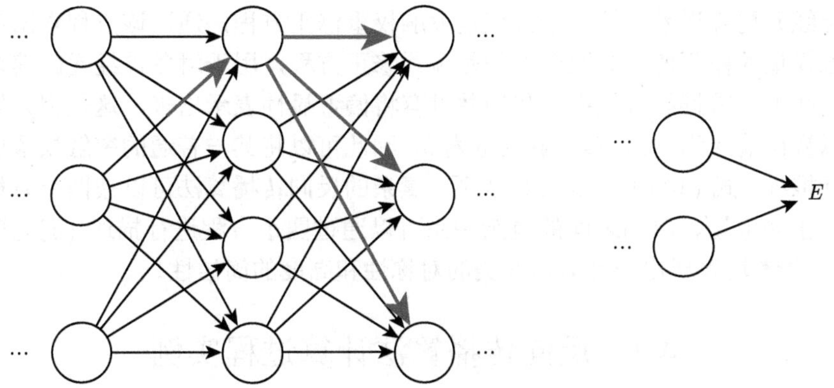

图 4-7 影响再下一层所有神经元

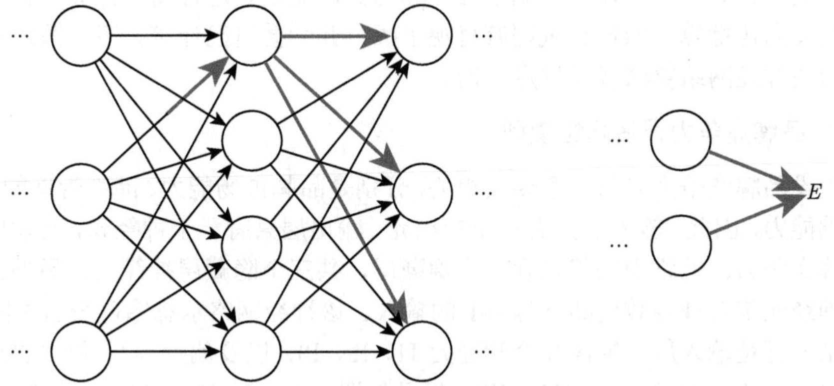

图 4-8 影响最终传递至总瞬时误差能量

最后，我们可以将反向传播算法高度概括为四个基本方程：

$$\delta_o^L(n)=\varepsilon_o(n)f'(X_o^L(n)) \tag{4-26}$$

$$\delta_j^l(n)=f'(X_j^l(n))\sum_{k=1}^{n_{l+1}}\delta_k^{l+1}(n)w_{kj}^{l+1}(n) \tag{4-27}$$

$$\Delta w_{ji}^l(n)=\eta\delta_j^l(n)Y_i^{l-1}(n) \tag{4-28}$$

$$\Delta b_j^l(n)=\eta\delta_j^l(n) \tag{4-29}$$

第一个方程是输出层神经元误差局部梯度方程，通过该方程可以求出输出层各神经元的误差梯度；第二个方程是隐藏层神经元局部梯度的反向递归方程，通过该方程，可以先求出第 $L-1$ 层神经元的局部误差，再依次求第 $L-2, L-3, \cdots, 2, 1$

层的神经元局部误差；第三个方程是突触权重修正方程，通过该方程求出各神经元突触权重的修正值；第四个方程是偏置修正方程，用于对各神经元的偏置进行修正。在上一节推导过程中，我们并没有将偏置显性表示出来，这是因为偏置总是可以视作输入为 $+1$，其突触权重为 b，因此可以将其与普通的突触权重放在一起进行推导。式 (4-26) 至 (4-29) 表明，复杂的反向传播算法可以被四个方程高度概括，正如电场、磁场之间的复杂关系可以通过四个方程进行描述 (麦克斯韦方程组)，两者均表现出一种非常优美的对称性和高度的简洁性！

4.4 反向传播算法计算过程实例

前面一节对反向传播算法的公式推导进行了详细讲解，这一节将具体数据代入模型进行计算。我们以品牌竞争力计算为例，此处只进行简单计算，目的是让读者对反向传播算法的计算过程有直观了解，并学会自己计算。下一节才对品牌竞争力的神经网络算法展开重点讨论。

4.4.1 品牌竞争力评估网络模型

假设品牌竞争力只与三个要素相关，分别是品牌市场能力、品牌管理能力、品牌基础能力，因此，输入层只有三个神经元。输出层只有一个神经元，其输出值即为品牌竞争力。网络中间仅包含一个隐藏层，共三个隐藏层神经元。另外，本节将各神经元偏置视为数值始终为 $+1$ 的输入。该神经网络示意图可表示为图 4-9。

第一层是输入层，包含 3 个神经元 I1，I2，I3，以及偏置 $+1$；第二层是隐藏层，包含 3 个神经元 H1，H2，H3，以及偏置 $+1$；第三层是输出层，包含 1 个神经元 O1。隐藏层和输出层神经元的激活函数采用 Sigmoid 函数形式。按照上一节的符号习惯，输入层到隐藏层的突触权重和偏置矩阵可以表示如下

$$W^1 = \begin{bmatrix} w_{11}^1 & w_{12}^1 & w_{13}^1 & b_1^1 \\ w_{21}^1 & w_{22}^1 & w_{23}^1 & b_2^1 \\ w_{31}^1 & w_{32}^1 & w_{33}^1 & b_3^1 \end{bmatrix} \tag{4-30}$$

隐藏层到输出层权重矩阵表示为

$$W^2 = \begin{bmatrix} w_{11}^2 & w_{12}^2 & w_{13}^2 & b_1^2 \end{bmatrix} \tag{4-31}$$

现在，我们代入如下数据[①]：某企业品牌市场能力为 0.75，品牌管理能力为 0.9，品牌基础能力为 0.46，其品牌竞争力为 1.2，即 I1 = 0.75，I2 = 0.9，I3 =

① 数据并非真实数据，只用于说明 BP 算法计算过程。

0.46，O1 = 1.2。再初始化权重矩阵 W^1 和 W^2 分别为

$$W^1 = \begin{bmatrix} 0.15 & 0.34 & 0.67 & 1.2 \\ 0.46 & 0.55 & 0.09 & 0.39 \\ 0.21 & 0.28 & 0.86 & 0.56 \end{bmatrix} \tag{4-32}$$

$$W^2 = \begin{bmatrix} 0.11 & 0.48 & 0.61 & 0.07 \end{bmatrix} \tag{4-33}$$

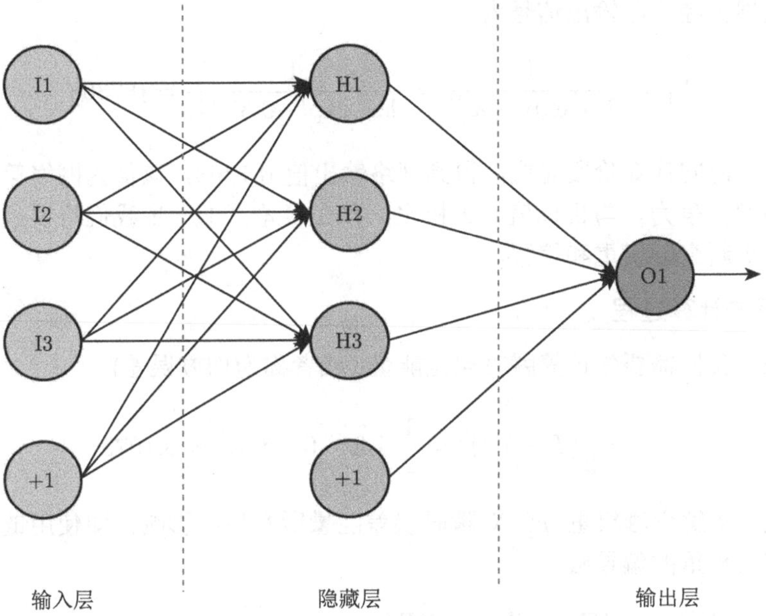

图 4-9　品牌竞争力评估的神经网络示意图

4.4.2　前向计算过程

计算神经元 H1 的总输入信号，

$$\begin{aligned} X_1^1 &= w_{11}^1 \times \text{I1} + w_{12}^1 \times \text{I2} + w_{13}^1 \times \text{I3} + b_1^1 \\ &= 0.15 \times 0.75 + 0.34 \times 0.9 + 0.67 \times 0.46 + 1.2 \\ &= 1.9267 \end{aligned} \tag{4-34}$$

同理，可以计算出神经元 H2 和 H3 的总输入信号分别为 1.2714 和 1.3651。再根据下式计算神经元 H1 的输出信号，

$$Y_1^1 = \frac{1}{1+\exp(-X_1^1)} = \frac{1}{1+\exp(-1.9267)} = 0.8729 \tag{4-35}$$

H2 和 H3 的输出信号分别为 0.7810 和 0.7966。再计算输出层神经元的总输入信号，

$$\begin{aligned}X_1^2 &= w_{11}^2 \times Y_1^1 + w_{12}^2 \times Y_2^1 + w_{13}^2 \times Y_3^1 + b_1^2 \\ &= 0.11 \times 0.8729 + 0.48 \times 0.7810 + 0.61 \times 0.7966 + 0.07 \\ &= 1.0268 \end{aligned} \tag{4-36}$$

输出层神经元总输出信号为

$$Y_1^2 = \frac{1}{1+\exp(-X_1^2)} = \frac{1}{1+\exp(-0.3764)} = 0.7363 \tag{4-37}$$

此时，前向计算阶段完成，得到网络输出值 0.7363，该值为网络第一轮计算所得的品牌竞争力，与目标值 1.2 相比，存在误差。下一步我们将误差进行反向传递，以更新突触权重和偏置。

4.4.3 反向计算过程

首先，我们需要先计算瞬时误差能量 (或者称为均方误差)，

$$E = \frac{1}{2}(T - Y_1^2)^2 = \frac{1}{2}(1.2 - 0.7363)^2 = 0.1075 \tag{4-38}$$

其次，求解突触权重 w_{11}^2 对瞬时误差能量所产生的影响，即使用链式求导法则求误差对权重的偏导数，

$$\begin{aligned}\frac{\partial E}{\partial w_{11}^2} &= \frac{\partial E}{\partial Y_1^2} \times \frac{\partial Y_1^2}{\partial X_1^2} \times \frac{\partial X_1^2}{\partial w_{11}^2} \\ &= -(T - Y_1^2) \times Y_1^2 \times (1 - Y_1^2) \times Y_1^1 \\ &= -(1.2 - 0.7363) \times 0.7363 \times (1 - 0.7363) \times 0.8729 \\ &= -0.0786 \end{aligned} \tag{4-39}$$

然后，我们根据上式对 w_{11}^2 进行修正，学习速度设定为 0.5，

$$(w_{11}^2)^* = w_{11}^2 - \eta \times \frac{\partial E}{\partial w_{11}^2} = 0.11 - 0.5 \times (-0.0786) = 0.1493 \tag{4-40}$$

同理，权重和偏置 w_{12}^2, w_{13}^2 和 b_1^2 经过上述计算后修正为

$$(w_{12}^2)^* = 0.5152$$

$$(w_{13}^2)^* = 0.6459 \tag{4-41}$$

$$(b_1^2)^* = 0.1150$$

前面我们对隐藏层到输出层之间的突触权重和偏置进行修正，下面考虑输入层到隐藏层之间权重和偏置的修正。由于输入层与输出层之间隔着隐藏层，因此，权重矩阵 W^1 的修正更加复杂。计算突触权重 w_{11}^1 对瞬时误差能量所产生的影响，

$$\begin{aligned}\frac{\partial E}{\partial w_{11}^1} &= \frac{\partial E}{\partial Y_1^2} \times \frac{\partial Y_1^2}{\partial X_1^2} \times \frac{\partial X_1^2}{\partial Y_1^1} \times \frac{\partial Y_1^1}{\partial X_1^1} \times \frac{\partial X_1^1}{\partial w_{11}^1} \\ &= -(T - Y_1^2) \times Y_1^2 \times (1 - Y_1^2) \times w_{11}^2 \times Y_1^1 \times (1 - Y_1^1) \times I1 \\ &= -0.5137 \times 0.6863 \times 0.3137 \times 0.11 \times 0.1456 \times 0.8544 \times 0.75 \\ &= -0.001135\end{aligned} \tag{4-42}$$

修正权重 w_{11}^1，

$$(w_{11}^1)^* = w_{11}^1 - \eta \times \frac{\partial E}{\partial w_{11}^1} = 0.15 - 0.5 \times (-0.0008241) = 0.1504 \tag{4-43}$$

权重矩阵 W^1 中的其他元素均按照上述方法进行修正，最终得到修正后的权重矩阵，

$$W^1 = \begin{bmatrix} 0.15 & 0.34 & 0.67 & 1.2 \\ 0.46 & 0.55 & 0.09 & 0.39 \\ 0.21 & 0.28 & 0.86 & 0.56 \end{bmatrix}$$

$$\Rightarrow (W^1)^* = \begin{bmatrix} 0.1504 & 0.3405 & 0.6703 & 1.2006 \\ 0.4628 & 0.5533 & 0.0917 & 0.3937 \\ 0.2133 & 0.2840 & 0.8621 & 0.5644 \end{bmatrix} \tag{4-44}$$

此时误差反向传播的计算阶段就算完成。若将修正过的 $(W^1)^*$ 和 $(W^2)^*$ 代入前向计算，可以重新求出网络输出值为 0.7621，相比于修正前的 0.7363，提高 0.0258。重复上述步骤，可以使网络输出值不断趋近于目标值 1.2。

4.5 应用案例分析：品牌竞争力评估

本书的主旨是探讨人工智能算法在品牌评估与品牌战略中的应用，这一节我们重点对神经网络算法在品牌评估和品牌战略中的应用场景进行探讨，其中一个重要的应用就是评估企业的品牌竞争力。

竞争是现代市场经济的基本特征，而企业是市场经济中的重要行为人。企业在激烈竞争中需要生存，就必须具有其他同类型企业所不具备的特点，也就是具有竞争力；而企业的竞争力，很大程度上源于其品牌所具有的竞争力。品牌竞争力是某一品牌产品超越其他同类产品的竞争能力，是其他同类产品不易甚至是无法模仿的能力，是开拓市场、占领市场并获取更大市场份额的能力。品牌竞争力赋予企业对其产品更强的议价能力，使企业能够获得高额利润与生产者剩余，甚至在市场不景气的环境下也能使企业保持获利，维持增长。因此，如何评估企业品牌所具有的竞争力，对于企业长远发展具有实践意义。这一部分我们重点讨论神经网络算法在评估企业品牌竞争力上的应用。

4.5.1 传统评估方法

目前，国内外许多学者对品牌竞争力评估方法进行研究，所用方法一般为层次分析法。

层次分析法 (Analytic Hierarchy Process，AHP)，最早由美国著名运筹学家 T. L. Satty 于 20 世纪 70 年代提出，是一种定量与定性相结合的多准则多决策方法，属于系统工程学领域的一种研究手段。对于一个复杂决策问题，影响因素往往众多，并且不同因素之间关系错综复杂。层次分析法的基本思路就在于将不同影响因素从形式逻辑上进行分层，构建层次结构模型，再利用较少的定量信息，把决策思维过程数学化。使用层次分析法时，需根据问题性质将问题分解为不同组成因素，并按照不同因素之间的相互关联影响以及从属关系进行组合，形成多层次分析结构模型。

如图 4-10 所示，应用层次分析法进行研究时，最重要的步骤就是要将问题层次化。根据问题的性质和我们希望达到的目标，将问题分解为不同组成因素，并按照各因素间的相互关联影响以及隶属关系，将因素按照不同层次聚集组合，形成一个多层次的拓扑结构模型。通过这种方法，最终我们可以将一个复杂评估问题分解为若干层次的简单计算，并确定每个因素的权重，最终达到综合评估的目的。传统层次分析法在不同因素的权重设定上多采用主观判定方法或者标度法，而具体计算过程则通过线性代数的方法予以表述，数学结构严谨，逻辑严密。层次分析法实际上是一种兼具定性和定量特征的决策分析方法，在管理学中具有非常重要的意义。

回到我们的品牌竞争力评估问题。与品牌竞争力相关的因素众多，包括但不限于产品功能、产品适用性、顾客忠诚度、市场占有率、广告宣传支出、企业领导素质等方面因素，是一个十分复杂的多层级系统。面对如此复杂和数量众多的影响因素，单纯依靠定性分析将难以获得有普遍性价值的结论。另一方面，如果单纯通过定量分析进行，对数据质量和数据完整性又提出很高的要求，在实际使用中难以满足。这时就可以考虑层次分析法这种定性与定量相结合的研究方法。先将众多影响因素根据某种内在逻辑进行分类，构造层次分析结构；然后对各层的元素进行两两比较与判断，获得判断矩阵；再逐层汇总与合并，并层层上传，最终得到企业的品牌竞争力。

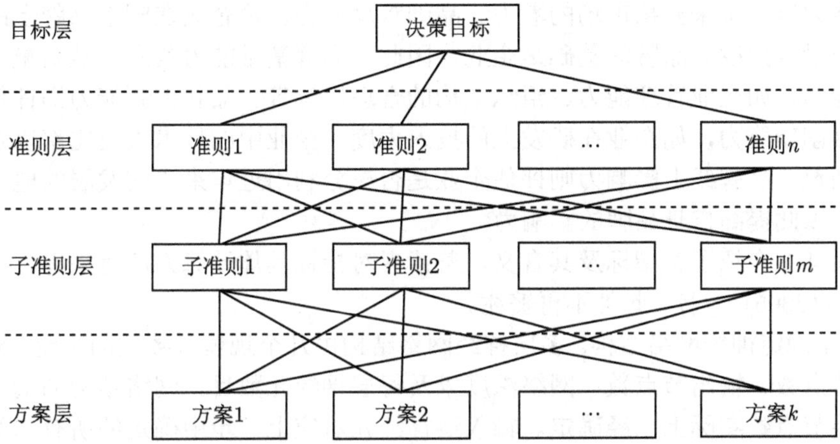

图 4-10 层次分析法工作原理示意图。一般分为方案层、准则层和目标层，准则层又可根据具体需求进一步分为多个子准则层

前面已经说过，层次分析法各因素的权重通常采用主观判断法获得，这就导致分析结果具有非常浓厚的主观特色。事实上，不难看出层次分析法的空间拓扑结构与神经网络模型具有某种相似性，两者均表现为多层的网状结构，层次分析法中的每种因素可以对应神经网络中的每个输入神经元；而需要得到的评估值则对应输出神经元。鉴于此，我们是否可以通过多层前馈神经网络算法，对层次分析法中的权重进行优化，使分析结果脱离严重的主观性，获得真正科学、公允的评估结果。答案是肯定的！

4.5.2 品牌竞争力评估的神经网络模型构建

下文我们将上述思路运用于品牌竞争力的综合评估问题中。基本步骤如下。

(1) 构建品牌竞争力的评估指标体系。在构建神经网络模型之前，需要选择对企业品牌竞争力具有显著影响的指标 (变量)，这些指标将作为神经网络模型的输入层。我们重点参考许基南 (2005) 的《品牌竞争力研究》一书，来构建本章所需的评估指标体系。需要注意，近十年来电子商务的发展与普及对企业品牌战略产生巨大影响，甚至重塑许多产业格局。许基南在 2004 年写作《品牌竞争力研究》时，还无法考虑这一情况。因此，本章将这一因素考虑进来，构建更符合当前时代特征的品牌竞争力指标体系。

构建指标体系采用上节介绍的层次分析法基本思路。首先将所有指标区分为如下五个一级指标：品牌市场能力、品牌管理能力、品牌基础能力、品牌创新能力和品牌线上影响力。每个一级指标均从特定角度衡量企业的品牌发展能力和竞争，其下又包含多个二级指标。比如，品牌市场能力综合衡量了品牌目前占有市场的能力以及未来开拓市场的潜力。品牌管理能力评价企业在塑造品牌上的重视程度与投入力度。品牌的基础是企业，因此，品牌基础能力实际上是衡量企业的综合能力，如企业管理能力、组织结构的合理性等等。品牌创新能力则评价企业的综合创新能力，如企业在研发上的投入力度，企业中的技术人员比率以及企业的专利数。品牌线上影响力则评估企业是否充分利用近年来飞速发展的电子商务平台，以此提高自身品牌的影响力。

表 4-1 介绍了各指标及其含义，若读者对指标具体计算方法有兴趣，可参考许基南 (2005) 一书，此处不再赘述。

(2) 确定神经网络结构。多层神经网络结构由几个规模参数共同决定，分别是输入节点数、输出节点数、网络深度以及每层神经元数目。网络结构的输入层与输出层节点数实际上已经确定。输入层神经元对应上一步中确定的所有二级指标数据，因此，有多少个二级指标就对应多少个输入神经元。在前一部分构建的指标体系中，共有五类一级指标，24 个二级指标，因此，输入层共有 24 个神经元。输出层则是我们感兴趣的企业品牌竞争力定量分析结果，只有一个输出神经元。

网络深度是指网络所包含的神经元层数，如果所研究问题线性可分，只需将网络结构设定为一层输入层和一层输出层即可，即没有中间的隐藏层。然而，我们需要求解的品牌竞争力显然不是线性可分问题，因此需要构建多层神经网络模型。在本节中，我们按照上一步中的指标层次结构确定网络深度，指标分为一级指标与二级指标，因此只需增加一个中间隐藏层，对应一级指标即可。这样做有两个好处，一是避免网络结构过于复杂，降低计算负荷；二是指标层次结构与网络结构相仿，满足形式逻辑上的一致性。

我们还需要确定中间层神经元数目。一般情况下，中间层神经元数目应该小于 (训练样本数 -1)，这样才能使模型具有比较好的泛化能力；否则模型的系统误差与训练样本的特性无关并且趋于 0，此时模型不具备泛化能力，也就没有使用价值。此外，假设输入层节点数为 n，输出层节点数为 1，则中间层神经元数目可以采用如下三种经验法则中的一种来确定：① $\sqrt{n+1}+(1\sim 10$ 的常数)；② $\log_2 n$；③ $\sqrt{n\times 1}$。

表 4-1 品牌竞争力的综合评估指标体系

一级指标	二级指标	含义	计算方法
品牌市场能力	市场占有率	企业品牌对应产品的销售额在市场同类产品中所占比重	$=\frac{\text{该品牌销售额}}{\text{同类产品市场销售总额}}$
	市场覆盖率	反映该品牌在同类产品市场中的占有广度	$=\frac{\text{该品牌的销售终端数}}{\text{同类产品的销售终端数}}$
	销售总额	反映该品牌的销售总量或销售规模	= 营业收入
	利润率	反映该品牌的综合盈利能力	$=\frac{\text{该品牌利润总额}}{\text{该品牌销售总额}}$
	利润额	反映该品牌利润规模	= 净利润
	品牌知名度	反映潜在购买者将品牌与产品相结合的能力	$=\frac{\text{认出或想起该品牌的人员数量}}{1000\ \text{名消费者}}$
	品牌美誉度	反映市场上消费者对某一品牌的好感度与信任程度，往往和企业形象关联	$=\frac{\text{认为最满意和最完美的品牌的人员数量}}{1000\ \text{名消费者}}$
	品牌忠诚度	度量消费者偏好转向另外一个品牌的难易程度	$=\frac{\text{重复购买该品牌的消费者数量}}{1000\ \text{名消费者}}$
品牌管理能力	市场调研费用	反映企业在市场调研方面的投入力度	= 市场调研费用
	品牌个性	反映品牌特征与目标市场相适应的结果	问卷调查
	市场细分能力	反映品牌从市场细分到目标市场选择过程的能力	问卷调查
	广告宣传费用	反映企业在广告宣传方面的投入力度	= 广告费用
	品牌规模扩张能力	反映品牌销售规模随品牌延伸而扩张的大小	$=\frac{\text{上期品牌销售规模}}{\text{当期品牌销售规模}}$

续表

一级指标	二级指标	含义	计算方法
品牌基础能力	企业管理能力	管理费用占总成本的比重	$=\frac{\text{管理费用}}{\text{营业成本}}$
	组织结构合理性	反映现有组织结构在企业经营过程中的合理性	企业具体情况
	组织外向拓展能力	反映企业在发展与其他企业协作关系方面的能力	$=\frac{\text{在发展与战略伙伴关系方面的投资}}{\text{企业产品销售额}}$
	生产能力有效利用率	反映组织结构对企业经营过程组织、协调作用的强弱	$=\frac{\text{有效生产能力利用规模}}{\text{年平均生产能力}}$
品牌创新能力	技术创新投入率	反映企业在技术创新活动中的资金投入情况	$=\frac{\text{技术创新活动总费用}}{\text{企业产品销售额}}$
	技术开发人员比率	反映企业在技术创新活动中的人力投入	$=\frac{\text{经常从事 R\&D 的技术人员总数}}{\text{年平均职工数}}$
	专利水平	从创新结果角度反映企业技术创新实力的强弱	$=\frac{\text{某时刻企业申请专利数}}{\text{某时期企业专利数}}$
	新产品产值率	从创新结果角度反映企业技术创新实力的强弱	$=\frac{\text{创新产品销售额}}{\text{企业产品销售额}}$
品牌线上影响力	网上零售额占比	反映企业线上销售规模	$=\frac{\text{在线销售额}}{\text{销售总额}}$
	网上零售额增速	反映企业线上销售发展潜力	$=\frac{\text{当期在线销售额}-\text{上期在线销售额}}{\text{上期在线销售额}}\times 100\%$
	信息与数字化领域投资规模	反映企业对信息与数字化发展领域的重视程度	= 企业在信息与数字化领域的投资规模

综上，模型由输入层、中间层和输出层三层神经元构成，输入层神经元数目为所有二级指标数目 (24 个)，输出层神经元数目为 1，最后只需确定中间层神经元数目即可。

(3) 激活函数的选择。神经网络领域包含众多激活函数，不同函数形式将带来完全不同的分析性能和特征。前面章节已经介绍了 Rosenblatt 感知器中的阶跃函数以及多层前馈神经网络中的 Sigmoid 函数。事实上，激活函数种类远不止已经出现的两种函数形式，表 4-2 总结了神经网络领域常用的激活函数形式。如果要使用反向传播算法，激活函数需使用在定义域内连续可微的函数形式，比如 Sigmoid 函数或者双曲正切函数。

表 4-2　神经网络领域常用激活函数形式汇总

函数名称	函数表达式
阶跃函数	$f(x)=\begin{cases}0, & x<0\\ 1, & x\geqslant 0\end{cases}$
对称阶跃函数	$f(x)=\begin{cases}-1, & x<0\\ 1, & x\geqslant 0\end{cases}$
Sigmoid 函数	$f(x)=\dfrac{1}{1+\mathrm{e}^{-x}}$
双曲正切函数	$f(x)=\dfrac{\mathrm{e}^{x}-\mathrm{e}^{-x}}{\mathrm{e}^{x}+\mathrm{e}^{-x}}$
线性函数	$f(x)=x$
饱和线性函数	$f(x)=\begin{cases}0, & x<0\\ x, & 0\leqslant x\leqslant 1\\ 1, & x>1\end{cases}$
对称饱和线性函数	$f(x)=\begin{cases}-1, & x<-1\\ x, & -1\leqslant x\leqslant 1\\ 1, & x>1\end{cases}$
竞争函数	$f(x)=\begin{cases}1, & \text{具有最大 } x \text{ 的神经元}\\ 0, & \text{其他神经元}\end{cases}$

(4) 学习规则的选择。构建神经网络模型的目的在于对企业品牌竞争力进行评估。为了使网络输出结果能够准确表征品牌竞争力，需要对网络中所有突触权重和偏置进行调整，不同的学习规则对应不同的参数调整规则。前面章节介绍了最速下降法、共轭梯度法、反向传播算法等学习规则。品牌竞争力评估涉及多层神经网络模型，因此应该采取反向传播算法对权重和偏置进行调整。前文已经详细介绍反向传播算法的推导过程，此处不再赘述。

(5) 训练样本的数据处理。本节所用数据来源于世界品牌实验室公布的 2018 年 (第十五届)《中国 500 最具价值品牌》中的 A 股上市公司的品牌价值，这些企业的二级指标数据主要来源于上市公司年报。输入神经网络的数据应该与步骤 (1) 中确定的评估指标体系保持一致。在样本数据选择上，应使样本数量尽可能多 (训练样本数至少要多于二级指标数目)、数据分布均匀、总体代表性强。

与品牌竞争力相关的指标众多，不同指标从不同角度进行反映，而且不同指标之间量纲不同，甚至某些指标是定性指标，而某些是定量指标。因此，不同指标之间不能直接比较，也就不能直接作为训练数据输入神经网络模型，需要先进行无量纲化处理。

评估企业品牌竞争力时，先假设我们有 m 个企业的样本数据，每个企业有 n 个相关二级指标，则矩阵 $X=(x_{ij})_{m\times n}, i=1,2,\cdots,m, j=1,2,\cdots,n$ 为输入矩阵。x_{ij} 表示第 i 个企业的第 j 个指标数值。进行无量纲化处理前，需要将指标分为效益型、成本型、适度型、区间型四类。效益型指标，是指数值越高越好的指标类型；成本型指标，是指数值越低越好的指标类型；适度型指标，具有最合适数值，离该数值越接近越好；区间型指标，是适度型指标的扩展情况，该类指标以落入某个区间最为合适，离区间越远，越不合适。不同类型指标的无量纲化处理略有不同，假设对第 j 个指标无量纲化。

(i) 若指标 j 为效益型指标，对每个样本企业数据进行如下处理，

$$y_{ij}=\frac{x_{ij}-\min\limits_{1\leqslant i\leqslant m} x_{ij}}{\max\limits_{1\leqslant i\leqslant m} x_{ij}-\min\limits_{1\leqslant i\leqslant m} x_{ij}} \tag{4-45}$$

(ii) 若指标 j 为成本型指标，对每个样本企业数据进行如下处理，

$$y_{ij}=\frac{\max\limits_{1\leqslant i\leqslant m} x_{ij}-x_{ij}}{\max\limits_{1\leqslant i\leqslant m} x_{ij}-\min\limits_{1\leqslant i\leqslant m} x_{ij}} \tag{4-46}$$

(iii) 若指标 j 为适度型指标，并且 α 为该指标最合适数值，对每个样本企业数据进行如下处理，

$$y_{ij}=\frac{1}{1+\alpha-x_{ij}} \tag{4-47}$$

(iv) 若指标 j 为区间型指标，并且 $[\alpha_1,\alpha_2]$ 为该指标最合适区间，对每个样本企业数据进行如下处理，

$$y_{ij}=\begin{cases}1-\dfrac{\alpha_1-x_{ij}}{\max\left(\alpha_1-\min\limits_{1\leqslant i\leqslant m}x_{ij},\max\limits_{1\leqslant i\leqslant m}x_{ij}-\alpha_2\right)}, & x_{ij}\in(-\infty,\alpha_1)\\ 1, & x_{ij}\in[\alpha_1,\alpha_2]\\ 1-\dfrac{x_{ij}-\alpha_2}{\max\left(\alpha_1-\min\limits_{1\leqslant i\leqslant m}x_{ij},\max\limits_{1\leqslant i\leqslant m}x_{ij}-\alpha_2\right)}, & x_{ij}\in(\alpha_2,+\infty]\end{cases}\tag{4-48}$$

通过上述无量纲化处理过程，就可以得到无量纲化输入矩阵 $Y=(y_{ij})_{m\times n}$，矩阵中每个元素均为 0 到 1 之间的无量纲实数。

(6) 神经网络的训练。我们采用反向传播算法对网络进行训练。前文已经详细介绍了反向传播算法的计算步骤，此处不再赘述，只说明大致计算流程。模型训练分为两个阶段：

前向阶段 在训练模型时，先初始化所有突触权重和偏置，并将上市公司数据代入模型，正向通过神经网络，逐层计算中间层和输出层神经元的输出值。

反向阶段 将输出层神经元的最终输出值与世界品牌实验室公布的品牌价值数据对比，计算整个网络的均方误差。以均方误差作为误差信号，反向通过网络；在传播过程中修改各层神经元的突触权重和偏置。

前向与反向两个计算阶段交替往复，使均方误差不断缩小；当均方误差下降至我们预先设置的目标误差精度时，迭代计算即可停止。此时神经网络的突触权重和偏置值，就是网络的最优数值，我们所需要的网络模型也就训练完成。模型训练完成后，只需将我们需要预测的企业品牌相关指标数据输入已经训练成功的模型，模型就可以通过输出层输出相应数值。该数值实际上就是对企业品牌竞争力的一个客观评估值。

4.6 反向传播算法的 Python 实现

```
#进行神经网络计算需要 random 和 math 两个扩展包
import random
import math
#生成名为
class BPnetwork:
    learning_rate=0.5    //初始化学习速度
#定义方法，对参数进行初始化
def __init__(self, num_inputs, num_hidden, num_outputs, hidden_layer
    _weights =None, hidden_layer_bias =None, output_layer_weights =
    None, output_layer_bias =None):
    self.num_inputs=num_inputs
```

```
    self.hidden_layer=BPlayer(num_hidden, hidden_layer_bias)
    self.output_layer=BPlayer(num_outputs, output_layer_bias)
    self.init_weights_from_input_to_hidden_layer_neurons(hidden_
        layer_weights)
    self.init_weights_from_hidden_layer_neurons_to_output_layer_
        neurons(out_layer_weights)

def init_weights_from_inputs_to_hidden_layer_neurons(self, hidden_
    layer_weight):
    weight_num=0
    for h in range(len(self.hidden_layer.neurons)):
        for i in range(self.num_inputs):
            if not hidden_layer_weights:
                self.hidden_layer.neurons[h].weights.append(random.
                    random())
            else:
                self.hidden_layer.neurons[h].weights.append(hidden_
                    layer_weights [weight_num])
        weight_num += 1

    def init_weights_from_hidden_layer_neurons_to_output_layer_
        neurons(self, output_layer_weights)
        weight_num=0
        for o in range (len(self.output_layer.neurons)):
            for h in range(len(self.hidden_layer.neurons)):
                if not output_layer_weights:
                    self.output_layer.neurons[o].weights.append(
                        random.random())
                else:

self.output_layer.neurons[o].weights.append(output_layer_weights[
    weight_num])
        weight_num += 1

def inspect(self):
    print( '------' )
    print( '*Input:{}' .format(self.num_inputs))
    print( '------' )
    print( 'Hidden Layer' )
    self.hidden_layer.inspect()
```

```
    print( '------' )
    print( '*Output Layer' )
    self.output_layer.inspect()
    print( '------' )

def feed_forward(self, inputs):
    hidden_layer_outputs=self.hidden_layer.feed_forward(inputs)
    return self.output_layer.feed_forward(hidden_layer_outputs)

def train(self, training_inputs, training_outputs):
    self.feed_forward(training_inputs)

    pd_errors_wrt_output_neuron_total_net_input=[0]*len(self.output_
        layer.neurons)
    for o in range(len(self.output_layer.neurons)):
        pd_errors_wrt_output_neuron_total_net_input[o]=self.output_
            layer.neurons[o].calculate_pd_error_wrt_total_net_input
            (training_outputs[o])

    pd_errors_wrt_hidden_neuron_total_net_input=[0]*len(self.hidden_
        layer.neurons)
    for h in range(len(self.hidden_layer.neurons)):
        d_errors_wrt_hidden_neuron_output=0
        for o in range(len(self.output_layer.neurons)):
            d_error_wrt_hidden_neuron_output +=
            pd_errors_wrt_output_neuron_total_net_input[o]*
            self.output_layer.neurons[o].weights[h]
        pd_errors_wrt_hidden_neuron_total_net_input[h] =
        d_error_wrt_hidden_neuron_output * self. hidden_layer.
            neurons[h].
        calculate_pd_total_net_input_wrt_input()
#更新输出层神经元突触权重和偏置
   for o in range(len(self.output_layer.neurons)):
        for w_ho in range(len(self.output_layer.neurons[o].weights)):
            pd_error_wrt_weight=pd_errors_wrt_output_neuron_total_
                net_input[o]
        *self. output_layer.
            neurons[o]. calculate_pd_total_net_input_wrt_weight(w_ho)
            self.output_layer.neurons[o].weights[w_ho]  -=  self.
                learning_rate *
```

```
pd_error_wrt_weight
#更新隐藏层神经元突触权重和偏置
   for h in range(len(self.hidden_layer.neurons)):
        for w_ih in range(len(self.hidden_layer.neurons[o].weights)):
            pd_error_wrt_weight= pd_errors_wrt_hidden_neuron_total_
               net_input[h]
        *self. hidden_layer.
            neurons[h]. calculate_pd_total_net_input_wrt_weight(w_ih)
            self.hidden_layer.neurons[h].weights[w_ih]  -=  self.
               learning_rate *
pd_error_wrt_weight

   def calculate_total_error(self, training_sets):
        total_error = 0
        for t in range(len(training_sets)):
            training_inputs, training_outputs = training_sets[t]
            self.feed_forward(training_inputs)
            for o in range(len(training_outputs)):
               total_error +=
self.output_layer.neurons[o].calculate_error(training_outputs[o])
        return total_error

#定义 BPLayer 类
class BPLayer:
    def __init__(self, num_neurons, bias):
        self.bias = bias if bias else random.random()
        self.neurons = []
        for i in range(num_neurons):
        self.neurons.append(Neuron(self.bias))

    def inspect(self):
        print('Neurons:', len(self.neurons))
        for n in range(len(self.neurons)):
        print(' Neuron', n)
        for w in range(len(self.neurons[n].weights)):
        print('  Weight:', self.neurons[n].weights[w])
        print('  Bias:', self.bias)

    def feed_forward(self, inputs):
        outputs = []
```

```
        for neuron in self.neurons:
            outputs.append(neuron.calculate_output(inputs))
        return outputs

    def get_outputs(self):
        outputs = []
        for neuron in self.neurons:
            outputs.append(neuron.output)
    return outputs
#定义 Neuron 类
class Neuron:
    def __init__(self, bias):
        self.bias = bias
        self.weights = []

    def calculate_output(self, inputs):
        self.inputs = inputs
        self.output = self.squash(self.calculate_total_net_input())
        return self.output

    def calculate_total_net_input(self):
        total = 0
        for i in range(len(self.inputs)):
            total += self.inputs[i] * self.weights[i]
        return total + self.bias

    def squash(self, total_net_input):
        return 1 / (1 + math.exp(-total_net_input))


    def calculate_pd_error_wrt_total_net_input(self, target_output):
        return        self.calculate_pd_error_wrt_output(target_
            output) *
    self.calculate_pd_total_net_input_wrt_input ();
# 每一个神经元的误差是由平方差公式计算的
    def calculate_error(self, target_output):
        return 0.5 * (target_output - self.output) ** 2

    def calculate_pd_error_wrt_output(self, target_output):
        return -(target_output - self.output)
```

```
def calculate_pd_total_net_input_wrt_input(self):
    return self.output * (1 - self.output)

def calculate_pd_total_net_input_wrt_weight(self, index):
     return self.inputs[index]

nn = NeuralNetwork(2, 2, 2, hidden_layer_weights=[0.15, 0.2,
    0.25, 0.3], hidden_layer_bias=0.35, output_layer_weights
    =[0.4, 0.45, 0.5, 0.55], output_layer_bias=0.6)
for i in range(10000):
      nn.train([0.05, 0.1], [0.01, 0.09])
      print(i, round(nn.calculate_total_error([[[0.05, 0.1],
          [0.01, 0.09]]]), 9))

# training_sets = [
#     [[0, 0], [0]],
#     [[0, 1], [1]],
#     [[1, 0], [1]],
#     [[1, 1], [0]]
# ]

# nn = NeuralNetwork(len(training_sets[0][0]), 5, len(training_sets[0][1]))
# for i in range(10000):
#     training_inputs, training_outputs = random.choice(training_sets)
#     nn.train(training_inputs, training_outputs)
#     print(i, nn.calculate_total_error(training_sets))
```

第 5 章

神经网络的扩展

本章主题

前面两章我们依次介绍了比较简单的感知器模型以及比较复杂的多层前馈神经网络模型。这一章我们则对基本神经网络模型进行扩展，首先介绍卷积神经网络的定义和理论基础，然后介绍社交网络分析方法的理论基础。本章目的就在于进一步打开读者视野，使读者能够从更多角度对品牌问题以及品牌发展战略进行研究。

本章组织

5.1 节对卷积神经网络进行简单介绍；
5.2 节对社交网络算法进行简单介绍。
5.3 节介绍卷积神经网络的 Python 实现。

5.1 卷积运算和卷积神经网络

卷积运算广泛运用于信号处理、图像处理、人工智能等领域。卷积神经网络 (Convolutional Neural Network，CNN) 是卷积运算在深度学习中的具体表现，是近年来深度学习算法的研究前沿和研究热点，在图像处理领域中具有重要运用价值。在 3.2 节我们已经介绍了，卷积神经网络最早起源于 LeCun 教授开发的 LeNet5 模型，该模型标志着卷积神经网络的真正问世。2006 年以后，CNN 理论迎来了高速发展与应用阶段，直至今日，仍是深度学习领域的研究重点。这一节我们对 CNN 进行简单介绍。

5.1.1　什么是卷积

1. 卷积运算

要理解卷积神经网络，就必须对卷积运算有所了解。卷积运算的原理比较抽象，我们先通过一个具体的例子来了解一下卷积网络，这个例子就是掷骰子。

现在有两个骰子，每个骰子都有六个面，先掷第一个骰子，再掷第二个骰子。以 $f(\cdot)$ 表示第一个骰子掷到某个点数的概率，比如 $f(1)$ 表示掷到 1 的概率、$f(2)$ 表示掷到 2 的概率，以此类推，$f(6)$ 表示掷到 6 的概率；$g(\cdot)$ 表示第二个骰子的掷点概率。现在我们想要求出两个骰子点数之和为 6 的概率，两个骰子之间可能的点数组合包括 (1, 5)，(2, 4)，(3, 3)，(4, 2)，(5, 1)。则点数和为 6 的概率可以表示如下

$$
\begin{aligned}
P(x=6) = & f(1)\cdot g(5) + f(2)\cdot g(4) + f(3)\cdot g(3) \\
& + f(4)\cdot g(2) + f(5)\cdot g(1)
\end{aligned} \tag{5-1}
$$

进一步，我们可以将上式表述为如下形式，

$$
(f*g)(6) = \sum_{m=1}^{5} f(6-m)\cdot g(m) \tag{5-2}
$$

上式实际上是离散卷积运算的一般形式。

2. 卷积的本质

那么，到底什么是卷积，或者说什么是卷积运算？我们可以从两个角度进行理解，一是函数的角度，二是模板匹配的角度。

从函数的角度理解卷积。卷积过程是将集合中的数据点通过某种类型的线性变化映射到新的集合中变成一个新的数据点。在映射的过程中，将卷积核作为权重 W，另原数据点为 X，卷积运算后的数据点为 Y，则卷积过程可以表述为 $Y=WX+b$，其中，WX 可以理解为向量内核，加上偏置 b 后，就成为卷积运算后的结果。因此，多层卷积实际上就是逐层映射，整体上构成一个复杂的复合函数，而对卷积神经网络进行训练，就是在学习每个局部映射所需要的权重，而训练过程自然也就可以被视作函数的拟合过程。

从模板匹配的角度理解。可以认为卷积核定义了某种模式，卷积运算是在计算每个位置与该模式的相似程度，或者说每个位置具有该模式的分量有多少，当前位置与该模式越像，响应越强，反之越弱。也可以在特征层面进行模板匹配，卷积神经网络中的隐藏层即可以看成是在特征层面进行模板匹配。这时，响应图中每个元素代表的是当前位置与该模式的相似程度。换言之，卷积的核心目的就是在新的图像中突出原始图像中我们感兴趣的地方，并且清除所有不相关的内容，卷积运算的示意图见图 5-1。这也正是卷积神经网络被广泛应用于光学图像识别领域的根本原因所在。

5.1.2 卷积神经网络

前面我们对常规的多层前馈神经网络进行了详细介绍。那么什么是卷积神经网络？它与多层前馈神经网络有什么关联？从本质上而言，卷积神经网络也是一种层状拓扑结构的多层神经网络，只是层的功能与形式发生变化，可以认为是对传统多层网络的一种改进或升级。图 5-2 显示了一个标准 CNN 的原理图，如图所示，CNN 架构与常规神经网络架构非常相似。

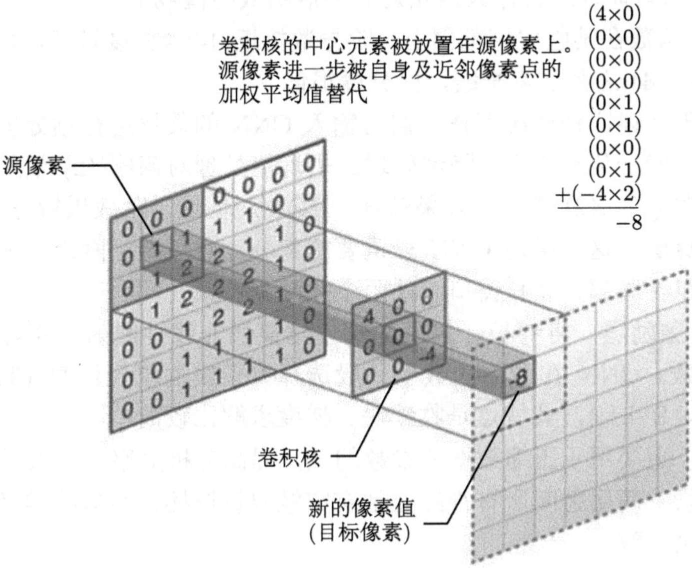

图 5-1 卷积运算示意图

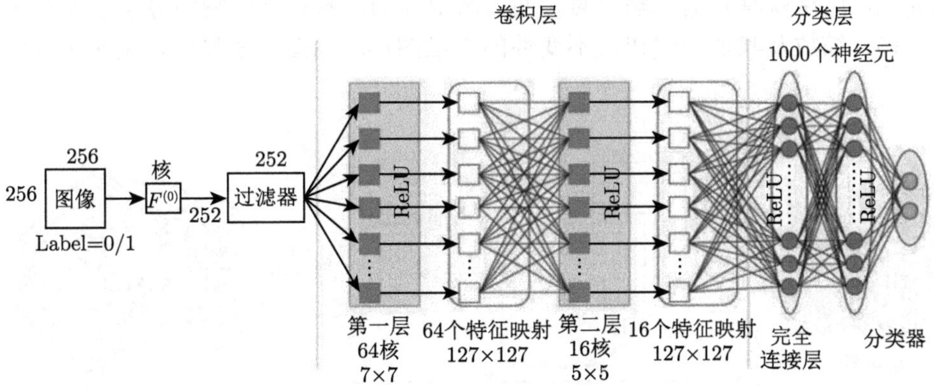

图 5-2 标准 CNN 原理图

一个标准的 CNN 层级结构包含：

数据输入层　主要任务是对原始图像数据进行预处理。原始图像数据往往存在如下问题。

(1) 数据量纲不一致，可能会导致神经网络收敛速度较慢，训练时间过长。

(2) 取值范围较大的输入数据在模式分类中作用也较大，反之偏小，导致网络性能受输入数据取值范围影响严重。

(3) 神经元的激活函数有值域限制 (比如 Sigmoid 函数的值域在 -1 到 1 之间)，必须将网络训练的目标数据映射到激活函数的值域上。

(4) 激活函数在某些取值范围上一阶导数接近 0，区分度较低，如 Sigmoid 函数在区间 $(-4, 4)$ 之外非常平缓，区分度很低。

正是由于上述四种情况存在，需对输入 CNN 的数据进行预处理，方法主要包括去均值、归一化和 PCA 降维处理。去均值处理对问题 (2) 效果较好，归一化处理对问题 (1)，(2) 和 (3) 效果较好，PCA 对问题 (4) 效果较好。

卷积计算层　这一层是 CNN 最重要的部分，卷积神经网络一词也正是来源于此。该层包含局部关联和窗口滑动两个关键操作。

ReLU 激励层　将卷积计算层的输出结果做非线性映射，实际上就是感知器的激活函数。CNN 在激活函数上一般选择修正线性单元函数 (The Rectified Linear Unit，ReLU)，其特点是收敛快、梯度求解比较简单。

池化层　主要用于压缩数据和参数的量，提高分析效率，降低过拟合效应。

全连接层　两层之间所有神经元都有突触权重连接，与传统神经网络神经元连接方式完全一致。

卷积神经网络在本质上是一种输入到输出的映射，能够学习大量输入与输出之间的映射关系。不需要精确的数学表达式，只要用已知模式对卷积神经网络加以训练，网络就具有输入输出对之间的映射能力。卷积神经网络算法主要用来识别位移、缩放及其他形式扭曲不变性的二维图形。如图 5-3 显示，由于 CNN 的

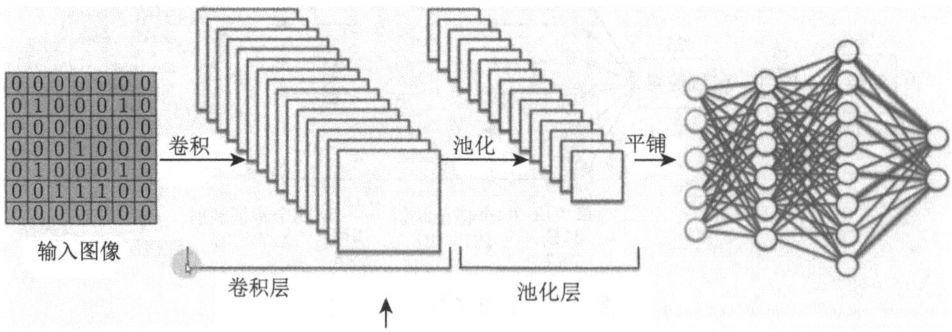

图 5-3　卷积神经网络结构示意图

特征检测层通过训练数据进行学习，所以在使用 CNN 时，避免了显式的特征抽取，而隐式地从训练数据中进行学习；再者由于同一特征映射面上的神经元权值相同，所以网络可以并行学习，这也是卷积神经网络相对于神经元彼此相连网络的一大优势。卷积神经网络以其局部权值共享的特殊结构在语音识别和图像处理方面有着独特优越性，其布局更接近于实际的生物神经网络，权值共享降低了网络复杂性，特别是多维输入向量的图像可以直接输入网络这一特点避免了特征提取和分类过程中数据重建的复杂度。

5.2 社交网络模型算法

这一节我们重点讨论社交网络分析 (Social Network Analysis，SNA) 模型。从本质上讲，社交网络模型并不能被归入神经网络算法，而应该被归入图数据库处理算法。但从形式上看，社交网络与神经网络在图像上十分接近，均具有大量可视为独立个体的节点，节点与节点之间也以某种联系相互关联，构成一种网状的拓扑结构。因此，我们在这一节对社交网络模型进行简单介绍，并探讨其在品牌发展战略中的可能应用。

现代人的生活离不开社交软件，比如微信、QQ、Facebook 等软件。这些社交软件将人与人之间密切结合在一起，构成一张庞大的网络，这张网络可以用社交网络模型进行描述。事实上，社交网络模型的名字就来源于人与人之间相互关联组成的关系网。除了社交软件，还有许多场景可以使用社交网络模型进行描述与分析，几个非常典型的例子包括：

(1) 新型冠状病毒在人与人之间的传播与扩散；

(2) 企查查或者天眼查这类应用中的企业与企业或企业与个人股权关系结构；

(3) 企业和上游供应商以及下游客户之间组成的一条供应商链；

(4) 由不同地点与公路构成的交通网络；

(5) 不同研究人员撰写的论文以及引用过的论文之间建立的连接关系；

(6) 某一信息系统与其他系统之间的接口情况。

除上述 6 个场景外，社交网络模型还可以应用于我们日常生活中的许多地方。

5.2.1 社交网络模型的定义和表示方法

1. 什么是关系

从社会学角度而言，网络实质上是指个体及个体之间相互联系的集合。个体依具体模拟对象可以表示一个人、一个团体、一个机构、一个企业，甚至一个国家等等。在网络中，个体可以与其他个体相互联系，也可以各自独立。个体之间的联系可以表示人与人之间的情感、敌对状态、借贷关系，或者参与某个活动等等。这种联系可以具有方向性，也可以没有方向性。比如，借贷过程就具有明显的方向性，借钱给别人与借别人钱完全是两码事。

社交网络分析中的一个关键概念是“关系”，关系是一种双向属性，需要两个或两个以上的行为人才能定义，常见的关系包括：

(1) 血缘关系：父子关系、母子关系、婚姻关系、兄弟关系；

(2) 情感关系：A 喜欢 B，A 讨厌 B，A 害怕 B；

(3) 社会关系：A 是 B 的老板，A 是 B 的老师，A 和 B 是朋友，A 公司是 B 公司的大股东；

(4) 行动关系：A 欠 B 500 元，A 和 B 一起吃饭，A 和 B 一起打球；

(5) 距离关系：A 地与 B 地之间相距 500 千米，A 电影与 B 电影上映时间相差 1 个月；

(6) 相似关系：A 和 B 长得像，A 产品和 B 产品功能类似；

(7) 认知关系：A 认识 B，A 在某个地方听说过 B；

(8) 共同发生：A 和 B 在同一家公司上班，A 和 B 在同一个餐厅吃饭。

现实中的关系比上面说得更复杂，并不局限于上述 8 类关系。

2. 社交网络模型的定义

社交网络模型是一种对个体之间关系进行分析与可视化的理论模型。任何一个社交网络模型都包含两个重要元素：节点和边。节点是社交网络模型中的最小独立个体，而边则代表节点之间的连接关系，也就是关系。例如在社交软件中，每个用户均构成一个节点，而用户之间聊天、视频通话、访问对方朋友圈，甚至“点赞”，均可构成两个节点之间的一条边。再如公司股权关系网络模型中，每个公司都是一个独立节点，而公司与公司之间是否具有股权关系，就构成节点之间的一条边。在交通网络场景中，不同地点是一个个独立的节点，如果某个地点与另一个地点之间存在公路，这两个节点之间就存在一条边。在不同的社交网络模型中，节点与边有不同的表现形式，但有一点必须明确：任何一个社交网络模型，都必须同时包含节点与边，缺一不可。

在现实中，我们所研究的对象通常不止一种类型的节点以及一种类型的边，往往可以从多种不同的角度构建社交网络模型模拟我们感兴趣的问题。因此，需要特定的规则帮助我们选择合适的节点和连接。常用的方法有三种：第一种方法是基于位置的确定方法，将特定组织或群体内的成员作为网络节点；第二种方法是基于事件，综合考虑了节点及其作为社交网络成员在一个组织或群体内部被清晰界定的地位；第三种方法是基于关系，基于在特定社交网络内清晰地显示了显著关系的一系列节点来考虑组织或群体成员。需要注意，上述三种方法通常可以同时存在并且同时运用于不同类型的社交网络研究对象。通过上述方法，我们不仅可以明确节点和连接，同时还界定了社交网络的便捷，有助于进一步将节点和连接限定在我们所研究的问题范围内。

3. 社交网络模型的表示方法

社交网络模型有两种表示方法，分别是图像法和矩阵法。对于规模较小的模型，使用图像法表示十分方便。图 5-4 显示了一个标准的社交网络模型，图中，圆圈表示节点，而圆圈之间的线段表示边，如果两个节点之间存在边，说明这两个节点之间存在某种关联关系。构建社交网络模型时，我们可以对节点进行分类，属于不同类别的节点在网络图中可以用不同颜色标记，图 5-4 就将节点分为三种类型，分别用黑色、白色和浅灰色表示。

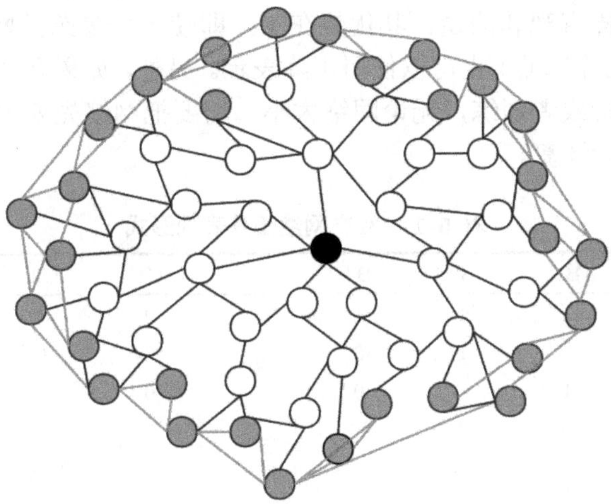

图 5-4 标准社交网络模型

以新型冠状病毒传播为例，黑色节点可以代表肺炎患者，在该节点周围的白色节点就表示该患者的密切接触者，比如患者的配偶、父母、子女、同事等；靠近边缘的浅灰色节点则表示与患者没有直接接触，而与密切接触者有直接接触的人群，比如患者同事的家人，他们感染病毒的风险要小于密切接触者。将不同人群用不同颜色圆圈表示，可以很方便地判断病毒的传染范围和风险。

图 5-4 不光可以表示新冠病毒传播途径，再以企业控股为例。黑色节点是一家大型集团公司，周围与黑色节点连接的白色圆点是该集团公司直接控股的一级子公司，而不与黑色节点连接的白色圆点是该集团公司的一级子公司直接控股的二级子公司，浅灰色节点则是再下一级的控股子公司或者参股子公司。通过图像，可以很清楚看出一个大型集团公司的复杂股权结构。

用图像法表示社交网络模型非常直观和清晰，但其缺点也很明显，一旦网络规模较大，该方法就不能清楚表示，甚至无法表示网络模型。

对于大型社交网络模型，更推荐使用矩阵法予以描述。多数情况下，用于表示社交网络的矩阵多为对称矩阵，矩阵中每个元素代表某两个节点之间存在的联系。如果我们只关心节点之间是否存在关联，而不对这种关联的程度进行判断，就可以直接使用 0 和 1 作为元素数值。此时，0 表示节点之间不存在联系，1 表示存在联系。现在，我们用矩阵法对图 5-4 的网络结构进行描述，黑色节点以 A1 表示，白色节点以 (B1，B2，⋯) 表示，浅灰色节点以 (C1，C2，⋯) 表示。

表 5-1 就是社交网络模型的矩阵表现形式，可以看出该表为对称矩阵，1 表示两个节点之间直接关联，0 表示不存在直接关联。使用矩阵法表示社交网络模型没有图像法那样直观和清楚，其优势在于，即使十分复杂的网络模型 (包含数千、数万、数十万个节点) 也可以使用矩阵表示。另外，如果要使用计算机对社交网络模型进行分析或者训练，无论网络大小，均要把网络先表现为矩阵形式，才能输入计算机进行计算。

表 5-1　社交网络矩阵表现形式

	A1	B1	B2	B3	⋯	C1	C2	C3	⋯
A1	—	1	1	1	⋯	0	0	0	⋯
B1	1	—	1	0	⋯	0	1	0	⋯
B2	1	1	—	0	⋯	0	0	1	⋯
B3	1	0	0	—	⋯	1	0	0	⋯
⋮	⋮	⋮	⋮	⋮	—	⋮	⋮	⋮	
C1	0	0	0	1	⋯	—	0	0	⋯
C2	0	1	0	0	⋯	0	—	0	⋯
C3	0	0	1	0	⋯	0	0	—	⋯
⋮	⋮	⋮	⋮	⋮		⋮	⋮	⋮	—

还有一点需要注意，只有在我们所研究的网络结构不区分节点之间的连接强度时 (也可以说成是不对连接赋予权重)，节点之间只需判定其存在还是不存在联系，此时才使用 0 和 1 对其进行表示。如果我们需要表征连接强度，则应该对每条边赋予权重。举例如下：假设 A 和 B 两家公司均有 C 公司的股权，股权结构为 A 公司占 60%，B 公司占 40%；而 A 公司本身又拥有 B 公司 10%的股权。则 A，B，C 三家公司的股权关系网可以表示为如下矩阵表，

	A	B	C
A	1	0.1	0.6
B	0.1	1	0.4
C	0.6	0.4	1

上面的矩阵显示，社交网络矩阵的数值可以是 0 和 1 以外的任何数，用于表征节点的连接强度。对角线元素始终为 1，A 公司拥有 B 公司 10% 的股权，因此，A，B 间连接权重为 0.1，同理，A 公司拥有 C 公司 60% 的权重，故 A，C 间连接权重为 0.6。另外，有些社交网络模型节点之间的联系具有方向性，比如 A 公司拥有 C 公司 60% 的股权就具有明显的方向性，从股权穿透角度来看，方向始终为 A 指向 C，不存在 C 指向 A 的股权穿透方向 (C 不拥有 A 的股份)，在这种情况下，对称矩阵可以简化为上三角矩阵，如下矩阵表所示。因为 A 和 B，A 和 C，B 和 C 之间的连接方向为单向，因此，另一个方向的连接强度以 0 表示即可。

	A	B	C
A	1	0.1	0.6
B	0	1	0.4
C	0	0	1

5.2.2 社交网络的度量

在一个一般化的社交网络模型中，存在许多节点，这些节点总会表现出重要性上的差别，差别有时非常大。比如在一个由新浪微博用户互相关注情况构成的神经网络中，有成千上万的用户，每个用户都是网络中的一个节点。当然，所有用户在整个微博网络中不可能具有相同的重要性。对普通人而言，关注他的人一般局限于好友、家人、同事，人数可能从几十到上百不等；然而对娱乐明星而言，其关注度可能达到几十万到上百万，甚至上千万。在微博关注度这张社交网络中，普通人的重要性无法和娱乐明星相提并论。并非所有节点的重要性都能如此一目了然，无法直观判断节点重要性的情况普遍存在。鉴于此，需要引入一些定量指标，帮助我们量化网络中节点的重要性。这一类量化指标也被称为中心性 (Centralities) 度量指标。

可以度量中心性的指标较多，目前常用的主要有五种：

中心度 (Degree Centrality)：最直观，计算上最简单的度量方法。一个节点的中心度是连接到该节点上的其他节点数目，也就是与该节点至少有一次交互的节点数量。

加权中心度 (Weighted Degree Centrality)：与节点相连接的边的权重之和，是节点的交互总数。相比于中心度指标，该指标考虑连接强度，以强度作为权重进行加权平均计算。

特征中心度 (Eigenvector Centrality)：这是一种带有反馈回路的加权中心度指标。其基本逻辑是，在一个网络中，某个节点的重要性不只取决于与之相关联节点的数量，还取决于与之相关联节点的重要性；当某个节点周围有一个重要节点与之关联，该节点在网络中的重要性也相应提高。简单来说，当你认识一个大人物，你在社交网络中的地位也相应提升。

PageRank 中心度 (PageRank Centrality)：同样是一种带有反馈回路的加权中心度指标。基本逻辑与特征中心度类似，不同之处在于，计算 PageRank 中心度时需要考虑节点与其相关联的重要节点之间的互动频率，互动频率越高，重要节点的重要性带来更大的作用。换言之，只有互动足够频繁，才能发挥重要节点的作用。

中间中心度 (Betweenness Centrality)：度量在网络中起战略作用节点的重要性。在网络中，可能存在这样一类节点，与之相联系的节点数并不多，因此计算出中心度和加权中心度指标都不高；周围也不存在重要性特别高的节点，因此特征中心度和 PageRank 中心度指标也不高。但是，某些联系必须通过该节点，才能传导至另外一部分网络。如图 5-5 所示，左边四个灰色节点必须通过浅灰色节点才能与网络的右边部分产生联系，因此浅灰色节点就属于具有战略作用的节点；

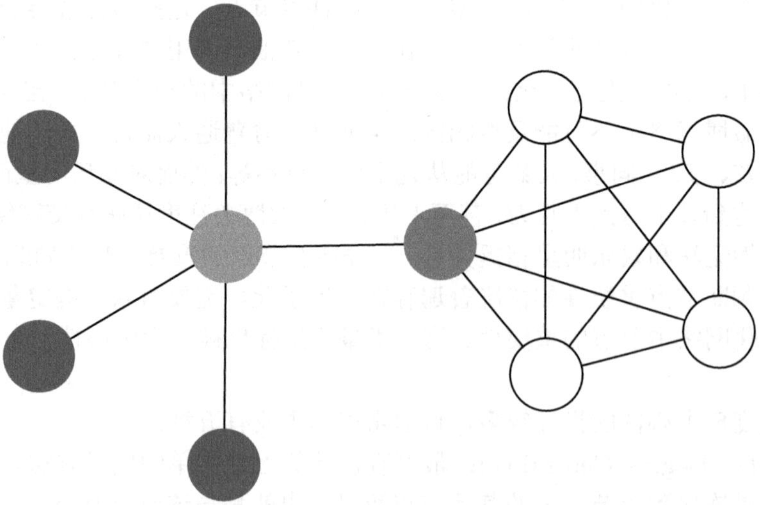

图 5-5　社交网络示意图

同理，深灰色节点也起到连接两部分网络的战略作用。中间中心度就用于度量这类节点在网络中的重要性。换言之，浅灰色与深灰色两个节点可能并没有连接太多其他节点，但这两个节点掐住了两部分网络的“咽喉”，因此具有特别重要的关键作用。

5.3 卷积神经网络的 Python 代码实现

```
class ConvLayer(object):
    def __init__(self,input_width,input_height
                ,channel_number,filter_width
                ,filter_height,filter_number
                ,zero_padding,stride,activator,
                learning_rate):
        '''
        :param input_width: 输入矩阵的宽
        :param input_height:输入矩阵的高
        :param channel_number:
        :param filter_width:共享权重的filter矩阵宽
        :param zero_padding:补几圈0
        :param stride:窗口每次移动的步长
        :param activator:激励函数
        :param learning_rate:学习率
        :param filter_height共享权重的filter矩阵宽
        :param filter_number filter的深度
        '''
        self.input_width = input_height
        self.input_height = input_height
        self.channel_number = channel_number
        self.filter_width = filter_width
        self.filter_height = filter_height
        self.filter_number = filter_number
        self.zero_padding = zero_padding
        self.stride = stride
        self.activator = activator
        self.learning_rate = learning_rate
        self.output_height = ConvLayer.calculate_output_size(
            self.input_height,filter_height,zero_padding,stride
        )
        self.output_width = ConvLayer.calculate_output_size(
```

```
            self.input_width,self.filter_width,zero_padding,stride
        )
        self.output_array = np.zeros((self.filter_number,
                                      self.output_height,
                                      self.output_width))
        self.filters = []
        for i in range(filter_number):
            self.filters.append(Filter(filter_width,
                                       filter_height,
                                       self.channel_number))

@staticmethod
    def calculate_output_size(input_size,filter_size
                              ,zero_padding,stride):
        return int( (input_size - filter_size + 2 * zero_padding) /
            stride + 1)

class Filter(object):
    #Filter类 保存了卷积层的参数以及梯度，并用梯度下降的办法更新参数
    #权重随机初始化为一个很小的值，而偏置项初始化为0。
    def __init__(self,width,height,depth):
        self.weights = np.random.uniform(-1e-4,1e-4,(depth,height,
            width))
        self.bias =0
        self.weights_grad = np.zeros(self.weights.shape)
        self.bias_grad = 0
    def __repr__(self):
        return 'filter weights:\n%s\nbias:\n%s' % (
            repr(self.weights), repr(self.bias))
    def get_weights(self):
        return self.weights

    def get_bias(self):
        return self.bias

    def update(self,learning_rate):
        self.weights -= learning_rate * self.weights_grad
        self.bias -= learning_rate * self.bias_grad
class ReluActivator(object):
    def forward(self,weighted_input):
```

```
        return max(0,weighted_input)
    def backward(self,output):
        return 1 if output > 0 else 0

def forward(self,input_array):
        '''
        计算卷积层的输出
        :param input_array: 前一层的输出
        :return: 没有返回，输出结果保存到self.output_array
        '''
        self.input_array = input_array
        self.padded_input_array = padding(input_array,self.zero_
            padding)
        for f in range(self.filter_number):
            filter = self.filters[f]
            conv(self.padded_input_array,filter.get_weights(),
                 self.output_array[f],self.stride,filter.get_bias())
        element_wise_op(self.output_array,self.activator.forward)

def padding(input_array, zp):
    '''
    将输入矩阵补0
    :param input_array:
    :param zp: 补0的圈数
    :return:
    python3, int 变float
    '''
    zp = int(zp)
    if zp ==0:
        return input_array
    else:
        if input_array.ndim==3:
            input_width = input_array.shape[2]
            input_height = input_array.shape[1]
            input_depth = input_array.shape[0]
            padder_array
np.zeros((input_depth,input_height+2*zp,input_width+2*zp))
            padder_array[:,zp:zp+input_height,zp:zp+input_width]=
                input_array
            return padder_array
```

```
        elif input_array.ndim==2:
            input_height = input_array.shape[0]
            input_width = input_array.shape[1]
            padder_array = np.zeros((input_height+2*zp,input_width+2
                *zp))
            padder_array[zp:zp+input_height,zp:zp+input_width]=input
                _array
            return padder_array
def element_wise_op(array, op):
    '''
    对numpy数组元素依次进行op操作(这里是函数)
    :param array:
    :param op:
    :return:
    '''
    for i in np.nditer(array,
                       op_flags=['readwrite']):
        i[...] = op(i)
def conv(input_array,kernel_array,output_array,stride,bias):
    '''
    计算卷积
    :param input_array:
    :param kernel_array:
    :param output_array:
    :param stride:
    :param bias:
    :return:
    '''
    channel_number = input_array.ndim
    output_width = output_array.shape[1]
    output_height = output_array.shape[0]
    kernel_width = kernel_array.shape[-1]
    kernel_height = kernel_array.shape[-2]
    for i in range(output_height):
        for j in range(output_width):
            #依次计算每一格的卷积
            output_array[i][j] = (get_patch(input_array,i,j,
kernel_width,kernel_height,stride) * kernel_array ).sum()+bias
def get_patch(input_array, i, j, kernel_width,
                    kernel_height, stride):
```

```
    '''
    获得窗口移动后input的array
    '''
    i*=stride
    j*=stride
    max_height = i + kernel_height
    max_width = j + kernel_width
    if input_array.ndim == 3:
        max_z = input_array.shape[0] + 1
        return input_array[0:max_z, i:max_height, j:max_width]
    else:
        return input_array[i:max_height, j:max_width]

def bp_sensitivity_map(self,sensitivity_array,activator):
        '''
        卷积层反向传播算法的实现
        1, 将误差项传递到上一层
        2: 计算每个参数的梯度
        3: 更新参数
        :param sensitivity_array: 本层的sensitivity map
        :param activator: 上一层的激活函数
        :return:
        '''
        expanded_array = self.expand_sensitivity_map(sensitivity_
            array)
        #full 卷积
        expanded_width = expanded_array.shape[2]
        #获得补 0 数
        zp = (self.input_width+self.filter_width-1-expanded_width)/2
        padded_array = padding(expanded_array,zp)
        #创建初始误差矩阵
        self.delta_array = self.create_delta_array()

        #对于具有多个 filter 的卷积层来说，最终传递到上一层的
        #    sensitivity map
        #相当于所有的 filter 的 sensitivity map 之和
        for f in range(self.filter_number):
            filter = self.filters[f]
            # 将 filter 权重翻转 180 度
```

```
            flipped_weights = np.array(map(
                lambda i: np.rot90(i, 2),
                filter.get_weights()))
            #python3 运行的时候这个 map 有问题
            #计算每一个 filter 的 delta_array
            delta_array = self.create_delta_array()
            for d in range(delta_array.shape[0]):
                conv(padded_array[f],flipped_weights[d],
                delta_array[d],1,0)
            self.delta_array+=delta_array
        #创建激活函数矩阵(卷积反向传播误差项的第二项)
        derivative_array = np.array(self.input_array)
        element_wise_op(derivative_array,self.activator.backward)
        self.delta_array *= derivative_array

    def bp_gradient(self,sensitivity_array):
        '''
        计算梯度, 包括权重跟偏置项
        :param sensitivity_array:
        :return:
        '''
        expanded_array = self.expand_sensitivity_map(sensitivity_
            array)
        for f in range(self.filter_number):
            filter = self.filters[f]
            for d in range(filter.get_weights().shape[0]):
                conv(self.padded_input_array[d],expanded_array[f],
                    filter.weights_grad[d],1,0)
            filter.bias_grad = expanded_array[f].sum()
    def expand_sensitivity_map(self,sensitivity_array):
        '''
        将步长为S的map 还原成步长1的map
        :param sensitivity_array:
        :return:
        '''
        expanded_depth = sensitivity_array.shape[0]
        expanded_height = (self.input_height-self.filter_height+2*
                          self.zero_padding+1)
        expanded_width = (self.input_width-self.filter_width+2*
                         self.zero_padding+1)
```

```
        expanded_array = np.zeros((expanded_depth,expanded_height,
                                    expanded_width))
        for i in range(self.output_height):
            for j in range(self.output_width):
                i_pos = i * self.stride
                j_pos = j * self.stride
             expanded_array[:,i_pos,j_pos]=sensitivity_array[:,i,j]
        return expanded_array
    def create_delta_array(self):
        return np.zeros((self.channel_number,self.input_height,
                        self.input_width))
    def update(self):
        '''
        更新这一层的权重跟偏置项，很简单依次更新每一个filter就行了
        :return:
        '''
        for filter in self.filters:
            filter.update(self.learning_rate)
    def backward(self, sensitivity_array, activator=None):
        if not activator:
            activator = self.activator
        self.bp_sensitivity_map(sensitivity_array, activator)
        self.bp_gradient(sensitivity_array)
```

第三篇
动态随机一般均衡模型在品牌发展战略中的应用

第 6 章

动态随机一般均衡模型理论基础

本章主题

本章是第 7、8 章的基础，重点介绍动态随机一般均衡 (Dynamic Stochastic General Equilibrium，DSGE) 模型的理论基础。本章首先对 DSGE 模型的发展过程和研究进展进行介绍；其次重点讨论 DSGE 模型各个功能模块的建模方法和方程推导；最后介绍如何对模型动态方程组进行求解和参数的贝叶斯估计。首先，我们需要了解 DSGE 模型各个模块的经济意义和建模方法，进而根据研究目的建立正确的 DSGE 模型。建立好的 DSGE 模型一般以方程组模式呈现，这就涉及解方程组；如果模型不能求解，就无法得出有意义的结论。一组 DSGE 模型方程组包含许多参数，参数必须赋值后才能对方程组进行求解，参数的赋值方式包括校准和估计两种，本章还将介绍当下主流 DSGE 参数估计方法——贝叶斯估计 (Bayesian Estimation)。模型求解和参数估计几乎完全由 Dynare 求解，因此本章仅以少量篇幅介绍其基本原理，重点介绍 DSGE 模型不同模块的发展沿革、经济意义和建模方法。通过本章内容，希望读者对 DSGE 分析方法有一个直观理解，便于理解后面章节内容。

本章组织

6.1 节对 DSGE 模型的历史沿革和模型特征进行介绍；
6.2 节简单介绍 DSGE 模型的分类以及对两类模型的主要研究进展；
6.3 节详细介绍 RBC 模型各个模块的建模方法；
6.4 节详细介绍新凯恩斯模型各个模块的建模方法；
6.5 节对新凯恩斯模型进行扩展，介绍几种现阶段常用的复杂 DSGE 模型；
6.6 节对 DSGE 模型的对数线性化过程和线性方程组求解过程进行介绍；
6.7 节介绍了参数的贝叶斯估计方法。

6.1　动态随机一般均衡模型简介

第三篇我们重点讨论动态随机一般均衡理论及其在品牌发展战略中的具体应用。动态随机一般均衡理论属于宏观经济学研究范式，天然具有研究经济周期和宏观政策效应的优势。品牌研究分为三个层面，其中国家层面的研究实质上就属于宏观政策效应的研究，因此在动态随机一般均衡理论框架下展开这一研究，具有逻辑上的一致性与方法论上的必然性。本篇首先介绍该理论框架的基本内容，包括数理推导、参数估计等；其次构建标准新凯恩斯模型对品牌发展战略进行讨论；最后将标准模型扩展到包含金融市场以及开放经济环境。

动态随机一般均衡模型是现代宏观经济学领域的基本分析框架。将 DSGE 称为一种模型并不准确，因为无论从内涵还是外延来说，DSGE 均要远远超过模型范畴，将其视作一种分析框架可能更合适。在这个框架下，研究人员可以按照自己的研究兴趣和分析目的，引入相对应的行为方程和一阶条件。在引入过程中，研究人员既可以参考以往相关研究，也可以自行设计，只要满足基本规则与约束即可。下面对 DSGE 模型进行介绍，使读者对这种方法有一个直观理解。

6.1.1　历史沿革

早期的宏观经济研究以大型宏观计量模型为主，这类模型属于结构性模型，以凯恩斯理论为基础。结构性模型沿袭凯恩斯学派的一贯风格，缺乏微观基础，侧重从总供给和总需求角度分析宏观经济问题，并且与偏好、禀赋、技术相关的参数往往为确定性参数。正是由于结构性模型缺乏微观基础的任意假设 (ad hoc) 与确定性参数引发了著名的 “Lucas 批判”。在 1976 年的论文 “Econometric Policy Evaluation: A Critique” 中，Lucas 认为，包括家庭与企业在内的微观经济主体是前瞻性的 (forward-looking)，因此模型中用于描述偏好与技术的参数实际上是一些更微观层次参数的函数，而非确定性参数，更不是常数。一旦模型的外部环境发生变化，如国家政策、世界经济形势等，模型参数也会发生变化。

鉴于此，传统大型宏观经济模型并非真正意义上的结构性模型。以此类模型为基础进行经济预测或政策分析，当经济不存在结构性变化时是有效的；若经济面临结构性转变，待估计参数不再具有统计上的显著性，模型因此失效。为了弥补待估参数的内生性问题，宏观经济学家尝试从两个方向对传统宏观经济计量方法进行扩展。第一种方法是向量自回归 (Vector Autoregression，VAR)，最早由 Sims (1980) 提出，是一种基于数据统计学特征而建立的模型。VAR 将经济系统中每一个内生变量作为所有内生变量滞后值的函数来构造模型，一定程度上避免了待估参数内生性使模型失效的问题。

第二种方法则是由 Kydland 和 Prescott (1982) 提出的动态随机一般均衡模

型。在 "Time to Build and Aggregate Fluctuations" 这篇开创性文章中，第一次建立了一个具有内在一致性的小型动态经济模型，模型以经济行为人最优决策、理性预期和市场出清为基础，通过该模型计算出的理论值与真实值能够较好拟合。这篇文章拉开了 DSGE 作为现代宏观经济学主流分析框架的序幕，Kydland 和 Prescott 两位学者也因此共同获得了 2004 年的诺贝尔经济学奖。

DSGE 模型具有微观经济学基础，能够有效避免"Lucas 批判"，一经问世，便广受宏观经济学者青睐。DSGE 模型在经济波动、经济周期、财政政策、货币政策、国际贸易、金融市场等领域都有广阔的应用前景；同时，该模型在国家的经济政策层面也具有巨大的指导意义，尤其是在指导中央银行实施货币政策上，作用更是明显。因此，DSGE 模型自问世以来，就受到经济研究者的广泛关注，近年来对该模型的研究热情经久不衰。

从 2005 年以来，各国中央银行也逐渐认识到 DSGE 模型在研究货币政策上的天然优越性，纷纷建立国家 DSGE 模型，并以其为实施货币政策之圭臬。DSGE 逐渐打破传统大型结构计量经济学模型的垄断，大有分庭抗礼之势。一些重要的央行 DSGE 模型包括欧洲央行的 NAWM (The New Area Wide Mode) 模型、美联储的 EDGE (Expected Dynamic General Equilibrium)(2008) 模型，加拿大央行的 TOTEM (Terms-of-Trade Economic Model) 模型、英国的 BEGQM (Bank of England Quarterly Model) 模型、新西兰的 KITT (Kiwi Inflation Targeting Technology Model) 模型等等，除了建立用于指导货币政策实施的央行 DSGE 模型以外，一些国家或机构也建立了用于指导财政政策实施的 DSGE 模型，其中比较著名的有国际货币基金组织研发的 GIMF 模型 (Global Integrated Monetary and Fiscal Model)，以及 Stähler 和 Thomas (2012) 设计的 FiMod 模型①。

6.1.2 模型特征

DSGE 的名字中包含了该模型最本质的三个特征，分别是动态性、随机性和一般均衡性。

动态性 是指经济中的代表性行为人 (如家庭、企业等) 的最优化决策问题具有跨期形式，从而使行为人的行为方程表现出动态特征。跨期形式体现在两方面：一是行为人在做当期决策时，不仅需要考虑当期经济状态，还需要预期未来各期的经济状态，比如家庭进行优化决策时，并非最大化当期效用，而是最大化未来各期期望效用的贴现和；二是行为人在当期所做决策会通过某些方程影响以后的经济状态，比如家庭消费和投资的跨期替代问题。正是由于经济变量之间的跨期联动机制，使 DSGE 模型展现出动态特征，而不似传统 IS-LM 模型，后者一般

① 从数量上来讲，财政政策 DSGE 模型远少于货币政策 DSGE 模型，因此推动 DSGE 在财政政策上的应用与实践尚有非常大的空间。

在一种静态框架下开展研究。

随机性　是指模型中事先没有预期到的外生冲击。如果将一个 DSGE 模型当作一个系统，当这个系统是封闭的时候，即所有变量都和系统外部没有接触，此时模型是非随机的；当模型中的某个变量和外界连接之后，该变量在某一期突然接收到一个外部传递过来的“信号”，并跳跃到稳态之外，该变量的跳跃会带动其他所有变量脱离稳态，再加上模型的动态跨期特征，这些变量可能在一段时间之后才能重回原来的稳态，当然也可能收敛于新的稳态。“信号”也被称为冲击，冲击对于系统内部的行为人是完全无法预期的，也没有规律可循，“随机”一词即由此而来。

以最常用的技术冲击为例，当系统处于稳态时，全要素生产率为一个固定值 (一般假设为 1)，在第 t 期期初全要素生产率受到一个正向技术冲击而上升为 1.2，但企业在 $t-1$ 期的时候完全无法预期到这种情况会发生。第 t 期发生的正向技术冲击使企业在第 t 期末得到更多产出，这时企业才发现外生冲击的存在 (DSGE 相关文献中称为“识别”冲击)，并在下一期调整劳动和资本的使用，这又会影响到工资和租金，进而改变家庭的消费、劳动、投资等决策，整个经济中所有变量都将发生改变。正是由于 DSGE 模型具备这种随机特征，因此其能够广泛用于政策模拟和情景分析。

一般均衡　即 Walras 的一般均衡理论，是指无论经济处于稳态与否，劳动力、资本、产品等市场都是出清的。一般均衡假设的存在，保证了模型能够求解，也意味着模型是从下至上构建于坚实的微观基础之上；经济中个体的最优化行为实际上是市场出清与资源约束下实现目标函数最优化的结果。然而，在现实的经济体系中，一个经济变量的变动必然导致一系列连锁反应，直接或间接地影响到其他经济变量，最终影响到整个经济体系运行的状态。这种影响是相互的、往复的、多样的。因此一般均衡其实是一个动态均衡，真实的经济体系只能在理论上的静态均衡周围震荡，永远不可能达到静态均衡，但也不会偏离静态均衡过多。

本节最后，我们给出一个动态随机一般均衡理论的一般性定义：一种具有跨期替代、随机冲击和一般均衡特征的宏观经济学研究方法，在经济波动和政策研究领域具有重要的应用价值。

6.2　动态随机一般均衡模型的分类

鉴于 DSGE 模型在现代宏观经济学中的地位，对该模型的发展脉络进行研究与梳理，既有助于学习该模型，也有助于厘清下一步的研究方向。我们只有知道自己站在哪里，才能知道未来的路该如何走。

从发展过程来看，DSGE 模型大致可以分为两个阶段：真实商业周期 (Real

Business Cycle，RBC) 模型与新凯恩斯 (New Keynesian，NK) 模型。就先后顺序而言，RBC 模型略早于 NK 模型，但两者有很大程度的交叉。有些文献从时间上进行划分，Rebelo(2010) 对 RBC 模型发展历程做了详尽的总结和归纳，将 RBC 视作 DSGE 的前身，而不是作为 DSGE 模型的一部分，并将新凯恩斯模型作为 DSGE 模型的开端。

也有很多学者将 RBC 视作 DSGE 模型的早期阶段，也属于 DSGE，而将 NK 模型视作 DSGE 的第二个阶段，如 Christiano 等 (2005) 的文献。笔者更倾向于第二种划分方式，一是因为 RBC 模型也具有“动态性”、“随机性”和“一般均衡”三个本质特征，既然如此，当然应该将其归为 DSGE 模型；二是因为 RBC 模型和 NK 模型在发展历程上实在有太多重合，很难在时间上进行划分。

6.2.1 RBC 模型

前文已经提到，Kydland 和 Prescott 在 1982 年发表的经典文章 “Time to Build and Aggregate Fluctuations” 既是 RBC 的起点，也是整个动态随机一般均衡理论框架的起点。此文首开宏观经济学研究的三个关键思路：

第一，可以使用动态一般均衡范式对经济周期进行研究，即在古典经济学一般均衡框架下考虑消费在时间上的跨期替代效应；

第二，经济短期波动和长期增长两大宏观经济研究主题可统一于同一框架下进行分析，之前的宏观经济研究一般将波动与增长严格区分，并采用截然不同的经济学范式开展研究；

第三，可以使用与微观经济学研究或长期经济增长相关的数据对模型进行校准 (Calibration)，并使用经过校准后模型计算出的数据，与真实经济数据进行比较，从而检验模型的解释能力。校准在形式上有点类似计量经济学中的矩估计，但理论内核完全不同。

这三个思路奠定了 RBC 模型的基础，也指明未来宏观经济研究的方向。RBC 模型除了具有 DSGE 模型的“动态性”、“随机性”和“一般均衡”三个基本特征以外，也具有某些新古典经济学特征，使之与新凯恩斯模型区分开来。总结 RBC 模型特征，包括如下五个方面：

(1) 完全竞争市场：每个家庭提供完全相同的资本和劳动，即资本市场和劳动力市场为完全竞争市场，家庭只是工资和租金的价格接受者 (Price Taker)；所有企业生产完全相同的产品，并且都以利润最大化为决策目标，具有完全相同的生产技术，也面临完全相同的市场需求，是产品市场的价格接受者。

(2) 灵活价格：指商品价格或工资能够根据市场供需情况瞬间调整。RBC 模型假设商品价格与工资是灵活调整的，不存在名义上的刚性 (Rigidity) 或黏性 (Stickiness)，因而市场即时出清，不会出现时间上的滞后情况。

(3) 货币中性：经典二分法在 RBC 模型中成立，货币表现为中性或超中性，没有为实施货币政策调控宏观经济预留更多的空间，因此 RBC 模型无法用于对货币政策进行分析，这也导致其使用和开发程度远远落后于 NK 模型。

(4) 真实冲击：RBC 模型中多为真实冲击，比如政府购买冲击、中性技术冲击、投资专有技术冲击等，鲜有名义冲击。真实冲击直接作用于经济系统中的真实变量，并且在 RBC 理论框架下，真实冲击的影响几乎不会传递至系统中的名义变量。

(5) 理性预期：RBC 模型采用理性预期 (Rational Expectation) 假设，即经济中行为人对未来的预期符合实际发生的事实；也可以这样理解，行为人对经济系统变量的期望值将等于该变量的真实值，即无偏估计。

上述五个特点，使 RBC 模型在经济理论和政策指导上与之前的凯恩斯学派有很大的不同。

第一，传统宏观经济学认为技术进步在长期内会对经济增长产生正向作用，而影响经济波动的因素主要是货币政策冲击、财政政策冲击或石油价格冲击等因素，技术冲击对经济波动几乎没有影响；相反，RBC 模型既强调技术冲击在解释短期经济波动时的作用，也赞同其对长期经济增长的影响能力。Prescott (1986) 发现，技术进步可解释二战以后美国经济波动的 50% 以上。

第二，RBC 模型认为宏观经济波动中很大一部分是源于经济对外生冲击所产生的响应，尤其是对技术冲击的响应，并且政府为应对经济波动所采取的一系列旨在熨平经济周期的稳定政策并不是必需的；更由于在冲击识别上存在滞后性，有时甚至会起到相反作用。与之相对，凯恩斯学派则认为经济波动是一种对资源的无效配置，因而是消极的，需要政府实施政策以进行干预。

总的来说，RBC 模型大致遵循经典二分法的新古典论调，从 RBC 模型的五个特点中不难发现，该模型与现实经济世界有较大出入。完全竞争与灵活价格的假设过于理想，而货币中性又没有给货币政策实施预留更多空间。进一步分析可知，RBC 模型至少在三个方面对真实经济世界无法给出满意解释。

第一，过分强调技术冲击对经济波动的影响。对此，许多研究者怀疑技术冲击的影响是否足够大，以至于能够引起现实世界中宏观经济的巨大波动。另外，若正向偏离稳态的技术冲击造成经济上行，那么经济下行是由于什么原因造成的？是由负向技术冲击造成的吗？那么，什么是负向技术冲击？负向技术冲击是指技术退步吗？可是，经验告诉我们，由于生产技术的外部溢出效应，即使再贫穷的国家，其技术也在不断进步；没有任何证据表明某个国家的技术是在退步，已经研发出来的科技或者是已经获得的工艺总不能又忘了吧。为了弥补上述缺陷，Hansen 和 Prescott (1993) 对技术冲击进行了界定，认为技术冲击既包括生产技术的变化，也包括法律、制度等内容的变化。

第二，RBC 模型假设经济中不存在摩擦，价格可以灵活调整，市场可以瞬时出清。按照这一逻辑，劳动力市场也应该瞬时出清，或者是完全就业，或者只存在自愿失业，这一推论与经验事实并不相符。一般而言，失业率是逆周期的，那么根据 RBC 模型的推论，经济萧条时期人们更愿意主动辞职以寻找更合适的工作，这明显不合常理。对于一个风险厌恶者而言，在经济萧条时更合理的行为应该是保住原有工作以稳定收入来源，即使要换工作也应该等到经济复苏的时候。如果真与 RBC 模型推论一致，就不会出现职位空缺率与自愿辞职的顺周期特征。所以 RBC 模型在解释失业上并不成功。

第三，RBC 模型中货币是中性的，货币政策对真实变量没有影响。如果真是这样，各国央行为何仍然乐此不疲地运用各种政策工具调控宏观经济。换言之，货币政策的存在是既定事实，而 RBC 模型却无法解释其存在的意义，这不得不说是 RBC 理论的重大缺陷。

RBC 模型无法解释的三大内容说明其自身存在固有缺陷。许多研究者试图通过一些小修小补在 RBC 理论框架内进行修改，却无法从根本上解决上述问题。比如扩大技术冲击的内涵，使其包括法律、制度等内容的变化；这种消极的做法，难免落入“套套理论”①，最终使技术冲击看似什么都能解释，实际上什么都不能解释。要解决这些问题，只有跳出 RBC 框架，改变一些基本假设。比如 RBC 模型过分依赖技术冲击，缺少名义冲击；再比如 RBC 假设经济不存在摩擦，市场瞬时出清。改变这些假设，就需要在模型中引入新的特征，比如名义冲击、工资刚性、产品价格刚性等等，这就进入了新凯恩斯 DSGE 模型的范畴。

从文献发展历程来看，国外使用 RBC 模型对宏观经济进行研究的文献一般集中在 2000 年以前，其中的经典文献首推 Kydland 和 Prescott (1982)、Long 和 Plosser (1983)、Hansen (1985)、Evans (1992)、Hansen 和 Prescott (1993) 等的文献，这几篇都是早期使用 RBC 方法研究经济波动的经典文献。除了使用 RBC 理论研究经济波动，还有一些学者使用该模型对财政政策进行分析，比如 Baxter 和 King (1993)、Leeper 等 (2010)。也有学者跳出封闭经济，构建了开放经济下的 RBC 模型，如 Mendoza (1991)、Backus 等 (1992)。

国内 RBC 模型研究起步较晚，比较经典的文献如，樊明太 (2004a) 在冲击和传导机制框架内研究我国经济波动的形成机制和模式；陈昆亭等 (2004) 在标准 RBC 框架下研究我国经济波动的根源；陈昆亭和龚六堂 (2004) 在 RBC 中考虑人力资本，以此分析经济波动问题；黄赜琳 (2005) 研究财政政策和经济周期的关系；李浩等 (2007) 在开放经济下研究国际贸易和我国宏观周期。但 2010 年以后随着新凯恩斯模型的普及，越来越少的研究者使用 RBC 模型，更多研究人员选择使用新凯恩斯模型对宏观经济进行研究。我国引入 DSGE 模型较晚，以中文发

① Tautology，一种哲学概念，数学上称为重言式，也可称为同义反复。套套理论一般化得离谱，在任何情况下都不可能是错的，这往往是由于其没有任何实际内容所致。

表的 DSGE 文献一般出现在 2000 年以后①。

6.2.2 新凯恩斯 DSGE 模型

新凯恩斯 DSGE 模型又称新凯恩斯 (New Keynesian, NK) 模型，是 RBC 模型的扩展，在货币政策与财政政策理论研究上具有重要价值。NK 模型与 RBC 模型相比存在以下几个截然不同之处：

第一，NK 模型假设市场非完全竞争，可以垄断定价，生产企业可以在边际成本上实现价格加成 (Mark-up)，市场均衡状态下的企业产出相比完全竞争市场的情况下要少；

第二，NK 模型假设价格调整非灵活，而具有价格刚性，即企业不能任意对其产品价格进行优化，而要服从某些外部约束，比如政策管制或者价格调整成本。市场均衡状态下的最优产出相应下降；

第三，由于价格刚性存在，货币表现出非中性特征，因而货币政策能够对宏观经济起作用；

第四，NK 模型引入许多其他类型的随机冲击，很多都是名义冲击，如财政支出冲击、货币冲击、偏好冲击等等，而不像 RBC 模型只重视真实冲击，尤其是技术冲击。

基于上述四点，NK 模型表现出浓厚的凯恩斯经济学色彩。NK 模型一般通过 Dixit 和 Stiglitz (1977) 提出的常替代弹性 (CES) 生产技术实现垄断竞争的建模思路。价格刚性则是 NK 模型的重点和难点，在模型中引入价格刚性的方法较多，Álvarez (2008) 对微观经济学中出现的产品定价模型进行了汇总，共总结出 25 种定价模型。而 DSGE 模型中最常用的仅其中三种，分别是 Taylor (1980) 交错定价、Calvo (1983) 交错定价和 Rotemberg (1982a) 最优定价。在三者之中，又以 Calvo 交错定价方法应用最广。除了产品价格可以使用 Calvo 交错定价以外，许多学者在工资中也引入价格刚性，遵循 Calvo 交错定价机制。

根据需要，可以在 DSGE 模型中引入各种摩擦，主要分为三大类，分别是真实摩擦、价格摩擦、金融摩擦。真实摩擦与货币等名义变量无关，比如投资调整成本、消费习惯形成等特征，均可视作真实摩擦。真实摩擦不会直接受货币政策影响。

价格摩擦直接与价格相关，因此受到货币政策影响。价格摩擦又被称为价格刚性，或者价格黏性，一般采用 Calvo 定价机制引入 DSGE 模型；早期 RBC 模型中几乎不存在价格刚性，该类摩擦主要存在于新凯恩斯模型。前文已经对价格刚性进行了介绍，此处不再赘述。

① 更准确地说应该是出现在 2004 年以后。

DSGE 理论中的第三种摩擦是金融摩擦，介于真实摩擦与价格摩擦之间。直到 Bernanke、Gertler 和 Gilchrist (1999) 三人提出了“金融加速器”模型，金融摩擦在 DSGE 理论中一直未受到特别重视。在这之后，金融加速器被广泛运用于 DSGE 模型的构建之中，其中比较有代表性的是 Christiano 等 (2010) 和 Christiano 等 (2011b) 的研究。在这两篇文章中作者将金融加速器特征引入 NK 模型之中，探究金融市场自身是否会产生冲击，进而影响经济波动，并且金融市场是否会在非金融冲击的传递中起到重要作用等问题。国内学者如刘斌 (2008) 建立的开放经济 DSGE 模型也将 BGG 金融摩擦考虑进来，以分析资产定价对宏观经济的影响。

由于 NK 模型考虑垄断竞争与价格刚性等因素，更贴合现实经济运行状况，逐渐成为现阶段 DSGE 实证分析的主流模型。在 2000 年以后，无论国内还是国外学者，对 DSGE 模型的使用几乎都以 NK 模型为主，对 RBC 模型的使用则越来越少。国外最具代表性的 NK 模型研究当属 Christiano 等 (CEE，2005) 与 Smets 和 Wouters (SW，2005，2007) 的文章中提到的；这三篇文章在国内外 DSGE 学术界的影响非常深远，许多 DSGE 论文都以 CEE 或 SW 模型为基础，加入新元素研究新问题。其他比较有代表性的新凯恩斯模型研究文献还包括 Ireland (2004)、Slobodyan 和 Wouters (2009)、Gambacorta 和 Signoretti (2014) 等的文献。国内比较有代表性的 NK 模型论文包括刘斌 (2008)、王文甫 (2010)、许志伟等 (2011)、侯成琪和龚六堂 (2014) 的文献。

新凯恩斯 DSGE 模型在建模过程引入更多贴近现实经济世界的特征和假设，在实用性上比 RBC 模型更大。NK 模型一个十分重要的应用在于分析货币政策，比较重要的参考文献包括 Christiano 等 (2005)、Rabanal (2007)、Galí (2008)、Gambacorta 和 Signoretti (2014)、刘斌 (2008)、王爱俭和王璟怡 (2014)、侯成琪和龚六堂 (2014) 等等的文献。还有许多新凯恩斯模型文献将研究重点放在财政政策的宏观作用上，如 Forni 等 (2009)、Christiano 等 (2011a)、张佐敏 (2013)、王国静和田国强 (2014) 等的文献。有些 NK 模型对就业市场展开研究，代表性文献有 Gertler 等 (2008)、Gertler 和 Trigari (2009)、Christiano 等 (2011b)、刘宗明和李春琦 (2013) 等的文献。还有许多学者使用 NK 模型研究金融市场和金融摩擦，一些比较重要的文献如 Christiano 等 (2010)、Carrillo 和 Poilly (2013)、康立和龚六堂 (2014) 等的文献。也有许多学者将封闭 NK 模型扩展到开放经济环境以对多边贸易、经常账户与资本账户、汇率等问题进行研究，如 Kolasa (2009)、Engel 和 Matsumoto (2014)、梅冬州和龚六堂 (2012)、金中夏和洪浩 (2013) 等。

与 DSGE 相关的文献远不止这些，笔者只是对其中质量较高，影响力较大的文献进行归纳，有志于学习 DSGE 分析框架的读者可以优先参考这些文献。

6.3　RBC 模型的构建方法

这一节拟对 RBC 模型的构建过程进行简单介绍。相比于后来的 DSGE 模型，RBC 模型的结构与推导过程比较简单。典型 RBC 模型包含的部门不多，一般都以代表性家庭和利润最大化的生产企业为主，所以重点讨论这两个部门的建模方法。

6.3.1　家庭

家庭生活无限期，并且是前瞻性的，即家庭在每一期的决策会考虑该决策对以后各期的影响。最标准的设定是，家庭在每一期选择消费、劳动供给与投资这三个决策变量以最大化一生效用的贴现和，这一优化决策需要服从于家庭在每一期所面临的流量预算约束。家庭的最优化决策问题可以用如下数学形式表现，

$$\max \sum_{t=0}^{\infty} \beta^t u\left(C_t,\ N_t\right) \tag{6-1}$$

其中，$u\left(C_t,\ N_t\right)$ 为居民在每一期的效用函数，也称为期效用函数。期效用函数应满足在定义域内连续并且二阶可导，其中，消费给家庭带来正效用，劳动给家庭带来负效用。DSGE 模型中的家庭效用一般采用新古典形式，即满足边际效用递减条件：$\partial u/\partial C>0$，$\partial u/\partial N<0$，$\partial^2 u/\partial C^2<0$，$\partial^2 u/\partial N^2<0$。另外，期效用函数还应该满足稻田条件 (Inada Condition)，从而避免存在角点解：$\lim\limits_{C\to\infty} \partial u/\partial C=0$，$\lim\limits_{C\to 0} \partial u/\partial C=\infty$。家庭在每一期的预算约束条件可以写为

$$C_t+I_t \leqslant W_t N_t+R_t^k K_t+T_t \tag{6-2}$$

其中，I_t 是第 t 期的投资，K_t 是第 t 期资本存量，W_t 是工资，R_t^k 是资本租金，T_t 是税收或者政府转移支付。资本积累满足如下过程，

$$K_{t+1}=I_t+(1-\delta) K_{t-1} \tag{6-3}$$

其中，δ 是资本的折旧率。因此，代表性行为人的决策就可以总结为在预算约束下选择 $\{C_t\}_{t=0}^{\infty}$，$\{N_t\}_{t=0}^{\infty}$ 和 $\{K_{t+1}\}_{t=0}^{\infty}$ 以最优化以后各期效用的贴现和。在 RBC 理论中，经常会用到的家庭效用形式主要有两类，分别是对数型与常相对风险 (CRRA) 效用函数。对数型效用函数为

$$u\left(C_t,\ N_t\right)=A \ln C_t+B \ln \left(1-N_t\right) \tag{6-4}$$

CRRA 效用函数为

$$u\left(C_t,\ N_t\right)=\frac{C_t^{1-\sigma}}{1-\sigma}-\frac{N_t^{1+\varphi}}{1+\varphi} \tag{6-5}$$

事实上，对数型效用函数只是 CRRA 函数的一种特殊情况，若 CRRA 函数中的相对风险规避系数趋近于 1，CRRA 型效用函数将转变为对数型。

6.3.2 Hansen 不可分劳动模型

在讨论 RBC 模型在家庭部门的设定时，需要对 Hansen 的不可分劳动模型进行简要分析。Hansen (1985) 提出的不可分劳动模型是早期 RBC 理论中效用函数设定的一种重要形式。当然，现在已经很少使用这种形式了。该模型的提出基于这样一个事实：RBC 模型假设家庭可以通过决策劳动时间最优化一生效用的贴现和；但在现实世界里，企业员工往往无法决定自己的工作时间，而是有一个明确的劳动时间，或者每周工作 40 小时，或者没有工作。鉴于此，Hansen 在模型中假设，每一期经济中有一定比例 χ 的家庭工作，每个家庭向企业提供相同的劳动时间 N_0，能够获得工作机会的家庭是随机抽取的，并且家庭在某一期是否工作的概率与其他时期的工作状况无关，服从独立同分布随机过程。此外，模型假设家庭具有完备的失业保险，即使每一期得不到工作机会的 $(1-\chi)$ 比例家庭也可以得到与工作家庭完全一样的工资收入。

这样，假设家庭连续分布于 [0,1] 区间上，生产部门对家庭所提供劳动的使用量就可以表示为 $N_t=\chi N_0$，而工人所获得的工资 W_t 又是由 N_t 工作时间的边际产品价值所确定。这种假设就可以使家庭改变劳动时间转变为家庭改变劳动人数，但两者在宏观视角下表现为同样的作用效果。此时，假设每个家庭都为对数型期效用函数，该函数可以表示为下式。Hansen 不可分劳动模型的推导可以参考 McCandless(2008) 的文献中第 6 章内容。

$$u(C_t,N_t)=\ln C_t+\frac{A\ln(1-N_0)}{N_0}N_t=\ln C_t+BN_t \tag{6-6}$$

6.3.3 企业

RBC 框架内，无论生产要素抑或是产品市场都是完全竞争的，生产企业在这种环境下只能被动接受市场决定的价格。企业在每一期购买资本与劳动进行生产，获得最大化利润 (或者成本最小化，两者是对偶规划)；由于是完全竞争，因此企业的最大化利润为零，所有产品都用于支付工资与租金。企业生产函数应该满足新古典特征，使用最为广泛的生产函数是 Cobb-Douglas 函数 (CD 暗含劳动和资本之间的替代弹性始终为 1 的特征)，企业在每一期的最优化决策问题可以表述如下

$$\begin{aligned}\max\quad & Y_t-W_tN_t-R_t^kK_t\\ \text{s.t.}\quad & Y_t=Z_tK_t^{\alpha}N_t^{1-\alpha}\end{aligned} \tag{6-7}$$

Z_t 就是 RBC 模型最核心的全要素生产率 (Total Factor Productivity，TFP)。TFP 是一个随机变量，其对数形式满足如下 AR(1) 过程，ε_{t+1} 是白噪声，也就是通常所说的技术冲击，几乎也是早期 RBC 文献唯一的外生冲击[①]。

$$\log Z_{t+1} = \gamma \log Z_t + \varepsilon_{t+1} \tag{6-8}$$

6.3.4 RBC 与货币

RBC 模型并未给货币预留位置，更不用说货币政策，这主要是因为 RBC 模型的新古典经济学背景。早期的 RBC 文献并不包含名义变量，所有变量皆为真实变量，如 Kydland 和 Prescott (1982)、Hansen (1985)、Prescott (1986) 等的文献。其后，货币逐渐进入 RBC 模型，但作用十分有限，多数情况下都作为一般计价物 (Numeraire) 或者计价单位 (A Unit of Account) 存在，并未出现在真实变量的动态方程组中，故模型呈现货币中性或者超中性的新古典特性。在这种情况下，货币存在与否在逻辑上并无必然性。对于以效用最大化为行事依据的家庭来说，要让其持有货币，则货币必须对其“有用”。毕竟在同等风险的情况下，持有货币并不会带来回报，而持有其他形式的资产则会给家庭带来利息收益。为了补偿持有货币所失去的机会成本，货币必须具有除计价单位以外的其他作用。为解决上述矛盾，传统 RBC 模型一般以如下两种方式之一引入货币，分别对应货币的两种作用：其一，持有货币能够增加居民效用，此时货币一项直接出现在家庭效用函数中；其二，以经验观察为前提，预先假定某种类型的交易必须使用货币来完成，如购买日常消费品。

1. 货币效用模型

上文提到货币的第一种作用衍生出货币效用 (Money in Utility，MIU) 理论，该理论最初由 Sidrauski (1967) 提出，Woodford (2003) 对这一模型进行了详细讨论。MIU 模型假定货币为经济运行提供了某种形式的功效，例如家庭使用货币购物可以减少交易中物物交换所耗费的时间与精力，这样家庭的效用就会因为货币而增加。此时，将货币加入家庭的效用函数从逻辑上也就说得通了。MIU 模型中，家庭效用函数形如 $u(C_t,\ M_t/P_t,\ N_t)$，其中 M_t/P_t 为真实货币余额，与消费和劳动共同决定家庭在每一期的效用。MIU 是 DSGE 研究中经常使用的效用函数形式，许多 DSGE 经典文献都采用这种设定方法，如 Christiano 等 (CEE, 2005)、Ireland(2004) 等的文献。

值得一提，家庭的效用函数可以根据真实货币余额的存在形式进一步分为可分效用 (Separable Utility) 函数与不可分效用函数 (Nonseparable Utility)。对于

① 在许多 RBC 文献中，全要素生产率与技术冲击这两个概念经常混淆。实际上，对这两个概念不加区分在多数情况下不会出现歧义。但读者应该清楚，全要素生产率在许多宏观经济学文献中也被称为索洛余量，是指总产出增长无法由资本增长和劳动力增长解释的部分；而技术冲击则是全要素生产率的非预期变化。

可分效用函数，效用函数中各变量以相加形式出现，消费与劳动的一阶导数均独立于货币余额。在这种情况下，家庭优化决策的一阶条件中，欧拉方程与劳动供给方程均不受货币影响；进而货币对动态方程中的所有真实变量不会产生效果，货币的动态特征仍然表现为中性。在 Galí (2008) 的一书中，可分效用函数具有如下形式，

$$u\left(C_t,\ M_t/P_t,\ N_t\right)=\frac{C_t^{1-\sigma}}{1-\sigma}+\frac{\left(M_t/P_t\right)^{1-\nu}}{1-\nu}-\frac{N_t^{1+\varphi}}{1+\varphi} \tag{6-9}$$

与之相对，不可分效用函数中的货币余额项以相乘形式与消费或者劳动相结合，这样，效用函数对消费或劳动的一阶导数也会出现货币余额一项，进而导致欧拉方程与劳动供给方程都会受到货币影响，因而模型呈现出货币非中性的特点。同样，在 Galí (2008) 的一书中，不可分效用具有如下形式，

$$u\left(C_t,\ M_t/P_t,\ N_t\right)=\frac{1}{1-\sigma}\left[\left(1-\vartheta\right)C_t^{1-\nu}+\vartheta\left(M_t/P_t\right)^{1-\nu}\right]^{\frac{1-\sigma}{1-\nu}}-\frac{N_t^{1+\varphi}}{1+\varphi} \tag{6-10}$$

2. 货币先行模型

与货币在 RBC 模型中第二种作用相对应的模型是货币先行 (Money in Advanced，CIA) 模型，该模型最早出现于 Clower (1967) 的研究之中，之后 Lucas 和 Stockey (1987) 对其进行详细阐述。另外，Cooley 和 Hansen (1988) 将该模型加入不可分劳动的 Hansen (1985) 模型内，对货币数量理论的微观基础进行了实证研究。在 CIA 模型中，家庭在每一期期初使用上一期期末所持有的货币购买消费品，而其他支出则使用当期收入，因而得名货币先行模型。以这种方式在模型中引入货币，实际上是在经济中增加了一种摩擦，导致模型的均衡结果不再与无摩擦状态下的竞争性均衡相同。CIA 模型的特征表现为在家庭最优化决策所面临的预算约束基础上，又加上 CIA 约束，具体形式为

$$\begin{aligned}&C_t+I_t+\frac{M_t}{P_t}\leqslant\frac{M_{t-1}}{P_t}+W_tN_t+R_t^kK_t+T_t\\&P_tC_t\leqslant M_{t-1}\end{aligned} \tag{6-11}$$

上面的式子为高级宏观经济学中常见的流量预算约束，下面的为 CIA 约束。从上式可以看出，期初家庭购买消费品必须使用上一期预留货币，进而导致家庭跨期消费受到货币的影响，货币因此进入模型动态方程组。

现在对货币在 RBC 模型中的地位做一个总结。RBC 理论源于新古典经济学，不可避免地带有货币中性这种新古典特征。早期 RBC 文献或者不包含货币，或者仅以货币作为计价单位，使得货币在这类 RBC 模型中呈现完全中性状态，对

真实变量没有任何影响。而 MIU 与 CIA 两种模型虽然扩大了货币所具有的作用，使其出现在 DSGE 的动态方程中，进而对真实变量产生效果；但这两个模型本质上仍是 RBC 理论在自身框架下的发展，没有脱离 RBC 模型的范畴。不可分 MIU 模型与 CIA 模型均能使货币呈现非中性的状态，但实证研究表明，货币在这类模型中所起作用仍然不显著。因此用这两种模型研究货币政策效果并不理想。其根源在于 RBC 理论的另一个关键假设：价格灵活变化。正是由于模型中不存在阻碍价格调整的名义刚性或黏性，导致货币无法充分作用于模型中的真实变量。所以，要使用 DSGE 模型对货币政策进行研究，需要跳出 RBC 模型框架，打破价格灵活可变的基本假设，在模型中加入名义摩擦。

6.3.5 真实摩擦

为了延长模型对外生冲击响应的持续时间，使模型计算出来的二阶矩与现实经济变量更加符合，经济学家在 RBC 理论中添加了大量经济摩擦，这样也可以使模型更加贴近现实。由于 RBC 框架下的 DSGE 模型并不重视货币与金融中介的作用，因此加入到模型中的一般是真实摩擦，而很少有名义摩擦。在这一部分，仅对真实摩擦进行讨论，名义摩擦放到 NK 模型中讨论。需要注意的是，真实摩擦既出现在 RBC 模型中，也出现在 NK 模型中；相反，名义摩擦一般仅出现在 NK 模型中，而很少出现在 RBC 模型中。DSGE 常用的真实摩擦一般包括家庭的消费习惯形成 (Habit Formation)、可变资本利用率 (Variable Capital Utilization)、投资调整成本 (Adjustment Costs of Capital) 以及非李嘉图家庭 (Non-Ricardian Households) 四种。

1. 消费习惯形成

消费习惯形成是指家庭在当期效用不只取决于当期消费，还会受到以往消费的作用，因而期效用函数表达式中会出现以前时期的消费量，一般情况下仅考虑提前一期的消费。在习惯形成的设定下，家庭有强烈意愿平滑消费，进而提高外生冲击对经济所造成波动的平滑性和持续性。不存在消费习惯时，消费对技术冲击的响应仅取决于技术冲击带来的非预期收入变化，故响应程度比较剧烈，和实证中观察到的当期消费响应模式并不符合。加入习惯形成特征后，会平滑消费对技术冲击的响应幅度，这也是将这一真实摩擦引入 DSGE 的根本目的。消费习惯既可以是内生，也可以是外生。所谓内生，是指单个居民的消费习惯受到该居民上一期消费影响；所谓外生，则是指每个居民的消费习惯取决于上一期全社会总消费。内生性消费习惯在求导和加总上稍微复杂，作用却与外生性消费习惯几乎一样，因此文献中多用外生消费习惯的设定。不难看出，消费习惯形成本质上是一种真实摩擦，其表述方法一般为 $u(C_t - hC_{t-1}, N_t)$，h 是习惯形成参数，用于衡量消费习惯的惯性程度，文献中取值一般介于 0.5 到 1 之间。

2. 可变资本利用率

可变资本利用率是指家庭在每一期除了决定投资多少，还需要决定对现有资本存量的利用率是多少。当经济面临技术冲击时 (无论正负)，作为生产要素需求方的企业总可以通过增大或减少劳动雇佣和资本租赁以响应生产率的变化。作为生产要素供给方的家庭可以即期调整劳动供给，但资本供给则不然。资本在 DSGE 模型中以存量形式呈现，其积累需要时间 (一般为 1 期)。若技术冲击为正，家庭虽可以增大当期投资，但当期资本存量却不受影响；同样，技术冲击为负时，减少当期投资也不会改变当期的资本存量。所以，就要素供给一方而言，家庭所提供劳动和家庭拥有的物质资本存量并不对等。

为了解决这一矛盾，在 DSGE 模型中引入可变资本利用率，此时家庭供给的有效资本取决于当期资本存量和资本利用率的乘积形式 $K_t = u_t\overline{K}_t$；这样家庭虽然不能立即调整资本存量，却可以立即调整资本利用率，从而达到调整有效资本供给的目的。使用这种形式的设定，还需要在模型中加入资本利用率调整成本①，调整成本或以单独成本的形式出现 ($a(u_t)$，$a'(u_t) > 0$)，或以增加资本折旧率的形式出现 ($\delta(u_t)$，$\delta'(u_t) > 0$)。无论哪种形式，都是为了在稳态下使家庭具有最优资本利用率 (否则资本利用率越大越好)。

3. 投资调整成本

不存在投资调整成本时，当期投资 1 : 1 转化为下一期的资本存量。引入投资调整成本后，这种转化关系不再是 1 : 1 了，而是需要付出调整成本，投资调整成本一般采用如下形式引入 DSGE 模型中: $K_{t+1} = (1-\delta_t)K_t + [1 - S(I_t/I_{t-1})]\,I_t$。函数 S 应满足 $S(1) = S'(1) = 0$，$S''(1) > 0$，即稳态时的调整成本为零。没有投资调整成本时，投资对技术冲击的响应表现为逐渐降低；引入调整成本后，投资的响应呈现“驼峰状”。私人投资的这种响应方式增加了物质资本累积过程中表现出的持续性。

4. 非李嘉图家庭

传统 RBC 模型假设家庭在每期选择消费和投资以最大化未来效用的贴现和，这也说明家庭当期消费并非由当期收入决定，而是由永久收入来决定。RBC 模型的这一本质假设实际上暗含了所有家庭都能够充分接触金融市场，只有通过金融市场，家庭才能进行消费的跨期替代。在非李嘉图家庭模型中则存在两类家庭，一类家庭能够通过金融市场跨期配置收入，也就是传统的 RBC 模型家庭，或称为李嘉图家庭；另一类家庭为非李嘉图家庭，这类家庭无法通过金融市场对收入进行跨期配置，故每一期的消费仅受到当期收入影响。

① 如果没有调整成本，稳态下家庭将始终以最高的利用率提供资本，以获取最大租金收益。这样，加入可变资本利用率与否，对模型动态特征没有任何影响。

6.4 新凯恩斯模型的构建方法

新凯恩斯 DSGE 模型是 RBC 理论的扩展，在研究货币政策上具有十分重要的作用，应用范围远远超过 RBC 理论。NK 模型属于 DSGE 理论框架，因而也具有“动态性”、“随机性”和“一般均衡”三个本质特点。相比于 RBC 模型，NK 模型主要存在以下几个不同点：

第一，NK 模型假设市场 (既可以是产品市场，也可以是劳动力市场) 并非完全竞争，而是表现出一定程度的垄断特征，更接近于垄断竞争市场结构。

第二，NK 模型中价格或工资调整存在一定程度的刚性，而不是完全灵活的。

第三，货币呈现出长期非中性特点，因而货币政策能够起作用。

第四，除技术冲击等真实冲击外，NK 模型还引入各式各样的名义冲击。

比较具有代表性的 NK 模型实证研究包括 Ireland(2004)、CEE(2005)、SW(2004，2005，2007)、Slobodyan 和 Wouters(2009)、Gambacorta 和 Signoretti (2014) 等的文献。

6.4.1 垄断竞争

首先，对 NK 模型如何引入垄断竞争这一特点进行讨论。NK 模型一般将生产者区分为两种类型，分别是提供中间产品的生产者与提供最终产品的生产者。最终产品市场为完全竞争市场，所有最终产品生产企业以中间产品作为投入要素生产完全同质的最终产品，最终产品可用于消费、投资。从某种程度上而言，最终产品生产企业并不进行真实的“生产”，更确切的说法应该是将不同种类的中间产品进行“打包”，因此有些文献也将最终产品生产企业称为“打包者”。最终产品生产企业一般选择 Dixit-Stiglitz (1977) 的常替代弹性 (CES) 生产函数对中间产品进行“打包”，

$$Y_t = \left[\int_0^1 Y_t(i)^{\frac{\psi-1}{\psi}} \mathrm{d}i\right]^{\frac{\psi}{\psi-1}} \tag{6-12}$$

式中，$Y_t(i)$ 表示对第 i 种中间产品的消耗，ψ 表示不同中间产品之间的相互替代弹性。最终产品生产企业在每一期的决策目标为利润最大化，但由于市场是完全竞争的，因此最大化利润为零①，

$$\max \quad P_tY_t - \int_0^1 P_t(i)Y_t(i)\mathrm{d}i \tag{6-13}$$

生产者每一期以 CES 生产函数作为约束，选择每种中间产品的使用量，以最

① 此处利润指经济利润，并非会计利润，即需要考虑生产者的机会成本。

优化上式。上述问题的一阶条件 (同时也是每种中间产品的需求曲线) 如下

$$Y_t(i) = \left(\frac{P_t(i)}{P_t}\right)^{-\psi} Y_t \tag{6-14}$$

将上面的方程代入 CES 生产函数可得到最终产品价格指数方程。在许多文献中，最终产品价格指数都被理解成消费者价格指数 (即 CPI)，其变化率则可被视为通货膨胀率。

$$P_t = \left[\int_0^1 P_t(i)^{1-\psi}\, \mathrm{d}i\right]^{\frac{1}{1-\psi}} \tag{6-15}$$

在 NK 模型中，垄断竞争特征一般体现在中间产品企业上。每个中间产品生产者提供的中间产品略有不同，因而面对向右下方倾斜的需求曲线，对商品具有定价权；一般假设中间产品企业连续分布在 [0,1] 范围上。中间产品企业除了负责将垄断竞争性质带入模型，还有另外一个重要任务，即将价格刚性 (黏性) 引入模型。价格刚性，或者称之为价格黏性，是新凯恩斯模型最核心的地方。

6.4.2 价格刚性

价格刚性，即价格摩擦，是一种名义摩擦。正是由于价格刚性的存在，才会使 NK 模型表现出凯恩斯经济学的特点，因此对价格刚性的建模是 NK 模型的重中之重。一般情况下，RBC 模型中存在真实摩擦，却几乎没有名义摩擦。NK 模型中的名义摩擦主要体现在产品价格和工资上的刚性。

1. 微观经济学中的五类定价模型

产品定价属于微观经济学范畴，如果微观企业不能随意对其产品进行定价，在宏观上就能够体现为给价格变化带来一定程度的刚性，如工资或者 CPI，也就为货币政策预留施展空间。Álvarez (2008) 对微观经济学中出现的产品定价模型进行了汇总，共总结出了 25 种产品定价模型。这 25 种模型可以归为五大类。

黏性信息型 (Sticky Information)：这类模型假设企业定价需要相关信息，在不同信息集下企业的最优定价也会不同。企业获得新的信息需要支付相应成本，这使企业在决定是否根据信息集以重新优化产品价格上面临权衡取舍，也导致企业不能任意调整价格。使用这类定价模型的文献主要包括 Lucas (1973)、Mankiw 和 Reis (2002)、Reis (2010) 的文献。

菜单成本型 (Menu Costs)：在这类模型中，企业调整产品价格需要支付固定成本，因此不能随意进行调整。只有当企业重新调整价格后所带来预期收益的贴现值超过调整价格需要支付的固定成本，企业才会调价。这种固定成本在现实生活中并不难找，从字面上来讲，餐厅调整价格确实需要重新印制菜单，生产者改

变商品价格也需要重新印制商品目录，这就带来了成本。使用菜单成本模型的主要文献包括 Danziger(1999)、Nakamura 和 Steinsson(2010) 的文献。

时间依赖型 (Time Dependent)：这类模型只是单纯假设企业只能隔一段时间才能调整一次价格，这种调价时间间隔或者是由于合同约束，或者是由于随机抽取。在这种假设下，经济中所有企业的产品定价过程就会出现交错 (Staggering)，导致模型体现出价格调整上的黏性。主要文献包括 Taylor(1980)、Calvo(1983)、Galí 和 Gertler(2000) 的文献。

价格偏离的二次调整成本 (Convex Costs of Adjustment)：这类模型假设企业产品价格偏离最优价格时会面临二次型的调整成本，而企业在这一成本约束下不断优化价格以最小化其产品价格对最优价格的偏离。该模型最早由 Rotemberg (1982a，1982b) 提出。

顾客愤怒型 (Customer Anger)：当企业调整价格时，可能会使顾客认为企业的产品定价过高，触发顾客的负面情绪，导致顾客流失，减少企业收益；考虑到前述情况，生产者也不会任意调整价格。这一模型由 Rotemberg (2005) 提出。

2. DSGE 中常用定价模型

前面虽然提到了 25 种共五大类定价模型，然而 DSGE 模型中常用的远没有这么多。这里详细介绍一下新凯恩斯模型 (RBC 中不存在定价问题) 中常用的四种定价模型：Taylor 定价模型、Calvo 模型、异质性 Calvo 模型、最优动态调整模型。前面三种属于时间依赖型定价模型，后面一种属于价格偏离的二次成本模型。

Taylor 定价模型 (1980)：该模型假设所有企业都需要签订合同，合同规定企业只能每隔 N 期优化一次价格，这样每一期共有 $1/N$ 比例的企业能够优化其产品价格。在这里，N 是确定变量，并且所有企业都知道自己每隔 N 期能优化一次价格。假设在第 t 期，第 i 个企业能够优化产品价格，该企业所选价格 $P(i)^*$ 将使自身从第 t 期到第 $t+N-1$ 期利润贴现和最大化，其优化决策如下

$$\max_{P(i)^*} \quad \sum_{k=0}^{N-1} \beta^k \left[P(i)^* Y_{t+k}(i) - P_{t+k} mc_{t+k} Y_{t+k}(i)\right] \tag{6-16}$$

Calvo 定价模型 (1983)：Calvo 定价模型可能是 DSGE 研究中使用最多的定价方式 (绝大多数 DSGE 文献都采用这种定价方法)，因此对其进行重点介绍。该模型假设在每一期，企业只有接收到信号才能优化产品价格。假设每一期企业都有 $1-a$ 的概率能够优化价格，a 的概率不能优化价格。每一期能否优化价格是完全独立的。对于某一企业，当期优化价格以后，可能下期又能优化，也有可能很多期以后才能再次优化。平均而言，企业优化一次价格能够维持 $1/(1-a)$ 期。Calvo 定价与 Taylor 定价最大的区别就在于，Taylor 定价模型中的定价间隔 N

对每个企业都是一样的，而 Calvo 定价模型中的 $1/(1-a)$ 只是所有企业的平均值，单个企业的定价间隔可能完全不同。假设某生产者在第 t 期优化价格以后，有 a 的概率该价格会持续到第 $t+1$ 期，a^2 的概率持续到第 $t+2$ 期，a^k 的概率持续到 $t+k$ 期，以此类推。因此，当企业在优化价格时会将这一情况考虑在内，从而选择 $P(i)^*$ 以最大化下式，

$$\max_{P(i)^*} \quad \sum_{k=0}^{\infty} (\beta\alpha)^k [P(i)^* Y_{t+k}(i) - P_{t+k} mc_{t+k} Y_{t+k}(i)] \tag{6-17}$$

上面式子与 Taylor 定价模型的不同有两点，一是求和符号的上限，Calvo 定价上限为 ∞，而 Taylor 定价为 $N-1$；二是 Calvo 定价模型在贴现的时候需要考虑生产者不能优化价格的概率 a。有一点需要注意，在 Taylor 定价与 Calvo 定价模型中，每一期分别有 $1/N$ 与 $1-a$ 比例的企业能够优化价格，余下的企业只是不能按照上面两式优化产品价格，却可以被动调整价格。在上面两个式子中，直接假设不能优化价格企业的产品价格保持不变并非强制性的，实际上也不合理。因此，对于不能优化价格企业，其产品价格一般可以按照以下三种经验方法进行调整：

(1) 以稳态通货膨胀率进行调整，这种方法也称为静态调整法，非优化企业保持产品价格不变则是令稳态通货膨胀率为 1 时的特例，

$$P_t(i) = \bar{\pi} P_{t-1}(i) \tag{6-18}$$

(2) 以上期通货膨胀率实施调整，该法也被称为动态调整法，

$$P_t(i) = \frac{P_{t-1}}{P_{t-2}} P_{t-1}(i) \tag{6-19}$$

(3) 同时以稳态与上期通货膨胀率进行调整，该法也被称为指数化调整法，

$$P_t(i) = \left(\frac{P_{t-1}}{P_{t-2}}\right)^{\gamma} (\bar{\pi})^{1-\gamma} P_{t-1}(i) \tag{6-20}$$

使用不同经验法则对非优化企业的产品价格进行调整会对模型设定产生较大影响，而影响主要体现在模型的动态菲利普斯曲线上。

异质性 Calvo 定价模型：该模型由 Carvalho (2006) 提出，是对 Calvo 定价模型的一种扩展。在 Calvo 定价中，所有企业的价格优化概率都是一样的；换言之，不同类型的企业其优化价格的频率是相同的。Carvalho 对此进行了扩展，将企业分为不同部门，假设同一部门内部的企业使用相同价格优化概率，但是部门

间的优化概率是有差异的。有些部门的价格优化频率较高，有些部门相对较低。从而使各个部门对总体价格水平带来不同程度的影响。

最优动态调整模型：这一模型由 Rotemberg (1982a，1982b) 提出，该模型假设企业对产品价格进行调整需要成本，而其价格偏离均衡状态水平也需要支付成本，企业就在这两种成本之间进行权衡取舍。企业通过选择一个最优的价格以最小化这两种成本的折现值，所求出的价格实际上是短期的最优价格水平，不同于长期最优价格或者均衡价格水平。

6.4.3 工资刚性

近年来越来越多的研究者倾向于使用 DSGE 模型研究经济中的就业问题，尤其是货币政策或财政政策对就业的影响。劳动力市场涉及劳动的供给与需求两个方面，供给侧属于家庭部门的决策内容，而需求侧则属于生产部门的决策内容。在 RBC 理论中，由于不存在名义摩擦，劳动力市场是即时出清的；这样，在劳动力市场中就不存在失业问题，要么完全就业，要么只有自愿性失业 (Hansen 不可分劳动模型)。然而，现实情况远非如此，这也说明 RBC 理论在解释失业问题上的无力。解决这一矛盾的关键在于将劳动力市场的摩擦机制引入 DSGE 模型之中。在建立 DSGE 模型时，常用的劳动力市场摩擦机制有两种：第一种机制与前面的产品定价刚性相同，引入工资刚性，一般使用 Calvo 工资交错定价方法；第二种方法是使用搜寻–匹配机制对劳动力市场进行描述。按照本书对摩擦的分类方法，显然工资定价刚性应该属于名义摩擦，而劳动力搜寻–匹配模型则属于真实摩擦。笔者将作为名义摩擦的工资刚性放在这一部分讨论，将搜寻–匹配模型放在下一节讨论。

Calvo 工资交错定价：Calvo 工资交错定价的思路与产品交错定价完全一样，假设家庭可以在 [0, 1] 区间上连续分布，每个家庭提供的劳动是有差异的，即劳动市场中劳动的供给方为垄断竞争，此时家庭面临向下倾斜的劳动需求曲线，不再被动接受工资，而对工资具有定价权。同时，经济中存在假想的完全竞争“劳动打包者”，打包者的任务只是将差异化劳动打包成单一、同质的劳动，并出售给生产企业，一般假设打包者的生产技术为 Dixit-Stiglitz (1977) 型，

$$H_t = \left[\int_0^1 H_t(k)^{\frac{\psi_w - 1}{\psi_w}}\,\mathrm{d}k\right]^{\frac{\psi_w}{\psi_w - 1}} \tag{6-21}$$

上式中，ψ_w 是每种类型劳动的替代弹性。打包者通过选择对每种劳动的需求量，从而使自身利益最大化，借此可以求出每种劳动的需求函数，

$$H_t(k) = \left(\frac{W_t(k)}{W_t}\right)^{-\psi_w} H_t \tag{6-22}$$

加总名义工资为

$$W_t = \left[\int_0^1 W_t(k)^{1-\psi_w}\mathrm{d}k\right]^{\frac{1}{1-\psi_w}} \tag{6-23}$$

在 Calvo 框架下，每期只有随机抽取的 $1-\theta_w$ 比例家庭能够优化自己的工资，其余 θ_w 的家庭，或者保持工资不变，或者被动调整工资。在时期 t，可以优化工资的家庭将工资设定为 $W_t^*(k)$，没有被选中的家庭假设其维持上期工资 $W_{t-1}(k)$ 不变。根据模型的对称性假设前提，所有能够优化工资的家庭将选择相同的名义工资，即 $W_t^*(k)=W_t^*$。进而，根据加总名义工资计算公式可以得出其动态行为服从以下方程

$$W_t^{1-\psi_w} = \left[(1-\theta_w)(W_t^*)^{1-\psi_w} + \theta_w(W_{t-1})^{1-\psi_w}\right] \tag{6-24}$$

现在讨论家庭优化工资的依据。在时期 t，家庭 k 的目标如下

$$\max \quad E_t\sum_{j=0}^{\infty}\beta^j u\left(C_{t+j}(k),\ \frac{M_{t+j}(k)}{P_{t+j}},\ H_{t+j}(k)\right) \tag{6-25}$$

此时家庭服从于常规的流量预算约束

$$\begin{aligned} C_{t+j}(k)+K_{t+j}(k)+\frac{M_{t+j}(k)}{P_{t+j}} &= \frac{W_{t+j}}{P_{t+j}}H_{t+j}(k)+(R_{t+j}+1-\delta) \\ &\quad \cdot K_{t+j-1}(k)+\frac{M_{t+j-1}(k)}{P_{t+j}} \end{aligned} \tag{6-26}$$

此外，家庭还应该服从于市场对其劳动的需求方程

$$H_t(k) = \left(\frac{W_t(k)}{W_t}\right)^{-\psi_w} H_t \tag{6-27}$$

每一期，家庭需要选择 C_{t+j}, K_{t+j} 与 M_{t+j} 以最大化上式，计算方法与不含 Calvo 工资定价模型相同。唯一不同的是，在 Calvo 模型中，家庭并不选择劳动供给，而是视劳动供给为给定的前提下优化工资①。试想在时期 t，家庭 k 获得了一次优化工资的机会；该家庭也清楚地知道，他在当期选择的工资 $W_t^*(k)$ 维持一

① 这里面包含了这样一个事实：家庭提供异质性劳动，对工资具有定价能力，此时家庭能够在其所提供劳动的“边际成本”之上得到一个工资加成 (Mark-up)，家庭提供劳动的边际成本表现为其将工作时间用于闲暇所带来的额外效用增加。由于家庭在“边际成本”之上定价工资，此时只要生产企业对家庭劳动有需求，家庭就会按照这个需求提供劳动。换言之，劳动力市场均衡由需求侧决定。

期的概率为 θ_w，维持 k 期的概率为 θ_w^k，以此类推。因此，该家庭在制定工资时，会以下式为准则，

$$\begin{aligned}\max \quad & E_t \sum_{j=0}^{\infty} (\beta\theta_w)^j \left\{ u\left(C_{t+j},\ \frac{M_{t+j}(k)}{P_{t+j}},\ \left(\frac{W_t^*(k)}{W_{t+j}}\right)^{-\psi_w} H_{t+j} \right) \right. \\ & + \lambda_{t+j} \left[C_{t+j}(k) + K_{t+j}(k) + \frac{M_{t+j}(k)}{P_{t+j}} - \frac{W_{t+j}}{P_{t+j}} \left(\frac{W_t^*(k)}{W_{t+j}}\right)^{-\psi_w} H_{t+j} \right. \\ & \left.\left. - (R_{t+j} + 1 - \delta) K_{t+j-1}(k) + \frac{M_{t+j-1}(k)}{P_{t+j}} \right] \right\} \end{aligned} \tag{6-28}$$

将上式对 $W_t^*(k)$ 求导，即可求出家庭的最优工资制定规则。

6.4.4　对新凯恩斯模型的总结

新凯恩斯模型相比于 RBC 模型最突出的特点在于垄断竞争和价格刚性的引入，而最本质的特征则是价格刚性。因此，当一个模型具有“动态性”、“随机性”、“一般均衡”、“垄断竞争”和“价格刚性”时，就可以将其归为 NK 模型。NK 模型的垄断竞争特征一般通过 Dixit 和 Stiglitz (1977) 的 CES 函数实现；名义刚性主要依靠 Calvo (1983) 给出的交错定价模型完成。除了上述重要特征，一个新凯恩斯模型还可以包含许多细节性的特征。在 Smets 和 Wouters (2007) 的论文中，作者构建了一个十分标准的新凯恩斯模型，这个模型包括：消费习惯形成、投资调整成本、可变资本使用率、生产固定成本、产品价格刚性、工资刚性、各种名义与真实冲击。现在这篇文章已经被视为新凯恩斯模型中最经典的论文之一，文中所构建的 NK 模型也在许多文献中被称为标准型中的新凯恩斯模型①。正是由于 NK 模型中所具有的各种真实与名义摩擦，使货币以非中性方式进入模型，这就为货币政策提供了巨大的施展空间，也使 NK 模型逐渐受到各国央行的青睐。当然，NK 模型的广泛应用不只是其货币非中性特点带来的，各种参数估计手段在 DSGE 中的应用，以及 SW (2005，2007)、CEE (2005) 等的经典论文的普及也在 NK 模型的发展历程中起到巨大推动作用。就政策研究而言，NK 模型最一开始主要用于货币政策的研究，后来也被逐渐推广到财政政策的研究上。其实用性和灵活性使 NK 理论成为现阶段最受青睐的 DSGE 方法，同时也是宏观经济学的主流分析框架。但传统 NK 模型也有其不足。

首先是关于金融系统，特别是信贷市场考虑不足。现实世界中的许多生产活动都涉及融资问题，无论是新公司的创立还是新项目的实施都需要直接融资或者

① 读者若是希望学习和使用 DSGE 模型，SW(2007) 实乃必读论文之一。除这篇外，还有 SW(2005)、CEE(2005)、Christiano 等 (2011b) 都属必读论文行列。当然，这四篇论文所构建的模型都可以被视为标准的新凯恩斯模型。

间接融资。在传统 NK 模型中，或者根本不存在融资需求，或者存在融资需求但对均衡配置的影响作用不大。产生这种情况的根本原因就在于传统 NK 模型中不存在债务人和债权人之间的信息不对称，也不存在平衡表约束等问题。

其次是关于劳动力市场构建太过简单，使 NK 模型几乎无法被用于研究就业问题。RBC 模型中家庭提供同质劳动，劳动力市场即时达到均衡；包含工资刚性的 NK 模型假设异质性家庭劳动，劳动力市场为垄断竞争，家庭具有定价权并且服从交错定价，在这种设定下，政府可以通过影响通货膨胀率进而影响就业。但这种设定仍然没有为政策干预就业预留太大的空间。

最后则是封闭环境假设与现今国际全球化现状相去甚远。传统新凯恩斯模型一般在封闭经济框架下建模，这就导致模型无法被用于研究存在国外部门的经济波动和政策影响问题，现实世界中这种相互联系则十分普遍。

鉴于上述三点不足，新凯恩斯模型也在不断吸收新的内容，以此去适应更加复杂的现实经济环境。下一节将重点介绍对传统新凯恩斯模型的改进和扩展。

6.5 对新凯恩斯模型的扩展

新凯恩斯模型的不足，促使研究者不断尝试将各种新的特征加入模型，这既能使模型更加贴近现实经济世界，同时也给模型带来了更多系统复杂性，无论是在稳态求解上还是在参数估计上，难度都要大于新凯恩斯模型。前面提到了 NK 模型的三点不足，与之对应的是 NK 模型的三个扩展：① 金融加速器模型；② 就业市场的搜寻-匹配模型；③ 新开放宏观经济学模型。这三个方向的扩展在现阶段被众多研究人员所使用。

6.5.1 金融摩擦——金融加速器

正如新古典经济学认为货币对宏观经济中的真实变量没有太大影响一样，传统结构性模型认为金融部门对宏观经济也没有影响。Modigliani 和 Miller (1959) 在完全竞争假设下论证企业的市值与其融资方式没有关系。如果将这一论断推广到总量经济层面，就可以得出实际经济运行状况与金融结构是不相关的，这就是著名的 MM 定理。需要注意的是，只有当经济中不存在金融摩擦时，MM 定理才会成立。然而，由于信息不对称、逆向选择以及道德风险等情况存在，现实经济中总是存在一定程度的金融市场摩擦。这种摩擦可能会强化各种冲击，进而使宏观环境表现出更大的震动，起到金融加速器作用 (Bernanke et al.，1999)。

相信多数读者还没有忘记 2008 年始于美国，席卷全球的金融危机。由于美国金融系统的复杂性，尤其是一级与二级结构化衍生品市场的盲目与无序扩张，导致此次金融危机对全球经济带来了系统性的破坏，也使大多数金融机构的常规风险对冲与风险管理手段失效。具体来看，大量次级房屋贷款被“打包”并且证券化，成为一种可投资的证券 MBS(Mortgage-Backed Securitization)；MBS 再被证券化，成为 CBS-CDO(Collateralized Debt Obligation)；再被证券化，成为 MBS-CDO；再被证券化 ……。这种级联式的结构化衍生品早就使原本的债权–债务关系隐藏得无影无踪。这些复杂的金融衍生品也迷惑了穆迪、标普等国际评级机构的判断力，错误地对许多高风险衍生品打出了“AAA”的高分，加大整个金融系统的系统性风险。

现实经济中的金融摩擦来源并不唯一，其呈现方式也五花八门。Calomiris 和 Ramirez (1996) 认为金融摩擦本质上是一种成本，会扭曲经济行为人的投资决策，导致资本配置的帕累托无效。金融摩擦成本可分为以下四类。

第一类是**信息成本** (Information Costs)。因为信息不对称存在，债权人可能无法识别运营状况良好、具有较好投资项目的企业。这样就为状况不好的企业冒充好企业提供了机会。而债权人往往很难对两者进行区分，需要支出成本进行识别，并且将成本转嫁到其他企业上，造成企业的借贷成本提高，甚至借不到资金。

第二类是**控制成本** (Control Costs)。有时，公司管理层与公司所有者的利益并不一致；这时，管理者不一定会将筹集到的资金按照企业利润最大化的原则投资有利于企业市值增值的项目，而是投资于对管理者最有利项目，进而损害委托人利益[①]，也就是所谓的委托–代理人情况。事先明晰债务合同能够有效限制企业管理者的这种行为，然而这需要债权人监督管理者是否严格按照合同行事，需要支付一定成本，也被称为控制成本。

第三类是**监管成本** (Monitoring Costs)。多数金融投资计划的收益依赖于生产利润；企业利润越高，需要支付给投资者的回报也就越高，导致企业管理者有强烈的动机隐藏真实利润。意识到这一点，投资者很难相信企业的盈利回报，而是会选择支出一定成本进行监管以获得更加真实可信的企业收益状况，这一过程就是成本状态检验 (Costly State Verification，CSV)。

第四种类型的金融摩擦则是由**市场分割** (Market Segmentation) 造成的。即使没有上述三种成本，市场间相互分割也会在债权人和债务人之间强加一道物理壁垒，进而阻碍资本有效转移。

前面四种情况说明了现实经济中普遍存在着金融摩擦现象，导致 MM 资本结构无关理论在多数时候并不成立，因此在 DSGE 模型中考虑金融摩擦十分

① 许多收购与并购案例，尤其是我国近年来流行的海外并购，很多时候只是对企业高管有好处，相反，对股东等企业所有者并没有实际的好处。许多“好大喜功”的管理者往往希望将企业做大，因此通过收购或者并购方式达到这一目的。但企业的目的并非做大，而是获得可持续的盈利能力，收购或并购行为并不一定能够给企业带来这种好处。有趣的是，企业高管总是可以借助并购或收购以后获得“协同效应”为借口，为自己失败的决策开脱。最终的结果就是，用大量“真金白银”从海外购买一堆没有价值的股权。

必要。DSGE 中最常用的金融摩擦是 Bernanke、Gertler 和 Gilchrist (1999)[①]三人提出的金融加速器模型。在这之后，BGG(1999) 模型被广泛运用于 NK 模型的构建之中，其中比较有代表性的是 Christiano 等 (2010) 的研究。在这两篇文章里作者把金融加速器加入 NK 理论，对两个问题进行讨论：一是金融系统本身会否产生冲击，并作用于经济波动？二是金融市场能否影响冲击传导过程，如果能够影响，是会放大冲击还是抑制冲击？作者发现在模型中，金融市场确实能够产生冲击进而影响宏观经济环境；同时金融摩擦本身也会放大一些会造成产出与价格同方向变动的冲击，如货币冲击，起到金融加速器的效果。国内学者刘斌 (2008) 在研究开放环境下的 DSGE 模型时，也将 Bernanke 等的金融加速器模型考虑进来，以此为基础对资产定价的宏观影响展开分析，并获得重要结论。

下面对 BGG 摩擦在 DSGE 中的建模思路进行简单介绍。在 BGG 框架下，将企业家 (Entrepreneur) 这类经济行为人从普通家庭中抽取出来，相比于家庭，企业家是风险中性的。企业家在 t 期期末从商业银行部门以 Z_{t+1} 的利率进行长期借贷 B_t，加上自己的自有资金 N_{t+1}，从资本生产者手中购买安装好的物质资本 $\overline{K}_{t+1}$。接着，企业家受到一个异质性冲击 ω，将企业家购买的资本品转换为 $\omega\overline{K}_{t+1}$。在 $t+1$ 期期初，企业家决定资本使用率，并将资本在要素市场上出售。该期生产结束之后，企业家得到租金，同时把未折旧资本再回卖给资本生产者，偿还商业银行贷款，如此循环往复。

企业家从银行处融资需要签订债务合同。合同中规定，贷款到期时将支付银行本利 $Z_{t+1}B_t$，如果无法足额支付，企业家的所有资产将被银行没收。企业家由于无法还债被银行清算资产时，有动机隐瞒自己的真实资产；银行为此会支付一定成本对企业家剩余资产进行审核，即审核成本，这一情况正是成本状态检验 (CSV)。由于 CSV 所产生的监督成本相当于在银行与企业家之间打入楔子，这一成本将由两者共同承担。为了对冲给企业家贷款所面临的异质性风险，银行与企业家签订债务合同时，会在无风险利率上加收风险升水 (Risk Premium)；这样，信息不对称使企业家通过外部渠道的融资成本将高于内部融资渠道的成本，金融摩擦进入模型，Modigliani 和 Miller 的金融结构无关性也就不再成立。企业家能否成功还贷很大程度上受到异质性生产率冲击的影响；当 ω 足够大时，企业家就能够获得足够的资本租金以偿还银行债务。

此外，由于内、外部融资成本不同，企业家有强烈动机积累自身财富。为了避免企业家积攒到足够的资金，从而脱离银行部门的外部融资渠道，使 CSV 摩擦失效，BGG 模型进行了一些假设。企业家在每期有 $1-\gamma_t$ 的概率退出市场，有

① 由于这篇论文实在过于出名，后文都以 BGG(1999) 代替。

γ_t 的概率在下一期仍然留在市场；这种概率设定与企业家是否能够偿还银行债务无关，即使偿还成功，仍有一定概率退出市场。每一期经济中的企业家总数不变，退出多少就进来多少。退出的企业家留下一部分财富进行当期消费，一部分财富转移给新进企业家作为启动资金，剩余财富一次性转移给家庭。新进企业家获得的启动资金只是原来企业家财富的一小部分，这样就可以保证企业家无法积累到足够财富以致脱离银行这一外部融资渠道，而全部由内部融资实现。新进企业家用启动资金加上银行贷款实施新一轮的资本市场运作，周而复始。

在金融加速器模型中，银行作用可繁可简。有些 DSGE 模型中的银行部门仅仅起着金融中介作用，将资金从居民转移到企业家手中又回到居民手中，比如 Christiano 等 (2011b)[①]。这种设定只从信贷需求方 (企业家) 引入金融摩擦，而不考虑信贷供给方的情况 (银行)。还有一些模型会重点考虑银行的资产负债表。银行的资金来源为家庭的活期存款与定期存款，加上中央银行的货币转移，而银行的资金用途主要包括对企业与同行的短期贷款 (用作营运资本，Working Capital)、对企业家的长期借贷、法定与超额准备金。在 Christiano 等 (2010)[②]模型中，银行得到的活期存款用作短期贷款与准备金，定期存款则借贷给企业家。此外，银行也会投入资本、劳动力与超额准备金用于为社会提供流动性服务，银行的最终目标是实现每期期末净资产最大化。国内学者刘斌 (2008) 也采取这种建模方式。

6.5.2 搜寻—匹配模型

NK 模型的第二个扩展是就业市场的搜寻–匹配模型，其基本思路源于 Mortensen 和 Pissarides (1994，1998)、Pissarides (2000) 等的几篇文献。这一系列研究逐渐形成了 MP 模型，也就是早期的搜寻–匹配模型。搜寻–匹配模型在劳动市场内引入“摩擦”，并且提出了摩擦性失业的概念，以此解释真实经济中“失业”与“空岗”并存的现象，同时弥补了新古典理论无法解释失业的缺陷。

在这一框架下，劳动力市场中的摩擦主要来源于不完全信息与搜寻成本。模型假设失业的工人会不断寻找新的工作机会，企业也在寻找新的工人填补空岗。由于每个员工所提供的劳动都是不同的，每个企业所需劳动也不相同，在信息不完全的前提下，企业与员工要想同时满意，就必须付出搜寻成本。另外，市场中也存在协调上的摩擦，即某个工人找到合适的岗位时发现该岗位已经有人，某企业找到某个合适的员工时发现该员工已经有工作。上述摩擦都会致使经济中出现摩擦性失业。鉴于搜寻–匹配模型的作用，经济学家逐渐将其纳入新凯恩斯建模框架，其中比较经典的文献包括 Gertler 等 (2008) 及 Gertler 和 Trigari(2009) 的文献。下面以 Gertler 和 Trigari (2009) 的研究为例，说明搜寻–匹配模型在 DSGE

① 后文简称 CTW(2011)。

② 后文简称 CMR(2010)。

中的建立方法。

假设员工与企业都连续分布于 [0, 1] 上，在第 t 期，企业 i 总共雇佣 $n_t(i)$ 个员工，并且发布 $v_t(i)$ 个工作空岗信息，以在下一期招募到新的员工。经济中所有被雇佣的员工数为 $n_t = \int_0^1 n_t(i)\mathrm{d}i$，所有空岗数目为 $v_t = \int_0^1 v_t(i)\mathrm{d}i$，失业人员的数量则为 $u_t = 1 - n_t$。第 t 期新招募的员工，或者"匹配数" m_t 假设为失业人口数与空岗数的 Cobb-Douglas 函数，也就是 $m_t = \sigma_m u_t^{\sigma} v_t^{1-\sigma}$。企业在每期能够填补一个空岗的概率为 $q_t = m_t/v_t$；相应地，一个失业工人重新就业的概率是 $s_t = m_t/u_t$。每个企业与员工都视 q_t 与 s_t 为给定的。另外，每个企业在每一期会裁掉其 $1-\rho$ 比例的员工，这一比例为外生变量；换言之，每个员工每期有 ρ 的概率能够在这一岗位上待到下一期。

每个企业投入资本与劳动，以 Cobb-Douglas 技术进行生产，$y_t(i) = a_t k_t(i)^{\alpha} \cdot n_t(i)^{1-\alpha}$。为方便起见，假设资本在所有企业中是自由流动的，并且资本租赁市场也是完全竞争的。现在将企业的雇佣率定义为每一期企业新雇佣的员工数与企业总员工数的比值，即 $x_t(i) = q_t v_t(i)/n_t(i)$。由于企业清楚知道空岗的填补概率 q_t，因此每个企业都知道自己的雇佣率。每个公司的职工数将按照如下方式积累，$n_{t+1}(i) = \rho n_t(i) + q_t v_t(i)$。现假设企业张贴一个新的空岗具有二次型调整成本 $\frac{\kappa}{2} x_t(i)^2 n_t(i)$，则企业的值函数可以写为

$$F_t(i) = y_t(i) - w_t(i)n_t(i) - \frac{\kappa}{2}x_t(i)^2 n_t(i) - z_t k_t(i) + \beta E_t \Lambda_{t,t+1} F_{t+1}(i) \tag{6-29}$$

式中，$\Lambda_{t,t+1} = u'(c_{t+1})/u'(c_t)$。在每一期，企业视 $n_t(i)$，q_t，z_t 以及当前及预期未来的 $w_t(i)$ 为给定的，通过选择租赁资本的数量 $k_t(i)$ 和发布的空岗数 $v_t(i)$，进而选择雇佣率 $x_t(i)$，以最大化上式。企业额外雇佣一个员工能够给其带来的价值增量为

$$J_t(i) = (1-\alpha)y_t(i)/n_t(i) - w_t(i) + \frac{\kappa}{2}x_t(i)^2 + \rho\beta E_t \Lambda_{t,t+1} J_{t+1}(i) \tag{6-30}$$

雇佣率演变方程可以写为

$$\kappa x_t(i) = \beta E_t \Lambda_{t,t+1}\left[f_{nt+1} - w_{t+1}(i) + \frac{\kappa}{2}x_{t+1}(i)^2 + \rho\kappa x_{t+1}(i)\right] \tag{6-31}$$

下面对员工的情况进行讨论。令 $V_t(i)$ 表示在企业 i 工作员工的值函数，U_t 为失业工人的值函数，$V_t(i)$ 可以写成如下形式，

$$V_t(i) = w_t(i) + \beta E_t \Lambda_{t,t+1}\left[\rho V_{t+1}(i) + (1-\rho)U_{t+1}\right] \tag{6-32}$$

从上式可以看出，工人在第 t 期的值函数取决于第 t 期的企业 i 支付的工资 $w_t(i)$，以及第 $t+1$ 期的值函数在第 t 期的贴现值，而第 $t+1$ 期的值函数又取决于工人被解雇的概率 $1-\rho$。对于失业工人，其在第 t 期的值函数可以表示如下

$$U_t = b + \beta E_t \Lambda_{t,t+1}\left[s_t V_{x,t+1} + (1-s_t)U_{t+1}\right] \tag{6-33}$$

其中，b 相当于工人的失业保险或者国家的失业补贴。上式方括号内容与就业员工值函数中的方括号内容意义一致，需要注意的是 $V_{x,t+1}$。失业工人并不知道在 $t+1$ 期时能在哪个企业找到工作，因此也就不知道具体的工资；这样 $V_{x,t+1}$ 实际上是对工人在企业工作的值函数的加权平均，即

$$V_{x,t+1} = \int_0^1 V_{t+1}(i)\frac{x_t(i)n_t(i)}{x_t n_t}\mathrm{d}i \tag{6-34}$$

假设某个失业工人第 t 期在企业 i 获得工作，他的价值相比于失业会提高，

$$H_t(i) = V_t(i) - U_t \tag{6-35}$$

对于任意一个失业工人，在不知道他会去哪个企业的前提下，其价值相比于失业会提高，

$$H_{x,t} = V_{x,t} - U_t \tag{6-36}$$

由上面两式可以得到下式，

$$H_t(i) = w_t(i) - b + \beta E_t \Lambda_{t,t+1}\left[\rho H_{t+1}(i) - s_t H_{x,t+1}\right] \tag{6-37}$$

在搜寻–匹配模型中，员工与企业的工资谈判是引入工资刚性的重要环节。模型假设每一期每个企业有 $1-\theta_w$ 的概率能够优化工资，θ_w 的概率能够维持上期工资；这一价格优化的概率为外生，对每个企业都相同，这一机制与 Calvo 定价完全相同。但是，由于异质性，各个企业需要的劳动种类并不相同，因此工资也不同；而同一企业内部所有员工的工资却是相同的。因此，可以认为员工首先组成工会，工会具有一个统一的工资标准，然后与企业议价。员工 (工会) 与企业在工资议价上采用纳什议价方法，此时，劳资双方会制定工资 w_t^*，以实现下式，

$$\max \quad H_t(r)^{\eta} J_t(r)^{1-\eta} \tag{6-38}$$

由上式的一阶条件可以求出最优工资为

$$w_t^* = E_t \sum_{s=0}^{\infty} \frac{(\rho\theta_w\beta)^s \Lambda_{t,t+s}}{E_t \sum\limits_{s=0}^{\infty} (\rho\theta_w\beta)^s \Lambda_{t,t+s}} w_{t+s}^o(r) \tag{6-39}$$

$w^o_{t+s}(r)$ 为目标工资，表达式如下

$$w^o_t(r)=\chi_t(r)\left(f_{nt}+\frac{\kappa}{2}x_t(r)^2\right)+(1-\chi_t(r))(b+s_t\beta E_t\Lambda_{t,t+1}H_{x,t+1}) \tag{6-40}$$

其中

$$\chi_t(r)=\frac{\eta}{\eta+(1-\eta)\Sigma_t(r)/\Delta_t} \tag{6-41}$$

$$\Sigma_t(r)=E_t\sum_{s=0}^{\infty}\frac{n_{t+s}}{n_t}(r)(\theta_w\beta)^s\Lambda_{t,t+s} \tag{6-42}$$

$$\Delta_t=E_t\sum_{s=0}^{\infty}(\rho\theta_w\beta)^s\Lambda_{t,t+s} \tag{6-43}$$

经济总体的工资变动遵循如下方程，

$$w_t=(1-\theta_w)w^*_t+\theta_w\int_0^1 w_{t-1}(i)\frac{n_t(i)}{n_t}\mathrm{d}i \tag{6-44}$$

综上所述，搜寻–匹配模型实际上包含两个部分，一是劳动力市场上空岗和失业工人的匹配过程，二是工人与企业之间的工资议价。第二部分的推导过程要比第一部分复杂得多。工人与企业相互的纳什均衡讨价还价在作用上十分类似传统 NK 理论的 Calvo 定价，本质上也是一种价格刚性，从这一点上看，搜寻–匹配模型与交错定价没有太大差异。但是，前者在建模细节上考虑得更为周全，这就为政策影响就业带来了很大的施展空间。如果以就业作为研究主题，应当首选搜寻–匹配模型。

6.5.3 新开放宏观经济学

新凯恩斯模型的第三个扩展是开放经济模型，不少学者将这类模型统称为新开放宏观经济学 (New Open Economy Macroeconomics，NOEM) 模型，虽然有不同的名字，笔者仍然将其作为 NK 模型的扩展。将传统封闭经济 NK 模型扩展至开放经济，可以沿着两种建模思路进行，其一是小国模型，其二是两国模型。就前者而言，模型主体是一个小型经济体，也就是说该国是产品国际市场上的价格接受者，国外的变化只是以外生冲击形式作用于国内，而不需要对这些变化的微观机制进行刻画与分析。与之相对，在两国模型中，存在着两个高度对称的国家，两个国家通过贸易相互联系，一个国家的政策也会影响另一个国家。

6.6 线性方程组的求解

6.6.1 对数线性化

使用 DSGE 作为研究方法，大致遵循：提出问题、建立模型、求解方程、参数估计、分析结果这五个步骤。这一小节主要讨论模型的求解过程。事实上，模型求解由计算机实现，我们只需对其内含理论有所了解即可。DSGE 模型构建成功之后，一般都以非线性方程组的形式呈现，而计算机在解决线性问题上更有优势，所以需要先将非线性方程组转化成线性方程组，转化的过程被称为对数线性化。如果使用 MATLAB 软件直接进行模拟，可以不需要手动进行对数线性化，Dynare 会自动将水平形式的方程组编译为线性方程组，然后提交给 MATLAB 进行计算。然而，手动对数线性化可以在求解模型稳态上节省很大力气，对于越复杂的模型，对数线性化的作用越是明显。因此许多研究者仍然习惯手动将模型对数线性化，然后提交给计算机进行模拟，笔者也是如此。对数线性化过程只是烦琐，并没有什么难度，此处只探讨最常用的两类手段。

第一种是 **Uhlig (1999) 中的方法**：将模型中所有变量先表示为 $X_t = \overline{X}e^{\tilde{X}_t}$，其中 X_t 是变量的水平形式 (建模时出现在模型中的形式)，$\overline{X}$ 是变量的稳态值，则 $\tilde{X}_t$ 就是变量 X_t 关于其稳态的对数偏离。将模型中所有变量表示为上述形式后，再通过 $e^{\tilde{X}_t} \approx (1 + \tilde{X}_t)$ 关系取消掉方程中的自然对数，之后模型就顺利转变为线性方程的形式。Uhlig (1999) 方法是 DSGE 中最有用的对数线性化方法，除了少数几个方程 (如家庭的投资需求方程、Calvo 价格方程，金融加速器中企业家一阶条件、银行零利润条件等)，剩余的方程几乎都可以用该法对数线性化。

第二种方法称为**泰勒展开法**：首先对方程两边取对数，然后关于对数里面的每个变量进行求导，并配成 $(X_t - \overline{X})/\overline{X}$ 的形式，即可将水平方程转变为线性方程。第二种方法实际上就是运用了泰勒的一阶展开原理。关于对数线性化的具体实施可参考胡爱华 (2012) 所著书的第二章。

6.6.2 方程的求解

一个 DSGE 模型通常包含许多方程，比如行为人的一阶条件、资源约束方程、政策性方程 (Taylor 规则，财政政策)、恒等式等等。与方程数对应的是内生变量的数目，有多少个方程，就必须有多少个内生变量与之匹配，否则 DSGE 模型无法求解。任何一个 DSGE 模型都可以被表示为如下非线性期望差分方程组形式，假设该模型包含 n 个内生变量、m 个外生变量，即

$$F(E_t X_{t+1}, X_t, X_{t-1}, S_{t+1}, S_t) = 0 \tag{6-45}$$

因为 DSGE 模型采用理性预期，所以预测需要建立在 t 时期和 t 时期以前所有时期可以得到的信息集之上。我们可以将上式中的期望算子去掉，将方程组写

为后验形式，

$$F(X_{t+1}, X_t, X_{t-1}, S_{t+1}, S_t, \varepsilon_{t+1}) = 0 \tag{6-46}$$

式中，ε_{t+1} 是由外生变量 S_{t+1} 所带来的预测误差。运用前面讲述的对数线性化处理，可以把上式变化为如下形式，

$$E_t\left[A\tilde{X}_{t+1} + B\tilde{X}_t + C\tilde{X}_{t-1} + D\tilde{S}_{t+1} + E\tilde{S}_t\right] = 0 \tag{6-47}$$

并且 $\tilde{S}_{t+1}$ 可以表示为如下形式，

$$\tilde{S}_{t+1} = F\tilde{S}_t + \varepsilon_{t+1}, \quad E_t(\varepsilon_{t+1}) = 0 \tag{6-48}$$

我们的目标就是求解上述线性方程组。现阶段最常用手段是 Uhlig (1999) 提出的待定系数法。所谓待定系数法，是指先假设上述方程具有某个形式的解，然后将该假设解代入方程组，求出解的系数。假设解具有如下形式，

$$\tilde{X}_t = G\tilde{X}_{t-1} + H\tilde{S}_t \tag{6-49}$$

将上式推迟一期表示为 $\tilde{X}_{t+1}$ 的形式，连同式 (6-48) 代入式 (6-47)，并去掉期望算子，可以得到如下形式的方程组，

$$\left[AG^2 + BG + C\right]\tilde{X}_{t-1} + \left[(AG + B)H + E + (AH + D)F\right]\tilde{S}_t = 0 \tag{6-50}$$

当且仅当 $\tilde{X}_{t-1}$ 和 $\tilde{S}_t$ 前的系数同时为零，上式才能在各个时期成立。即下面的矩阵方程组必须成立，

$$\begin{cases} AG^2 + BG + C = 0, \\ (AG + B)H + E + (AH + D)F = 0 \end{cases} \tag{6-51}$$

现在，我们的任务是通过上述矩阵方程组求出矩阵 G 和 H，矩阵方程组的求解需要线性代数中的 vec 运算和克罗内克运算，McCandless (2008) 的书中第六章附录 1 给出了详细运算过程。求出矩阵 G 和 H 后代入式 (6-49) 就能求出方程组的解了。除了待定系数法，其他求解线性方程组的方法还包括 Blanchard 和 Kahn (1980) 的 BK 方法，Sims (2002) 方法以及 Klein (2000) 方法。四种方法之中属待定系数法最直观、最容易理解，因此也是现在使用最广泛的方法。此处不再对另外三种方法进行介绍，可以参阅 DeJong 和 Dave (2011) 的书中第四章以及刘斌 (2016) 的书中第三章。

6.7　参数的贝叶斯估计

贝叶斯估计是现阶段经济计量领域最重要的参数估计方法之一。早期的 DSGE 文献一般采用校准的方式确定模型中的结构参数，之后则出现过最大似然法和最小二乘法的方法。然而，贝叶斯估计法一经引入，迅速变成 DSGE 中的主流参数估计手段。现在的 DSGE 文献如果选择估计而非校准方式确定参数值，几乎都使用贝叶斯估计方法。鉴于此，本节对贝叶斯估计的基本原理进行一个简单介绍，更详细的介绍可以参阅 DeJong 和 Dave (2011) 所著书的第十四章。

使用贝叶斯估计，需要首先对 DSGE 模型的结构参数有一个事先了解，即先验分布；然后从模型外部获得新的信息，即可观测变量的真实数据；在新信息的基础上通过贝叶斯原理对先验信息进行修正，获得后验分布。后验分布中包含参数一阶矩，大多数 DSGE 文献都以参数的后验均值作为参数的估计值，也有少部分文献以后验众数作为估计值。假设模型中所有待估参数组成向量 μ，模型中的可观测变量的真实数据表示为矩阵 Z。贝叶斯原理可由下面的式子表示

$$p(\mu|Z) = \frac{p(Z|\mu)\,p(\mu)}{p(Z)} \tag{6-52}$$

上式中 $p(\mu)$ 是参数的先验分布，$p(\mu|Z)$ 是后验分布，$p(Z|\mu) = L(\mu|Z)$ 是似然函数，$p(Z)$ 则是边际概率密度。我们想要知道的是后验分布 $p(\mu|Z)$，要求出该分布，必须估计出似然函数 $L(\mu|Z)$。根据 6.6 节的内容，DSGE 模型的解可以表示为如下形式，

$$\tilde{X}_t = G(\mu)\,\tilde{X}_{t-1} + H(\mu)\,\tilde{S}_t \tag{6-53}$$

$$\tilde{S}_t = F(\mu)\,\tilde{S}_{t-1} + \varepsilon_t \tag{6-54}$$

式 (6-53) 和式 (6-54) 表明模型解的系数矩阵 G，H，F 实际上都是结构参数向量 μ 的函数。除了上面两个式子，还有一个联系可观测变量数据与模型内生变量的测量方程，

$$Z_t = J\tilde{X}_t \tag{6-55}$$

其中，J 是一个正定矩阵。上述三个方程合称为该 DSGE 模型的状态空间。接下来就可以在状态空间中对似然函数 $L(\mu|Z)$ 进行估计了，DSGE 文献中一般使用卡尔曼滤波进行这一步操作。要获得似然函数的解析形式几乎不可能，对于复杂模型更是如此，因此一般用数值模拟代替。常用的数值模拟方法是马尔可夫链蒙特卡罗 (MCMC) 模拟，一般将 MCMC 抽样次数设置为足够大以使参数的后验分布 $p(\mu|Z)$ 收敛。上面就是贝叶斯估计的整个过程。

使用贝叶斯方法进行参数估计的技巧性很强，其计算结果至少直接取决于下面几方面：可观测变量的选取、观测数据的处理方式、参数的先验分布、参数的初始值。

参数的先验分布在贝叶斯估计中十分重要。先验分布包括先验均值、标准差和分布类型等信息。DSGE 模型中常用的分布类型主要包括 Normal、Gamma、Beta、逆 Gamma 和均匀分布这五种。在先验分布的设定上，首先应该对待估参数处于什么区间有一个大致了解，是否有“截尾”；其次应该对参数的先验分布形状有了解，参数的先验分布对称与否，是否有“肥尾”或“瘦尾”；然后反复试验；最后获得一个符合初始设想的估计值。

最后，在可观测变量的选择上，最重要的是要满足可观测变量数目应该要小于或等于模型中的外生冲击数目这一约束条件，以避免模型出现奇异性问题。在满足这一约束条件的前提下，可观测变量的数目应该越多越好，以充分利用数据中所包含的信息。然而，我国宏观经济数据质量相比于国外有一定差距，尤其是就业和工资方面的数据，并且 DSGE 模型中的劳动对应的应该是工作时间，而非工作人口。因此，国内 DSGE 文献较少使用这些数据进行贝叶斯估计。

第 7 章

品牌发展战略研究——基于动态随机一般均衡视角

本章主题

前面章节介绍了动态随机一般均衡模型的发展沿革、模型特征、构建方法、求解方法和参数估计方法，以期读者对 DSGE 分析方法有一个直观理解。在此基础上，本章重点讨论如何构建包含品牌资产的动态随机一般均衡模型，并对模型有效性和泛化性能进行检验；再通过贝叶斯估计、脉冲响应函数以及动力学分析等手段，从国家和企业视角分析品牌发展战略的宏观效应与传导机制。

本章组织

7.1 节详细介绍包含品牌资产特征的动态随机一般均衡模型构建过程；
7.2 节说明模型的参数校准过程；
7.3 节讨论参数贝叶斯估计以及有效性检验；
7.4 节重点对模型的脉冲响应函数展开讨论；
7.5 节从国家与企业层面说明品牌发展战略的宏观传导机制；
7.6 节对本章的建模过程展开几点思考。
7.7 节介绍外生冲击与信号识别。
7.8 节介绍本章模型的 MATLAB 实现。

7.1 包含品牌资产特征的动态随机一般均衡模型构建过程

前面我们已经对 DSGE 模型的构建方法和求解过程进行详细介绍，从这一节开始，我们将构建一个包含品牌资产特征的新凯恩斯 DSGE 模型，再对模型进行求解、贝叶斯估计和脉冲响应分析。我们只是通过本章例子向读者介绍 DSGE 模型在品牌系统工程中的应用，因此模型比较简单。读者可按照自身兴趣和目的构建更加复杂的模型。

这一节首先介绍 DSGE 模型的构建过程，模型包括家庭、品牌资产生产企业、最终产品生产企业、商品生产企业和政府五个部门。每一期，家庭提供劳动和物质资本，获得工资收入和租金收入，并将收入用于消费和投资。品牌资产生产企业以劳动和物质资本作为生产要素，生产异质性品牌资产，并出售给商品生产企业。商品生产企业以劳动、物质资本和品牌资产作为投入要素，生产异质性商品，并出售给最终产品生产企业。最终产品生产企业则以各种异质性商品作为投入要素，生产同质最终产品并出售给家庭和政府部门，用于消费和投资。政府部门会进行消费，实施货币政策、财政政策和旨在发展品牌的产业政策，影响产品市场、资本市场、品牌资产市场。各部门之间的逻辑关系见图 7-1。

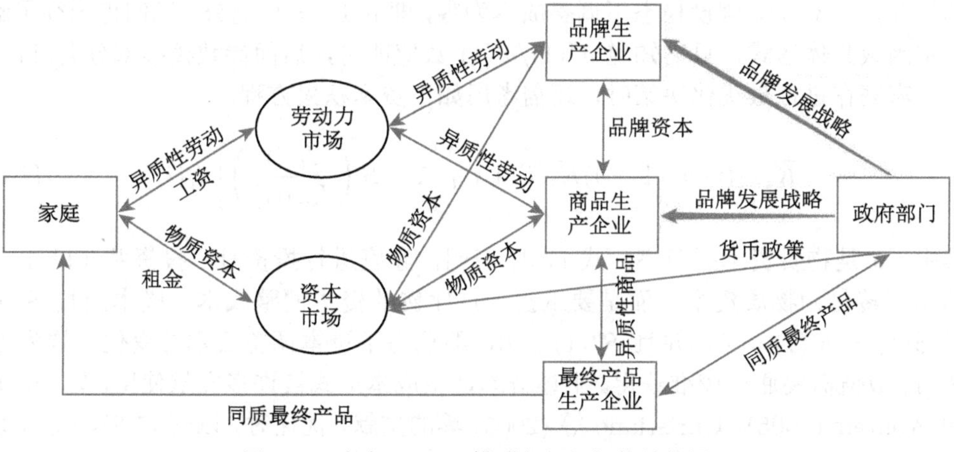

图 7-1 本章 DSGE 模型各部门拓扑结构图

7.1.1 家庭

家庭在每一期为异质性商品生产企业提供劳动和物质资本，以获得工资和租金收入，并且进行消费决策、投资决策和工资优化，以最大化自身总效用 (将未来各期效用贴现至当期，并求和)。假设经济中存在连续分布于 [0, 1] 区间上的家

庭，家庭提供异质性劳动①。经济中第 i 个家庭在 $t=0$ 时会最大化如下形式效用函数，

$$E_0\sum_{t=0}^{\infty}\beta^t\left[\frac{(C_t(i)-hC_{t-1})^{1-\sigma_c}}{1-\sigma_c}-\frac{L_t(i)^{1+\sigma_n}}{1+\sigma_n}\right] \tag{7-1}$$

效用函数采用 CRRA 型，即常相对风险型效用函数，由该效用函数推导出的相对风险规避系数始终为 σ_c，因此得名。当 σ_c 等于 1 时，退化为常规对数型效用函数。当期消费能够带给家庭正效用，而劳动则会带给家庭负效用。效用函数中还引入消费习惯形成特征，使家庭消费具有持续性，进而使效用函数在时间上体现出不可分离特性。每一期家庭最大化上式时，需服从如下流量预算约束，或者称为资源约束，

$$P_{ct}C_t(i)+P_{ct}I_t(i)+P_{ct}a(u_t(i))\overline{K}_t(i)=P_{ct}W_t(i)L_t(i)+P_{ct}r_{kt}u_t(i)\overline{K}_t(i)+D_t(i) \tag{7-2}$$

其中，P_{ct} 是最终产品的价格，也就是宏观经济学中常说的消费者价格指数 (CPI)，$C_t(i)$ 为家庭总消费，$I_t(i)$ 为家庭投资。$u_t(i)$ 为家庭 i 选择的私人资本利用率，稳态下资本利用率为 1；资本市场有效供给等于私人资本存量与资本利用率之积 $u_t(i)\overline{K}_t(i)$。家庭在每一期向资本市场提供有效资本供给，并承担真实调整成本②$a(u_t(i))\overline{K}_t(i)$。假设稳态下调整成本为零，即 $a(1)=0$；另外，我们也无须了解成本函数具体形式，只需知道 $a''(1)/a'(1)$ 数值即可，后面参数校准部分会讨论。

家庭在进行最优化决策时，还需考虑如下资本积累方程，

$$\overline{K}_{t+1}(i)=(1-\delta)\overline{K}_t(i)+u_{it}\left[1-S\left(\frac{I_t(i)}{I_{t-1}(i)}\right)\right]I_t(i) \tag{7-3}$$

其中，δ 是物质资本折旧率。式 (7-3) 表明，家庭进行投资时，投资并非以 $1:1$ 的比例转化为物质资本，而是要承担一定比例的资本调整成本，成本函数 S 满足 $S(1)=S'(1)=0$，并且 $S''(1)>0$，即稳态下资本调整成本与变化率均为零，$S''(1)$ 数值需要通过校准获得。上述资本调整成本形式被许多文献使用，如 Smets 和 Wouters (2005)、Christiano 等 (2005) 等的文献。优化时，以式 (7-2)、式 (7-3) 为约束条件最大化式 (7-1)，可得如下形式的一阶条件，

$$\beta\left(C_{t+1}-hC_t\right)^{-\sigma_c}\left[r_{k,t+1}u_{t+1}+(1-\delta)Q_{t+1}-a(u_{t+1})\right]=\left(C_t-hC_{t-1}\right)^{-\sigma_c}Q_t \tag{7-4}$$

① 所谓异质性劳动，是指每个家庭提供的劳动并不完全相同，因此家庭在其所提供劳动上具有一定的垄断能力，进而具有少许定价权力。异质性劳动类似垄断竞争商品市场，可以理解为垄断竞争的劳动力市场。

② 所谓真实调整成本，相对名义成本而言，即不是以货币形态度量的成本，而是以实物形态度量。后文只要不作特别说明，“真实”均指以实物形态而非货币形态进行度量。

$$1 = Q_t u_{it}\left[1 - S\left(\frac{I_t}{I_{t-1}}\right) - S'\left(\frac{I_t}{I_{t-1}}\right)\left(\frac{I_t}{I_{t-1}}\right)\right] + \beta\frac{\lambda_{t+1}}{\lambda_t}Q_{t+1}u_{it+1}\left(\frac{I_{t+1}}{I_t}\right)^2 S'\left(\frac{I_{t+1}}{I_t}\right) \tag{7-5}$$

$$a'(u_t) = r_{kt} \tag{7-6}$$

上面三个一阶条件均有明确的经济学含义。式 (7-4) 为家庭欧拉方程，该方程描述家庭在消费上的跨期替代决策。消费会给家庭带来正效用，减少消费则会使家庭效用下降 (负效用)。每一期，家庭减少当期消费，并将节省下来的钱用于投资，在下一期会拥有更多钱，能够负担更多消费。经济处于均衡状态时，当期减少消费给家庭带来的边际负效用应该等于下一期消费增加带来的边际正效用在当期的贴现值。欧拉方程就描述了家庭在当期消费和下期消费之间的权衡取舍。与传统欧拉方程不同，我们在效用函数中引入消费习惯形成，欧拉方程也因此包含上期消费。说明家庭进行消费决策时需对以往消费进行“回顾”，或者说上期消费也会进入家庭当期效用函数，此时家庭有强烈动机平滑各期消费，进而降低消费对外生技术冲击的过度响应。

式 (7-5) 为家庭投资决策方程，该式决定家庭在每一期投资多少；Q_t 是已安装资本的真实价格，即托宾 q 值 (Tobin's q)。家庭投资取决于预期投资收益，投资收益由租金收入和资本利得两部分组成。当家庭预期资本价格将会上行，或者资本租金上升时，就会加大当期投资，减少当期消费。

式 (7-6) 决定家庭选择何种水平的资本利用率，当资本租金上涨，家庭一方面会加大当期投资，但投资转化为资本会有时滞；另一种方式则是提高对现有资本存量的利用程度，这能快速为家庭带来更高投资回报。提高资本利用率会面临调整成本，式 (7-6) 表明，家庭所选择的资本利用率应使提高资本利用率所带来的边际收益等于调整成本，此时系统达到均衡状态。

7.1.2 交错工资定价

除了对消费、投资以及资本利用率三个变量进行决策，家庭在每一期还需对工资进行优化。家庭异质性主要体现在劳动异质性上，家庭在其所提供的劳动上表现出垄断竞争的组织模式，故对劳动具有一定程度的定价能力。为简化模型推导，假设存在一个最终劳动生产商[①]，该厂商以家庭的异质性劳动作为投入，生产出同质的最终劳动并出售给中间产品生产企业。最终劳动生产商通过如下 Dixit-

① 有些文献将这种最终劳动生产商视作工会，员工通过工会与企业就工资进行议价。

Stiglitz 技术对异质性劳动进行打包，

$$L_t = \left(\int_0^1 L_t(i)^{\frac{\varepsilon_w - 1}{\varepsilon_w}} \mathrm{d}i\right)^{\frac{\varepsilon_w}{\varepsilon_w - 1}} \tag{7-7}$$

其中，$L_t(i)$ 表示第 i 个家庭提供的异质性劳动，ε_w 代表不同家庭劳动之间的相互替代弹性。该参数越大，说明不同家庭所提供劳动的可替代性越大，家庭对劳动的定价能力也就越弱；参数越小，不同劳动间就越不能相互替代，家庭定价能力就越强。当 ε_w 趋于无穷大时，不同劳动力可以完全替代，劳动力市场趋于完全竞争。根据最终劳动生产商利润最大化条件，每个家庭面临如下劳动需求曲线，

$$L_t(i) = \left(\frac{W_t(i)}{W_t}\right)^{-\varepsilon_w} L_t \tag{7-8}$$

家庭面临向下倾斜的需求曲线，即劳动力市场对每种家庭劳动的需求与该类劳动的相对工资负向相关。再结合完全竞争最终劳动生产企业零利润条件，可以得到全社会工资水平加总方程，

$$W_t^{1-\varepsilon_w} = \int_0^1 W_t(i)^{1-\varepsilon_w} \mathrm{d}i \tag{7-9}$$

现实世界中，工资通常情况下不易调节，表现出显著的工资刚性。故除垄断竞争特征以外，本章在家庭工资设定上引入一种名义摩擦，以模拟现实世界中的工资刚性。引入工资刚性的方法较多，比如二次调整成本、交错定价等，我们在前面已经介绍。无论何种方法，其本质特征都是在模型中引入一种“阻力”，加大工资调整难度。

我们使用 Calvo (1983) 的交错定价模式对工资刚性进行刻画，该模式假设家庭在每一期不能随便进行工资优化，必须接收到“信号”以后，方能进行；每个家庭能否接收到优化信号完全独立和随机，既不受上一期工资优化情况的影响，也不受其他家庭优化情况的影响。因此，每一期家庭优化工资的概率分布完全相同，也完全独立。假设每一期经济中有 $(1-\xi_w)$ 比例的家庭接收到信号，可以进行工资优化，剩余 ξ_w 比例的家庭只能通过上期 CPI 通货膨胀率被动调整，即 $W_{t+1}(i) = (P_{ct}/P_{ct-1})\,W_t(i)$。在第 t 期，某个家庭获得优化工资机会，会考虑到今后很长一段时间可能都没有机会再对工资进行优化，因此将选择最优工资 W_t^* 以最大化下式，

$$E_t \sum_{s=0}^{\infty} (\beta\xi_w)^s \left[-\frac{L_{t+s}(i)^{1+\sigma_n}}{1+\sigma_n} + \lambda_{t+s} W_{t+s}(i) L_{t+s}(i)\right] \tag{7-10}$$

上式方括号内左边为劳动供给为家庭带来的负效用，右边则是工资收入用于消费带来的正效用。根据假设，每一期可优化工资的家庭为随机抽取，不同期之间家庭被抽取的概率又服从独立同分布抽样过程 (i.i.d)，故家庭在这一期优化工资后再一次得到优化机会所需等待时间为不确定。鉴于此，理性家庭在获得工资优化机会时会对此进行考量，最大化两次优化时间内所有时期效用贴现值之和。家庭进行工资优化时，会面临劳动力市场对其劳动的需求，即式 (7-8)，该优化一阶条件可表示如下

$$(W_t^*)^{1+\sigma_n\varepsilon_w}=\frac{\varepsilon_w}{\varepsilon_w-1}\frac{E_t\sum\limits_{s=0}^{\infty}(\beta\xi_w)^s\left(\dfrac{P_{ct+s-1}}{P_{ct-1}}\right)^{-\varepsilon_w(1+\sigma_n)}W_{t+s}^{\varepsilon_w(1+\sigma_n)}L_{t+s}^{1+\sigma_n}}{E_t\sum\limits_{s=0}^{\infty}(\beta\xi_w)^s\left(\dfrac{P_{ct+s-1}}{P_{ct-1}}\right)^{1-\varepsilon_w}\lambda_{t+s}W_{t+s}^{\varepsilon_w}L_{t+s}} \tag{7-11}$$

总工资变化方程可以写为

$$W_t^{1-\varepsilon_w}=(1-\xi_w)(W_t^*)^{1-\varepsilon_w}+\xi_w W_{t-1}^{1-\varepsilon_w} \tag{7-12}$$

7.1.3 最终产品生产企业

经济中共有三类生产企业，分别是最终产品生产企业、品牌资产生产企业和商品生产企业。品牌生产商以劳动和物资资本作为投入要素，生产品牌资产，并出售给商品生产企业；商品生产企业以劳动、物质资本和品牌资产作为投入要素，生产出异质性商品，并出售给最终产品生产企业；最终产品生产企业以异质性中间商品作为投入要素，生产出同质最终产品，并出售给家庭与政府进行消费。这一小节介绍最终产品生产企业的行为方程。

最终产品生产企业与最终劳动生产商类似，以异质性商品作为投入，生产同质最终产品。最终产品生产商为完全竞争型企业，以 CES 函数形式对中间产品进行“打包”过程，

$$Y_t=\left[\int_0^1 Y_t(j)^{\frac{\varepsilon_m-1}{\varepsilon_m}}\mathrm{d}j\right]^{\frac{\varepsilon_m}{\varepsilon_m-1}} \tag{7-13}$$

上式中，ε_m 为不同中间产品相互替代弹性，衡量不同中间产品之间的替代性。该参数越大，说明不同商品间的可替代性越大，企业对商品的定价能力也就越弱；参数越小，不同商品间就越不能相互替代，企业定价能力就越强。当 ε_m 趋于无穷大时，不同商品间可以完全替代，商品市场趋于完全竞争。根据最终产品生产企

业零利润条件[①]，可求解出市场对第 j 种中间产品的需求曲线如下

$$Y_t(j) = \left(\frac{P_t(j)}{P_{ct}}\right)^{-\varepsilon_m} Y_t \tag{7-14}$$

中间产品企业面临向下倾斜的需求曲线，市场对其产品需求取决于该产品的相对价格。进一步，CPI 演变方程可以相应写为

$$P_{ct}^{1-\varepsilon_m} = \int_0^1 P_t(j)^{1-\varepsilon_m} \mathrm{d}j \tag{7-15}$$

7.1.4 品牌资产生产企业

事实上，虽然本章模型将品牌资产生产企业与商品生产企业分为两类企业，但这只是出于模型构建方便考虑。我们完全可以将品牌生产企业作为商品生产企业的一个部门，该部门专门从事企业品牌运营和维护工作并实施品牌发展战略。品牌资产生产企业以劳动和物质资本作为投入要素，其生产过程遵循 Cobb-Douglas 生产函数，

$$B_t(i) = A_{bt} L_{bt}(i)^{1-\alpha_0} K_{bt}(i)^{\alpha_0} \tag{7-16}$$

式中，$B_t(i)$ 表示第 i 个品牌商所生产品牌资产，α_0 是品牌生产行业的物质资本产出弹性，$1-\alpha_0$ 则是劳动产出弹性。A_{bt} 是品牌生产行业的全要素生产率，所有品牌商面临完全相同的全要素生产率。在宏观经济学范畴，生产函数中的全要素生产率 (TFP)，实际上用来解释除劳动与资本之外所有与生产相关的要素。对于品牌资产生产企业，除劳动与资本外，起决定作用的主要还是商品生产企业自身对品牌发展战略的重视程度，以及国家层面对品牌战略的重视与扶持。因此 A_{bt} 虽被称为全要素生产率，但其中包含更多的是与观念和政策相关的因素。

根据品牌商利润最大化原则，可以求解出如下一阶条件，

$$\frac{W_t L_{bt}}{r_{kt} K_{bt}} = \frac{1-\alpha_0}{\alpha_0} \tag{7-17}$$

上式对所有品牌资产生产商都是完全一样的，企业在生产成本最小化决策 (与利润最大化互为对偶决策) 过程中，会从生产要素市场观察工资和资本租金价格，再考虑品牌生产企业的资本产出弹性，在此基础上选择劳动投入量与资本投入量，使两者满足式 (7-17)。由于所有品牌生产企业具有完全相同的生产技术，故均衡时这些企业也会选择完全相同的劳动与资本比例，品牌生产行业整体水平也将满足式 (7-17)。值得一提，单个企业由于生产规模不同，所需劳动力与物质资本绝对

① 最终产品市场为完全竞争市场，因此利润最大化时，企业经济利润为零。

量也将不同，但两者之比始终满足上式。为简化后续模型推导，本章假设品牌资产为同质性商品，即所有品牌商生产完全相同的品牌资产，故式 (7-16) 可以写为如下加总形式，

$$B_t = A_{bt} L_{bt}^{1-\alpha_0} K_{bt}^{\alpha_0} \tag{7-18}$$

品牌资产生产企业的边际成本可以表示如下

$$mc_{bt} = \frac{1}{A_{bt}} \alpha_o^{-\alpha_o} (1-\alpha_o)^{\alpha_o - 1} W_t^{1-\alpha_o} r_{kt}^{\alpha_o} \tag{7-19}$$

7.1.5 商品生产企业

商品生产企业以劳动、物质资本和品牌资产作为投入要素，生产异质性商品。不同企业所生产的商品可以区分，故商品市场表现出垄断竞争特征，进而企业在其产品上具有定价能力。但商品定价存在“刚性”，与交错工资定价类似，本章采用 Calvo (1983) 交错定价机制对商品进行定价，模拟真实经济中的产品价格刚性。假设经济中有许多商品生产企业连续分布于 $[0,1]$ 区间上，生产第 j 种商品的企业其生产过程采用如下三要素 Cobb-Douglas 函数，

$$Y_t(j) = A_{mt} L_{mt}(j)^{1-\alpha_1} K_{mt}(j)^{\alpha_1} B_t(j)^{\theta_b} \tag{7-20}$$

式中，α_1 为物质资本产出弹性，$1-\alpha_1$ 为劳动产出弹性，θ_b 为品牌资产产出弹性。A_{mt} 表示商品生产部门全要素生产率 (TFP)，其对数形式服从 AR(1) 过程。

相比于以往新凯恩斯 DSGE 模型，式 (7-20) 引入品牌资产作为第三种生产要素。从企业经营角度来看，品牌被视为企业的一种无形资产，在每一会计核算期间需要进行摊销，该过程类似固定资产折旧。当 $\theta_b = 0$ 时，生产函数退化为两要素 CD 函数，此时产出关于劳动和资本是规模报酬不变的；当 $\theta_b > 0$ 时，产出关于劳动与资本规模报酬递增，这种增长源于品牌资产对企业生产经营过程中所带来的正外部性；θ_b 越大，品牌资产所带来的正外部性也就越大。

企业以式 (7-20) 作为技术约束，最小化生产成本，可得如下一阶条件，

$$W_t L_{mt}/(r_{kt} K_{mt}) = \alpha_1/\alpha_2 \tag{7-21}$$

$$r_{kt} K_{mt}/B_t = \alpha_2/(1-\alpha_1-\alpha_2) \tag{7-22}$$

上面两式不再包含符号 j，说明所有商品生产企业在均衡时都需要满足以上两式。单个企业由于生产规模不同，在投入要素使用量上会有所不同；但只要企业以成本最小化或利润最大化 (两者为对偶规划) 为决策目标，三种投入要素使用量之比就必须满足以上两式。进一步还可以得到商品生产企业的真实边际成本如下

$$mc_t = \frac{\Lambda}{A_{mt}} W_t^{\alpha_1} r_{kt}^{\alpha_2} \tag{7-23}$$

$$\Lambda=\left[\left(\frac{\alpha_1}{\alpha_2}\right)^{\alpha_2}\left(\frac{1-\alpha_1-\alpha_2}{\alpha_1}\right)^{\alpha_1+\alpha_2-1}+\left(\frac{\alpha_1}{\alpha_2}\right)^{-\alpha_1}\left(\frac{1-\alpha_1-\alpha_2}{\alpha_2}\right)^{\alpha_1+\alpha_2-1}\right.$$
$$\left.+\left(\frac{1-\alpha_1-\alpha_2}{\alpha_1}\right)^{\alpha_1}\left(\frac{1-\alpha_1-\alpha_2}{\alpha_2}\right)^{\alpha_2}\right] \tag{7-24}$$

7.1.6 商品生产企业的 Calvo 定价规则

商品生产企业交错定价规则是新凯恩斯 DSGE 模型的核心模块。本章按照以往文献做法，以 Calvo (1983) 的交错定价模型为参考引入价格刚性特征。根据 Calvo (1983) 模型设定，假设每一期有 $(1-\xi_m)$ 比例的企业接收到信号，能够优化其所提供产品的价格，剩余企业只能通过上期 CPI 通货膨胀率进行被动调整，$P_{t+1}(j)=(P_{ct}/P_{ct-1})\,P_t(j)$。可优化产品价格的企业将进行如下线性规划，企业在优化价格时，还需面临社会对其产品向下的需求曲线，

$$\begin{aligned}&\max\quad \sum_{s=0}^{\infty}(\beta\xi_m)^s\frac{\lambda_{t+s}}{\lambda_t}[P_{t+s}(j)Y_{t+s}(j)-P_{ct+s}mc_{mt+s}Y_{t+s}(j)]\\&\text{s.t.}\quad Y_{t+s}(j)=\left(\frac{P_{t+s}(j)}{P_{ct+s}}\right)^{-\varepsilon_m}Y_t\end{aligned} \tag{7-25}$$

经过上式优化，可以得到如下一阶条件，

$$P_t^*=\frac{\varepsilon_m}{\varepsilon_m-1}\frac{\displaystyle\sum_{s=0}^{\infty}(\beta\xi_m)^s\lambda_{t+s}P_{t+s}Y_{t+s}mc_{mt+s}\left(\frac{P_{t+s-1}}{P_{t-1}P_{t+s}}\right)^{-\varepsilon_m}}{\displaystyle\sum_{s=0}^{\infty}(\beta\xi_m)^s\lambda_{t+s}P_{t+s}Y_{t+s}\left(\frac{P_{t+s-1}}{P_{t-1}P_{t+s}}\right)^{1-\varepsilon_m}} \tag{7-26}$$

CPI 变动规律可推导如下

$$P_t=\left[(1-\xi_m)(P_t^*)^{1-\varepsilon_m}+\xi_m\left(\frac{P_{t-1}}{P_{t-2}}P_{t-1}\right)^{1-\varepsilon_m}\right]^{\frac{1}{1-\varepsilon_m}} \tag{7-27}$$

7.1.7 政府部门

本章模型中，政府部门通过实施财政与货币政策达到调控宏观经济的目的。在货币政策设定上，采用新凯恩斯模型中常用的 Taylor 规则，即每一期利率会对产出与 CPI 通货膨胀率做出响应，

$$\frac{R_t}{R}=\left(\frac{R_{t-1}}{R}\right)^{\rho_r}\left(\frac{Y_t}{Y}\right)^{(1-\rho_r)\phi_y}\left(\frac{\pi_t}{\pi}\right)^{(1-\rho_r)\phi_\pi}\mathrm{e}^{\varepsilon_{rt}} \tag{7-28}$$

其中，ε_{rt} 是一个外生随机过程，服从均值为 0，标准差为常数的高斯分布。没有加时间下标的变量表示该变量的稳态值。另外，政府在每一期也会消费商品，服从如下过程，

$$\frac{G_t}{G} = u_{gt}\left(\frac{G_{t-1}}{G}\right)^{\rho_g} \tag{7-29}$$

上式说明，政府采购具有连续性，显著与否取决于平滑参数 ρ_g 的大小。

7.1.8 市场出清

经济处于稳态下，商品市场、资本市场、劳动力市场、品牌资产市场应同时出清。首先，最终产品生产企业的产出需满足家庭的消费需求、投资需求、政府消费需求，以及家庭调整资本利用率所产生成本，

$$Y_t = C_t + I_t + G_t + a(u_t)\overline{K}_t \tag{7-30}$$

物质资本市场出清时，家庭所提供的物质资本应等于品牌资产生产企业与商品生产企业对物资资本使用之和，

$$u_t\overline{K}_t = K_{mt} + K_{bt} \tag{7-31}$$

两类企业对劳动使用量也应等于家庭所提供劳动，

$$L_t = L_{mt} + L_{bt} \tag{7-32}$$

最后，品牌生产商所提供的品牌资产应等于商品生产企业所使用的品牌资产。

7.1.9 外生冲击

本章模型包含如下五个外生冲击，分别是品牌资产生产技术冲击、商品生产部门技术冲击、利率冲击、政府消费冲击以及投资专有技术冲击。经过对数线性化，五个外生冲击均服从 AR(1) 过程。

7.1.10 模型的对数线性化形式

前文对本章模型构建过程进行了详细介绍，模型建立之后需要使用计算机进行求解，为提高计算机求解模型的速度与精确性，需要将模型由非线性变为线性，即对数线性化过程。经过对数线性化处理后，本章模型所有方程组汇总如下，顶上带波浪线的变量表示该变量对稳态值的对数偏离，即

$$\tilde{X}_t = \log X_t - \log X。$$

家庭一阶条件：

$$\frac{\sigma_c}{1-h}(\tilde{C}_{t+1} - h\tilde{C}_t) - \frac{\sigma_c}{1-h}(\tilde{C}_t - h\tilde{C}_{t-1}) + \tilde{Q}_t = \beta(1-\delta)\tilde{Q}_{t+1} + \beta R\tilde{R}_{t+1} \tag{7-33}$$

$$\beta S''(1)(\tilde{I}_{t+1}-\tilde{I}_t)-S''(1)(\tilde{I}_t-\tilde{I}_{t-1})+\tilde{Q}_t+\tilde{u}_{it}=0 \tag{7-34}$$

$$\frac{a''(1)}{a'(1)}\tilde{u}_t=\tilde{R}_t \tag{7-35}$$

$$\left[1+\beta+\frac{(1-\xi_w)(1-\beta\xi_w)}{\xi_w(1+\sigma_n\varepsilon_w)}\right]\tilde{W}_t=\beta\tilde{W}_{t+1}+\tilde{W}_{t-1}+\beta\pi_{t+1}-(1+\beta)\pi_t$$
$$+\pi_{t-1}+\frac{(1-\xi_w)(1-\beta\xi_w)}{\xi_w(1+\sigma_n\varepsilon_w)}\cdot\left[\sigma_n\tilde{L}_t+\frac{\sigma_c}{1-h}(\tilde{C}_t-h\tilde{C}_{t-1})\right] \tag{7-36}$$

$$\tilde{\bar{K}}_{t+1}-(1-\delta)\tilde{\bar{K}}_t=\delta\tilde{u}_{it}+\delta\tilde{I}_t \tag{7-37}$$

品牌资产生产企业：

$$\tilde{W}_t+\tilde{L}_{bt}=\tilde{R}_t+\tilde{K}_{bt} \tag{7-38}$$

$$\tilde{\kappa}_{bt}=(1-\alpha_0)\tilde{W}_t+\alpha_0\tilde{R}_t-\tilde{A}_{bt} \tag{7-39}$$

$$\tilde{B}_t=\tilde{A}_{bt}+(1-\alpha_0)\tilde{L}_{bt}+\alpha_0\tilde{K}_{bt} \tag{7-40}$$

商品生产企业：

$$\tilde{W}_t+\tilde{L}_{mt}=\tilde{R}_t+\tilde{K}_{mt} \tag{7-41}$$

$$\tilde{W}_t+\tilde{L}_{mt}=\tilde{B}_t \tag{7-42}$$

$$\tilde{\kappa}_{mt}=-\frac{\theta_b}{1+\theta_b}\tilde{Y}_t-\frac{1}{1+\theta_b}\tilde{A}_{mt}+\frac{\alpha_1}{1+\theta_b}\tilde{R}_t+\frac{1-\alpha_1}{1+\theta_b}\tilde{W}_t \tag{7-43}$$

$$\tilde{Y}_t=\tilde{A}_{mt}+(1-\alpha_1)\tilde{L}_{mt}+\alpha_1\tilde{K}_{mt}+\theta_b\tilde{B}_t \tag{7-44}$$

$$\pi_t=\frac{(1-\xi_m)(1-\beta\xi_m)}{\xi_m(1+\beta)}\tilde{\kappa}_{mt}+\frac{\beta}{1+\beta}\pi_{t+1}+\frac{1}{1+\beta}\pi_{t-1} \tag{7-45}$$

市场出清：

$$\tilde{Y}_t=\frac{C}{Y}\tilde{C}_t+\frac{I}{Y}\tilde{I}_t+\frac{G}{Y}\tilde{G}_t \tag{7-46}$$

$$\tilde{K}_t=\frac{K_m}{K}\tilde{K}_{mt}+\frac{K_b}{K}\tilde{K}_{bt} \tag{7-47}$$

$$\tilde{L}_t=\frac{L_m}{L}\tilde{L}_{mt}+\frac{L_b}{L}\tilde{L}_{bt} \tag{7-48}$$

$$\tilde{K}_t=\tilde{u}_t+\tilde{\bar{K}}_t \tag{7-49}$$

货币与财政政策：

$$\tilde{R}_t=\rho_r\tilde{R}_{t-1}+(1-\rho_r)(\phi_y\tilde{Y}_t+\phi_\pi\tilde{\pi}_t)+\varepsilon_{rt} \tag{7-50}$$

$$\tilde{G}_t = \rho_g \tilde{G}_{t-1} + \tilde{u}_{gt} \tag{7-51}$$

外生冲击：

$$\tilde{A}_{bt} = \rho_b \tilde{A}_{bt-1} + \varepsilon_{bt} \tag{7-52}$$

$$\tilde{A}_{mt} = \rho_m \tilde{A}_{mt-1} + \varepsilon_{mt} \tag{7-53}$$

$$\tilde{u}_{it} = \rho_i \tilde{u}_{it-1} + \varepsilon_{it} \tag{7-54}$$

$$\tilde{u}_{gt} = \rho_g \tilde{u}_{gt-1} + \varepsilon_{gt} \tag{7-55}$$

综上，本章模型共有 23 个内生方程，5 个外生冲击；23 个内生变量包括：

$$\{\tilde{C}_t, \tilde{Q}_t, \tilde{R}_t, \tilde{I}_t, \tilde{u}_t, \tilde{W}_t, \tilde{L}_t, \tilde{\pi}_t, \tilde{\bar{K}}_t, \tilde{L}_{bt}, \tilde{K}_{bt}, \tilde{\kappa}_{bt}, \tilde{B}_t,$$

$$\tilde{L}_{mt}, \tilde{K}_{mt}, \tilde{\kappa}_{mt}, \tilde{Y}_t, \tilde{G}_t, \tilde{K}_t, \tilde{A}_{bt}, \tilde{A}_{mt}, \tilde{u}_{it}, \tilde{u}_{gt}\}$$

5 个外生冲击包括：

$$\{\varepsilon_{bt}, \varepsilon_{mt}, \varepsilon_{rt}, \varepsilon_{it}, \varepsilon_{gt}\}$$

7.2 模型参数校准

在进行贝叶斯估计以及模型动态行为分析前，需对其中某些静态参数与变量稳态值进行校准。首先对家庭部门相关参数进行校准。

主观贴现因子 β：该参数与家庭偏好相关，按照多数 DSGE 文献惯例，本章将其校准为 0.99，对应稳态年化资本收益率为 4%，与我国十年期国开债收益率接近。

相对风险规避系数 σ_c：该参数与家庭在不同时期之间的跨期替代相关，被称为相对风险规避系数，我国 DSGE 文献中对该参数的设定一般介于 0.7 到 2.0 之间，如林细细和龚六堂 (2007) 将该值设为 1.5，贾俊雪和郭庆旺 (2012) 选择 2.0，黄赜琳和朱保华 (2015) 选择 0.7，本章则将该值校准为 1.2。

消费习惯参数 h：介于 0 到 1 之间的实数，用于衡量家庭消费的连续程度，大多数 DSGE 文献会将该值设定在 0.5 以上；Smets 和 Wouters (2005) 将其设定为 0.7，Leeper 等 (2010) 选择 0.5，本章使用 0.65 作为该参数的校准值。

工资关于劳动供给的弹性系数 σ_n：衡量家庭劳动供给对工资的敏感程度，$1/\sigma_n$ 在许多文献中被称为劳动的 Frisch 弹性。DSGE 文献对这一参数的设定一般在 0.2 到 1.5 之间，比如 Gali 等 (2007) 和王文甫 (2010) 将该值校准为 0.2，Christiano 等 (2010) 以及仝冰 (2010) 选择 1.0，Leeper 等 (2010) 将该值设定为 2.0。从模型的对数线性化方程式 (7-36) 可以看出，该参数越大，居民在劳动供给方面对工资就越不敏感；从我国实际情况来看，新常态下我国就业压力较大，就业人员在劳动供给上对工资不太敏感，σ_n 应该选择一个较大数值才符合我国这一实际，所以本章将该值校准为 1.2。

不同家庭劳动之间的替代弹性系数 ε_w：该值用以衡量家庭对工资的定价能力，数值越小说明工人对自己提供的劳动垄断能力越强，稳态时能够要求的工资加成也就越大，考虑到我国劳动力市场的实际情况，本章将该值设定为 11，对应稳态时的工资加成为 10%。

下面对与生产企业相关的参数进行校准。

品牌资产生产企业物质资本产出弹性 α_0：在品牌资产生产过程中，对物质资本依赖程度较低，而对劳动力依赖程度较高；以往并无文献对品牌行业物质资本产出弹性 α_0 进行测算，故本章对其进行敏感性研究。

私人物质资本折旧率 δ：一般的 DSGE 文献将其设定为每季度 0.025，朱军和姚军 (2017) 的估计结果则是 0.02，对应 8%的年度折旧率。

商品生产企业物质资本产出弹性 α_1：商品生产企业以工业为主 (就产值而言，第一产业比重远低于第二产业)，相比于品牌生产企业，其资本产出弹性应该较大。杨勇 (2008) 利用 CD 函数估算我国第三产业的资本和劳动产出弹性，根据其计算结果，经过正规处理后得到的两种弹性分别为 0.438 与 0.562；顾乃华与李江帆 (2006) 则应用我国省级面板数据进行研究，发现我国第三产业资本和劳动产出弹性分别为 0.572 与 0.434；张自然 (2010) 将人力资本也考虑进总资本中，使用省级面板数据估计出的资本弹性为 0.421，则劳动弹性是 0.579。本章以制造业的资本弹性作为商品生产企业的近似值，张倩肖 (2007) 使用随机前沿研究手段对本国制造业的资本产出弹性展开研究，其计算结果为 0.715，由于本章的产品生产部门也包括第一产业，0.715 这一数值显然太高，因此参考张开和龚六堂 (2017) 的文献，选择 0.58 作为 α_1 校准值，则劳动产出弹性相应为 0.42。

品牌资产产出弹性 θ_b：本章另一重要参数是商品生产企业的品牌资产产出弹性，目前并无文献对该参数进行研究，故无法获得以往结论；本章将该参数设定为动态参数并进行敏感性分析，讨论 θ_b 变化对模型动力学特征的影响效应。

除了对模型的静态参数进行校准外，还需对某些变量稳态值或者稳态值比重进行校准。

稳态下品牌企业与商品生产企业所用劳动力百分比 L_m/L_b：本章使用 0.1 作为品牌企业就业比重，商品生产企业就业比重则为 0.9。

稳态下品牌企业与商品生产企业所用物质资本百分比 K_m/K_b：本章使用 0.05 作为该数值校准值。

稳态下家庭消费占总产出比重 C/Y：由真实宏观数据校准，使用支出法计算的国内生产总值数据中居民消费占 GDP 比重计算近 10 年的平均值即可，计算值为 0.374。

稳态下政府支出占比 G/Y：由近 10 年政府消费支出占 GDP 比重均值校准，计算值为 0.136。

稳态下家庭投资占总产出比重 I/Y：根据以上参数和变量的校准值，可以很容易通过模型的稳态方程组计算出稳态下家庭投资占比为 0.490。我国居民户储蓄率一直处于比较高位状态，根据模型稳态方程组计算出的储蓄率接近 50%，与我国现实较为一致。

表 7-1 对本章静态参数和部分变量稳态值的校准值进行了总结。除了表 7-1 中一些重要的静态参数与变量稳态值需要校准，还有外生冲击的 AR(1) 平滑系数以及冲击的标准差也需要校准。所有外生冲击的 AR(1) 平滑参数按照多数 DSGE 文献惯例都校准为 0.5，冲击标准差则直接赋值为 0.1，对应方差为 0.01。

表 7-1 本章部分参数和变量稳态值的校准值

参数	说明	校准值	校准方法
β	居民的主观贴现因子	0.99	参考 DSGE 文献，数值介于 0.975 至 0.995
σ_c	相对风险规避参数	1.2	参考 DSGE 文献，数值介于 0.7 至 2.0
h	消费习惯参数	0.65	参考 DSGE 文献，数值介于 0.5 至 0.9
σ_n	Frisch 弹性的倒数	1.2	鉴于我国劳动力相对过剩的现实，选择 1.2
ε_w	不同家庭劳动之间的替代弹性系数	11	考虑我国就业市场现实，本书选择 11
δ	私人物质资本折旧率	0.02	参考 DSGE 文献，数值介于 0.015 至 0.035
α_0	品牌资产生产企业物质资本产出弹性	0.20	用于敏感性分析
α_1	商品生产企业物质资本产出弹性	0.58	张开和龚六堂 (2017)
θ_b	品牌资产产出弹性	0.2	用于敏感性分析
R	稳态时资本租金	1.01	稳态方程计算结果
L_b/L	品牌生产部门劳动力份额	0.10	主观判断
K_b/K	品牌生产部门物质资本份额	0.05	主观判断
C/Y	家庭消费占总产出比重	0.374	使用家庭消费数值计算
I/Y	居民投资占比	0.490	稳态方程计算结果
G/Y	政府支出占比	0.136	使用政府采购数据计算

7.3 贝叶斯估计与模型有效性分析

7.3.1 参数的贝叶斯估计

本章模型共有 5 个外生冲击，为避免出现奇异性问题，可观测变量的数目不应该超过外生冲击个数。故选择总产出、家庭消费、家庭投资、政府消费支出、名义利率作为可观测变量。其中，总产出以国内生产总值作为代理变量，家庭消费使用社会消费品零售总额数据，家庭投资使用全社会固定资产投资减去国家预算内资金数据，名义利率选择银行间 7 天同业拆借利率作为代理。

政府消费支出季度数据计算方法为：先计算政府投资性支出，为全社会固定资产投资中来源于国家预算内资金的部分。再计算政府支付转移，2007 年以后，政府支付转移为医疗卫生、社会保障与就业、文化体育与传媒支出之和；然而在 2007 年以前，我国财政支出科目在统计上有很大不同，因此无法按照同样的方法计算转移性支出。所以，本章首先计算 2007 年第一季度至 2017 年第四季度政府转移性支出占财政总支出比重的平均值，计算结果为 0.183；接着，以这一比重乘以 2007 年以前的财政总支出作为支付转移季度数据。计算出政府投资与支付转移数据，政府消费就等于政府总支出减去公共投资再减去支付转移。

得到五个可观测变量数据后，需进行后续处理。对于总产出、家庭消费、家庭投资、政府消费的季度数据，需换算成可比价；本章将上述四个变量折算为以 1996 年第一季度为基准的可比价。为保证季度数据与对数线性化形式方程组一致，需对所有数据取对数。取对数处理后发现家庭消费、家庭投资、政府消费、总产出具有较强的季节性与趋势性，因此用 Census X12 方法对四个变量进行季节性调整，然后使用 HP 滤波 (Hodrick Prescott Filter) 方法对其进行滤波处理以去除趋势性成分。由于本章所用数据频率为季度，按照 HP 惯例，选择 $\lambda = 1600$ 进行滤波处理。季节性调整和 HP 滤波环节都通过 Eviews 9 软件实现。

对模型结构参数进行贝叶斯估计前，还需要赋予这些参数先验分布，先验分布应该包含参数概率密度函数的分布类型、先验均值和先验标准差。先验分布的设定过程带有很强的主观性，不同设定方式也会对参数贝叶斯估计结果带来很大影响，应该引起重视。表 7-2 列出了本章待估参数的先验情况与贝叶斯估计结果(后验情况)。贝叶斯估计结果列于表 7-2 右侧，表中给出待估参数的后验均值和 90%置信区间。估计结果表明，几乎所有参数的估计结果都与其先验情况有显著偏离，部分说明本章贝叶斯估计是有效的。

表 7-2　贝叶斯估计的先验分布和后验分布

参数	说明	先验分布	先验均值	标准差	后验均值	5%分位点	95%分位点
$S''(1)$	投资调整成本参数	Gamma	5	0.25	5.103	4.702	5.513
$a''(1)/a'(1)$	资本利用率调整成本参数	Gamma	0.5	0.2	0.118	0.099	0.137
θ_b	商品部门品牌资产产出弹性系数	Normal	0.2	0.05	0.210	0.128	0.293
ξ_w	工资刚性参数	Normal	0.65	0.1	0.558	0.400	0.710
ξ_m	商品价格刚性参数	Normal	0.65	0.1	0.968	0.937	0.990
ρ_r	Taylor 规则平滑参数	Beta	0.15	0.1	0.062	0.002	0.123
ϕ_y	Taylor 规则产出响应参数	Gamma	0.5	0.3	3.391	2.758	3.995
ϕ_π	Taylor 规则通胀响应参数	Gamma	1.2	0.5	1.159	0.400	1.867
ρ_g	政府消费平滑参数	Beta	0.15	0.1	0.119	0.004	0.232

根据贝叶斯估计结果，商品部门品牌资产产出弹性系数 θ_b 的后验均值为 0.210，后文会对该参数进行敏感性分析，故此处不再赘述。工资刚性参数 ξ_w 的后验均值为 0.558，说明工资每半年进行一次优化。商品价格刚性参数 ξ_m 后验均值则为 0.968，说明生产企业每 8 年进行一次价格优化。另外，投资调整成本参数 $S''(1)$

的估计值为 5.103，而资本利用率调整成本参数的估计值为 0.118。

下面对政策参数估计结果进行分析，政策参数是指货币政策或者财政政策中政策工具 (利率与政府采购) 对总产出、通货膨胀率等宏观变量的响应参数。估计结果显示，无风险利率对 CPI 通货膨胀率的响应参数为 1.159，而关于国民经济总产出的响应参数则高达 3.391，表明我国主要将货币政策用于调节经济增长。近二十年以来，我国十分注重 GDP 总量与增速，经济进入新常态后尤其如此，因此参数 ϕ_y 的后验均值 3.391 符合我国经济客观情况。

7.3.2　模型有效性检验

1. MCMC 多变量诊断图

MATLAB 进行贝叶斯估计时，使用马尔可夫链–蒙特卡罗 (Markov Chain-Monte Carlo，MCMC) 方法。要判断贝叶斯估计结果是否有效，需要检验马尔可夫链是否平稳；一般需要同时根据单参数与多参数诊断图进行判断。图 7-2 首先给出单参数诊断图，图 7-3 给出贝叶斯估计的多参数诊断图。诊断图反映所有待估参数方差–协方差矩阵特征值一阶矩、二阶矩和三阶矩的总体测度。当贝叶斯估计有效时，每个参数的各阶矩中两条马尔可夫链应该重合。从图中可以看出，无论单变量还是多变量图，一开始两条链相互分离，但随着抽样数增加，两条马尔可夫链迅速重合，最终收敛为一条链，故说明本章贝叶斯估计结果为有效。

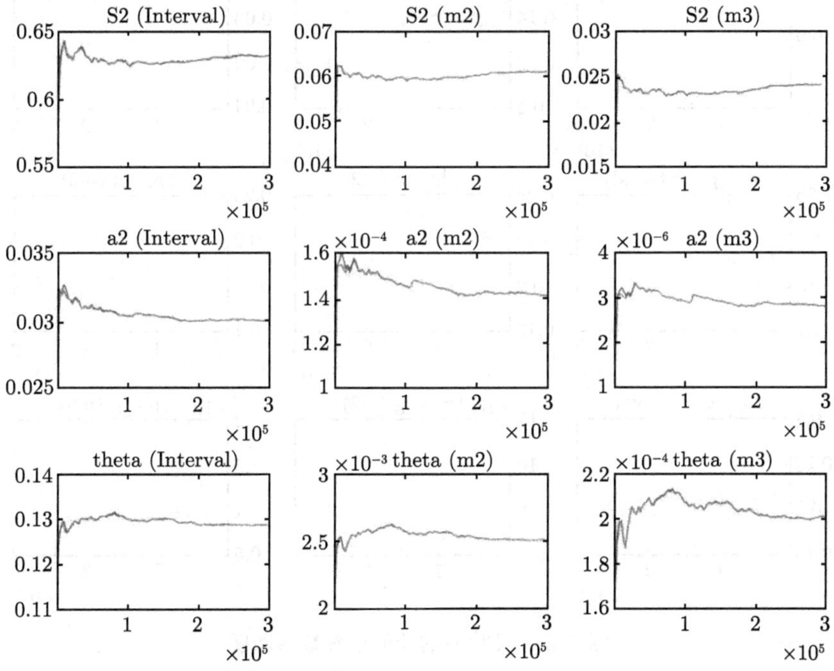

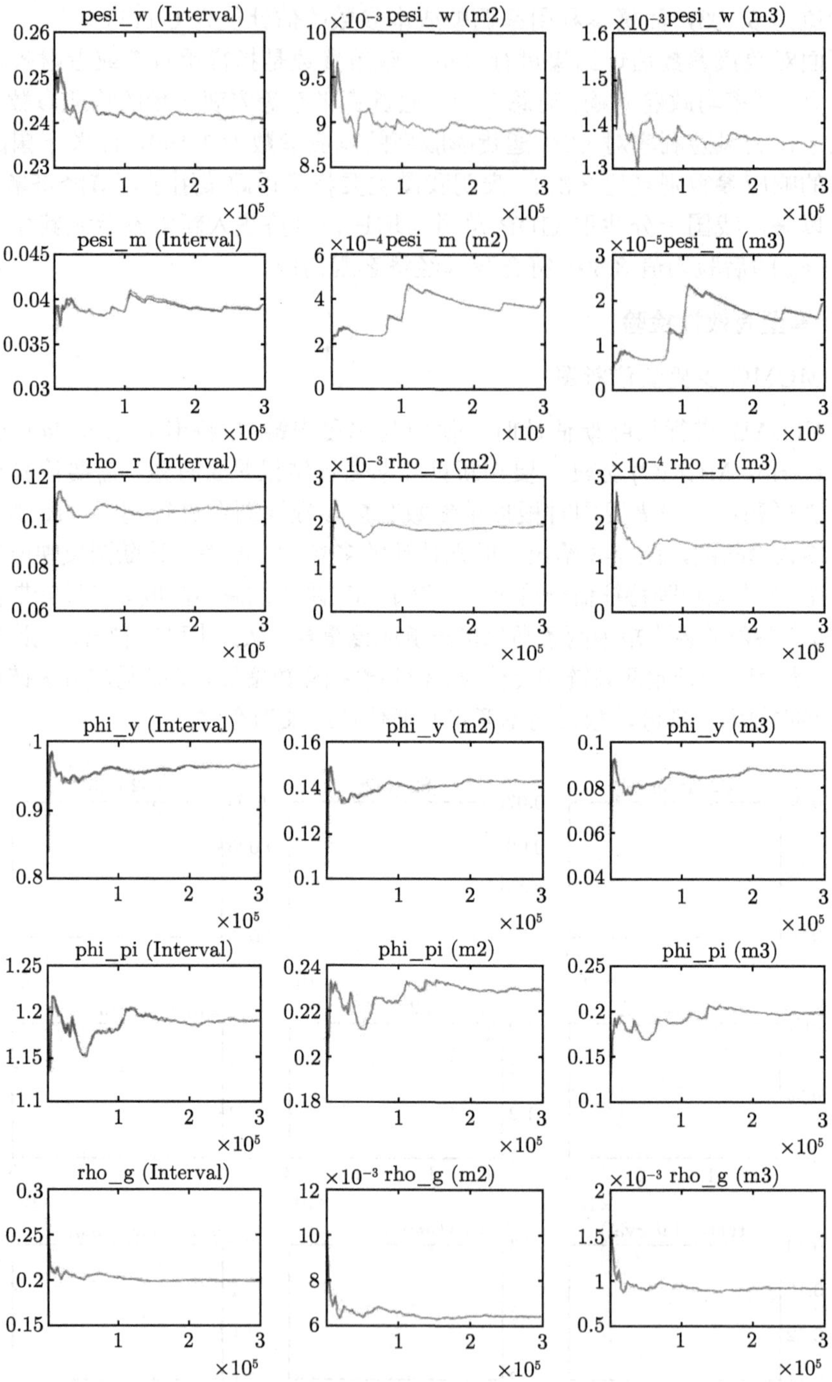

图 7-2　贝叶斯估计的单参数诊断图

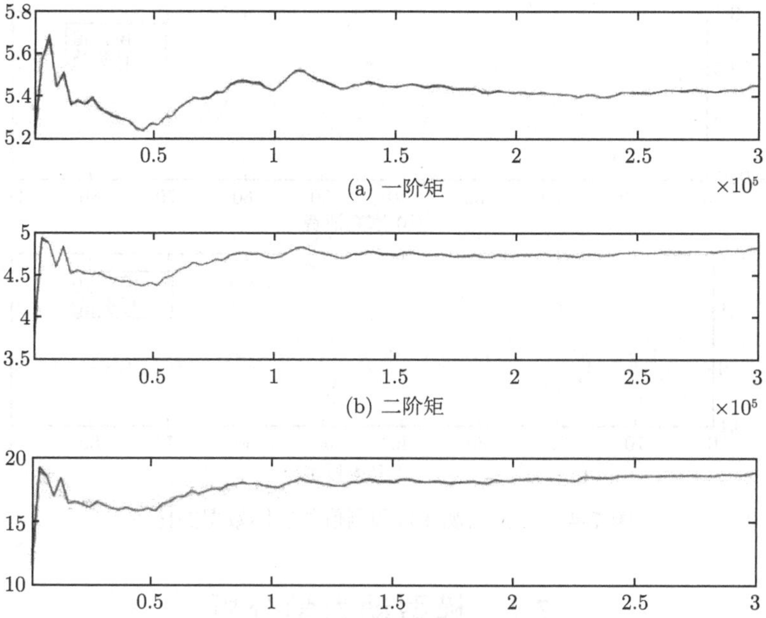

(a) 一阶矩

(b) 二阶矩

(c) 三阶矩

图 7-3 贝叶斯估计的多参数诊断图

2. 真实值与模拟值对比

除了对贝叶斯估计结果进行检验外，还需要对模型的模拟能力进行检验。判断的方法一般采用模型预测值与实际数据对比进行判断。图 7-4 给出了对总产出、家庭消费、家庭投资三个主要宏观变量真实值和模拟值之间的对比图。三个宏观变量的真实值需要先换算成可比价，然后进行季节性调整、取对数以及 HP 滤波等处理步骤，接着与模型提前一期预测值进行比较。从图 7-4 中可以发现，模型模拟出的变量波动情况与我国真实数据值拟合程度较高，尤其是对私人消费和私人投资的模拟。这就说明了本章新凯恩斯模型能够较好模拟和解释我国真实宏观经济波动状况。

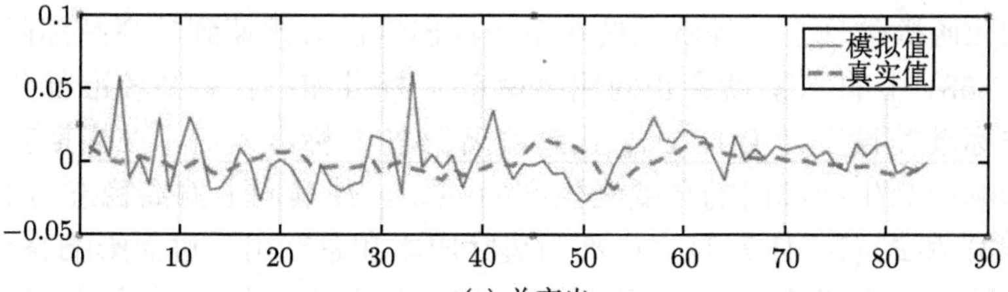

(a) 总产出

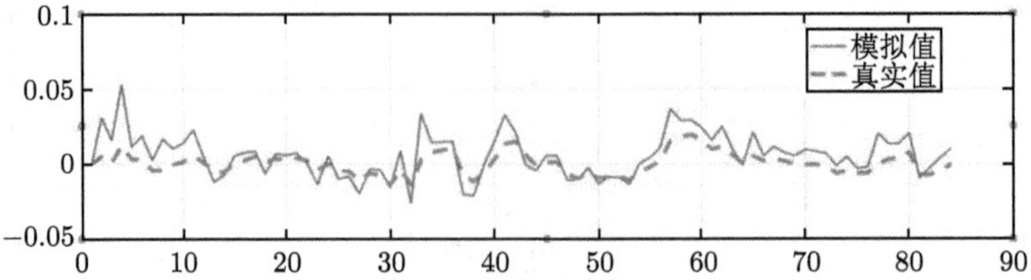

(b) 家庭消费

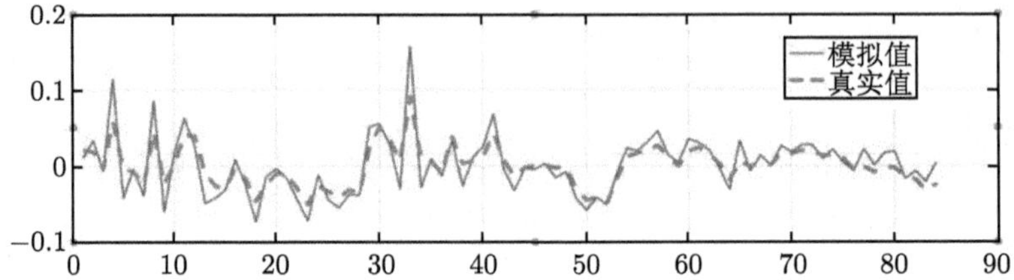

(c) 私人投资

图 7-4　三大宏观变量预测值与实际数据的比较

7.4　模型动力学分析

前文对模型构建、参数校准、贝叶斯估计等内容进行详细讲解，这一部分则对模型的动力学特征进行分析。

我们首先介绍一下什么是脉冲相应函数。对于 DSGE 研究，最重要的动态分析结果就是模型中的内生变量对外生冲击的脉冲响应函数 (Impulse Response Function，IRF)。脉冲响应函数正式定义如下：在 $t=0$ 时，外生冲击正向偏离稳态 1 标准差，模型中某一内生变量 (如家庭消费) 在每一期都可以由模型方程组计算出该变量预期偏离值，各期偏离值所构成路径，就称为该内生变量对外生冲击的脉冲响应函数。简单来说，变量面临外生冲击后的预期路径就是该变量脉冲响应函数图。IRF 本质上是外生冲击强度 (偏离稳态多少标准差) 的一个泛函。下面重点对本章模型主要宏观变量关于五种外生冲击的脉冲响应函数进行分析。

7.4.1　商品部门技术冲击

我们首先介绍商品部门技术冲击对 DSGE 模型的动态影响，这种影响主要通过脉冲响应函数体现。当经济系统在某一期出现没有预期到的商品部门技术冲击时，式 (7-53) 中的 ε_{mt} 就会正向偏离稳态 1 标准差。在参数校准部分，我们将外生冲击标准差设定为 0.1。ε_{mt} 正向偏离稳态 1 标准差后，在当期就会通过式 (7-53) 影响商品生产部门的全要素生产率 A_{mt}，使其向上偏离稳态 0.1%。再通过式 (7-43) 和式 (7-44) 影响生产部门边际成本和总产出，进而影响整个经济。

通过脉冲响应图 (图 7-5) 可以看出，当经济面临 1 标准差的正向商品部门技

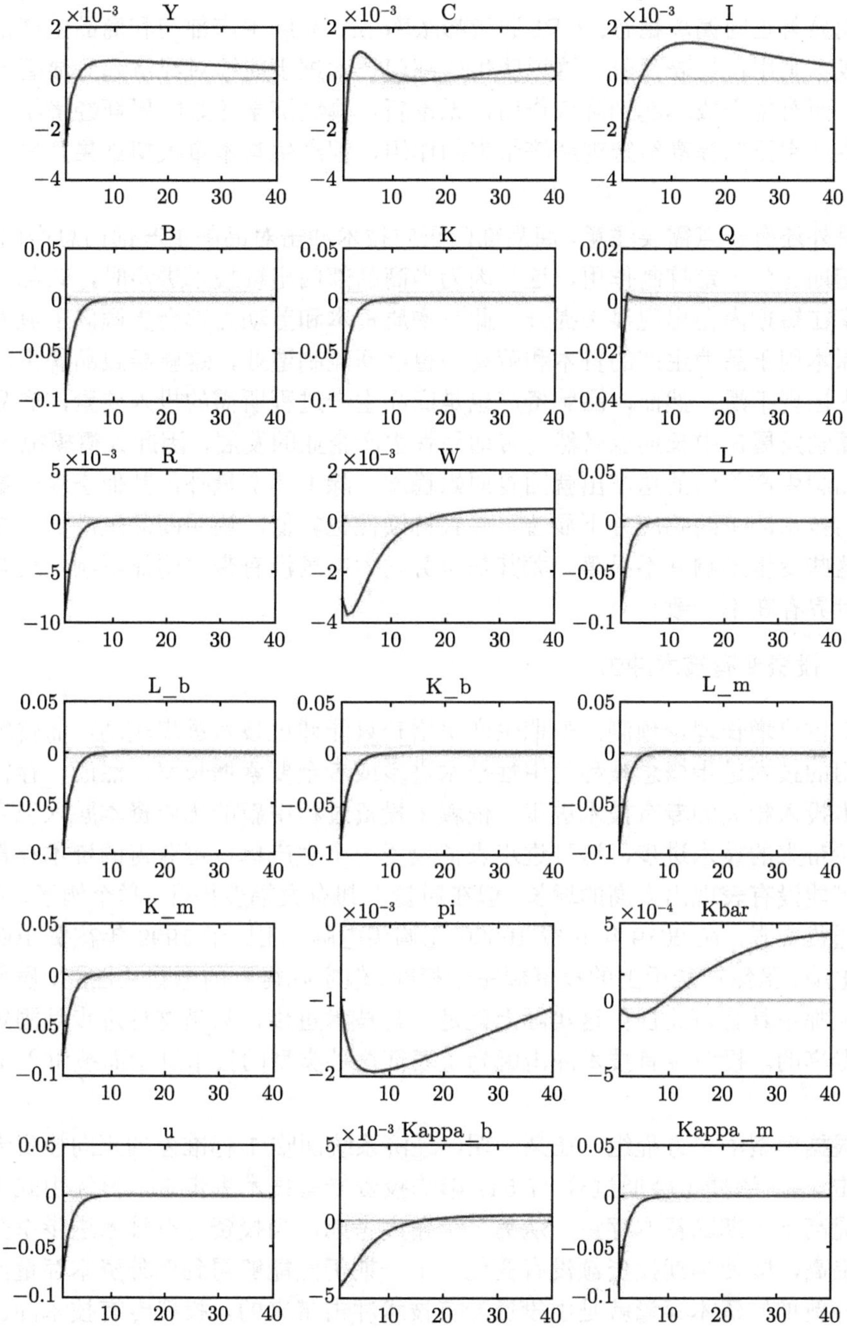

图 7-5 模型内生变量对商品部门技术冲击的脉冲响应函数

浅色表示 X 轴，深色线表示脉冲响应函数图，下同

术冲击时，总产出 Y、家庭总消费 C、家庭总投资 I、物质资本存量 $\bar{K}$ 均在中期和长期显著正向偏离稳态；CPI 通货膨胀率 pi、品牌生产部门和商品生产部门的边际成本则出现显著下降。这说明生产部门技术进步能够对经济起到显著的促进作用，而对生产成本起到降低作用，无论新古典经济学还是凯恩斯经济学，对全要素生产率正向提高给宏观经济带来的作用，都产生与本章模拟结果几乎一致的推断。

另外还有一点需要注意，商品部门正向技术冲击对品牌生产部门总产出 B 在模拟初期起到一定抑制作用，这是因为当商品部门出现技术进步时，该部门资本收益率在短期内会出现显著提升，此时物质资本和劳动力都会更倾向于流入该部门，原本用于品牌生产的资本和劳动力也会回流制造业，这就导致品牌生产部门短期内出现下滑。然而，品牌资产也是商品生产过程所需的投入要素，商品生产部门蓬勃发展在中长期也必然会带动品牌生产企业的发展，因此大概模拟 8 期以后，品牌生产部门的总产出就回复原始稳态。除上述变量外，其他宏观变量对商品部门技术冲击的响应并不显著，并且持续性也较低，说明商品生产部门技术冲击对这些变量影响并不显著。尤其是对劳动力市场没有带来明显影响，这与现实经济世界存在不一致。

7.4.2 投资专有技术冲击

新古典增长理论预测，长期生产率增长只能通过技术进步驱动，而传统经济学使用的技术进步概念被称为中性技术进步或者全要素增长率。然而，存在一种与资本投入相关的专有技术进步，依赖于投资过程中新的优质资本融入现有资本存量所带来的技术进步，这种进步表征投资一个生产单位可获得的资本存量在货币上可能没有表现出太高的增长，但在质量上却有大幅度提升。举个例子，假设不存在通货膨胀，在 2019 年花费 10000 元购买电脑，相比于 1999 年花费 10000 元购买电脑，虽然在货币上的投资额完全相同，但实际得到的电脑从性能、质量和可靠性上都不具有可比性；这实际上就是一种技术进步，只是这种进步是固定资本投入专享的。投资专有技术冲击就为了表征这种类型的技术进步而被引入 DSGE 框架。

根据模型动态方程组，在某一期，经济系统面临 1 标准差的正向投资专有技术冲击 ε_{it}，该冲击会通过式 (7-54) 影响投资专有技术进步率，再经由式 (7-37) 直接提高下一期的资本存量。从另一个角度考虑，当投资专有技术进步率获得非预期提高，即使当期投资额没有变化，下一期仍然能够得到额外资本存量，这部分额外新增的资本存量就是由投资专有技术冲击带来的。投资专有技术冲击主要影响资本存量和家庭投资额，图 7-6 显示模型主要内生变量对该冲击的脉冲响应函数。

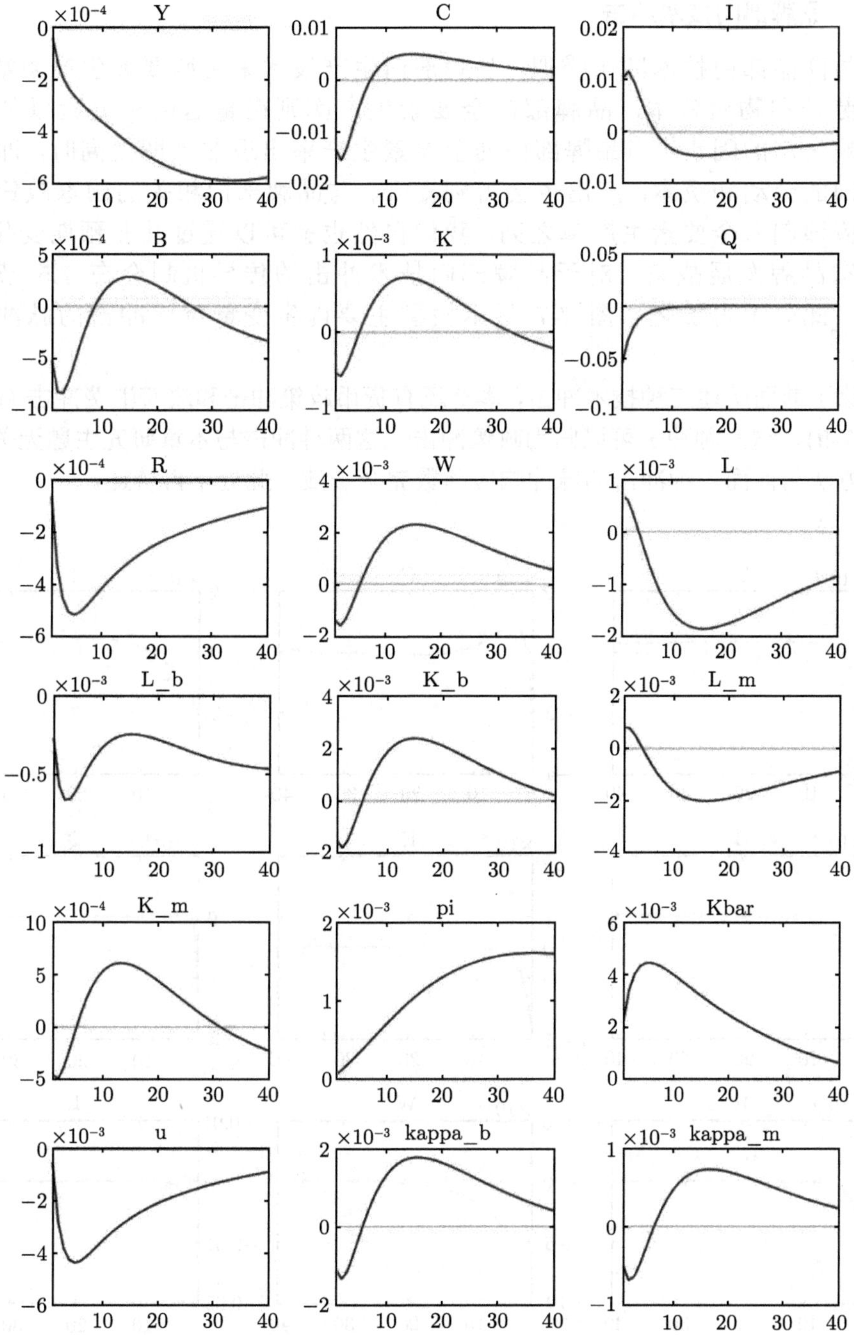

图 7-6 模型内生变量对投资专有技术冲击的脉冲响应函数

7.4.3 品牌部门技术冲击

与商品部门技术冲击类似，品牌部门生产技术采用两要素生产函数，分别是劳动和物质资本，品牌部门全要素生产率则衡量这两种要素以外的其他影响生产的因素。当品牌部门的全要素生产率出现非预期提高时，即使投入相同的劳动和资本，产出也会得到提升。与品牌部门相关的国家政策和法规也应该归入全要素生产率之列，我们自然也就可以通过其非预期变化，模拟国家品牌发展战略。对于品牌部门技术冲击的传导机制会在 7.5 节详细介绍，此处不再赘述。图 7-7 显示模型主要内生变量对该冲击的脉冲响应函数。

除了前面所述三种技术冲击，本章还有货币政策冲击和政府消费冲击 (图 7-8 和图 7-9)，这两种冲击可以归为政策冲击。这两种冲击与本章研究主题无关，其分析方法与前面三种冲击的脉冲响应函数完全一致，此处不再赘述。

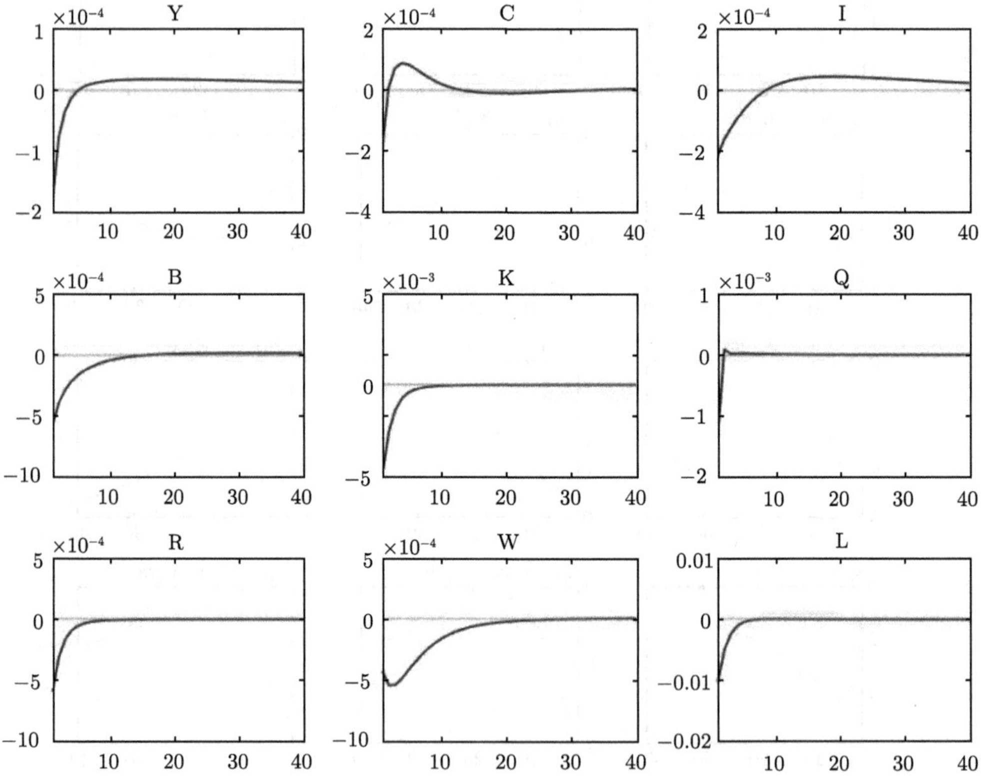

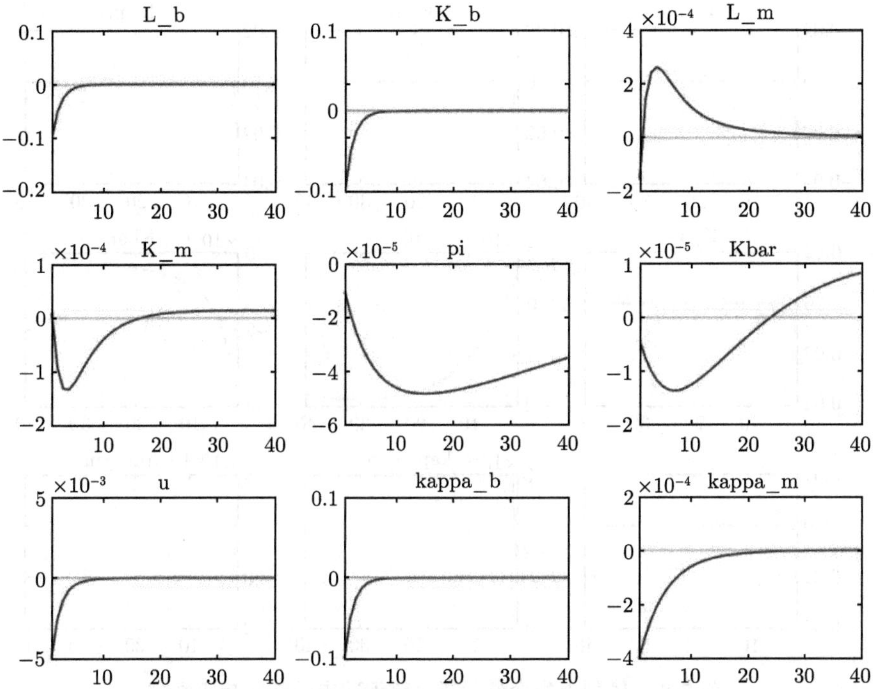

图 7-7 模型内生变量对品牌生产部门技术冲击的脉冲响应函数

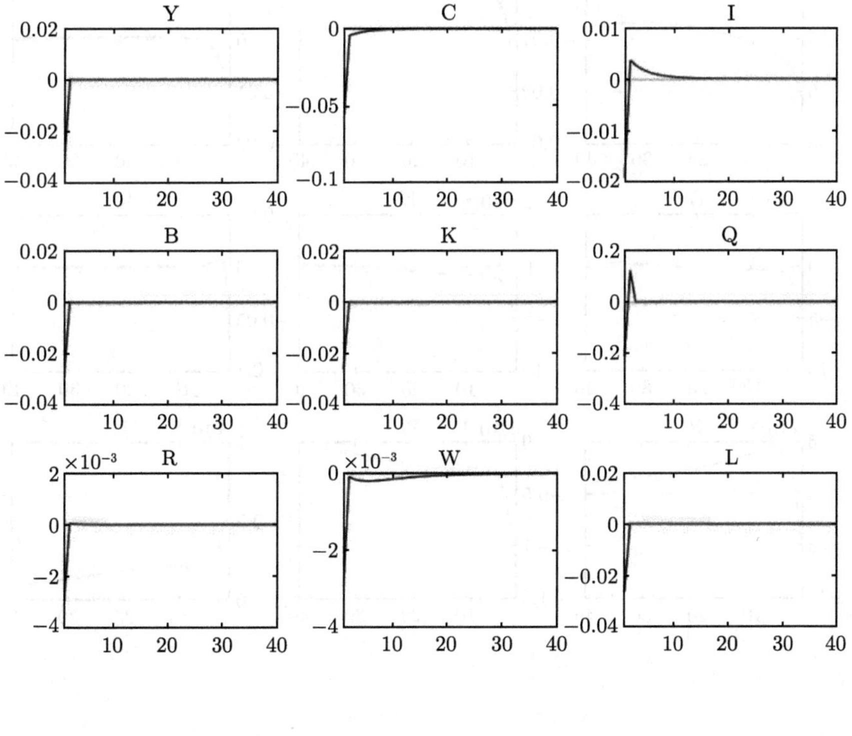

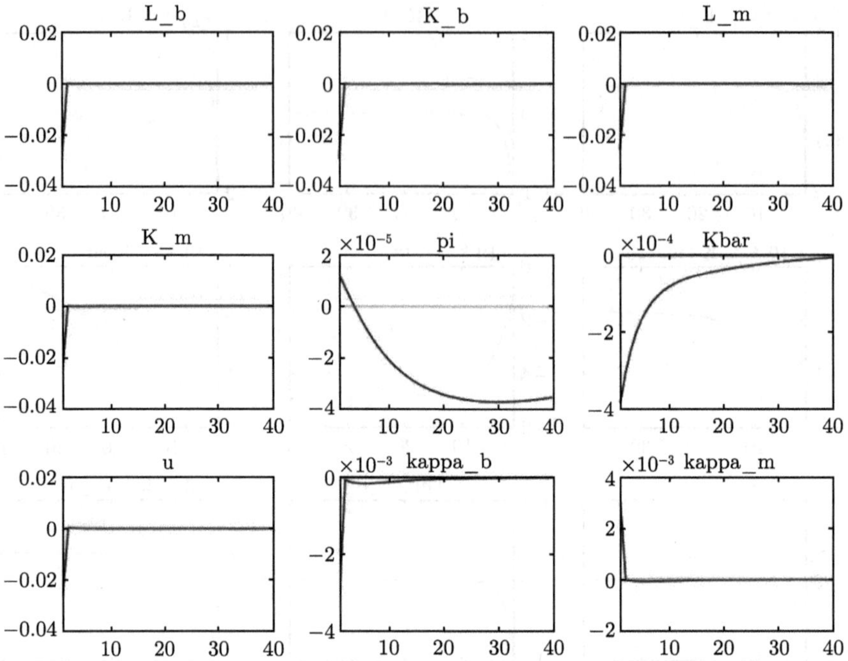

图 7-8　模型内生变量对货币政策冲击的脉冲响应函数

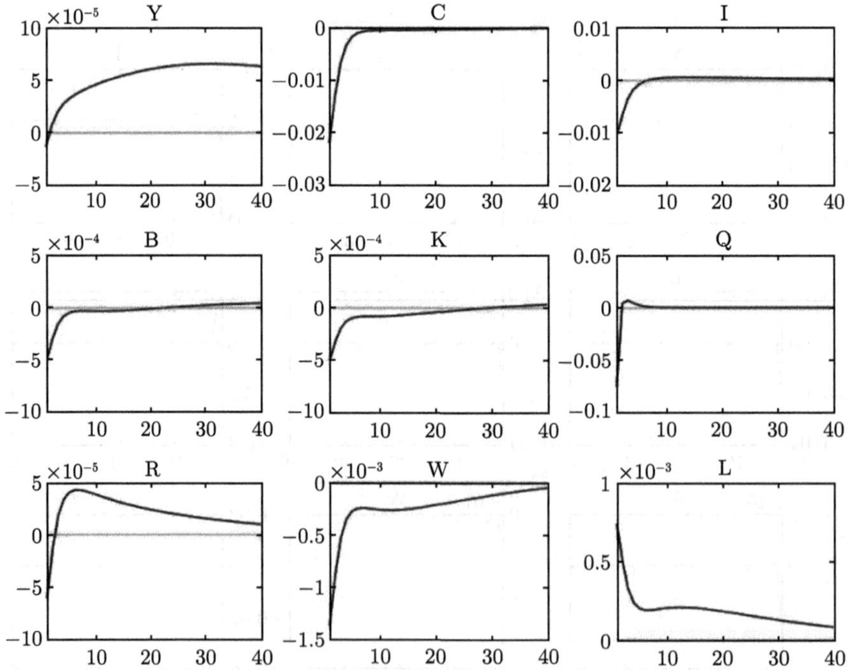

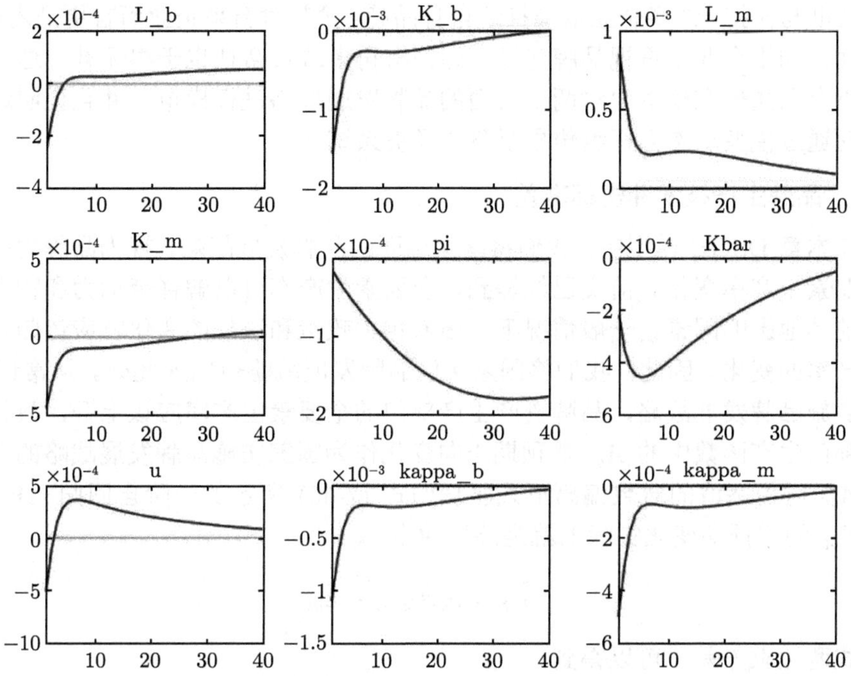

图 7-9 模型内生变量对政府消费冲击的脉冲响应函数

7.5 品牌发展战略传导机制分析

这一节是本章重点，我们主要介绍品牌发展战略如何在本章所构建的 DSGE 模型框架下进行模拟与分析，以及品牌战略通过何种途径对宏观经济带来影响。在对品牌发展战略及其传导机制进行模拟分析之前，我们先对品牌发展战略进一步解读。就品牌发展战略而言，可以从国家和企业两个层面予以考虑。

国家层面的品牌发展战略有两种表现形式，一是指国家出台相关政策，比如采取奖励和补贴等方式，鼓励企业在自身品牌建设上投入更多资源；二是指国家投资建设有利于企业品牌建设的基础设施，比如品牌孵化基地、品牌产业园区等。在本章 DSGE 模型中，无论何种表现形式，最终都体现在品牌生产部门的全要素生产率得到提升。

企业层面的品牌发展战略则更多体现在企业自身的经营发展战略上，企业是否认识到品牌对其产品销售所带来的溢价，是否愿意投入更多资金去经营自己的品牌。在模型中，企业层面的品牌发展战略则表现为将品牌作为一种资产并投入生产经营。

两个层面的发展战略互为表里，缺一不可。一方面，如果没有国家或地方政府的帮助与扶持，许多企业很难打造自身品牌，尤其对新兴企业而言更是困难；另一方面，如果企业不重视品牌建设，即使有再多政策帮扶也于事无补。这一节我们重点介绍如何在模型中对两个层面的品牌发展战略进行模拟，并且说明这种战略如何通过模型动态方程组传导至整个经济系统。

7.5.1 品牌生产技术冲击标准差

在本章 DSGE 模型中，我们将国家层面的品牌发展战略，视为品牌生产部门的全要素生产率变化。前文已经提到，全要素生产率可以解释劳动力和物质资本以外的其他影响因素。一般情况下，国家相关政策和法规的变化就应该归入全要素生产率的变化。因此，我们将国家实施品牌发展战略也归入此处。从常识上看，国家实施品牌发展战略，品牌资产生产部门的全要素生产率应该上升，故将品牌生产部门生产函数中的 A_{bt} 非预期正向变化作为国家实施品牌发展战略的代理变量，A_{bt} 对稳态值的对数偏离形式服从如式 (7-56) 所示的一阶自回归 AR(1) 过程。A_{bt} 的非预期变化实际上就是外生冲击 ε_{bt}。

$$\tilde{A}_{bt} = \rho_b \tilde{A}_{bt-1} + \varepsilon_{bt} \tag{7-56}$$

对上式两边求方差，可以得到

$$\mathrm{Var}(\tilde{A}_{bt}) = \frac{\sigma^2(\varepsilon_{bt})}{1-\rho_b^2} \tag{7-57}$$

其中，$\sigma(\varepsilon_{bt})$ 是外生冲击 ε_{bt} 的标准差，其数值越高，说明冲击力度越大，对全要素生产率 A_{bt} 的影响越大。在参数校准一节我们提到，外生冲击的标准差均被校准为 0.1，对应方差为 0.01。在此处，我们则可以通过调整标准差 $\sigma(\varepsilon_{bt})$ 的数值大小，模拟出国家层面品牌发展战略的力度。$\sigma(\varepsilon_{bt})$ 越大，国家品牌发展战略力度越大。

通过前面分析，我们知道如何模拟国家品牌战略及其力度，下面我们分析这种战略如何通过模型动态方程组传导至整个宏观经济系统。首先，外生冲击 ε_{bt} 通过式 (7-56) 影响全要素生产率 A_{bt}，影响力度由式 (7-57) 决定。再通过式 (7-58) 降低品牌生产部门的边际成本，通过式 (7-59) 提高品牌生产部门总产出。

$$\tilde{\kappa}_{bt} = (1-\alpha_0)\tilde{W}_t + \alpha_0 \tilde{R}_t - \tilde{A}_{bt} \tag{7-58}$$

$$\tilde{B}_t = \tilde{A}_{bt} + (1-\alpha_0)\tilde{L}_{bt} + \alpha_0 \tilde{K}_{bt} \tag{7-59}$$

接着又通过式 (7-60) 影响商品生产部门的总产出，进而通过式 (7-61) 影响商品生产部门边际成本，再通过式 (7-62) 影响 CPI 通货膨胀率。

$$\tilde{Y}_t = \tilde{A}_{mt} + (1-\alpha_1)\tilde{L}_{mt} + \alpha_1 \tilde{K}_{mt} + \theta_b \tilde{B}_t \tag{7-60}$$

$$\tilde{\kappa}_{mt} = -\frac{\theta_b}{1+\theta_b}\tilde{Y}_t - \frac{1}{1+\theta_b}\tilde{A}_{mt} + \frac{\alpha_1}{1+\theta_b}\tilde{R}_t + \frac{1-\alpha_1}{1+\theta_b}\tilde{W}_t \tag{7-61}$$

$$\pi_t = \frac{(1-\xi_m)(1-\beta\xi_m)}{\xi_m(1+\beta)}\tilde{\kappa}_{mt} + \frac{\beta}{1+\beta}\pi_{t+1} + \frac{1}{1+\beta}\pi_{t-1} \tag{7-62}$$

7.5.2 品牌资产产出弹性

前文讨论如何在模型中模拟国家层面的品牌发展战略，这一节则简单介绍在模型中实现企业层面的品牌发展战略。对企业来说，品牌发展战略主要体现在企业是否在生产经营环节更加主动重视自身品牌所带来的价值与起到的作用。式 (7-60) 显示商品生产企业采用物质资本、劳动力和品牌资产的三要素 CD 生产函数。品牌资产在企业生产过程中所起的作用由参数 θ_b 表征。若企业完全不重视品牌资产在生产经营环节的作用，此时 $\theta_b = 0$，商品生产部门产出关于劳动和物质资本表现为规模报酬不变。若企业重视品牌资产的价值，即 $\theta_b > 0$，此时商品生产部门产出关于劳动和物质资本表现为规模报酬递增，这是由于品牌资产对生产经营环节所带来的正外部性。θ_b 越大，说明企业越重视品牌资产，品牌资产给生产过程带来的正外部性也就越大。因此，我们很自然就可以通过调整参数 θ_b 的大小，模拟企业对品牌资产的重视程度，即企业层面的品牌发展战略力度。提高参数 θ_b，会直接通过式 (7-65) 和式 (7-66) 影响商品生产部门的总产出和边际成本，进而影响经济中其他宏观变量。

7.5.3 传导机制分析

这一节我们介绍国家和企业层面品牌发展战略影响主要宏观经济变量的传导机制。一般我们比较关心的几个宏观经济变量是两个部门的总产出、两个部门的边际成本和 CPI 通货膨胀率，结合模型动态方程组，我们可以得到如下五个动力学方程：

$$\tilde{B}_t = (1-\alpha_0)\tilde{L}_{bt} + \alpha_0\tilde{K}_{bt} + \rho_b\tilde{A}_{bt-1} + \sigma^2(\varepsilon_{bt}) \tag{7-63}$$

$$\tilde{\kappa}_{bt} = (1-\alpha_0)\tilde{W}_t + \alpha_0\tilde{R}_t - \rho_b\tilde{A}_{bt-1} - \sigma^2(\varepsilon_{bt}) \tag{7-64}$$

$$\begin{aligned}\tilde{Y}_t =& \tilde{A}_{mt} + (1-\alpha_1)\tilde{L}_{mt} + \alpha_1\tilde{K}_{mt} + \theta_b(1-\alpha_0)\tilde{L}_{bt} \\ &+ \theta_b\alpha_0\tilde{K}_{bt} + \theta_b\rho_b\tilde{A}_{bt-1} + \theta_b\sigma^2(\varepsilon_{bt})\end{aligned} \tag{7-65}$$

$$\begin{aligned}\tilde{\kappa}_{mt} =& -\tilde{A}_{mt} - \frac{\theta_b(1-\alpha_1)}{1+\theta_b}\tilde{L}_{mt} - \frac{\theta_b\alpha_1}{1+\theta_b}\tilde{K}_{mt} - \frac{\theta_b^2(1-\alpha_0)}{1+\theta_b}\tilde{L}_{bt} - \frac{\theta_b^2\alpha_0}{1+\theta_b}\tilde{K}_{bt} \\ &+ \frac{\alpha_1}{1+\theta_b}\tilde{R}_t + \frac{1-\alpha_1}{1+\theta_b}\tilde{W}_t - \frac{\theta_b^2\rho_b}{1+\theta_b}\tilde{A}_{bt-1} - \frac{\theta_b^2}{1+\theta_b}\sigma^2(\varepsilon_{bt})\end{aligned} \tag{7-66}$$

$$
\begin{aligned}
\pi_t =& \frac{(1-\xi_m)(1-\beta\xi_m)}{\xi_m(1+\beta)}\Bigg(-\tilde{A}_{mt}-\frac{\theta_b(1-\alpha_1)}{1+\theta_b}\tilde{L}_{mt}-\frac{\theta_b\alpha_1}{1+\theta_b}\tilde{K}_{mt}-\frac{\theta_b^2(1-\alpha_0)}{1+\theta_b}\tilde{L}_{bt} \\
&-\frac{\theta_b^2\alpha_0}{1+\theta_b}\tilde{K}_{bt}+\frac{\alpha_1}{1+\theta_b}\tilde{R}_t+\frac{1-\alpha_1}{1+\theta_b}\tilde{W}_t-\frac{\theta_b^2\rho_b}{1+\theta_b}\tilde{A}_{bt-1}\Bigg) \\
&+\frac{\beta}{1+\beta}\pi_{t+1}+\frac{1}{1+\beta}\pi_{t-1}-\frac{(1-\xi_m)(1-\beta\xi_m)}{\xi_m(1+\beta)}\frac{\theta_b^2}{1+\theta_b}\sigma^2(\varepsilon_{bt})
\end{aligned}
\tag{7-67}
$$

以上五个方程分别是品牌生产部门总产出和边际成本、商品生产部门总产出和边际成本，以及 CPI 通货膨胀率关于国家品牌发展战略与企业品牌发展战略的动力学方程。方程均包含 $\sigma(\varepsilon_{bt})$ 和参数 θ_b，说明两个层面品牌发展战略通过式 (7-63) 至 (7-67) 影响主要宏观经济变量。由上面五个方程可以进一步推导出主要宏观变量对品牌发展战略的变化半弹性。例如，商品生产部门总产出对国家品牌发展战略力度的变化半弹性为 $\partial\tilde{Y}_t/\partial\sigma^2(\varepsilon_{bt})=\theta_b$，而通货膨胀率的变化半弹性则为

$$
\frac{\partial\pi_t}{\partial\sigma^2(\varepsilon_{bt})}=-\frac{(1-\xi_m)(1-\beta\xi_m)}{\xi_m(1+\beta)}\frac{\theta_b^2}{1+\theta_b}
\tag{7-68}
$$

其中，θ_b 的初始值为 0.2，说明国家品牌发展力度增加 1 单位，商品生产部门总产出增加 0.2% 。另外，还需要说明一点，主要宏观变量对国家品牌战略力度 $\sigma(\varepsilon_{bt})$ 的偏导数，均包含参数 θ_b。这也说明，企业品牌发展战略是国家品牌战略的必要条件，如果企业没有意识到品牌所蕴含的价值，不重视自身品牌建设，国家即使花再大的工夫推广品牌建设，也无法达到预期效果。

7.6 关于建模的几点思考

在这一章，我们在一个标准新凯恩斯模型基础上引入异质性生产部门，将传统单一生产企业扩展为最终产品生产企业和异质性商品生产企业两类生产部门，两类部门通过生产过程中的投入要素进行区分。最终产品生产企业以异质性中间商品作为投入要素，生产同质最终产品，用于家庭消费与投资；商品生产企业以劳动力、物质资本和品牌资产，通过三要素 CD 生产函数生产出异质性中间商品并出售给最终产品生产企业。本章还创造性地引入功能完备的品牌资产生产企业，该类企业以劳动力和物质资本作为投入要素，生产品牌资产并出售给商品生产企业，提高生产过程中劳动和物质资本的边际生产率。另外，货币政策采用一般 Taylor 规则。在这一模型设定下，笔者从企业角度和国家角度对品牌发展战略进行模拟，并分析这种战略对经济中主要宏观变量会产生怎样的影响，以及这种宏观影响是通过何种途径进行传递的。这种建模思路只是尝试性的，许多地方难免考虑不到

位。但本章最终目的是为读者提供一种全新的品牌价值理论分析模式，拓宽读者的研究边界与视野。

本章建模过程在逻辑上采取了“四步走”的递进式论证结构。

一是明确研究目的，即将国家品牌发展战略视为外生冲击，研究品牌战略对经济中主要宏观变量的影响。

二是构建理论模型，采取现阶段主流的新凯恩斯建模框架，在其中创造性地加入品牌生产部门，并以该部门全要素生产率的标准差变化，模拟国家品牌战略力度。

三是动态模拟分析，即通过对理论模型进行贝叶斯估计和脉冲响应分析，考察了国家品牌发展战略对宏观经济和家庭福利的影响，并得出实施品牌战略在短期内对经济具有负面影响，而长期来看则能显著提升宏观经济活力，促进经济长远发展的结论。

四是宏观政策评估，即通过理论的动力学模拟结果和品牌战略传导机制分析，对国家在品牌发展战略以及企业品牌扶持上应该采取的政策态度与措施。

当然，读者应该意识到，本章所构建模型比较简单，相比于真实经济环境做了很多简化。现实中，国家对企业品牌塑造、品牌孵化、品牌扶持的方法与手段远比模型所能模拟得要多，而企业在生产经营和品牌发展过程中所面临的市场环境和政策环境相比理论模型呈现出来的也要复杂得多。因此，本章研究结果只具有理论参考意义，而且也有很大的改进空间。笔者认为，后续研究可以从如下几个方面发展。

第一，加大对劳动力市场的刻画力度。经济新常态下，就业问题一直受到我国政府的重点关注，也是许多政策的直接目标。然而，根据本章动态模拟结果，国家品牌战略对劳动力市场并没有长久而显著的作用效果；在现实世界中，国家往往希望品牌战略能够对我国劳动力市场起到积极和持续的作用。但是，在本章所构建的新凯恩斯模型框架下或者现有的其他 DSGE 文献中，很难对这一主题进行深入探讨，根本原因在于对劳动力市场的建模一般直接在家庭优化决策中对就业求一阶导，然后获得家庭劳动供给方程；或者采用 Calvo 工资交错定价方法，获得家庭在工资优化上的新凯恩斯菲利普斯方程 (本章即是如此)。无论哪种方式，都无法对真实就业市场的细部进行刻画，当然也就不能为品牌战略在劳动力市场上预留更大的发挥空间。

一个切实有效的解决方法是在模型中加入就业市场的搜寻–匹配机制。搜寻–匹配模型能够模拟出真实劳动力市场的摩擦性失业特征，因而在就业问题上具有 Calvo 工资交错定价无法比拟的优势。加入搜寻–匹配特征后，政府可以通过失业补助、公共投资中用于积累人力资本的部分，或者企业品牌扶持力度等手段，调控均衡就业市场，为品牌战略在就业市场上发挥作用开辟广阔空间。进行这一研究，从国家品牌战略实施角度来看具有很强的实践意义，从 DSGE 模型多样性角度而言也有很高的理论价值。

第二，在模型中引入金融系统。在 2007—2009 年全球金融危机后，金融市场稳定性受到各国政府的高度重视。2017 年 12 月的中央经济工作会议也将防范金融市场系统性风险作为我国 2018 年重要经济任务之一。金融稳定的重要性可见一斑。另一方面，企业正常生产运营与品牌发展也和融资密不可分，无论内部融资还是外部融资，股权融资还是债券融资。不难理解，健全高效的金融市场对国家品牌战略自上而下的传递效率和效果具有重要推动作用，对企业打造和发展自身品牌也具有显著促进作用。因此，在模型中对金融市场进行刻画至关重要。

本章模型缺少对金融市场的描述，无论是信贷市场，还是银行流动性。缺少这一部分内容，既会降低金融系统对国家品牌战略冲击的放大作用，无法为品牌战略提供更强大的施展空间，也无法描述企业在发展品牌过程中面临的融资问题。解决这一矛盾的关键在于将包括信贷市场、银行流动性、银行资产负债表等特征的金融系统引入模型，在更加复杂的金融系统下对国家品牌战略的宏观作用展开研究。从这一方向展开后续研究，既符合我国现阶段经济形势的大背景，具有十分重要的现实意义，也能够提高 DSGE 财政政策模型的多样性。

第三，将封闭经济扩展为开放经济。我国加入世贸组织后，经济对外开放度和依存度日益加深。国家品牌战略的实施既会直接影响本国宏观经济和本国企业，也会对贸易国的经济和企业带来显著影响。因此，可将本章所构建的封闭经济模型扩展为包括外国部门的开放经济模型，本国企业所生产产品既被本国所消费，又被出口至国外，国外生产产品也会被进口至国内，国内外产品之间存在相互替代关系。一旦在模型中加入这些重要特征，既能使模型更加贴近真实的国际贸易环境，也能够在模型中为品牌战略实施与传导提供新的途径。以拜登为代表的美国政府在政策实施上充斥着不确定性，为全球经济贸易体系带来了巨大的系统性风险，我国与美国贸易摩擦也在不断深化和加剧，不确定性与日俱增。在这一背景下进行相关领域的扩展研究，会带来非常大的实际价值。

第四，将模型扩展至泰勒二阶近似。本章模型在对品牌战略宏观效果进行分析时，主要采用贝叶斯估计、脉冲响应函数、反事实仿真等手段。上述手段都是基于泰勒一阶近似，当变量相对于稳态值偏离不大时，泰勒一阶近似能够得到比较精确的结果；相反，如果变量偏离稳态过大，一阶近似不足以刻画方程组动态特征，许多有用的信息无法保留。鉴于此，后续研究可以围绕泰勒高阶近似展开，比如从家庭福利或者风险角度对品牌战略的宏观效应进行评估①。

最后需要说明一点，本章所做的品牌战略 DSGE 研究只是一个引子，真正目

① 无论计算福利还是风险，都需要对效用函数进行二阶求导，因此需要使用泰勒二阶展开。现阶段，三阶及三阶以上展开并无实际运用价值。

的是将动态随机一般均衡这一主流研究工具介绍给有志从事品牌发展和品牌战略研究的读者。希望读者能够从这种方法中发现对自己有用之处，实现自己研究的目的和价值。

7.7 外生冲击与信号识别

外生冲击是 DSGE 模型构建的关键模块。从某一时刻外生冲击出现，经济系统中的行为人 (员工、企业、政府等) 认识到冲击发生 (信号识别) 并非瞬间完成，或多或少存在时滞。如何设定外生冲击结构 (外生冲击服从何种概率分布) 以及冲击发生到信号识别之间的时滞，将直接影响模型的动力学特征。这一节介绍本章模型在外生冲击和信号识别上的设定方式和依据①。

参考 Gilchrist 和 Leahy (2002) 和 Christiano 等 (2010) 的文献，本章将外生冲击过程设定为如下形式，

$$\tilde{\sigma}_t = \rho\tilde{\sigma}_{t-1} + \varepsilon_t = \rho\tilde{\sigma}_{t-1} + \xi_t^0 + \xi_{t-1}^1 + \xi_{t-2}^2 + \cdots + \xi_{t-p}^p \tag{7-69}$$

其中，$\xi_{t-j}^j(j = 1, 2, \cdots, p)$ 表示在时期 $t - j$ 实现的信号，与 $\tilde{\sigma}_{t-s}(s > 0)$ 正交。当模型存在已经实现的信号时，会增加额外参数，

$$\sigma_{\sigma,1}^2 = \mathrm{Var}(\xi_{t-1}^1), \quad \sigma_{\sigma,2}^2 = \mathrm{Var}(\xi_{t-2}^2), \quad \cdots, \quad \sigma_{\sigma,p}^2 = \mathrm{Var}(\xi_{t-p}^p) \tag{7-70}$$

需要注意，即使存在不同滞后期信号项，式 (7-69) 所示外生冲击方程仍为 AR(1) 过程。仅依靠式 (7-69) 无法识别 $\tilde{\sigma}_t$，还需增加不同滞后期信号的方差–协方差矩阵 (Variance-Covariance Matrix) 才能正确识别。在状态空间中，引入辅助变量 u_t^1，u_t^2，$\cdots$，u_t^{p-1}，u_t^p，则式 (7-69) 可以写为

$$\begin{bmatrix} \tilde{\sigma}_t \\ u_t^p \\ u_t^{p-1} \\ \vdots \\ u_t^2 \\ u_t^1 \end{bmatrix} = \begin{bmatrix} \rho & 0 & 0 & \cdots & 0 & 1 \\ 1 & 0 & 0 & \cdots & 0 & 0 \\ 0 & 0 & 0 & \cdots & 0 & 0 \\ 0 & 1 & 0 & \cdots & 0 & 0 \\ \vdots & \vdots & \vdots & & \vdots & \vdots \\ 0 & 0 & 0 & \cdots & 1 & 0 \end{bmatrix} \begin{bmatrix} \tilde{\sigma}_{t-1} \\ u_{t-1}^p \\ u_{t-1}^{p-1} \\ \vdots \\ u_{t-1}^2 \\ u_{t-1}^1 \end{bmatrix} + \begin{bmatrix} \xi_t^0 \\ \xi_t^p \\ \xi_t^{p-1} \\ \cdots \\ \xi_t^2 \\ \xi_t^1 \end{bmatrix} \tag{7-71}$$

① 外生冲击与信号识别的数学推导比较复杂，对多数人而言，了解具体公式即可，无须对公式背后数理逻辑进行深究。有兴趣的读者请参考：DeJong D N, Dave C. 结构宏观计量经济学. 龚关，许玲丽，译. 上海：上海财经大学出版社，2010.

再假设 $s_t = [\xi_t^p, \cdots, \xi_t^1, \xi_t^0]^{\mathrm{T}}$ 具有如下形式方差-协方差矩阵，即可正确识别式 (7-69)。

$$V = Es_t s_t^{\mathrm{T}}$$
$$= \begin{bmatrix} 1\times\sigma_\sigma^2 & \rho\times\sigma_\sigma^2 & \rho^2\times\sigma_\sigma^2 & \cdots & \rho^{p-1}\times\sigma_\sigma^2 & \rho^p\times\sigma_\sigma^2 \\ \rho\times\sigma_\sigma^2 & 1\times\sigma_\sigma^2 & \rho\times\sigma_\sigma^2 & \cdots & \rho^{p-2}\times\sigma_\sigma^2 & \rho^{p-1}\times\sigma_\sigma^2 \\ \vdots & \vdots & \vdots & & \vdots & \vdots \\ \rho^{p-1}\times\sigma_\sigma^2 & \rho^{p-2}\times\sigma_\sigma^2 & \rho^{p-3}\times\sigma_\sigma^2 & \cdots & 1\times\sigma_\sigma^2 & \rho\times\sigma_\sigma^2 \\ \rho^p\times\sigma_\sigma\sigma_{\xi^0} & \rho^{p-1}\times\sigma_\sigma\sigma_{\xi^0} & \rho^{p-2}\times\sigma_\sigma\sigma_{\xi^0} & \cdots & \rho\times\sigma_\sigma\sigma_{\xi^0} & 1\times\sigma_{\xi^0}^2 \end{bmatrix} \tag{7-72}$$

7.8　本章动态模型求解 MATLAB 代码

```
if isoctave || matlab_ver_less_than('8.6')
    clear all
else
    clearvars -global
    clear_persistent_variables(fileparts(which('dynare')), false)
end
tic0 = tic;
% 储存空白数据与数列
dates('initialize');
dseries('initialize');
% 定义全域变量
global M_ options_ oo_ estim_params_ bayestopt_ dataset_ dataset_
    info estimation_info ys0_ ex0_
options_ = [];
M_.fname = 'code';
M_.dynare_version = '4.5.1';
oo_.dynare_version = '4.5.1';
options_.dynare_version = '4.5.1';
%
% 初始化全域变量
%
global_initialization;
diary off;
diary('code.log');
M_.exo_names = 'e_b';
```

```
M_.exo_names_tex = 'e\_b';
M_.exo_names_long = 'e_b';
M_.exo_names = char(M_.exo_names, 'e_m');
M_.exo_names_tex = char(M_.exo_names_tex, 'e\_m');
M_.exo_names_long = char(M_.exo_names_long, 'e_m');
M_.exo_names = char(M_.exo_names, 'e_r');
M_.exo_names_tex = char(M_.exo_names_tex, 'e\_r');
M_.exo_names_long = char(M_.exo_names_long, 'e_r');
M_.exo_names = char(M_.exo_names, 'e_i');
M_.exo_names_tex = char(M_.exo_names_tex, 'e\_i');
M_.exo_names_long = char(M_.exo_names_long, 'e_i');
M_.exo_names = char(M_.exo_names, 'e_g');
M_.exo_names_tex = char(M_.exo_names_tex, 'e\_g');
M_.exo_names_long = char(M_.exo_names_long, 'e_g');
M_.endo_names = 'C';
M_.endo_names_tex = 'C';
M_.endo_names_long = 'C';
M_.endo_names = char(M_.endo_names, 'Q');
M_.endo_names_tex = char(M_.endo_names_tex, 'Q');
M_.endo_names_long = char(M_.endo_names_long, 'Q');
M_.endo_names = char(M_.endo_names, 'R');
M_.endo_names_tex = char(M_.endo_names_tex, 'R');
M_.endo_names_long = char(M_.endo_names_long, 'R');
M_.endo_names = char(M_.endo_names, 'I');
M_.endo_names_tex = char(M_.endo_names_tex, 'I');
M_.endo_names_long = char(M_.endo_names_long, 'I');
M_.endo_names = char(M_.endo_names, 'u');
M_.endo_names_tex = char(M_.endo_names_tex, 'u');
M_.endo_names_long = char(M_.endo_names_long, 'u');
M_.endo_names = char(M_.endo_names, 'W');
M_.endo_names_tex = char(M_.endo_names_tex, 'W');
M_.endo_names_long = char(M_.endo_names_long, 'W');
M_.endo_names = char(M_.endo_names, 'L');
M_.endo_names_tex = char(M_.endo_names_tex, 'L');
M_.endo_names_long = char(M_.endo_names_long, 'L');
M_.endo_names = char(M_.endo_names, 'pi');
M_.endo_names_tex = char(M_.endo_names_tex, 'pi');
M_.endo_names_long = char(M_.endo_names_long, 'pi');
M_.endo_names = char(M_.endo_names, 'Kbar');
M_.endo_names_tex = char(M_.endo_names_tex, 'Kbar');
```

```
M_.endo_names_long = char(M_.endo_names_long, 'Kbar');
M_.endo_names = char(M_.endo_names, 'L_b');
M_.endo_names_tex = char(M_.endo_names_tex, 'L\_b');
M_.endo_names_long = char(M_.endo_names_long, 'L_b');
M_.endo_names = char(M_.endo_names, 'K_b');
M_.endo_names_tex = char(M_.endo_names_tex, 'K\_b');
M_.endo_names_long = char(M_.endo_names_long, 'K_b');
M_.endo_names = char(M_.endo_names, 'kappa_b');
M_.endo_names_tex = char(M_.endo_names_tex, 'kappa\_b');
M_.endo_names_long = char(M_.endo_names_long, 'kappa_b');
M_.endo_names = char(M_.endo_names, 'B');
M_.endo_names_tex = char(M_.endo_names_tex, 'B');
M_.endo_names_long = char(M_.endo_names_long, 'B');
M_.endo_names = char(M_.endo_names, 'L_m');
M_.endo_names_tex = char(M_.endo_names_tex, 'L\_m');
M_.endo_names_long = char(M_.endo_names_long, 'L_m');
M_.endo_names = char(M_.endo_names, 'K_m');
M_.endo_names_tex = char(M_.endo_names_tex, 'K\_m');
M_.endo_names_long = char(M_.endo_names_long, 'K_m');
M_.endo_names = char(M_.endo_names, 'kappa_m');
M_.endo_names_tex = char(M_.endo_names_tex, 'kappa\_m');
M_.endo_names_long = char(M_.endo_names_long, 'kappa_m');
M_.endo_names = char(M_.endo_names, 'Y');
M_.endo_names_tex = char(M_.endo_names_tex, 'Y');
M_.endo_names_long = char(M_.endo_names_long, 'Y');
M_.endo_names = char(M_.endo_names, 'G');
M_.endo_names_tex = char(M_.endo_names_tex, 'G');
M_.endo_names_long = char(M_.endo_names_long, 'G');
M_.endo_names = char(M_.endo_names, 'K');
M_.endo_names_tex = char(M_.endo_names_tex, 'K');
M_.endo_names_long = char(M_.endo_names_long, 'K');
M_.endo_names = char(M_.endo_names, 'A_b');
M_.endo_names_tex = char(M_.endo_names_tex, 'A\_b');
M_.endo_names_long = char(M_.endo_names_long, 'A_b');
M_.endo_names = char(M_.endo_names, 'A_m');
M_.endo_names_tex = char(M_.endo_names_tex, 'A\_m');
M_.endo_names_long = char(M_.endo_names_long, 'A_m');
M_.endo_names = char(M_.endo_names, 'u_i');
M_.endo_names_tex = char(M_.endo_names_tex, 'u\_i');
M_.endo_names_long = char(M_.endo_names_long, 'u_i');
```

```
M_.endo_names = char(M_.endo_names, 'u_g');
M_.endo_names_tex = char(M_.endo_names_tex, 'u\_g');
M_.endo_names_long = char(M_.endo_names_long, 'u_g');
M_.endo_partitions = struct();
M_.param_names = 'beta';
M_.param_names_tex = 'beta';
M_.param_names_long = 'beta';
M_.param_names = char(M_.param_names, 'delta');
M_.param_names_tex = char(M_.param_names_tex, 'delta');
M_.param_names_long = char(M_.param_names_long, 'delta');
M_.param_names = char(M_.param_names, 'h');
M_.param_names_tex = char(M_.param_names_tex, 'h');
M_.param_names_long = char(M_.param_names_long, 'h');
M_.param_names = char(M_.param_names, 'sigma_c');
M_.param_names_tex = char(M_.param_names_tex, 'sigma\_c');
M_.param_names_long = char(M_.param_names_long, 'sigma_c');
M_.param_names = char(M_.param_names, 'S2');
M_.param_names_tex = char(M_.param_names_tex, 'S2');
M_.param_names_long = char(M_.param_names_long, 'S2');
M_.param_names = char(M_.param_names, 'a2');
M_.param_names_tex = char(M_.param_names_tex, 'a2');
M_.param_names_long = char(M_.param_names_long, 'a2');
M_.param_names = char(M_.param_names, 'pesi_w');
M_.param_names_tex = char(M_.param_names_tex, 'pesi\_w');
M_.param_names_long = char(M_.param_names_long, 'pesi_w');
M_.param_names = char(M_.param_names, 'eps_w');
M_.param_names_tex = char(M_.param_names_tex, 'eps\_w');
M_.param_names_long = char(M_.param_names_long, 'eps_w');
M_.param_names = char(M_.param_names, 'sigma_n');
M_.param_names_tex = char(M_.param_names_tex, 'sigma\_n');
M_.param_names_long = char(M_.param_names_long, 'sigma_n');
M_.param_names = char(M_.param_names, 'alpha_0');
M_.param_names_tex = char(M_.param_names_tex, 'alpha\_0');
M_.param_names_long = char(M_.param_names_long, 'alpha_0');
M_.param_names = char(M_.param_names, 'theta');
M_.param_names_tex = char(M_.param_names_tex, 'theta');
M_.param_names_long = char(M_.param_names_long, 'theta');
M_.param_names = char(M_.param_names, 'alpha_1');
M_.param_names_tex = char(M_.param_names_tex, 'alpha\_1');
M_.param_names_long = char(M_.param_names_long, 'alpha_1');
```

```
M_.param_names = char(M_.param_names, 'pesi_m');
M_.param_names_tex = char(M_.param_names_tex, 'pesi\_m');
M_.param_names_long = char(M_.param_names_long, 'pesi_m');
M_.param_names = char(M_.param_names, 'C_Y');
M_.param_names_tex = char(M_.param_names_tex, 'C\_Y');
M_.param_names_long = char(M_.param_names_long, 'C_Y');
M_.param_names = char(M_.param_names, 'I_Y');
M_.param_names_tex = char(M_.param_names_tex, 'I\_Y');
M_.param_names_long = char(M_.param_names_long, 'I_Y');
M_.param_names = char(M_.param_names, 'G_Y');
M_.param_names_tex = char(M_.param_names_tex, 'G\_Y');
M_.param_names_long = char(M_.param_names_long, 'G_Y');
M_.param_names = char(M_.param_names, 'Km_K');
M_.param_names_tex = char(M_.param_names_tex, 'Km\_K');
M_.param_names_long = char(M_.param_names_long, 'Km_K');
M_.param_names = char(M_.param_names, 'Kb_K');
M_.param_names_tex = char(M_.param_names_tex, 'Kb\_K');
M_.param_names_long = char(M_.param_names_long, 'Kb_K');
M_.param_names = char(M_.param_names, 'Lm_L');
M_.param_names_tex = char(M_.param_names_tex, 'Lm\_L');
M_.param_names_long = char(M_.param_names_long, 'Lm_L');
M_.param_names = char(M_.param_names, 'Lb_L');
M_.param_names_tex = char(M_.param_names_tex, 'Lb\_L');
M_.param_names_long = char(M_.param_names_long, 'Lb_L');
M_.param_names = char(M_.param_names, 'rho_r');
M_.param_names_tex = char(M_.param_names_tex, 'rho\_r');
M_.param_names_long = char(M_.param_names_long, 'rho_r');
M_.param_names = char(M_.param_names, 'phi_y');
M_.param_names_tex = char(M_.param_names_tex, 'phi\_y');
M_.param_names_long = char(M_.param_names_long, 'phi_y');
M_.param_names = char(M_.param_names, 'phi_pi');
M_.param_names_tex = char(M_.param_names_tex, 'phi\_pi');
M_.param_names_long = char(M_.param_names_long, 'phi_pi');
M_.param_names = char(M_.param_names, 'rho_g');
M_.param_names_tex = char(M_.param_names_tex, 'rho\_g');
M_.param_names_long = char(M_.param_names_long, 'rho_g');
M_.param_names = char(M_.param_names, 'theta_b');
M_.param_names_tex = char(M_.param_names_tex, 'theta\_b');
M_.param_names_long = char(M_.param_names_long, 'theta_b');
M_.param_names = char(M_.param_names, 'theta_m');
```

```
M_.param_names_tex = char(M_.param_names_tex, 'theta\_m');
M_.param_names_long = char(M_.param_names_long, 'theta_m');
M_.param_names = char(M_.param_names, 'theta_i');
M_.param_names_tex = char(M_.param_names_tex, 'theta\_i');
M_.param_names_long = char(M_.param_names_long, 'theta_i');
M_.param_names = char(M_.param_names, 'theta_g');
M_.param_names_tex = char(M_.param_names_tex, 'theta\_g');
M_.param_names_long = char(M_.param_names_long, 'theta_g');
M_.param_names = char(M_.param_names, 'Rss');
M_.param_names_tex = char(M_.param_names_tex, 'Rss');
M_.param_names_long = char(M_.param_names_long, 'Rss');
M_.param_partitions = struct();
M_.exo_det_nbr = 0;
M_.exo_nbr = 5;
M_.endo_nbr = 23;
M_.param_nbr = 29;
M_.orig_endo_nbr = 23;
M_.aux_vars = [];
M_.Sigma_e = zeros(5, 5);
M_.Correlation_matrix = eye(5, 5);
M_.H = 0;
M_.Correlation_matrix_ME = 1;
M_.sigma_e_is_diagonal = 1;
M_.det_shocks = [];
options_.linear = 1;
options_.block=0;
options_.bytecode=0;
options_.use_dll=0;
M_.hessian_eq_zero = 1;
erase_compiled_function('code_static');
erase_compiled_function('code_dynamic');
M_.orig_eq_nbr = 23;
M_.eq_nbr = 23;
M_.ramsey_eq_nbr = 0;
M_.lead_lag_incidence = [
 1 12 35;
 0 13 36;
 2 14 37;
 3 15 38;
 0 16 0;
```

```
 4 17 39;
 0 18 0;
 5 19 40;
 6 20 0;
 0 21 0;
 0 22 0;
 0 23 0;
 0 24 0;
 0 25 0;
 0 26 0;
 0 27 0;
 0 28 0;
 7 29 0;
 0 30 0;
 8 31 0;
 9 32 0;
 10 33 0;
 11 34 0;]';
M_.nstatic = 11;
M_.nfwrd   = 1;
M_.npred   = 6;
M_.nboth   = 5;
M_.nsfwrd   = 6;
M_.nspred   = 11;
M_.ndynamic   = 12;
M_.equations_tags = {
};
M_.static_and_dynamic_models_differ = 0;
M_.exo_names_orig_ord = [1:5];
M_.maximum_lag = 1;
M_.maximum_lead = 1;
M_.maximum_endo_lag = 1;
M_.maximum_endo_lead = 1;
oo_.steady_state = zeros(23, 1);
M_.maximum_exo_lag = 0;
M_.maximum_exo_lead = 0;
oo_.exo_steady_state = zeros(5, 1);
M_.params = NaN(29, 1);
M_.NNZDerivatives = [92; 0; -1];
M_.params( 1 ) = 0.99;
```

```
beta = M_.params( 1 );
M_.params( 2 ) = 0.02;
delta = M_.params( 2 );
M_.params( 4 ) = 1.2;
sigma_c = M_.params( 4 );
M_.params( 3 ) = 0.65;
h = M_.params( 3 );
M_.params( 9 ) = 1.2;
sigma_n = M_.params( 9 );
M_.params( 8 ) = 11;
eps_w = M_.params( 8 );
M_.params( 10 ) = 0.2;
alpha_0 = M_.params( 10 );
M_.params( 12 ) = 0.58;
alpha_1 = M_.params( 12 );
M_.params( 11 ) = 0.21;
theta = M_.params( 11 );
M_.params( 5 ) = 5.103;
S2 = M_.params( 5 );
M_.params( 6 ) = 0.118;
a2 = M_.params( 6 );
M_.params( 7 ) = 0.558;
pesi_w = M_.params( 7 );
M_.params( 13 ) = 0.968;
pesi_m = M_.params( 13 );
M_.params( 14 ) = 0.374;
C_Y = M_.params( 14 );
M_.params( 15 ) = 0.490;
I_Y = M_.params( 15 );
M_.params( 16 ) = 0.136;
G_Y = M_.params( 16 );
M_.params( 29 ) = 1.01;
Rss = M_.params( 29 );
M_.params( 17 ) = 0.95;
Km_K = M_.params( 17 );
M_.params( 18 ) = 0.05;
Kb_K = M_.params( 18 );
M_.params( 19 ) = 0.9;
Lm_L = M_.params( 19 );
M_.params( 20 ) = 0.1;
```

```
Lb_L = M_.params( 20 );
M_.params( 21 ) = 0.062;
rho_r = M_.params( 21 );
M_.params( 22 ) = 3.391;
phi_y = M_.params( 22 );
M_.params( 23 ) = 1.159;
phi_pi = M_.params( 23 );
M_.params( 24 ) = 0.119;
rho_g = M_.params( 24 );
M_.params( 25 ) = 0.5;
theta_b = M_.params( 25 );
M_.params( 26 ) = 0.5;
theta_m = M_.params( 26 );
M_.params( 27 ) = 0.5;
theta_i = M_.params( 27 );
M_.params( 28 ) = 0.5;
theta_g = M_.params( 28 );
%
% 初始值设定
%
options_.initval_file = 0;
oo_.steady_state( 1 ) = 0;
oo_.steady_state( 2 ) = 0;
oo_.steady_state( 3 ) = 0;
oo_.steady_state( 4 ) = 0;
oo_.steady_state( 5 ) = 0;
oo_.steady_state( 6 ) = 0;
oo_.steady_state( 7 ) = 0;
oo_.steady_state( 8 ) = 0;
oo_.steady_state( 9 ) = 0;
oo_.steady_state( 10 ) = 0;
oo_.steady_state( 11 ) = 0;
oo_.steady_state( 12 ) = 0;
oo_.steady_state( 13 ) = 0;
oo_.steady_state( 14 ) = 0;
oo_.steady_state( 15 ) = 0;
oo_.steady_state( 16 ) = 0;
oo_.steady_state( 17 ) = 0;
oo_.steady_state( 18 ) = 0;
oo_.steady_state( 19 ) = 0;
```

```
oo_.steady_state( 20 ) = 0;
oo_.steady_state( 21 ) = 0;
oo_.steady_state( 22 ) = 0;
oo_.steady_state( 23 ) = 0;
if M_.exo_nbr > 0
    oo_.exo_simul = ones(M_.maximum_lag,1)*oo_.exo_steady_state';
end
if M_.exo_det_nbr > 0
    oo_.exo_det_simul = ones(M_.maximum_lag,1)*oo_.exo_det_steady_
        state';
end
steady;
oo_.dr.eigval = check(M_,options_,oo_);
%
% 外生冲击设定
%
M_.exo_det_length = 0;
M_.Sigma_e(1, 1) = 0.01;
M_.Sigma_e(2, 2) = 0.01;
M_.Sigma_e(3, 3) = 0.01;
M_.Sigma_e(4, 4) = 0.01;
M_.Sigma_e(5, 5) = 0.01;
options_.irf = 40;
options_.periods = 2100;
var_list_  char('Y','C','I','B','K','Q','R','W','L','L_b','K_b',...
   'L_m','K_m','pi','Kbar','u','kappa_b','kappa_m');
info = stoch_simul(var_list_);
save('code_results.mat', 'oo_', 'M_', 'options_');
if exist('estim_params_', 'var') == 1
  save('code_results.mat', 'estim_params_', '-append');
end
if exist('bayestopt_', 'var') == 1
  save('code_results.mat', 'bayestopt_', '-append');
end
if exist('dataset_', 'var') == 1
  save('code_results.mat', 'dataset_', '-append');
end
if exist('estimation_info', 'var') == 1
  save('code_results.mat', 'estimation_info', '-append');
end
```

```
if exist('dataset_info', 'var') == 1
  save('code_results.mat', 'dataset_info', '-append');
end
if exist('oo_recursive_', 'var') == 1
  save('code_results.mat', 'oo_recursive_', '-append');
end
disp(['Total computing time : ' dynsec2hms(toc(tic0)) ]);
if ~isempty(lastwarn)
  disp('Note: warning(s) encountered in MATLAB/Octave code')
end
diary off
```

第 8 章

品牌发展战略研究——向金融市场与开放经济扩展

本章主题

金融系统是现代经济世界的关键组成部分，在政策实施与传递过程中发挥巨大作用。再考虑到世界经济一体化日益加深，一国政策实施理所当然会波及他国经济环境，也会被他国政策所影响。鉴于此，本章在上一章包含品牌资产的新凯恩斯模型基础上进一步引入金融加速器机制和开放经济特征，以此分析金融系统和外国部门存在时企业品牌战略与国家品牌战略对宏观经济是否会带来影响以及带来怎样的影响。

本章组织

8.1 节介绍金融加速器机制的发展历程；
8.2 节详细介绍金融加速器机制；
8.3 节讨论资本品市场与信贷市场；
8.4 节将封闭经济环境扩展为开放经济环境；
8.5 节说明参数校准过程；
8.6 节介绍参数的贝叶斯估计结果；
8.7 节对模型有效性进行分析；
8.8 节对模型进行脉冲响应分析；
8.9 节给出金融加速器模型的动态方程组；
8.10 节给出开放经济模型的动态方程组。

8.1 金融加速器机制的发展

上一章在一个完备的标准新凯恩斯模型下引入品牌资产和品牌生产企业特征，分别从企业和国家视角探讨品牌发展战略对宏观经济的作用效果以及这种效果的传导机制。然而，上一章模型中缺乏一个极为重要的特征，就是金融系统。在当代宏观经济体系下，金融系统对经济运行具有的重要作用已然不证自明；2007—2009 年全球性金融海啸更是使世界许多发达经济体将金融系统监管视为确保一国经济安全的重要任务。2017 年 12 月中央经济工作会议确定打好防范化解重大风险攻坚战，重点是防控金融风险，要服务于供给侧结构性改革这条主线，促进形成金融和实体经济、金融和房地产、金融体系内部的良性循环，做好重点领域风险防范和处置，坚决打击违法违规金融活动，加强薄弱环节监管制度建设。这说明了我国政府充分重视金融系统在宏观经济安全和施政过程中所起的作用。

对企业和品牌而言，金融系统的重要性更是不言而喻。健全、完善的金融体系能够使企业以更快速度、更低成本获得资金支持，帮助企业及其品牌顺利成长、攻克难关。因此，金融体系存在与否，必然影响企业品牌战略与国家品牌战略的实施效果。在这一背景下，研究金融系统对品牌发展战略的宏观效果及其传导机制也就具有非常突出的现实意义。

长久以来，国内外学者十分热衷于讨论金融系统和货币政策两者的关联。比如 Kashyap 等 (1993) 研究了信贷市场在货币政策传导中所起的作用；樊明太 (2004a，2004b) 则在一般均衡框架下对货币政策和金融市场结构之间的相关性展开了研究。还有许多经济学者在 DSGE 模型中加入金融部门以进行货币政策分析。早期的文章包括 Bernanke 和 Gertler (1986，1996) 的“金融代理人”模型。之后 BGG (1999) 以上述文章为基础开创性地把“金融加速器”(Financial Accelerator) 机制带入到 DSGE 框架下，被后来的 DSGE 学者奉为对金融系统进行建模的圭臬。当然，金融加速器并非在 DSGE 框架中引入金融系统之唯一途径，还有许多其他方法也可以达到同样目的。比如 Kiyotaki 和 Moore (1997) 提出的信贷周期模型①、Goodfriend 和 McCallum (2007) 构建的银行资本模型②以及 Hall (2013) 的利差模型③。这些模型都能够从不同角度和侧重点模拟经济中的金融特征，但在

① 该模型中，作者引入信贷约束机制，即借贷人需要以可以用于生产的资本作为抵押品进行借贷，并且信贷约束取决于抵押资产的价值，同时资产价值也会反向受到信贷约束的影响。两者之间的相互影响能够显著影响冲击的放大、传导与溢出机制。

② 在金融加速器机制和信贷约束机制中，金融摩擦的重点都放在资金需求方，而该模型则将建模重点放在了资金的供给方，即银行。作者在模型中引入了银行部门，银行不再仅仅作为中介，而是像企业一样进行优化决策，并且具有平衡表；同时作者还引入了能够为商品交易提供便利的货币，以增加货币与银行部门相互作用，从而放大与传导货币政策的作用效果。

③ 作者估计了资本回报率与资本品市场成本之间的利差，资本品市场成本是投资者不购买资本进行生产，而是投资于金融产品所获得的收益。作者以利差作为衡量金融摩擦的指标。

DSGE 模型中的使用频率远不如 BGG (1999) 的金融加速器模型那样普及。

"金融加速器" 模型自问世以来就被宏观经济学者广泛应用于经济周期和货币政策效果研究，比较重要的一篇文献当属 Christiano 等 (2010) 的文献。在这篇经典文献中，作者尝试探讨两个问题：第一，金融市场本身是否会产生新的冲击并作用于宏观环境？第二，金融市场是否会对货币政策的宏观效果产生影响，即金融系统会放大还是缩小货币政策对宏观经济的作用？作者对两个问题的回答都是肯定的。

在以往金融系统研究的基础上，我们将这一理论扩展至品牌战略研究，具体方法是在上一章新凯恩斯模型的基础上引入完整的金融加速器机制。通过这种扩展，笔者希望回答如下问题：金融系统存在时，品牌发展战略对宏观经济的作用会发生怎样的变化以及为什么会发生这样的变化？简而言之，就是在金融系统存在时对品牌发展战略的宏观作用及传导机制展开研究。

除了引入金融系统，本章还从另一个方向对上一章的基础模型进行扩展，就是将开放经济特征引入模型。进入 21 世纪，全球化与国际化已经成为世界各国经济发展的大背景，几乎没有一个国家能够完全脱离其他国家而独自发展。自从加入世贸组织以后，我国既面临着新的机遇，也面临着新的挑战。现阶段，中国对外开放程度已经逐步提高，根据海关总署的统计数据，2017 年，全年货物贸易进出口总值为 27.79 万亿元人民币，比 2016 年增长 14.2%①。可以说，改革开放为我国提供巨大的发展机会。与此同时，国际复杂多变的经济、金融、政治环境也为我国决策层带来了新的困难，我国政府在政策实施过程中不仅需要考量政策对国内宏观经济的影响，也需要考虑外国政策对中国的跨国影响作用。前面一章中，我们一直在封闭环境下讨论品牌发展战略对宏观经济环境的作用效果。然而，在现实经济世界中，一国实施旨在影响本国企业发展和本国宏观经济的品牌发展战略，也不可避免地对其贸易合作国产生影响；反之，国外实施的品牌战略，同样会影响我国企业的生存环境。

美国是中国第二大贸易伙伴，该国宏观政策必然会对我国产生十分显著的影响。美国政府在政策实施上具有极大的不确定性，这也将为世界经济环境和贸易环境带来巨大的系统性风险。在这一国际形势下，探讨开放经济框架下品牌发展战略的宏观作用效果以及跨国传导机制就带有非常重大的现实价值。鉴于此，本章也尝试在开放环境视野下建立新凯恩斯模型，以此分析我国品牌发展战略以及外国品牌战略实施对我国宏观经济的作用效果。

开放经济 DSGE 框架是传统封闭经济 DSGE 的扩展和分支，也被称为新开放宏观经济学 (New Open Economy Macroeconomics，NOEM)。封闭经济下 DSGE 模型扩展至开放经济 DSGE 模型一般遵循两种演进模式：一是小型经济 DSGE

① 数据来源：http://www.gov.cn/xinwen/2018-01/12/content_5255987.htm#1。

模型，也称小国模型；二是两国模型。小国模型假设经济主体是小型经济体，在国际市场上没有定价权，只能被动接受国际价格；进口产品价格、汇率、国际利率、外国政策等因素都直接以外生参数或者外生冲击形式引入模型。两国模型则是在建模过程中构造两个高度对称的经济主体，两者之间有贸易交换和资产交换，各国在实施货币政策或财政政策时会影响本国利率、汇率和进出口贸易比价 (Terms of Trade，TOT) 等变量，进而影响另一个国家的宏观经济。

NOEM 相关的研究文献较多，对于小国模型，比较经典的文献包括：Bergin (2003) 利用最大似然计量手段分析了小型开放经济模型；Adolfson 等 (2008) 则使用贝叶斯估计方法对小型开放经济模型进行估计；CTW (2011) 根据前面的文献构建更为完备的小型开放经济模型，并在其中加入金融系统和就业市场搜寻–匹配模块。对于两国模型，比较经典的文献包括：Obstfeld 和 Rogoff (1995) 是早期使用两国模型研究汇率和经常账户的 NOEM 文献；Kolasa (2009) 则构建了波兰和欧盟的两国模型，用以研究产品异质性在国际贸易中的影响；Gunter 等 (2009) 则使用两国模型对不同利率规则的影响进行了深入分析。国内也有不少文章在 NOEM 视野下对我国经济问题进行研究。金中夏和洪浩 (2013) 构建了小型开放经济 DSGE 模型，研究我国均衡利率形成原因。梅冬州和龚六堂 (2012) 使用两国 DSGE 模型研究我国经常账户调整下的福利损失情况。

总结以前的文献可以发现，国外学者在 NOEM 框架下的研究一般注重发展模型的多样性和参数估计，而国内学者则主要将这类模型用于研究经常账户、对外贸易、货币政策等专题，目前没有相关研究以品牌发展战略为出发点。鉴于本章的研究重点是品牌发展战略的国际影响，故选择两国 DSGE 模型作为本章研究方法。通过这一部分的研究分析，我们希望回答如下两个问题：第一，开放经济环境时，外国品牌战略是否会对我国企业生存环境以及我国宏观环境带来作用效果？第二，本国品牌发展战略的宏观作用效果会在开放经济环境下发生何种改变？

8.2 金融加速器

由于本章第一个重要特征是引入金融加速器机制，因此本节重点说明如何在新凯恩斯模型中引入这一机制。现代金融系统十分复杂，从各种投资类产品 (股票、债券等)，到各种金融衍生工具 (期权、掉期、结构型衍生品等)。2008 年美国次贷危机之所以具有如此大的破坏力，很大程度上源于美国金融系统的盘根错节①。然而，无论系统如何复杂，金融最核心的职能仍然是资金的借和贷。所以，

① 大量次级房屋贷款被“打包”并证券化，成为一种可投资的证券 MBS；MBS 再被证券化，成为 CBS-CDO；再被证券化，成为 MBS-CDO；再被证券化 ……。这种级联式的结构化衍生品早就使原本的债权-债务关系隐藏得无影无踪。这些复杂的金融衍生品也迷惑了穆迪、标普等国际评级机构的判断力，使这些机构错误地对许多高风险衍生品打出了“AAA”的高分，进一步加大系统性风险。

本章采用 BGG (1999) 提出的金融加速器机制在模型中引入信息不对称元素。本章在上一章模型的基础上，参考 CTW (2011) 以及 CMR (2010)，引入金融加速器模块。这种扩展将在原有模型中增加三个经济主体，分别是资本生产者、企业家和金融中介 (银行)。金融加速器侧重于从借贷方，即企业家，对金融系统进行刻画，对银行的资产负债表并不做过多分析。本章也沿用这一传统，银行仅作为风险中性的金融中介，将资金从家庭手中转移到企业家手中，再将本金和利息返还给家庭，中间不收取任何费用①。

8.2.1 资本生产者

资本生产者是一类新加入的经济行为人，其作用是在每一期期初使用上一期期末从企业家手中购买的未折旧资本，加上本期的新投资来生产资本品②，然后出售给企业家，依次循环往复。资本生产者在第 t 期需要求解如下优化问题：

$$\max \quad E_t\left\{\sum_{s=0}^{\infty}\beta^s P_{ct+s}\lambda_{t+s}\left[Q_{t+s}(\bar{K}_{t+s+1}-(1-\delta_1)\bar{K}_{t+s})-\frac{P_{it+s}}{P_{ct+s}}I_{t+s}\right]\right\} \tag{8-1}$$

符号与字母所代表的意义和上一章完全一样。资本生产者在最大化上式时，需要服从于如下的资本积累方程，

$$\bar{K}_{t+1}=(1-\delta_1)\bar{K}_t+u_{it}\left[1-S\left(\frac{I_t}{I_{t-1}}\right)\right]I_t \tag{8-2}$$

在式 (8-2) 的约束下最大化式 (8-1)，可得如下一阶条件，

$$\begin{aligned}\frac{P_{it}}{P_{ct}}=&Q_t u_{it}\left[1-S\left(\frac{I_t}{I_{t-1}}\right)-S'\left(\frac{I_t}{I_{t-1}}\right)\frac{I_t}{I_{t-1}}\right]\\&+\frac{Q_{t+1}}{R_t}\frac{P_{ct+1}}{P_{ct}}u_{it+1}\left(\frac{I_{t+1}}{I_t}\right)^2S'\left(\frac{I_{t+1}}{I_t}\right)\end{aligned} \tag{8-3}$$

式 (8-3) 为资本生产者在每一期的投资决策 I 方程，I 直接依赖于已安装资本的真实价格 (Tobin's q) 和无风险利率 R。式 (8-3) 与无金融加速器中家庭投资方程完全一样③。

① 本章模型的设定方式与 CTW(2011) 类似。CMR(2010) 所构建的金融加速器模型既包括企业家的借贷特征，也包括银行的资产负债表和利润最大化特征。

② 有些文献也称这种资本品为已安装资本 (Installed Capital)，即可以直接用于生产的资本。资本品是相对于投资而言的，投资是流量，在 DSGE 模型中一般不能直接用于生产，必须得转化成资本存量才可以生产，而投资转化成资本需要时间 (一般是一期)。在金融加速器模型中，资本生产者出售的资本品，从质上讲与资本家租借给企业进行生产的资本完全一样，但需要经过异质性风险冲击和企业家在资本利用率上的选择才成为租赁给企业进行生产活动的有效资本。

③ 事实上，资本生产者的功能只是从原本应该由家庭承担的投资决策中剥离出来，他们并不是一类真正的行为主体，只是为了模型表述方便才引入的。即使在金融加速器模型中，也完全可以认为是家庭投资并生产资本品，然后出售给企业家。

8.2.2 企业家

企业家是本章模型中最重要的行为人，他们是风险中性的，具有管理资产的能力，能够管理超过自身净值的资产数量；并且企业家的效用也由所持有总资产的数量唯一决定，所以他们具有从银行借贷来进行投资的强烈动机。在金融加速器模型中，企业家的决策时机十分重要，图 8-1 给出了企业家决策的具体时间点。在模型中，企业家的优化决策主要有两个：一是确定最优的资本利用率；二是与银行确定最优债务合同。首先分析第一个任务，企业家在确定最优资本利用率时，需要进行如下规划，

$$\max \quad P_{ct}u_t r_{kt}(1-\tau_{kt})\bar{K}_t - P_{it}a(u_t)\bar{K}_t \tag{8-4}$$

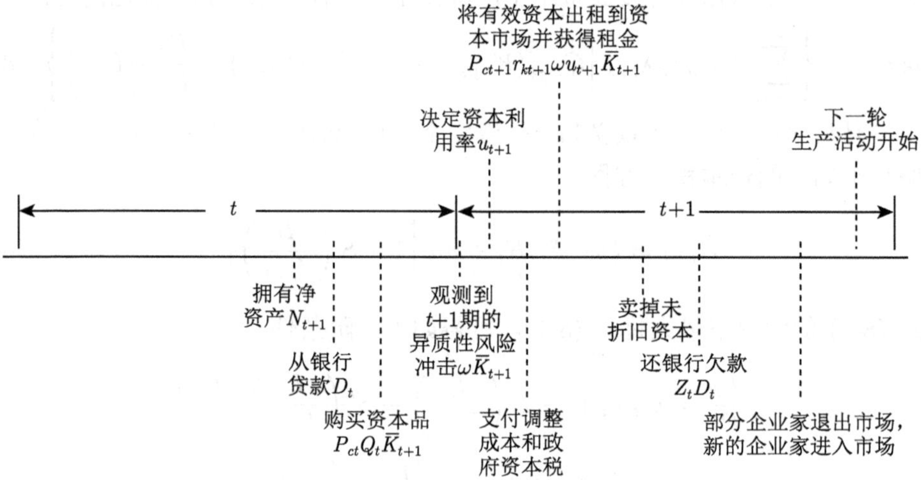

图 8-1 企业家决策的具体时间点

企业家在确定资本使用率时，会面临调整成本；显然，如果没有调整成本，资本利用率当然越高越好，模型也就无法达到确定性稳态。调整成本应满足 $a(1)=0$，即稳态下没有调整成本。成本函数的确定表达式无须知道，只要了解 $a''(1)/a'(1)$ 的数值即可。式 (8-4) 的一阶条件可以写为

$$P_{ct}r_{kt}(1-\tau_{kt}) = a'(u_t)P_{it} \tag{8-5}$$

最优资本利用率重点依赖于扣除税收后的有效资本租金。上一章已经讨论过，有效物质资本存量的调节可以由两个方式来完成：一是投资的变化，二是资本利用率的变化。前者具有时滞，后者可以当期实现调整。在上一章的基本模型中，这两个决策都由家庭完成，存在金融加速器后，投资决策交由资本生产者进行，而

确定最优利用率则由企业家完成。企业家对最优利用率的决策方程式 (8-5) 也和家庭的决策方程完全一样。

企业家的第二个任务是和银行确定最优债务合同。在每一期的期末，企业家持有资产净值 N①，由于其能够管理超过自身净值的资产，因此从银行贷款 D，接着从资本生产者手中购买其生产的资本品 $\bar{K}$，假设上述行为都发生于第 t 期最后②，则有

$$D_t + N_{t+1} = P_{ct}Q_t\bar{K}_{t+1} \tag{8-6}$$

定义企业家的杠杆率如下式，其下标为 $t+1$，所以该杠杆率是企业家从第 t 期期末到第 $t+1$ 期期末的杠杆率③，

$$\text{lev}_{t+1} = P_{ct}Q_t\bar{K}_{t+1}/N_{t+1} \tag{8-7}$$

在第 $t+1$ 期期初，企业家受到异质性风险影响 ω。异质性风险 ω 是一个均值等于 1 的随机过程，其分布形式为对数正态。每个企业家面临的冲击都相互独立和同分布，并且只有自己能够直接观测，银行只有支付一定数量的审计成本之后，才能够了解企业家的实际情况。$\log(\omega)$ 的标准差 σ_t 为一个外生随机过程，服从 AR(1)。异质性风险实际上决定着企业家投资的回报率，当某个企业家所面临的 ω 越低，该企业家的投资回报率也就越低，当 ω 低到企业家的总资产无法支付银行欠款时，该企业家就会宣布破产以清偿银行债务。$\log(\omega)$ 的标准差 σ_t 决定着企业家的异质性回报率在不同企业家之间的分散程度；当随时间改变时，企业家回报率的分散程度也将随时间改变，企业家的破产分布也将随时间改变，整个金融系统的信贷环境也就随时间改变了。经过异质性冲击的作用，企业家购买的资本品会变为 $\omega\bar{K}_{t+1}$。在观测到 $t+1$ 期的所有冲击 (包括异质性冲击、技术冲击、政策冲击) 之后，企业家通过式 (8-5) 决定最优的资本利用率 u_{t+1}，有效资本变为 $\omega u_{t+1}\bar{K}_{t+1}$；当然，需要支付一定的名义资本调整成本 $\omega a(u_{t+1})\bar{K}_{t+1}P_{it+1}$。然后，企业家在资本品市场将有效资本品出租给服务生产企业和商品生产企业进行生产活动，获得名义租金 $P_{ct+1}r_{kt+1}\omega u_{t+1}\bar{K}_{t+1}$。最后，企业家将未折旧的资本残值回售给资本生产者，获得收入 $(1-\delta_1)\omega\bar{K}_{t+1}P_{ct+1}Q_{t+1}$。综上，如果将第 t 期期末企业家贷款购买资本品，到第 $t+1$ 期期末把资本残值卖给资本生产者当作一个投资周期，则企业家在这个投资周期的真实总收益率可以表示为

① 企业家净资产 N 与资本品一样，都是存量，而非流量。N_{t+1} 的时间下标虽然是 $t+1$，但在第 t 期就被完全决定了，并不受第 $t+1$ 期冲击的影响，这一点在程序编写中尤其重要。

② 金融加速器模型中企业家的决策时机非常重要，尤其是在程序的编写中。后文请注意行为发生的时间点和变量的时间下标。

③ 需要注意的是，本处定义杠杆率使用总资产 (= 总负债 + 企业家净资产) 与净资产之比，很多新闻、媒体所用杠杆率是总负债与净资产之比，应注意区分。

$$R_{kt+1}=\frac{u_{t+1}r_{kt+1}P_{ct+1}(1-\tau_{kt+1})-a(u_{t+1})P_{it+1}+(1-\delta_1)P_{ct+1}Q_{t+1}}{P_{ct}Q_t} \tag{8-8}$$

式 (8-8) 表示，企业家的投资回报可以分为两个方面：一是资本在生产过程中的报酬 (扣除物质资本利用率调整成本和资本税之后的租金)，二是资本价值上涨带来的收益 (资本利得)。政府财政政策可以通过两个途径改变企业家的总回报率：从短期来看，政府调整资本税可以即期影响回报率；从长期来看，政府投资能够增加私人资本的边际生产率，导致租金上涨，投资回报得到增长。在第 $t+1$ 期期末，企业家的名义资产总值可以表示为 $P_{ct}Q_tR_{kt+1}\omega\bar{K}_{t+1}$[①]。仍然是第 $t+1$ 期期末，企业家需要偿还贷款本金和利息 Z_tD_t[②]。若企业家的资产总值高于 Z_tD_t，就可以偿还贷款，不用进行破产清算；如果资产总值低于 Z_tD_t，企业家破产。此时银行收走其所有资产，由于企业家有动机隐瞒自身的实际资产，银行需要付出审核成本，一般假设审核成本是资产总值的一定比值 $\mu P_{ct}Q_tR_{kt+1}\omega\bar{K}_{t+1}$，$\mu$ 是一个小于 1 的数值[③]。单个企业家是否破产，取决于其所面临的异质性风险 ω，企业家总资本关于 ω 单调递增，因此总可以找到一个临界值 $\bar{\omega}_{t+1}$，使得

$$P_{ct}Q_tR_{kt+1}\bar{\omega}_{t+1}\bar{K}_{t+1}=Z_tD_t \tag{8-9}$$

对于单个企业家而言，当其所受异质性冲击 $\omega\geqslant\bar{\omega}_{t+1}$ 时，企业家在第 $t+1$ 期期末不会破产，并且收益为正；当 $\omega<\bar{\omega}_{t+1}$ 时，企业家破产，资产被银行全部收走。银行每一笔贷款的支付函数可以写为

$$\begin{cases} Z_tD_t, & \omega\geqslant\bar{\omega}_{t+1}, \\ (1-\mu)P_{ct}Q_tR_{kt+1}\omega\bar{K}_{t+1}, & \omega<\bar{\omega}_{t+1} \end{cases} \tag{8-10}$$

企业家的支付函数为

$$\begin{cases} (\omega-\bar{\omega}_{t+1})P_{ct}Q_tR_{kt+1}\bar{K}_{t+1}, & \omega\geqslant\bar{\omega}_{t+1}, \\ 0, & \omega<\bar{\omega}_{t+1} \end{cases} \tag{8-11}$$

对银行的支付函数关于 ω 从 0 到无穷大上积分，可以得到银行贷款给所有企业家的期望收益，

$$\int_0^{\bar{\omega}_{t+1}}(1-\mu)\omega R_{kt+1}P_{ct}Q_t\bar{K}_{t+1}\mathrm{d}F(\omega;\sigma)+\int_{\bar{\omega}_{t+1}}^{\infty}Z_tD_t\mathrm{d}F(\omega;\sigma)$$

---

① 式 (8-8) 计算出的总回报率是相对于第 t 期期末，企业家在购买资本品上的投资而言的，故第 $t+1$ 期期末企业家的资产总值应该用 $P_{ct}Q_t$ 进行计算，而不是 $P_{ct+1}Q_{t+1}$。

② Z_t 是企业家与银行在第 t 期期末商议的总利率，不受第 $t+1$ 期冲击的影响。事实上，在 BGG(1999) 以前几乎没有人使用 Z 表示利率，但自从 BGG(1999) 使用以后，其他学者也开始这样使用，一直沿用至今。

③ 这种设定直译为成本状态检验 (Costly State Verification, CSV)，最早由 Townsend(1979) 提出，后来被 BGG(1999) 引入金融加速器模型。

$$= [1 - F(\bar{\omega}_{t+1}; \sigma_{t+1})] Z_t D_t + (1 - \mu) R_{kt+1} P_{ct} Q_t \bar{K}_{t+1} \int_0^{\bar{\omega}_{t+1}} \omega \mathrm{d}F(\omega; \sigma) \quad (8\text{-}12)$$

其中，F 函数是随机变量 ω 的累积分布函数。在本章模型中，银行仅仅作为金融中介，将家庭部门的储蓄借贷给企业家，而不收取任何费用，也不需要像企业一样进行优化决策。因此银行的期望收益应该等于需要还给家庭的储蓄本利和，

$$[1 - F(\bar{\omega}_{t+1}; \sigma_{t+1})] Z_t D_t + (1 - \mu) R_{kt+1} P_{ct} Q_t \bar{K}_{t+1} \int_0^{\bar{\omega}_{t+1}} \omega \mathrm{d}F(\omega; \sigma) = R_t D_t \quad (8\text{-}13)$$

上式被称为银行部门的零利润条件，也可以称为无套利条件。需要说明的是，银行虽然直接将家庭多余的钱转移到企业家手中，又将本息从企业家转移到家庭，中间不收取任何费用，但这并不代表银行是“多余”的。和资本生产者不同，银行的存在隐含了某种十分关键的功能。银行贷款给单个企业家是有风险的，即企业家所面临的异质性风险，这种风险对银行而言是非系统性的，银行始终可以通过分散贷款降低这种非系统性风险，并且选择合适的贷款利率 Z 使期望收益满足式 (8-13)。银行与企业家之间协定的贷款利率 Z 总是会高于银行支付给家庭储蓄的利率 R，两种利率之间的差额正是银行为了对冲企业家异质性风险所要求的风险升水。对于单个家庭而言，要实现上述投资策略是完全不可能的；如果没有银行，要实现家庭向企业家的无风险贷款是不可能的，更不用说起到金融加速器的效果了。按照金融加速器模型惯例，本文引入 G 和 Γ 两个函数，

$$G(\bar{\omega}_{t+1}; \sigma_{t+1}) = \int_0^{\bar{\omega}_{t+1}} \omega \mathrm{d}F(\omega; \sigma)$$

$$\Gamma(\bar{\omega}_{t+1}; \sigma_{t+1}) = \bar{\omega}_{t+1}[1 - F(\bar{\omega}_{t+1}; \sigma_{t+1})] + G(\bar{\omega}_{t+1}; \sigma_{t+1})$$

将 G 和 Γ 两个函数代入式 (8-13)，可将银行零利润条件进一步表示为

$$[\Gamma(\bar{\omega}_{t+1}; \sigma_{t+1}) - \mu G(\bar{\omega}_{t+1}; \sigma_{t+1})] \frac{R_{kt+1}}{R_t} \mathrm{lev}_{t+1} = \mathrm{lev}_{t+1} - 1 \quad (8\text{-}14)$$

对企业家的支付方程进行积分，能够得到其预期收益，其功效函数能够以预期收益相对于机会成本来表示，即

$$\frac{\int_{\bar{\omega}_{t+1}}^{\infty} (\omega - \bar{\omega}_{t+1}) P_{ct} Q_t R_{kt+1} \bar{K}_{t+1} \mathrm{d}F(\omega; \sigma)}{R_t N_{t+1}} = [1 - \Gamma(\bar{\omega}_{t+1}; \sigma_{t+1})] \frac{R_{kt+1}}{R_t} \mathrm{lev}_{t+1} \quad (8\text{-}15)$$

从上面的式子可以看出，企业家的效用与杠杆率成正比，杠杆率趋于无穷时，企业家效用也趋于无穷。产生这一结论的根本原因在于企业家对银行的负债是以自

有资产为下限的有限责任。因此负债越高，期望回报越高，企业家效用相应攀高。企业家与银行会共同商定最优债务合同，在优化该合同的时候，既需要考虑企业家的效用，也需要满足银行的零利润条件，

$$\begin{aligned}\max\quad & [1-\Gamma(\bar{\omega}_{t+1};\sigma_{t+1})]\frac{R_{kt+1}}{R_t}\mathrm{lev}_{t+1}\\ \text{s.t.}\quad & [\Gamma(\bar{\omega}_{t+1};\sigma_{t+1})-\mu G(\bar{\omega}_{t+1};\sigma_{t+1})]\frac{R_{kt+1}}{R_t}\mathrm{lev}_{t+1}=\mathrm{lev}_{t+1}-1\end{aligned}\tag{8-16}$$

上述规划的一阶条件为

$$\begin{aligned}&[1-\Gamma(\bar{\omega}_{t+1};\sigma_{t+1})]\frac{R_{kt+1}}{R_t}+\frac{\Gamma_{\bar{\omega}}(\bar{\omega}_{t+1};\sigma_{t+1})}{\Gamma_{\bar{\omega}}(\bar{\omega}_{t+1};\sigma_{t+1})-\mu G_{\bar{\omega}}(\bar{\omega}_{t+1};\sigma_{t+1})}\\ &\cdot\left\{[\Gamma(\bar{\omega}_{t+1};\sigma_{t+1})-\mu G(\bar{\omega}_{t+1};\sigma_{t+1})]\frac{R_{kt+1}}{R_t}-1\right\}=0\end{aligned}\tag{8-17}$$

在第 $t+1$ 期末，假设有 $1-\gamma$ 比例的企业家退出市场，回到家庭，剩余 γ 比例的企业家继续留在市场；又有同样数量的居民进入市场成为企业家，以保持企业家总数不变，并带来一定数量的财富。企业家群体总财富的动态演变方程可以写为如下形式，

$$N_{t+2}=\gamma[1-\Gamma(\bar{\omega}_{t+1};\sigma_{t+1})]R_{kt+1}P_{ct}Q_t\bar{K}_{t+1}+W^e\tag{8-18}$$

将式 (8-14) 代入上式消去 Γ 函数可以将企业家群体的净资产积累方程写为

$$\begin{aligned}N_{t+2}=&\gamma\left\{R_{kt+1}P_{ct}Q_t\tilde{K}_{t+1}-\left[R_t+\mu\frac{\displaystyle\int_0^{\varpi_{t+1}}\omega\mathrm{d}FR_{kt+1}P_{ct}Q_tK_{t+1}}{P_{ct}Q_tK_{t+1}-N_{t+1}}\right]\right.\\ &\left.\cdot\left(P_{ct}Q_t\bar{K}_{t+1}-N_{t+1}\right)\right\}+W^e\end{aligned}\tag{8-19}$$

上面的公式中，大括号内第一项是企业家投资后的总收益，企业家集体的总收益需要扣除支付给银行贷款的本金和利息后 (大括号内第二项)，才能作为企业家的留存收益记入其净资产。企业家支付给银行的平均总利息是方括号内的表达式；该利息又由两部分组成，一部分是银行需要支付给家庭储蓄的无风险利率 R_t，另一部分则是银行为补偿贷款给企业家时所面临异质性风险的风险升水，该风险升水也可理解为银行对企业家异质性风险的定价，风险升水的表达式如下

$$R_t^{prm}=\mu\frac{\displaystyle\int_0^{\bar{\omega}_{t+1}}\omega\mathrm{d}FR_{kt+1}P_{ct}Q_t\bar{K}_{t+1}}{P_{ct}Q_t\bar{K}_{t+1}-N_{t+1}}\tag{8-20}$$

需要注意，上式风险升水是对整个企业家群体而言，而并非对个体而言。银行并非刻意选择利率 $R_t + R_t^{prm}$ 来贷款给企业家，$R_t + R_t^{prm}$ 可以理解为银行在第 $t+1$ 期期末计算出的上一期贷款收益率，是一种"事后"利率，它会受到第 $t+1$ 期冲击的影响；而 Z_t 则是银行在第 t 期期末和企业家商定的贷款利率，是对单个企业家而言的，是一种"事前"利率，不会受到第 $t+1$ 期冲击的影响。根据式 (8-9)，Z_t 可以表示为

$$Z_t - R_t = \frac{R_{kt+1} P_{ct} Q_t \bar{K}_{t+1} \bar{\omega}_{t+1}}{P_{ct} Q_t \bar{K}_{t+1} - N_{t+1}} - R_t \tag{8-21}$$

8.2.3 外生冲击

在外生冲击的设计上，本章共有品牌战略冲击、商品生产技术冲击、投资专有技术冲击、货币政策冲击、政府投资冲击、政府消费冲击、转移支付冲击、消费税冲击、资本税冲击、工资税冲击以及企业家异质性风险冲击。在冲击形式的设定上，按照一般 DSGE 文献的设定，货币政策冲击为瞬时冲击，不服从 AR(1) 过程；由于技术溢出效应的存在，品牌生产部门和商品生产部门的技术冲击会相互影响。8.9 节和 8.10 节列出了模型完整对数线性化后的方程组。

8.3 资本品市场和信贷市场分析

在金融加速器模型中，金融系统对任何外生冲击的影响都要通过资本品市场和信贷市场来作用，因此，企业家从资本生产者手中购买的资本品 $\bar{K}$ 和企业家从银行进行的借贷 D 就是金融加速器模型中最关键的两个变量。这一节参考 CMR(2010) 的方法分析资本品市场和信贷市场的均衡数量是如何决定的。

8.3.1 资本品市场

首先从供给侧对资本品市场进行分析。对资本品生产者的一阶条件式 (8-3) 和资本积累方程式 (8-2) 进行对数线性化，并将式 (8-4) 代入式 (8-3) 消去投资，然后忽略在第 t 期以前就被决定的资本项，可得到如下的资本供给方程，

$$\tilde{Q}_t = \frac{S''(1)}{\delta_1}\left(1+\beta+\beta(1-\delta_1)\right)\tilde{\bar{K}}_{t+1} - \beta\frac{S''(1)}{\delta_1}E_t\tilde{\bar{K}}_{t+2} + (\gamma_i - \gamma_c)\tilde{X}_t - \tilde{u}_{it} \tag{8-22}$$

上式中，$\tilde{\bar{K}}_{t+1}$ 之前系数为正，说明在 $\tilde{Q}_t - \tilde{\bar{K}}_{t+1}$ 坐标空间中，资本品供给函数向右上方倾斜，函数的斜率由 $S''(1)$(即投资调整成本对投资变化的改变水平) 决定。当投资专有技术冲击偏离稳态正向变化时，供给曲线向右移动，即投资专有技术冲击会增加资本的供给。因为 $\gamma_i - \gamma_c < 0$，当服务与商品相对价格 X 正向变化

时，会使供给曲线向右移动，也就是说能使相对价格正向变动的冲击，都会减少资本的供给。接下来分析资本品市场的需求侧。由企业家最优债务合同的一阶条件式 (8-17) 与银行零利率条件式 (8-13) 可以得到如下互补松弛条件，

$$\frac{Q_t\bar{K}_{t+1}}{n_{t+1}}\left[\frac{R_{kt+1}}{R_t}\left(\Gamma\left(\bar{\omega}_{t+1};\sigma_{t+1}\right)-\mu G\left(\bar{\omega}_{t+1};\sigma_{t+1}\right)\right)-1\right]+1=0 \tag{8-23}$$

对式 (8-17) 和上式进行对数线性化，合并后消去 $\bar{\omega}_{t+1}$，可得到如下资本需求方程，

$$\tilde{Q}_t=-\tilde{\bar{K}}_{t+1}+\tilde{n}_{t+1}+A\left(\frac{\bar{K}-n}{n}\right)\left(R_k\tilde{R}_{kt+1}-R\tilde{R}_t\right)-B\left(\frac{\bar{K}-n}{n}\right)\sigma\tilde{\sigma}_{t+1} \tag{8-24}$$

其中

$$A=1+\frac{\Gamma_\omega-\mu G_\omega}{\Gamma-\mu G}\frac{Y}{X}$$

$$B=-\frac{Z}{X}-\frac{\Gamma_\sigma-\mu G_\sigma}{\Gamma-\mu G}$$

$$X=(1-\Gamma)\frac{R_k}{R}\left[\Gamma_{\omega\omega}-\frac{\Gamma_\omega}{\Gamma_\omega-\mu G_\omega}\left(\Gamma_{\omega\omega}-\mu G_{\omega\omega}\right)\right]$$

$$\begin{aligned}Z=\frac{R_k}{R}\Big\{&-\Gamma_\omega\Gamma_\sigma+\frac{\Gamma_\omega}{\Gamma_\omega-\mu G_\omega}\Gamma_\omega\left(\Gamma_\sigma-\mu G_\sigma\right)-(1-\Gamma)\\&\cdot\left[\Gamma_{\omega\sigma}-\frac{\Gamma_\omega}{\Gamma_\omega-\mu G_\omega}\left(\Gamma_{\omega\sigma}-\mu G_{\omega\sigma}\right)\right]\Big\}\end{aligned}$$

$$Y=\frac{\Gamma_\omega}{\Gamma_\omega-\mu G_\omega}\Gamma_\omega$$

在 $\tilde{Q}_t-\tilde{\bar{K}}_{t+1}$ 坐标空间中，资本需求函数为一个向下方向倾斜的图形。根据模型的参数校准值，可以知道 A 和 B 都是大于 0 的参数，并且 $\bar{K}-n>0$, 所以任何会引起企业家资产净值正向移动、总收益率正向移动、利率负向移动以及波动率负向移动的冲击都会使需求曲线向上移动，即增加企业家对资本的需求。

8.3.2　信贷市场

分析信贷市场均衡之前，首先需要把风险升水定义式 (8-20) 实施对数线性化步骤，

$$\tilde{R}_t^{prm}=-\left(\frac{n}{\bar{K}-n}\right)\left(\tilde{Q}_t+\tilde{\bar{K}}_{t+1}-\tilde{n}_{t+1}\right)+\frac{G_\sigma}{G}\tilde{\sigma}_{t+1}+R_k\tilde{R}_{kt+1}+\frac{G_\omega}{G}\bar{\omega}\tilde{\bar{\omega}}_{t+1} \tag{8-25}$$

然后关于银行信贷定义式 (8-6) 实施对数线性化可得

$$\left(\frac{\bar{K}-n}{\bar{K}}\right)\tilde{d}_t+\frac{n}{\bar{K}}\tilde{n}_{t+1}=\tilde{Q}_t+\tilde{\bar{K}}_{t+1} \tag{8-26}$$

将上式和企业家一阶条件式 (8-17) 的对数线性化形式代入式 (8-25) 并消去 $\tilde{Q}_t$, $\tilde{\bar{K}}_{t+1}$ 和 $\tilde{\bar{\omega}}_{t+1}$ 可以得到如下企业家对信贷的需求方程，

$$\tilde{R}_t^{prm}=-\frac{n}{\bar{K}}\tilde{d}_t+\frac{n}{\bar{K}}\tilde{n}_{t+1}+HR_k\tilde{R}_{kt+1}-(H-1)R\tilde{R}_t+J\sigma\tilde{\sigma}_{t+1} \tag{8-27}$$

其中 $H=1+\dfrac{G_\omega}{G}\dfrac{Y}{X}>1$，$J=\dfrac{G_\omega}{G}\dfrac{Z}{X}+\dfrac{G_\sigma}{G}<0$，从上式可以看出，在 $\tilde{R}_t^{prm}-\tilde{d}_t$ 空间内，贷款需求函数是向右下方倾斜的图形，任何引起企业家财富正向移动、预期收益率正向移动、利率负向移动的冲击都会使信贷需求曲线向右移动，即增加企业家对信贷的需求。另外，正向异质性风险冲击会降低企业家对信贷之需求。

接着对银行零利润条件 (8-13) 进行对数线性化并代入风险升水定义式 (8-25) 中消去 $\tilde{\bar{\omega}}_{t+1}$，可以得到银行的信贷供给曲线如下

$$\tilde{R}_t^{prm}=S\frac{n}{\bar{K}}\tilde{d}_t-S\frac{n}{\bar{K}}\tilde{n}_{t+1}-SR_k\tilde{R}_{kt+1}+(1+S)R\tilde{R}_t+T\sigma\tilde{\sigma}_{t+1} \tag{8-28}$$

其中 $S=\dfrac{G_\omega(\Gamma-\mu G)}{G(\Gamma_\omega-\mu G_\omega)}-1>0$，$T=\dfrac{G_\sigma}{G}-\dfrac{G_\omega(\Gamma_\sigma-\mu G_\sigma)}{G(\Gamma_\omega-\mu G_\omega)}>0$。由银行信贷供给函数以及参数符号可以知道，该图形在 $\tilde{R}_t^{prm}-\tilde{d}_t$ 坐标空间里是一条向右上方倾斜的图形，并且任何能够导致企业家财富正向运动、企业家总收益率正向运动、无风险利率正向运动的冲击都会使供给曲线向右运动，即银行会增加信贷供给。从上述资本品市场和信贷市场的推导过程可以看出，任何外生冲击，都会通过至少影响资本品供给、资本品需求、信贷供给、信贷需求中的一项或多项来影响宏观经济。

8.3.3 金融系统影响宏观经济的两个途径

这一部分讨论金融加速器机制是如何影响经济运行的。根据 CMR (2010)，在金融加速器模型中有两个途径可以影响宏观经济。第一个途径是真正的“金融加速器”渠道，也就是 BGG (1999) 这篇文章中重点讨论的途径。从式 (8-20) 可以发现，风险升水与企业家总资产反向相关。当经济上行时，企业家的资产总值上升，风险升水下降，银行贷款利率也将下降，企业家有激励从银行贷更多资金用于购买资产，使资产价格进一步提高，企业家总财富也就进一步增长；当经济下行，企业家的资产总值下降，风险升水提高，企业家贷款成本上升，进而抑制企业家的贷款需求，对资本的需求也降低，导致资本价格进一步降低，企业家总资

产也进一步贬值。传统“金融加速器”对于能够引起宏观变量正向移动之外生冲击带来较好的放大效果。

第二个途径则是由通货膨胀所造成的真实债务负担在债务人与债权人之间转移所导致的财富再分配。这个渠道在 BGG (1999) 里面是没有的，这是因为 BGG(1999) 中企业家与银行签订的最优债务合同是以真实利率衡量，而非以名义利率衡量。在本章模型中，最优债务合同都以名义值计价，因此真实债务负担会受到非预期通货膨胀的影响。在金融加速器模型中，企业家是债务人，而家庭是债权人，当发生通货紧缩时，或者通货膨胀率低于预期时，会加重企业家的负担，从而使财富由企业家向家庭转移；当发生通货膨胀或者通货膨胀率高于预期时，会减轻企业家负担，使财富由家庭向企业家转移。这种途径在 CMR (2010) 的文献中被称为“费雪通缩效应”。这种途径会对能够影响物价显著变动的外生冲击产生放大效果。两种途径会共同作用，对外生脉冲的宏观作用产生改变效果。当某种冲击引起产出和通货膨胀同方向运动时，金融加速器途径和费雪途径会从相同方向影响外生冲击的效果；当某种冲击引起产出和通货膨胀反方向运动时，两种途径则会从相反方向影响外生冲击的作用效果。

8.4 封闭经济环境扩展为开放经济环境

本章除了引入金融加速器机制，还将封闭经济环境扩展至开放经济环境，扩展方法参考 Gunter 等 (2009) 和 Kolasa (2009) 的两国模型设定。模型由两个完全对称的国家组成，每个国家的情况完全相同，包含品牌资产生产企业、商品生产企业、服务生产企业、代表性家庭、资本生产者、企业家、银行、政府八个部门。

8.4.1 家庭

进一步假设服务部门生产的产品不能进行国际交易，而商品部门生产的产品可以进行交易。家庭消费和私人投资采用与上一章模型不同的设定，需要同时使用服务和商品，并且通过 Cobb-Douglas 函数复合而成。另外，居民对商品的消耗需求又由国内生产商品和外国生产商品复合而成；资本生产者投资过程中所需要的商品也由本国商品和进口商品复合而成。在政府部门的设置上，假设政府消费和投资都只能使用本国生产的商品和服务，而不能使用从国外进口的商品，即政府支出对本国产品具有完全偏好，Kolasa (2009) 的文献也采取这种设定。除此之外，政府部门的其他情况与上一章设定完全相同。两个国家之间通过国际风险分摊、汇率和进出口贸易比价进行联系。两个国家分别由 H 和 F 表示，本国 H 家庭连续分布于 $[0, n]$ 区间，外国 F 家庭则连续分布于 $[n, 1]$ 区间上。此外，令国内的服务生产企业和商品生产企业分别在 $[0, n]$ 区间上连续分布，外国的服务生产企业和商品生产企业则分布于 $[n, 1]$ 区间上。n 本质上是本国的相对规模参数，$1-n$ 则是外国的规模参数，这里的规模并非简单指人口，而是人口规模与经济规模的综合考量。

家庭在每一期会最大化下式

$$\max \quad E_0 \sum_{t=0}^{\infty} \beta^t \left[\frac{((C_t(i) - hC_{t-1})Gc_t^{\theta_c})^{1-\sigma_c}}{1-\sigma_c} - \frac{L_t(i)^{1+\sigma_n}}{1+\sigma_n} \right] \tag{8-29}$$

式 (8-29) 中符号和字母意义与上一章完全一样。家庭进行上述优化时需要服从流量预算约束。家庭优化问题的一阶条件可以写为

$$\beta R_t \frac{P_{ct}}{P_{ct+1}} = \frac{(C_t - hC_{t-1})^{-\sigma_c} Gc_t^{(1-\sigma_c)\theta_c} (1+\tau_{ct+1})}{(C_{t+1} - hC_t)^{-\sigma_c} Gc_{t+q}^{(1-\sigma_c)\theta_c} (1+\tau_{ct})} \tag{8-30}$$

式 (8-30) 为家庭的欧拉方程。此外，本章仍然假设家庭提供的劳动是异质性的，因此对工资具有定价权，家庭在工资的优化上采用 Calvo (1983) 的交错定价机制。假设每一期随机抽取 $(1-\xi_w)$ 比例的家庭进行工资优化，剩余 ξ_w 比例的家庭只能通过上期 CPI 通货膨胀率被动调整：$W_{t+1}(i) = \dfrac{P_{ct}}{P_{ct-1}} W_t(i)$。在第 t 期，工资优化的一阶条件为

$$(W_t^*)^{1+\sigma_n\varepsilon_w} = \frac{\varepsilon_w}{\varepsilon_w - 1} \frac{E_t \sum_{s=0}^{\infty} (\beta\xi_w)^s \left(\frac{P_{ct+s-1}}{P_{ct-1}}\right)^{-\varepsilon_w(1+\sigma_n)} W_{t+s}^{\varepsilon_w(1+\sigma_n)} L_{t+s}^{1+\sigma_n}}{E_t \sum_{s=0}^{\infty} (\beta\xi_w)^s \left(\frac{P_{ct+s-1}}{P_{ct-1}}\right)^{1-\varepsilon_w} \lambda_{t+s}(1-\tau_{wt+s}) W_{t+s}^{\varepsilon_w} L_{t+s}} \tag{8-31}$$

总工资的变化方程可以写为

$$W_t^{1-\varepsilon_w} = (1-\xi_w)(W_t^*)^{1-\varepsilon_w} + \xi_w W_{t-1}^{1-\varepsilon_w} \tag{8-32}$$

下面讨论居民的消费偏好。居民消费由两类商品组成，一类是对服务的消费 C_{st}，另一类是对商品的消费 C_{mt}，两类消费以 Cobb-Douglas 形式复合而成

$$C_t = \frac{C_{st}^{\gamma_c} C_{mt}^{1-\gamma_c}}{\gamma_c^{\gamma_c}(1-\gamma_c)^{1-\gamma_c}} \tag{8-33}$$

其中，γ_c 表示稳态下对服务的使用占家庭总消费的份额。此时家庭对服务和商品的需求分别可以写为如下形式，

$$C_{st} = \gamma_c \left(\frac{P_{st}}{P_{ct}}\right)^{-1} C_t \tag{8-34}$$

$$C_{mt} = (1-\gamma_c)\left(\frac{P_{mt}}{P_{ct}}\right)^{-1} C_t \tag{8-35}$$

其中，P_{st} 和 P_{mt} 分别为服务价格指数与商品价格指数。家庭对服务或商品的消费需求取决于其价格指数相对于 CPI 的价格。CPI 可以写为

$$P_{ct} = P_{st}^{\gamma_c} P_{mt}^{1-\gamma_c} \tag{8-36}$$

假设经济中存在许多服务生产企业，每个服务生产企业生产某种特定类型的服务，服务生产企业连续分布在 [0, n] 区间，则家庭对服务的总消费可以写为对不同种类服务的 CES 函数，

$$C_{st} = \left[\left(\frac{1}{n}\right)^{\frac{1}{\varepsilon_s}} \int_0^n C_t(z_s)^{\frac{\varepsilon_s-1}{\varepsilon_s}} \mathrm{d}z_s\right]^{\frac{\varepsilon_s}{\varepsilon_s-1}} \tag{8-37}$$

这样，家庭关于每种异质性服务产品的消费量可写为如下

$$C_t(z_s) = \frac{1}{n}\left(\frac{P_t(z_s)}{P_{st}}\right)^{-\varepsilon_s} C_{st} = \gamma_c \frac{1}{n}\left(\frac{P_t(z_s)}{P_{st}}\right)^{-\varepsilon_s}\left(\frac{P_{st}}{P_{ct}}\right)^{-1} C_t \tag{8-38}$$

其中，$C_t(z_s)$ 是家庭对第 z_s 种服务的消费数量，$P_t(z_s)$ 是第 z_s 种服务价格。

家庭对商品的消费需求则可以由本国商品和国外进口商品共同组成，组成方式仍然按照 Cobb-Douglas 函数进行，这种设定方法与 Gunter 等 (2009) 完全一致，

$$C_{mt} = \frac{C_{ht}^{\gamma_h} C_{ft}^{1-\gamma_h}}{\gamma_h^{\gamma_h}(1-\gamma_h)^{1-\gamma_h}} \tag{8-39}$$

其中，C_{ht} 是国内居民对本国生产商品的消费数量，C_{ft} 是国内居民对国外进口商品的消费，γ_h 是稳态下居民对国内商品消费占所有商品消费的比重。C_{ht} 和 C_{ft} 可以进一步表示为

$$C_{ht} = \gamma_h\left(\frac{P_{ht}}{P_{mt}}\right)^{-1} C_{mt} = \gamma_h(1-\gamma_c)\left(\frac{P_{ht}}{P_{mt}}\right)^{-1} C_t \tag{8-40}$$

$$C_{ft} = (1-\gamma_h)\left(\frac{P_{ft}}{P_{mt}}\right)^{-1} C_{mt} = (1-\gamma_h)(1-\gamma_c)\left(\frac{P_{ft}}{P_{mt}}\right)^{-1}\left(\frac{P_{mt}}{P_{ct}}\right)^{-1} C_t \tag{8-41}$$

上面两个式子中，P_{mt} 为以本国货币计价的商品总价格指数，它既包括本国生产商品的价格指数，也包括外国生产商品在本国的销售价格指数。P_{ht} 是本国

生产商品的价格指数，P_{ft} 是以人民币计价的外国商品价格指数。三种价格指数中间包含如下重要联系，

$$P_{mt}=P_{ht}^{\gamma_h}P_{ft}^{1-\gamma_h} \tag{8-42}$$

家庭对本国商品的消费需求可由连续分布于 [0, n] 区间的本国异质性商品以 CES 函数形式组成；对外国进口商品的消费则由连续分布于 [n, 1] 区间的外国异质性商品组成，

$$C_{ht}=\left[\left(\frac{1}{n}\right)^{\frac{1}{\varepsilon_h}}\int_0^n C_t(z_h)^{\frac{\varepsilon_h-1}{\varepsilon_h}}\mathrm{d}z_h\right]^{\frac{\varepsilon_h}{\varepsilon_h-1}} \tag{8-43}$$

$$C_{ft}=\left[\left(\frac{1}{1-n}\right)^{\frac{1}{\varepsilon_f}}\int_n^1 C_t(z_f)^{\frac{\varepsilon_f-1}{\varepsilon_f}}\mathrm{d}z_f\right]^{\frac{\varepsilon_f}{\varepsilon_f-1}} \tag{8-44}$$

国内居民关于第 z_h 种国内制造商品的消费需求可以表示为

$$C_t(z_h)=\frac{1}{n}\left(\frac{P_t(z_h)}{P_{ht}}\right)^{-\varepsilon_h}C_{ht}=\gamma_h(1-\gamma_c)\frac{1}{n}\left(\frac{P_t(z_h)}{P_{ht}}\right)^{-\varepsilon_h}\left(\frac{P_{ht}}{P_{mt}}\right)^{-1}\left(\frac{P_{mt}}{P_{ct}}\right)^{-1}C_t \tag{8-45}$$

国内居民关于第 z_f 种国外制造商品的消费需求可以表示为

$$\begin{aligned}C_t(z_f)&=\frac{1}{1-n}\left(\frac{P_t(z_f)}{P_{ft}}\right)^{-\varepsilon_f}C_{ft}\\&=(1-\gamma_h)(1-\gamma_c)\frac{1}{n}\left(\frac{P_t(z_f)}{P_{ft}}\right)^{-\varepsilon_f}\left(\frac{P_{ft}}{P_{mt}}\right)^{-1}\left(\frac{P_{mt}}{P_{ct}}\right)^{-1}C_t\end{aligned} \tag{8-46}$$

CPI 可以在式 (8-36) 的基础上进一步写为

$$P_{ct}=P_{st}^{\gamma_c}(P_{ht}^{\gamma_h}P_{ft}^{1-\gamma_h})^{1-\gamma_c} \tag{8-47}$$

8.4.2 品牌资产生产企业

品牌资产生产企业仍是本章的核心内容，是分析国家品牌战略及其跨国传导机制最重要环节。本章模型共有三种类型的企业，分别是品牌资产生产企业、商品生产企业、服务生产企业，然而这种三分类方法仅仅是为了更方便地构建与推导模型，或者说仅有形式逻辑上的一致性与完备性。我们完全可以将品牌生产企业作为商品生产企业或服务生产企业的一个中间部门。品牌资产生产企业的主要作用是生产品牌，更准确地说，是为另外两种类型的企业提供品牌增值服务，以此实现其他企业的超边际成本定价目的，进而实现企业的超额收益。提供品牌增

值服务需要投入劳动和一定数量的物资资本，这一增值过程可以近似使用 CD 生产函数进行模拟，

$$B_t(i) = A_{bt} L_{bt}(i)^{1-\alpha_0} K_{bt}(i)^{\alpha_0} \tag{8-48}$$

式中，$B_t(i)$ 表示第 i 个品牌商所提供的品牌增值服务，α_0 用于衡量品牌服务行业中物质资本的产出弹性，$1-\alpha_0$ 则表征人工在品牌增值服务中的产出弹性，当品牌生产市场处于完全竞争状态时，不同投入要素的产出弹性也等于该类要素在生产过程中应该分配的报酬比例。A_{bt} 是品牌生产行业的全要素生产率，有些文献也称为索洛剩余。在本章模型中，不妨假设所有品牌生产商在提供品牌增值服务时面临完全相同的全要素生产率，即全要素生产率表现为一个宏观经济学上的加总量，往往用于表征生产技术、政策、制度层面的因素，不受单个生产企业控制。在宏观经济学范畴内，全要素生产率 (TFP) 一般用来解释除劳动与资本之外所有与生产相关的要素。对于品牌增值服务，除人工与物质资本外，商品生产企业自身对品牌发展战略的重视程度，以及国家层面对品牌战略的重视与扶持也会起到关键性的作用，这类因素很难量化，因此统一归入全要素生产率这一经济学概念中。

根据品牌资产生产企业利润最大化原则，可以求解出如下一阶条件，

$$\frac{W_t L_{bt}}{r_{kt} K_{bt}} = \frac{1-\alpha_0}{\alpha_0} \tag{8-49}$$

对于品牌资产生产企业，企业在利润最大化或者生产成本最小化 (两者互为对偶规划) 的优化过程中，会在要素市场对人工与物质资本进行价格观测，同时也将结合品牌增值服务过程的劳动产出弹性 (与物质资本产出弹性之和为 1)，以此为基础判断增值服务过程中应该投入的人工与物质资本数量。企业选择的最优人工与资本数量取决于企业规模，然而无论企业大小，经济处于均衡状态时，所有企业在两种生产要素的投入上均会满足式 (8-49)。

由于具体要素投入量仅取决于企业规模，但模型假设不同企业均面临完全相同的政策环境、市场环境与生产技术，故均衡时所有品牌生产企业将会选择完全相同的人工与资本投入比例；并且经过加总后，整个品牌生产行业也将满足式 (8-49)。为便于模型推导和计算，也为方便读者理解，此处不妨假设所有品牌生产企业提供的品牌增值服务均为同质的。换言之，不同企业提供的增值服务无法进行区分，市场近似为完全竞争，此时式 (8-48) 可以进一步表述为总量形式，

$$B_t = A_{bt} L_{bt}^{1-\alpha_0} K_{bt}^{\alpha_0} \tag{8-50}$$

品牌资产生产企业的边际成本可以表示如下

$$mc_{bt} = \frac{1}{A_{bt}} \alpha_o^{-\alpha_o} (1-\alpha_o)^{\alpha_o - 1} W_t^{1-\alpha_o} r_{kt}^{\alpha_o} \tag{8-51}$$

8.4.3 生产企业

经济中存在两类企业，分别是生产服务的企业和生产商品的企业。建模的时候对两类企业进行区分的依据主要为区分 CD 生产函数里的资本产出弹性。一般认为商品生产部门更侧重于资本投入，而服务生产部门则相对偏重劳动力。因此商品生产企业的资本产出弹性应该在服务生产企业之上。在服务生产企业内部，有无数企业连续分布在 [0, n] 区间上，生产不同种类的服务，市场表现为垄断竞争。对服务部门而言，假设第 j 个服务制造企业的生产函数为三要素 CD 型，即

$$Y_{st}(j) = A_{st}L_{st}^{1-\alpha_s}(j)K_{st}^{\alpha_s}(j)B_{st}^{\theta_{bs}}(j) \tag{8-52}$$

式中，α_s 为服务生产企业的物质资本产出弹性，$1-\alpha_s$ 为劳动产出弹性，θ_{bs} 为品牌资产在服务生产企业的产出弹性。A_{st} 表示服务生产部门全要素生产率 (TFP)，其对数形式服从 AR(1) 过程。与传统新凯恩斯动态随机一般均衡模型相比，本章品牌生产企业提供的品牌增值服务将作为除人力、物质资本以外的第三种投入要素。当 $\theta_{bs}=0$ 时，生产函数简化为传统的双因素 CD 生产函数，传统生产函数最主要的特征就是函数的一次齐次性，即人工和物质资本是规模报酬不变的；然而当 $\theta_{bs}>0$ 时，此时传统生产函数不再满足一次齐次性，总产出关于人工与物质资本呈现出规模报酬递增的特性，这种特性来源于品牌增值服务对企业生产和运营过程中所带来的外部溢出效应；θ_{bs} 数值越大，品牌增值服务所带来的外部溢出也就越大，此时增加人工与物质资本的投入，总产出也将出现更大幅度的提升。

式 (8-52) 将成为企业在生产过程中面临的约束条件，在这一条件下，企业将对生产成本进行最小化决策，此时通过拉格朗日方程可以得到如下两个一阶条件，

$$W_tL_{st}/(r_{kt}K_{st}) = (1-\alpha_s)/\alpha_s \tag{8-53}$$

$$r_{kt}K_{st}/B_{st} = \alpha_s/\theta_{bs} \tag{8-54}$$

上面两式没有下标 j，这说明任何一个商品生产企业在经济处于均衡状态下都要同时满足上面两个式子。不同企业的生产规模不同，在要素投入的绝对量上会表现出差异；然而只要生产企业以成本最小化或利润最大化为决策目标，以货币度量的三种生产要素的投入量之比就必须等于各要素产出弹性之比。进一步还可以得到服务生产企业的真实边际成本如下

$$\kappa_{st} = \frac{\Lambda_1}{P_{st}A_{st}}(P_{ct}W_t)^{1-\alpha_s}(P_{ct}r_{kt})^{\alpha_s} \tag{8-55}$$

$$\Lambda_1=\left[\left(\frac{1-\alpha_s}{\alpha_s}\right)^{\alpha_s}\left(\frac{\theta_{bs}}{1-\alpha_s}\right)^{-\theta_{bs}}+\left(\frac{1-\alpha_s}{\alpha_s}\right)^{\alpha_s-1}\left(\frac{\theta_{bs}}{\alpha_s}\right)^{-\theta_{bs}}\right.$$
$$\left.+\left(\frac{\theta_{bs}}{1-\alpha_s}\right)^{1-\alpha_s}\left(\frac{\theta_{bs}}{\alpha_s}\right)^{\alpha_s}\right] \tag{8-56}$$

从式 (8-53) 和式 (8-54) 可以看出，企业生产过程中使用的生产要素之比和企业面临的真实边际成本与具体企业无关，因此在均衡时所有服务生产企业都会选择相同的生产要素之比，同时也具有完全相同的边际成本。正是因为每个服务生产公司生产的服务都不同，因此服务生产部门为垄断竞争，每个公司都面对向右下方倾斜的需求函数，

$$Y_{st}(j)=\frac{1}{n}\left(\frac{P_t(j)}{P_{st}}\right)^{-\varepsilon_s}Y_{st} \tag{8-57}$$

其中，ε_s 为不同服务之间的替代弹性，该参数用于衡量服务业市场的垄断程度，该参数越高，表示竞争程度越高，该值越小，竞争程度越低。正因为企业面临向下倾斜的需求曲线，使其具有一定的定价能力，而不再仅仅作为服务市场的价格接受者。模型中引入产品价格交错定价机制，因此企业不能随意调整价格。交错定价采用 Calvo(1983) 的形式，在该形式下，每一期 $(1-\xi_s)$ 比例的企业能够优化产品价格，剩余企业只能通过上期服务价格指数通货膨胀率被动调整：$P_{t+1}(z_s)=\dfrac{P_{st}}{P_{st-1}}P_t(z_s)$。每一期，可以优化价格的企业将进行如下线性规划，

$$\begin{aligned}\max\quad & \sum_{s=0}^{\infty}(\beta\xi_s)^s\frac{\lambda_{t+s}}{\lambda_t}[P_{t+s}(z_s)Y_{t+s}(z_s)-P_{st+s}\kappa_{st+s}Y_{t+s}(z_s)]\\ \text{s.t.}\quad & Y_{t+s}(z_s)=\left(\frac{P_{t+s}(z_s)}{P_{st+s}}\right)^{-\varepsilon_s}Y_{st+s}\end{aligned} \tag{8-58}$$

经过上面的优化，可以得到如下一阶条件，

$$P_{st}^*=\frac{\varepsilon_s}{\varepsilon_s-1}\frac{\displaystyle\sum_{s=0}^{\infty}(\beta\xi_s)^s\lambda_{t+s}P_{st+s}Y_{st+s}\kappa_{st+s}\left(\frac{P_{st+s-1}}{P_{st-1}P_{st+s}}\right)^{-\varepsilon_s}}{\displaystyle\sum_{s=0}^{\infty}(\beta\xi_s)^s\lambda_{t+s}P_{st+s}Y_{st+s}\left(\frac{P_{st+s-1}}{P_{st-1}P_{st+s}}\right)^{1-\varepsilon_s}} \tag{8-59}$$

服务价格指数的变动遵循如下规律

$$P_{st}=\left[(1-\xi_s)(P_{st}^*)^{1-\varepsilon_s}+\xi_s\left(\frac{P_{st-1}}{P_{st-2}}P_{st-1}\right)^{1-\varepsilon_s}\right]^{\frac{1}{1-\varepsilon_s}} \tag{8-60}$$

除服务生产企业以外，另一类企业是商品生产企业。两类企业在模型设定上有两点不同：一是资本产出弹性，一般情况下，商品生产企业的资本产出弹性大于服务生产企业的资本弹性；二是品牌资产的产出弹性，商品生产与服务生产过程中，到底哪种类型的企业对品牌资产更为依赖，学术界鲜有这方面研究。但从常识上讲，实体经济更加注重品牌塑造和品牌发展，因此商品生产企业的品牌资产产出弹性应该略大于服务型企业。除上述两点外，其余内容几乎与服务生产企业完全一样，因此可以仿照式 (8-52)—(8-56), (8-59), (8-60) 写出下面的方程式，

$$Y_{ht}(j) = A_{ht}L_{ht}(j)^{1-\alpha_h}K_{ht}(j)^{\alpha_h}B_{ht}(j)^{\theta_{bh}} \tag{8-61}$$

$$W_tL_{ht}/(r_{kt}K_{ht}) = (1-\alpha_h)/\alpha_h \tag{8-62}$$

$$r_{kt}K_{ht}/B_{ht} = \alpha_h/\theta_{bh} \tag{8-63}$$

$$\kappa_{ht} = \frac{\Lambda_2}{P_{ht}A_{ht}}(P_{ht}W_t)^{1-\alpha_h}(P_{ht}r_{kt})^{\alpha_h} \tag{8-64}$$

$$\begin{aligned}\Lambda_2 =& \left[\left(\frac{1-\alpha_h}{\alpha_h}\right)^{\alpha_h}\left(\frac{\theta_{bh}}{1-\alpha_h}\right)^{-\theta_{bh}} + \left(\frac{1-\alpha_h}{\alpha_h}\right)^{\alpha_h-1}\left(\frac{\theta_{bh}}{\alpha_h}\right)^{-\theta_{bh}}\right.\\ &\left.+\left(\frac{\theta_{bh}}{1-\alpha_h}\right)^{1-\alpha_h}\left(\frac{\theta_{bh}}{\alpha_h}\right)^{\alpha_h}\right]\end{aligned} \tag{8-65}$$

$$P_{ht}^* = \frac{\varepsilon_h}{\varepsilon_h-1}\frac{\sum\limits_{s=0}^{\infty}(\beta\xi_h)^s\lambda_{t+s}P_{ht+s}Y_{ht+s}\kappa_{ht+s}\left(\dfrac{P_{ht+s-1}}{P_{ht-1}P_{ht+s}}\right)^{-\varepsilon_h}}{\sum\limits_{s=0}^{\infty}(\beta\xi_h)^s\lambda_{t+s}P_{ht+s}Y_{ht+s}\left(\dfrac{P_{ht+s-1}}{P_{ht-1}P_{ht+s}}\right)^{1-\varepsilon_h}} \tag{8-66}$$

$$P_{ht} = \left[(1-\xi_h)(P_{ht}^*)^{1-\varepsilon_h} + \xi_h\left(\frac{P_{ht-1}}{P_{ht-2}}P_{ht-1}\right)^{1-\varepsilon_h}\right]^{\frac{1}{1-\varepsilon_h}} \tag{8-67}$$

8.4.4 政府

在本章 DSGE 框架下，政府部门被设定实施货币和财税政策。由于本书的研究主题是品牌发展战略，因此并不准备在货币政策上花太大篇幅，仅假设货币政策采用简单的 Taylor 规则，钉住产出与 CPI 通货膨胀即可，

$$\frac{R_t}{R} = \left(\frac{R_{t-1}}{R}\right)^{\rho_r} \left(\frac{Y_t}{Y}\right)^{(1-\rho_r)\phi_y} \left(\frac{\pi_{ct}}{\pi_c}\right)^{(1-\rho_r)\phi_\pi} \mathrm{e}^{\varepsilon_{rt}} \tag{8-68}$$

政府收入来源有四个，分别是消费税、收入税、资本税以及发行债务。而政府收入的用途也有四个，分别是公共消费、公共投资、政府支付转移和公债本金与利息。政府消费被引入居民效用函数，影响居民决策；政府投资性支出可以用于积累公共资本，公共资本作为投入要素进入两类企业的生产函数，提高私人要素生产率，影响经济；支付转移则是非扭曲的，直接进入家庭流量预算约束。另外，政府投资中，有一部分会用于品牌孵化基地以及品牌产业园区的建设；而支付转移中，有一部分资金会用于对企业塑造和发展自身品牌进行补贴。以上两个特征并未显性包含在本章 DSGE 模型中。

在本章，我们假设政府消费和投资只能使用本国生产的服务和商品，即对政府而言，始终存在 $\gamma_h = 1$。这种设定方式与 Kolasa (2009) 完全一致。此外，与第 6 章一样，政府消费和投资可以写为如下形式，

$$Gc_t = \frac{Gc_{st}^{\gamma_c} Gc_{ht}^{1-\gamma_c}}{\gamma_c^{\gamma_c}(1-\gamma_c)^{1-\gamma_c}} \tag{8-69}$$

$$Gi_t = \frac{Gi_{st}^{\gamma_i} Gi_{ht}^{1-\gamma_i}}{\gamma_i^{\gamma_i}(1-\gamma_i)^{1-\gamma_i}} \tag{8-70}$$

则政府消费关于服务和国内制造商品的使用可分别写成

$$Gc_{st} = \gamma_c \left(\frac{P_{st}}{P_{ct}}\right)^{-1} Gc_t \tag{8-71}$$

$$Gc_{ht} = (1-\gamma_c) \left(\frac{P_{ht}}{P_{ct}}\right)^{-1} Gc_t \tag{8-72}$$

政府投资对服务和本国生产商品的需求可分别写成

$$Gi_{st} = \gamma_i \left(\frac{P_{st}}{P_{it}}\right)^{-1} Gi_t \tag{8-73}$$

$$Gi_{ht} = (1-\gamma_i) \left(\frac{P_{ht}}{P_{it}}\right)^{-1} Gi_t \tag{8-74}$$

政府投资用于积累公共资本，积累过程与私人资本的积累过程类似，受到相同的投资专有技术冲击影响，面临同样形式的资本调整成本，唯一不同的是公共

资本的折旧率。一般而言，公共资本由于产权不明确，会一定程度上面临“公地悲剧”，所以对折旧率平均而言应该会高于私人资本。

$$K_{gt+1} = (1-\delta_2)K_{gt} + u_{it}\left[1 - S\left(\frac{GI_t}{GI_{t-1}}\right)\right]GI_t \tag{8-75}$$

政府在每一期需要满足如下的预算约束方程，

$$\begin{aligned} &P_{ct}Gc_t + P_{it}Gi_t + T_t + R_{t-1}B_{t-1} \\ &= B_t + \tau_{ct}P_{ct}C_t + \tau_{wt}P_{ct}W_tL_t + \tau_{kt}P_{ct}r_{kt}u_t\bar{K}_t \end{aligned} \tag{8-76}$$

令 $b_t = B_t/P_{ct}$ 表示真实政府债务。这样，在收入端，政府具有三个政策工具，分别是消费税率、劳动收入税率、资本税率；在支出端也有三个工具，分别是公共投资、公共消费、支付转移。在财政政策的设定上，本章重点参考了 Forni 等 (2009)、Leeper 等 (2010)，以及 Stähler 等 (2012) 的文章，

$$\frac{Gi_t}{Gi} = u_{git}\left(\frac{Gi_{t-1}}{Gi}\right)^{\rho_{gi}}\left(\frac{Y_t}{Y}\right)^{-(1-\rho_{gi})\phi_{gi}}\left(\frac{b_{t-1}}{b}\right)^{-(1-\rho_{gi})\varphi_{gi}} \tag{8-77}$$

$$\frac{Gc_t}{Gc} = u_{gct}\left(\frac{Gc_{t-1}}{Gc}\right)^{\rho_{gc}}\left(\frac{Y_t}{Y}\right)^{-(1-\rho_{gc})\phi_{gc}}\left(\frac{b_{t-1}}{b}\right)^{-(1-\rho_{gc})\varphi_{gc}} \tag{8-78}$$

$$\frac{T_t}{T} = u_{gtt}\left(\frac{T_{t-1}}{T}\right)^{\rho_{gt}}\left(\frac{Y_t}{Y}\right)^{-(1-\rho_{gt})\phi_{gt}}\left(\frac{b_{t-1}}{b}\right)^{-(1-\rho_{gt})\varphi_{gt}} \tag{8-79}$$

$$\frac{\tau_{ct}}{\tau_c} = u_{\tau ct}\left(\frac{\tau_{ct-1}}{\tau_c}\right)^{\rho_{\tau c}}\left(\frac{Y_t}{Y}\right)^{(1-\rho_{\tau c})\phi_{\tau c}}\left(\frac{b_{t-1}}{b}\right)^{(1-\rho_{\tau c})\varphi_{\tau c}} \tag{8-80}$$

$$\frac{\tau_{wt}}{\tau_w} = u_{\tau wt}\left(\frac{\tau_{wt-1}}{\tau_w}\right)^{\rho_{\tau w}}\left(\frac{Y_t}{Y}\right)^{(1-\rho_{\tau w})\phi_{\tau w}}\left(\frac{b_{t-1}}{b}\right)^{(1-\rho_{\tau w})\varphi_{\tau w}} \tag{8-81}$$

$$\frac{\tau_{kt}}{\tau_k} = u_{\tau kt}\left(\frac{\tau_{kt-1}}{\tau_k}\right)^{\rho_{\tau k}}\left(\frac{Y_t}{Y}\right)^{(1-\rho_{\tau k})\phi_{\tau k}}\left(\frac{b_{t-1}}{b}\right)^{(1-\rho_{\tau k})\varphi_{\tau k}} \tag{8-82}$$

8.4.5 国际

首先定义真实汇率，

$$\mathrm{REX}_t = \mathrm{EX}_t\frac{P'_{ct}}{P_{ct}} \tag{8-83}$$

其中，右上标带撇号的变量表示外国部分的变量，如 P'_{ct} 表示外国的 CPI。EX_t 为名义汇率。假设一价定律成立，然后定义两国进出口贸易比价 (Terms of Trade,

TOT)，与 Gunter 等 (2009) 和 Kolasa(2009) 的文献中的一致，本章 TOT 表达式采用外国商品价格指数除以本国商品价格指数。在这种计算方式下，TOT 提高表示进口商品价格相对本国商品价格提高，对我国商品生产企业是有利的；TOT 降低则表示我国商品价格相对美国商品价格升高，对国内商品制造公司不利。TOT 是学术上与现实经济中都十分常用的衡量一国贸易状况的指标，其计算方式如下

$$\mathrm{TOT}_t=\mathrm{EX}_t\frac{P'_{ft}}{P_{ht}} \tag{8-84}$$

另外，定义中国服务和商品相对价格 $X_t=P_{st}/P_{mt}$，以及外国两类产品的相对价格 $X'_t=P'_{st}/P'_{mt}$，将两国 CPI、相对价格以及 TOT 的定义式代入真实汇率定义式可以得到下面的式子，

$$\mathrm{REX}_t=\mathrm{TOT}_t^{(\gamma_h-\gamma'_h)}\frac{(X'_t)^{\gamma'_c}}{X_t^{\gamma_c}} \tag{8-85}$$

假设两国经济中存在完全的国际资本品市场，即两国居民可以任意购买另外一个国家的金融资产。这就导致均衡时两个国家的随机折现因子必须相同，因此存在如下形式的完全国际风险分摊条件，κ 为与家庭效用初始值相关的参数，对数线性化后会消失，因而无须进行校准。

$$\mathrm{REX}_t=\kappa\frac{P'_{ct}\lambda'_t}{P_{ct}\lambda_t}=\kappa\frac{(C'_t-hC'_{t-1})^{-\sigma_c}(Gc'_t)^{\theta_c(1-\sigma_c)}}{(C_t-hC_{t-1})^{-\sigma_c}Gc_t^{\theta_c(1-\sigma_c)}}\frac{(1+\tau_{ct})}{(1+\tau'_{ct})} \tag{8-86}$$

8.4.6 市场出清

本国生产服务需要满足本国家庭消费和投资需求、本国公共消费和投资需求。由于服务不能用于交易，因而无须考虑外国对本国生产服务的需求，其出清条件为

$$Y_{st}=\gamma_c\left(\frac{P_{st}}{P_{ct}}\right)^{-1}(C_t+Gc_t)+\gamma_i\left(\frac{P_{st}}{P_{it}}\right)^{-1}(I_t+Gi_t) \tag{8-87}$$

国内生产商品需要满足国内家庭投资和消费需要、本国政府消费和投资需要，以及外国家庭消费和投资需要，其出清条件为

$$\begin{aligned}Y_{ht}=&\gamma_h(1-\gamma_c)\left(\frac{P_{ht}}{P_{mt}}\right)^{-1}\left(\frac{P_{mt}}{P_{ct}}\right)^{-1}C_t+\frac{1-n}{n}\gamma'_h(1-\gamma'_c)\left(\frac{P'_{ht}}{P'_{mt}}\right)^{-1}\left(\frac{P'_{mt}}{P'_{ct}}\right)^{-1}C'_t\\&+\gamma_h(1-\gamma_i)\left(\frac{P_{ht}}{P_{mt}}\right)^{-1}\left(\frac{P_{mt}}{P_{it}}\right)^{-1}I_t+\frac{1-n}{n}\gamma'_h(1-\gamma'_i)\left(\frac{P'_{ht}}{P'_{mt}}\right)^{-1}\left(\frac{P'_{mt}}{P'_{it}}\right)^{-1}I'_t\end{aligned}$$

$$+ (1-\gamma_c)\left(\frac{P_{ht}}{P_{ct}}\right)^{-1} Gc_t + (1-\gamma_i)\left(\frac{P_{ht}}{P_{it}}\right)^{-1} Gi_t \tag{8-88}$$

上式中等号右边第一项是本国家庭消费所用的本国生产商品，第二项为外国家庭消费所用本国商品，第三项为本国家庭投资所用，第四项是外国家庭投资所用，第五项是本国政府消费所用，第六项是本国政府投资所用。均衡时，总产出可以表示为

$$Y_t = Y_{st} + Y_{ht} \tag{8-89}$$

品牌资本市场出清条件为

$$B_t = B_{ht} + B_{st} \tag{8-90}$$

劳动力市场出清条件为

$$L_t = L_{ht} + L_{st} + L_{bt} \tag{8-91}$$

资本品市场出清条件为

$$K_t = K_{ht} + K_{st} + K_{bt} \tag{8-92}$$

$$K_t = u_t \bar{K}_t \tag{8-93}$$

在外生冲击的设计上，本章共有服务、商品、投资专有、货币政策冲击、公共投资、公共消费、支付转移、消费税、资本税、工资税冲击、企业家异质性风险冲击、品牌资产生产技术冲击。国外的冲击类型与国内完全一样。由于技术溢出效应的存在，两个国家各自的服务生产部门和商品生产部门技术冲击会相互影响。

8.5 参数校准

8.5.1 金融加速器相关参数

本章模型建立在上一章模型的基础上，加入 BGG (1999) 的金融加速器机制，并且将封闭经济环境扩展为开放经济环境，以研究品牌发展战略对宏观经济变量的影响过程。本节首先对几个与金融加速器和开放经济相关的参数实施校准。为了与上一章模型保持一致，本章大部分参数与变量稳态值采取和上一章完全一样的数值进行校准。本章还会遇到几个新的参数，尤其是与金融加速器相联系的参数，参数校准结果见表 8-1。

首先是稳态下企业家投资的总回报率 R_k，本章将该值校准为 1.025，对应企业家投资的年收益率大约为 10%。其次是参数 $F(\bar{\omega};\sigma)$，即异质性风险的积分上

限为 $\bar{\omega}$，标准差为常数 σ 的正态分布累积分布函数值，该参数对应稳态下企业家的破产率。企业家破产率与异质性风险标准差的稳态值 σ 这两个参数必须有一个由校准获得，另外一个则可以由企业家一阶条件确定，本章选择校准破产率。对我国企业家破产率并没有一致的数据，国外文献在这个参数的校准上也有很大的跨度，BGG (1999) 选择 0.75%，即每年的破产率为 3%，CTW (2011) 使用 0.69%，CMR (2010) 对欧盟选择 1.5%，对美国使用 2.6%。就我国而言，近年来我国初创企业很多都是互联网企业，这种类型的企业进入门槛较低，竞争也十分激烈，因此本章选择一个比较高的破产率数值 2.5%，这一数值也介于 CMR (2010) 中欧盟与美国的破产率之间，仝冰 (2010) 也选择 2.5% 进行校准。

表 8-1　本章与金融系统相关参数的校准值

参数	说明	校准值	校准方法
R_k	稳态下企业家投资总回报率	1.025	参考 DSGE 文献
$F(\bar{\omega};\sigma)$	企业家的破产率	0.025	参考 DSGE 文献
μ	银行审核成本	0.13	参考 DSGE 文献
γ	企业家存活到下一期的概率	0.975	参考 DSGE 文献
$\bar{\omega}$	稳态下异质性风险临界值	0.6004	通过稳态方程计算
W^e/n	家庭转移财富与企业家资产净值之比	0.061	通过稳态方程计算
σ	稳态下异质性风险标准差	0.245	通过稳态方程计算
lev	稳态下的杠杆率	2.54	通过稳态方程计算

对于参数 μ，虽然该参数被称为银行的审核成本，然而银行在接受破产企业家的资产时，损耗的金钱远不止用于审核的成本。企业家所拥有的资产流动性一般较差，尤其是厂房、办公大楼、专业化器械等更是如此。对于这种不具备流动性的资产，如果要将其变现，无论是低价抛售，还是委托中介，往往需要承担非常大的成本，这一成本甚至远高于审核成本。因此对该参数的估计，绝不能仅考虑审核成本。DSGE 文献在这个参数的选择上跨度十分大，BGG (1999) 将该参数校准为 0.12；CMR (2010) 则将欧盟与美国的参数值都校准为 0.94，这一数值显然太高。综合考虑，本章将该值校准为 0.13。

下一个需要校准的参数是企业家退出市场的概率参数 $1-\gamma$，需要注意该参数与破产率并非同一事物，破产率可以理解为企业由于“运气”不好或者经济不景气被迫退出市场的概率；而 $1-\gamma$ 则更偏重自愿地退出市场，有些文献将参数解释为企业家的存活率，$1-\gamma$ 被解释为死亡率。事实上并没有相应的宏观数据与之对应，引入它的目的其实是为了模型的稳定性考虑，防止某些企业家的财富积累到一定数目，使该企业能够实现由内部完全融资，无须从银行处贷款。CMR (2010) 选择 0.978 作为欧盟的校准值，选择 0.976 赋予美国，本章则选择 0.975

作为的校准值。

除了总收益率、破产率、存活率和审核成本由数据或者其他文献获得，剩余的与金融加速器相关的参数或者稳态值则通过系统的稳态方程计算。首先是稳态下的异质性风险临界值 $\bar{\omega}$，通过稳态方程计算得到该参数值为 0.6004；其次，稳态下的 $\log(\omega)$ 标准差 σ 由稳态方程可以确定为 0.245；然后，家庭转移财富与企业家资产净值之比 W^e/n 为 0.061；最后，稳态下杠杆率为 2.54，根据中国社会科学院国家金融与发展实验室公布的《中国国家资产负债表 2015》，截至 2015 年年底，我国全社会杠杆率为 249%，其中非金融企业部门杠杆率达到 156%。由于社科院计算杠杆率使用总负债与产出之比，所以本章模型稳态下的杠杆率 2.54 与非金融企业部门杠杆率十分接近，这也说明无论是我国全社会还是我国实体经济的杠杆率都太高，“去杠杆”实属必要。表 8-1 总结了与金融加速器相关的参数校准值。

8.5.2 开放经济相关参数

前面我们只对金融加速器相关的参数进行校准，下面还需对与开放经济特征相关的参数进行校准。由于是两国 DSGE 模型，所以需要就两个国家的参数实施校准。在模型中，本国的参数校准和估计自然使用我国数据，而外国则使用美国的数据。我国这一部分的参数在上一章已经进行，仅对某些新参数和稳态值进行校准。首先需要校准的第一个参数是本国的相对规模参数 n，之前的两国模型文献 (如 Gunter et al., 2009) 是根据两国的人口规模对该参数进行校准。然而我国人口较多，如果以人口规模进行校准，则无法准确反映两个国家的综合规模，综合考虑我国与美国的人口规模与经济规模，本章将此参数校准为 0.5，即假设我国与美国具有相同规模。

下一个需要校准的参数是我国对本国商品消费占总消费的百分比 γ_h，该参数衡量居民对本国商品的偏好程度，也可以认为该参数代表一国的贸易开放水平，数值越大，说明开放水平越弱。刘斌 (2008) 将此参数校准为 0.74。综合考虑以前的相关研究，本章选择 0.75 作为该参数的校准值。最后，使用我国 1997 年至 2019 年货物和服务净出口占 GDP 比重的平均值作为净出口比重的稳态值，计算结果为 0.038。除了这三个新增加的参数，其余参数均与上一章的校准值完全一样，还有部分变量的稳态值则根据稳态方程相应调整。

下面讨论美国部分的参数校准。由于本章的研究目的是品牌发展战略的国际传导，为方便起见，同时也不失一般性，本章将两个国家中的部分参数设置为相同数值，这也符合多数两国 DSGE 模型文献的做法，如 Gunter 等 (2009) 的文献。这样，外国的贴现因子为 0.99；相对风险回避系数 σ_c 选择 1.2；消费习惯参数 h 选择 0.65；劳动供给弹性 σ_n 选择 1.2；不同劳动之间的替代弹性 ε_w 为 11。

私人和公共资本折旧率则按照国外大多数 DSGE 研究设置成 0.025。在金融加速器的参数校准上，也令其与我国的金融部分具有相同的校准值，企业家投资总收益率 R_k 设为 1.025，稳态下的破产率 $F(\bar{\omega};\sigma)$ 选择 0.025，审核成本 μ 校准为 0.13，最后是企业家的存活率 γ 校准为 0.9。

除了上面几个参数和我国的参数完全相同，其余参数或者变量稳态值都需要使用美国宏观经济数据进行计算，所用数据都来源于 CEIC 中全球数据库下面的美国数据。根据世界银行 2014 年对世界各国产业结构的汇总数据，美国产业结构中，服务业比重接近 80%，因此选择 0.8 作为稳态下服务生产企业产出占总产出的比重，则商品生产企业占比为 0.2。在绝大多数 DSGE 文献中，几乎都将美国的资本产出弹性设定为三分之一，将劳动弹性设定为三分之二，所以总的来说，美国资本产出弹性低于我国。在这里，我们仍将美国平均资本产出弹性校准为三分之一；这样，美国商品生产企业与服务生产企业各自的资本产出弹性系数经过两类产业占总产出的份额加权后应该等于三分之一。另外，还需考虑美国两类企业的资本弹性都应该低于我国相应企业的资本弹性，并且商品生产部门资本弹性应该高于服务生产部门。鉴于此，本章将服务生产部门的资本弹性系数 α_s' 校准为 0.3，而将商品生产部门的资本弹性系数 α_f' 校准为 0.5。

稳态下美国对自己国家生产的商品需求占总需求比重 $1-\gamma_h'$ (γ_h' 表示美国对我国商品的需求占比) 设定为 0.5，这与 Gunter 等 (2009) 对此参数的设定一致，这个数值也暗示美国的经济开放程度要高于我国 (0.75)。根据世界银行购买力平价测算的 GDP 数据，我国总产出在 1990 年仅占美国不到五分之一，之后这一比值逐年上升，到 2016 年已经达到 1.15。因此本章选择 1 作为该比值，即稳态下我国和美国的购买力平价总产出相同。使用美国国民收入和国民产值账户 2013 年数据内个人消费中货物和服务业所占比重，从 2000 年至 2017 年，美国个人消费中对服务业消费所占比重的平均值约为 0.656，因此本章以这一数值作为稳态下美国家庭总消费中对服务使用所占比重 γ_c' 的校准值，该值与我国的情况 (0.55) 有一定差距。毕竟美国是发达经济体，而我国是发展中经济体，两者在消费结构上必然具有巨大差异。

美国家庭总投资中对服务使用量占总投资额的比重 γ_i' 并没有很好的数据对其进行估计，鉴于服务业在美国所占据的重要地位，本章将该参数设置为 0.1，比我国数据稍大。家庭消费占总产出比重使用世界银行 1990 年第一季度至 2016 第四季度平均值 0.666 进行校准。对于三种税率的稳态值，Leeper 等 (2010) 使用美国宏观经济数据进行计算，得到如下结果：稳态下的资本平均税率为 0.184，工资平均税率为 0.223，消费平均税率为 0.028，本章直接采用这一组数值作为书中三种税率的稳态值。根据美国国民收入和国民产值账户 2013 年结果，自 1990 年第一季度至 2017 年第四季度，美国公共投资占财政总支出比重平均值为 0.118。关于上述重要的参数与稳态值实施校准后，剩余变量稳态值就可以通过模型的静态方程组实施计算。

8.6 参数的贝叶斯估计结果

除了 8.5 节提到的参数，模型中剩余结构参数和响应参数均采用贝叶斯估计获得。进行贝叶斯估计之前需要给出参数先验平均值和先验分布。首先是公共资本产出弹性 θ_k，上一章使用我国数据估计出参数值是 0.28。至于美国，文献中对这一参数的估计值跨度较大，Aschauer (1989) 估计该参数数值介于 0.25 至 0.56，均值为 0.39；Munnell (1990) 使用美国各部门数据，计算出该值介于 0.06 至 0.15；Finn (2012) 使用广义矩方法估计出的参数值是 0.16。本章则把我国与美国这一参数值的先验平均值定在 0.25，并且是波动率为 0.1 的 Gamma 分布。

另一个重要参数是公共消费与私人消费的关系参数 θ_c，上一章估计出的我国该参数值是 0.33，引入金融加速器后则下降为 0.24，表明公共消费对私人消费具有很强的替代作用。对美国而言，多数包含政府消费的 DSGE 模型都发现政府消费对私人消费具有挤出作用，如 Christiano 和 Eichenbaum (1992)、Baxter 和 King(1993) 等的模型，因此美国的这一参数也应该设定成一个大于 0 的数值。本章将我国和美国 θ_c 先验情况设定为均值是 0.05，波动率是 0.1 的正态分布。接着是货币和财税政策的响应参数，本章中两个国家政策参数的先验分布设定都与上一章一样，表 8-2 和表 8-3 列出了本章待估参数先验分布与贝叶斯估计结论。

贝叶斯估计所需数据均来源于 CEIC 中的我国和美国数据。本章拟选择我国和美国的 GDP、家庭消费、居民投资、公共消费、公共投资性支出、名义利率作为可观测变量。我国数据处理过程在上一章已重点介绍，这里不再讨论。数据观测期选择 1996 年第一季度至 2019 年第四季度。对于本国和美国的总产出、家庭消费、私人投资、政府消费、政府投资这十个变量的数据，需要换算成可比价；本章将上述变量换算为以 1996 年第一季度为基准的可比价。接着为了保证数据与对数线性化后的方程组一致，关于所有数据进行取对数处理。取对数处理后发现我国和美国的总产出、家庭消费、私人投资、政府消费、政府投资这十个变量的数据具有较强的季节性与趋势性，因此使用 Census X12 方法进行季节性调整，然后使用 HP 滤波方法对其进行滤波处理，除去数据中的趋势性部分，仅保留周期性部分。由于本章所用数据频率为季度，因此按照惯例，选择 $\lambda = 1600$ 进行滤波。季节性调整和 BP 滤波环节都通过 Eviews 9 软件实现。

表 8-2 贝叶斯估计的先验分布和估计结果 (我国部分)

参数	说明	先验分布	先验均值	标准差	后验均值	5%分位点	95%分位点
θ_c	公共消费与家庭消费参数	Normal	0.05	0.1	0.023	−0.144	0.179
θ_k	公共资本产出弹性	Gamma	0.25	0.1	0.256	0.091	0.408
ξ_h	商品生产企业价格刚性	Normal	0.65	0.1	0.877	0.732	1.000
ρ_r	Taylor 规则平滑参数	Beta	0.15	0.1	0.100	0.005	0.196
ϕ_y	Taylor 规则产出响应参数	Gamma	0.5	0.1	0.464	0.238	0.672
ϕ_π	Taylor 规则通胀响应参数	Gamma	1.2	0.1	1.422	1.211	1.641
ρ_{gi}	政府投资平滑参数	Beta	0.15	0.1	0.134	0.005	0.263
ρ_{gc}	政府购买平滑参数	Beta	0.15	0.1	0.135	0.005	0.268
ρ_{gt}	政府转移支付平滑参数	Beta	0.15	0.1	0.139	0.007	0.272
$\rho_{\tau c}$	消费税率平滑参数	Beta	0.15	0.1	0.067	0.001	0.133
$\rho_{\tau w}$	工资税率平滑参数	Beta	0.15	0.1	0.145	0.006	0.283
$\rho_{\tau k}$	资本税率平滑参数	Beta	0.15	0.1	0.081	0.005	0.156
ϕ_{gi}	政府投资对产出的响应	Gamma	0.5	0.3	0.881	0.320	1.406
ϕ_{gc}	政府消费对产出的响应	Gamma	0.5	0.3	0.958	0.382	1.547
ϕ_{gt}	支付转移对产出的响应	Gamma	0.5	0.3	0.499	0.187	0.800
$\phi_{\tau c}$	消费税率对产出的响应	Gamma	0.5	0.3	0.513	0.193	0.829
$\phi_{\tau w}$	工资税率对产出的响应	Gamma	0.5	0.3	0.492	0.174	0.795
$\phi_{\tau k}$	资本税率对产出的响应	Gamma	0.5	0.3	0.500	0.190	0.802
φ_{gi}	政府投资对债务的响应	Gamma	0.4	0.15	0.137	0.069	0.203
φ_{gc}	政府消费对债务的响应	Gamma	0.4	0.15	0.120	0.061	0.182
φ_{gt}	支付转移对债务的响应	Gamma	0.4	0.15	0.424	0.166	0.658
$\varphi_{\tau c}$	消费税率对债务的响应	Gamma	0.4	0.15	0.698	0.519	0.882
$\varphi_{\tau w}$	工资税率对债务的响应	Gamma	0.4	0.15	0.419	0.180	0.669
$\varphi_{\tau k}$	资本税率对债务的响应	Gamma	0.4	0.15	0.609	0.418	0.807

贝叶斯估计结果同样列于表 8-2 和表 8-3。从估计结果中能够发现大部分参数的后验均值与先验均值有较大不同。首先是公共消费与家庭消费之间的关系系数 θ_c，我国是 0.023，美国则是 0.026，说明两个国家的政府消费都对家庭消费具有并不显著的替代作用，并且这一参数的估计在 10% 显著性水平下是无法被拒绝为零的。上一章中，我国 θ_c 估计值是 0.33，加入金融系统并将模型扩展为两国模型，则该参数值进一步减少为 0.023。再看政府投资作用，我国公共资本产出弹性数值高达 0.256，美国是 0.234，两个国家公共资本都对 GDP 有显著正效应，而我国公共资本的作用更为显著。当然，我国的发展程度相比美国落后，公共资本存量也要低于美国，根据经济学中的边际报酬递减原则，我国的公共资本产出弹性大于美国应该在情理之中。文献中对美国公共资本弹性的估计一般介于 0.1 到

0.5，绝大多数文献都认可公共资本的生产性。

表 8-3 贝叶斯估计的先验分布和估计结果 (美国部分)

参数	说明	先验分布	先验均值	标准差	后验均值	5%分位点	95%分位点
θ_c	政府消费与私人消费参数	Normal	0.05	0.1	0.026	−0.146	0.190
θ_k	公共资本产出弹性	Gamma	0.25	0.1	0.234	0.087	0.378
ξ_f	商品生产企业价格刚性	Normal	0.65	0.1	0.746	0.648	0.847
ρ_r	Taylor 规则平滑参数	Beta	0.15	0.1	0.069	0.001	0.136
ϕ_y	Taylor 规则产出响应参数	Gamma	0.5	0.1	0.274	0.182	0.361
ϕ_π	Taylor 规则通胀响应参数	Gamma	1.2	0.1	1.751	1.616	1.890
ρ_{gi}	政府投资平滑参数	Beta	0.15	0.1	0.166	0.006	0.313
ρ_{gc}	政府购买平滑参数	Beta	0.15	0.1	0.152	0.005	0.300
ρ_{gt}	政府转移支付平滑参数	Beta	0.15	0.1	0.143	0.006	0.279
$\rho_{\tau c}$	消费税率平滑参数	Beta	0.15	0.1	0.112	0.002	0.223
$\rho_{\tau w}$	工资税率平滑参数	Beta	0.15	0.1	0.123	0.004	0.237
$\rho_{\tau k}$	资本税率平滑参数	Beta	0.15	0.1	0.137	0.005	0.267
ϕ_{gi}	政府投资对产出的响应	Gamma	0.5	0.3	0.537	0.194	0.859
ϕ_{gc}	政府消费对产出的响应	Gamma	0.5	0.3	0.761	0.276	1.230
ϕ_{gt}	支付转移对产出的响应	Gamma	0.5	0.3	0.492	0.181	0.785
$\phi_{\tau c}$	消费税率对产出的响应	Gamma	0.5	0.3	0.512	0.189	0.836
$\phi_{\tau w}$	工资税率对产出的响应	Gamma	0.5	0.3	0.481	0.187	0.782
$\phi_{\tau k}$	资本税率对产出的响应	Gamma	0.5	0.3	0.516	0.194	0.833
φ_{gi}	政府投资对债务的响应	Gamma	0.4	0.15	0.238	0.107	0.362
φ_{gc}	政府消费对债务的响应	Gamma	0.4	0.15	0.242	0.109	0.371
φ_{gt}	支付转移对债务的响应	Gamma	0.4	0.15	0.430	0.173	0.677
$\varphi_{\tau c}$	消费税率对债务的响应	Gamma	0.4	0.15	0.513	0.215	0.814
$\varphi_{\tau w}$	工资税率对债务的响应	Gamma	0.4	0.15	0.512	0.229	0.776
$\varphi_{\tau k}$	资本税率对债务的响应	Gamma	0.4	0.15	0.384	0.149	0.607

另外，我国商品生产企业的价格刚性参数为 0.877，对应每两年优化一次商品价格；而美国的参数值为 0.746，对应每年优化一次商品价格。从商品市场化而言，美国强于我国，因而美国企业在价格优化上比我国企业具有更多灵活性。我国货币政策对产出的响应参数 ϕ_y 为 0.464，美国为 0.274，相比于美国，我国在货币政策实施上对产出缺口更加重视；对通货膨胀率的响应参数我国为 1.422，美国则是 1.751。刘斌 (2008) 在 DSGE 框架下对我国货币政策参数贝叶斯估计结果分别为 0.78 和 1.31；Smets 和 Wouters(2005) 对美国的估计结果为 0.1 和 1.69。文献中对这两个参数的估计结果跨度较大，但 ϕ_y 一般小于 1，而 ϕ_π 一般大于 1，并且在 1.5 附近，本章的估计结果也与文献基本保持一致。结合

政策参数的贝叶斯估计结果可知，中美两国的货币政策主要用于调控通货膨胀，但我国对产出的调控力度稍大于美国，而美国对通货膨胀率的控制力度则略大于中国。

下面分析与财政政策相关的响应参数。首先分析政府投资，我国政府投资对产出的响应参数达到 0.881，对债务的响应仅有 0.137，这说明我国政府投资的目的几乎完全是经济增速，而很少关注债务。政府消费对产出的响应更是高达 0.958，对债务的响应仅为 0.120。从贝叶斯估计结果上看，政府消费和政府投资的作用十分类似，都是主要用于调控总产出，对债务的关注程度不够。2008 年，“四万亿” 政府投资充分说明了我国政府消费和政府投资对产出调控力度。转移支付对产出的调控作用相比于前面两种支出工具要低，但其对债务的响应力度则较大。三种税收对产出的响应总体上要显著弱于支出工具对产出的响应力度；但税收工具对债务的响应参数总体上要高于支出工具，尤其是消费税对债务的调整力度为 0.698，资本税对债务的响应也有 0.609。结合上面对政策响应参数的贝叶斯估计结论，总体而言我国货币政策主要用于调控通货膨胀率，财政支出工具主要用于调控产出，税收工具则主要用于调控债务。这一结论和上一章贝叶斯估计结果保持一致。

美国政府投资对产出的响应相比于我国较弱，为 0.537；其政府消费对 GDP 的响应要高于公共投资，达到 0.761。税收工具中，三种工具对产出的响应作用较为平均；最后，美国六种政策工具对债务的响应程度比较集中，最高为 0.513，最低为 0.242，并且税收工具对债务的响应参数总体上高于支出工具。这样，与我国的财政功能类似，美国调控物价主要依靠货币政策，调控产出主要依靠财政支出工具，尤其是政府消费，在调控债务上则主要依靠税收工具。

8.7 模型的有效性分析

8.7.1 MCMC 多变量诊断图

MATLAB 实施贝叶斯估计时，使用 MCMC 方法。因此，判断贝叶斯估计有效性的方法是检验马尔可夫链是否平稳收敛，一般根据单变量或者多变量诊断图进行检验。为了节约篇幅，这一部分仅列出多变量诊断图的结果。图 8-2 给出了本章贝叶斯估计的多变量诊断图，该图反映了所有待估参数方差–协方差矩阵特征值的一阶矩、二阶矩和三阶矩的总体测度。当贝叶斯估计有效时，各阶矩中两条马尔可夫链应该重合。从图中可以看出，虽然在一开始两条链相互分离，但随着抽样数增加，两条链逐渐重合，最终收敛为一条链，故说明本章贝叶斯估计数值有效。

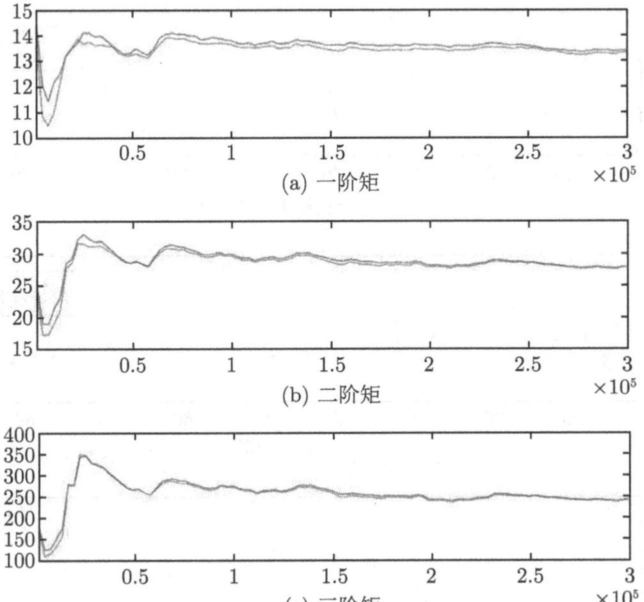

(a) 一阶矩

(b) 二阶矩

(c) 三阶矩

图 8-2 贝叶斯估计多变量诊断图

8.7.2 真实值与模拟值对比

在对模型的参数估计结果进行稳健性检验后，还需要从模型的拟合能力出发对本章模型的有效性进行评估。评估方法一般采用模型预测值与实际数据的比较进行。图 8-3 对国内和国外主要宏观经济变量进行了对比，重点关注变量真实值和模拟值之间的拟合程度。首先将宏观变量的真实值换算成不变价，去掉价格因素带来的影响，然后进行季调、对数化以及滤波等数据处理过程。将经过处理后的数据与提前一期的模型预测值进行对比。从图 8-3 中可以发现，本章模型对我国总产出的模拟值相比于上一章模型，更接近真实值，这说明本章模型对我国总产出的解释能力更强。对私人消费和私人投资的预测更是如此，预测值与真实数据十分接近。最后，本章模型模拟值对美国总产出的真实值也较为接近。说明本章模型能够很好地模拟和解释两国真实宏观经济波动。

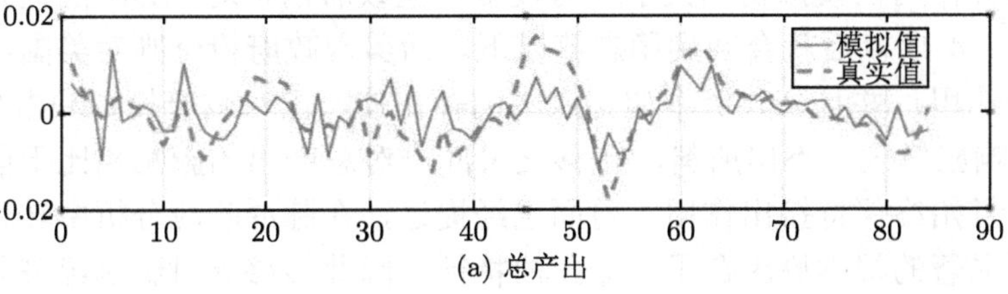

(a) 总产出

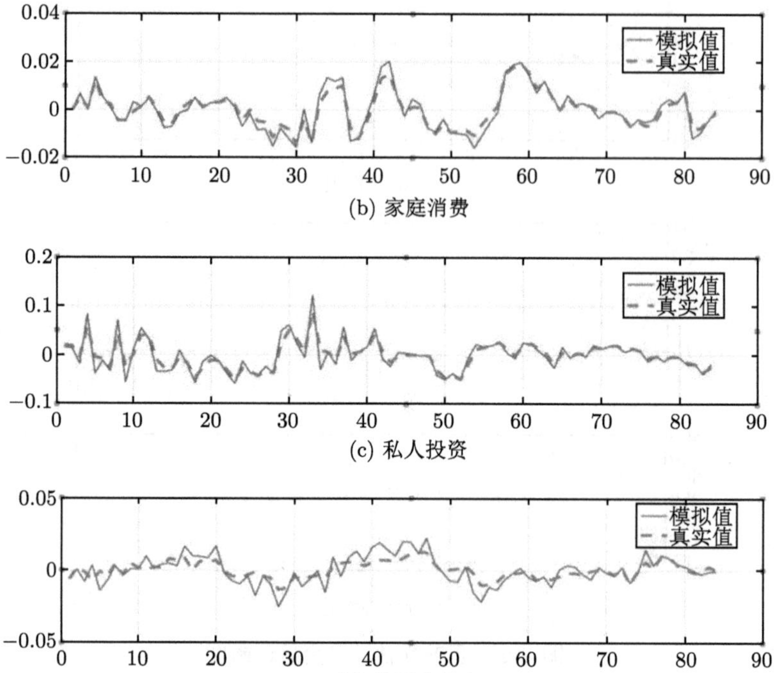

(b) 家庭消费

(c) 私人投资

(d) 美国总产出

图 8-3　主要宏观变量预测值与实际数据比较

8.8　脉冲响应分析

8.8.1　美国财政支出冲击

这一部分重点分析美国财政支出冲击对我国宏观环境将带来怎样的作用效果，以及这种效果通过何种途径传递。图 8-4 展示主要宏观变量对三种美国政府支出冲击的脉冲响应函数。美国政府支出对美国总产出 (Y2) 的影响与上一章封闭经济下我国政府支出对我国总产出的影响作用几乎完全一样，只是政府消费在模拟初期对总产出的提升作用要大于政府投资，这是因为美国政府消费以服务为主 (γ_c'=0.66)，而美国服务行业产出占总产出比重接近 80%，因而政府消费对总产出的提升作用在模拟初期大于政府投资。但政府消费对 GDP 的提升效果维持时间不长，4 期以后就会回到稳态值以下。而美国政府投资则对美国经济具有长期的促进作用，并且公共资本调整成本的存在使产出对政府投资冲击呈现出“驼峰状”的响应模式。不出所料，转移支付冲击对总产出的影响相比于前两者要弱得多，并且始终保持挤出作用。前面已经提过，在脉冲响应分析中转移支付对经济影响不显著的根本原因在于其非扭曲特征，因此转移支付影响经济只能通过改变其他财政工具的间接途径，作用效果自然不明显。

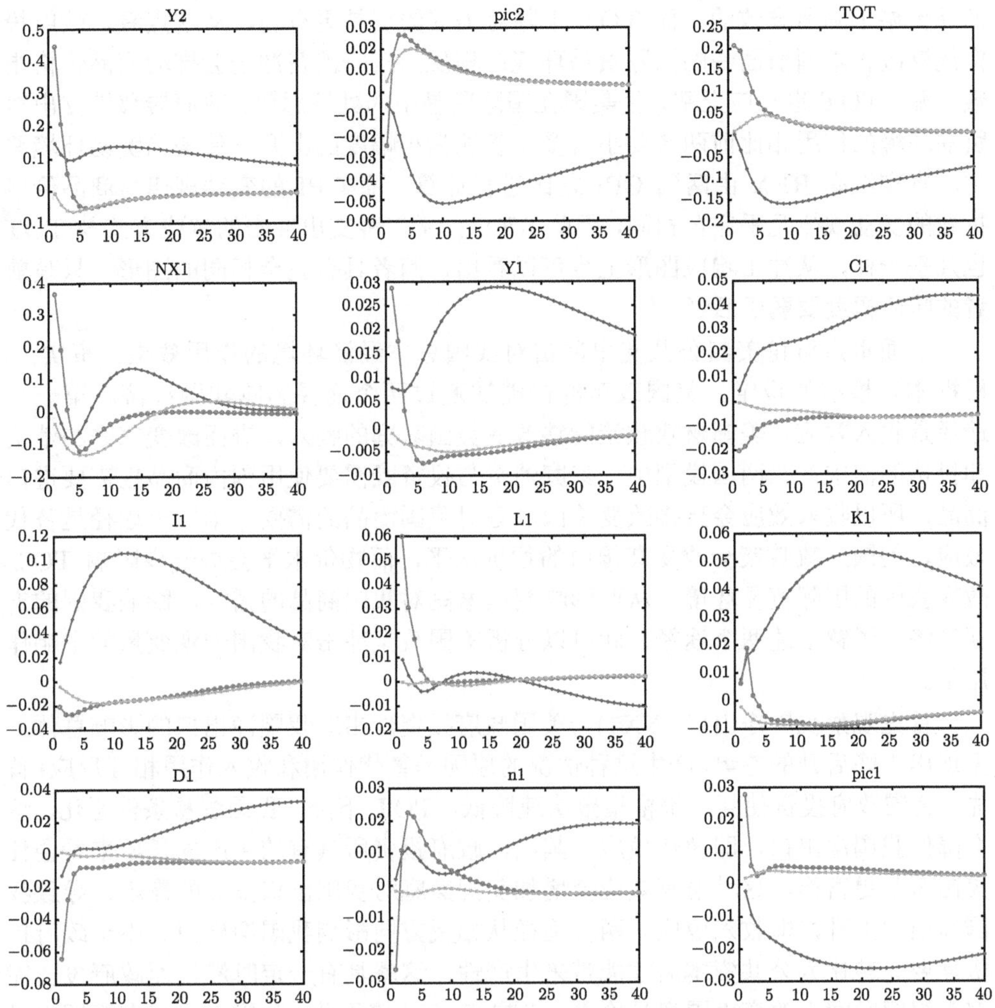

图 8-4　美国政府投资冲击、政府消费冲击、转移支付冲击的脉冲响应图

—政府投资冲击 —政府消费冲击 —转移支付冲击

至于美国 CPI 通货膨胀率 (pic2)，政府投资能够使 CPI 降低，而政府消费和转移支付冲击则会使 CPI 提高。此外，美国商品价格指数通货膨胀率 (pif2) 对三种支出冲击的响应方式与 CPI 通货膨胀率几乎完全一样。在封闭经济环境下，价格改变会影响家庭的最优化决策问题，比如消费；而在开放经济下，美国价格变动，尤其是商品价格指数变动，除了影响美国家庭的消费和投资决策，还会影

响真实汇率和 TOT，改变两国之间的国际贸易环境，进而影响我国的宏观经济。从 TOT 冲击响应函数能够了解，美国政府投资冲击将使 TOT 降低，这是由于商品价格下降所导致的，而 TOT 下降对美国的贸易更有利，从这点看，政府投资能够改善本国所面临的国际贸易环境；相反，政府消费冲击会推动商品价格指数上涨，TOT 也相应上涨，使美国在国际贸易中的处境恶化；政府转移性支出对贸易环境的作用相比前两者要小得多，表现为小幅度的上升，使美国贸易环境恶化。真实汇率 REX 由两国 CPI 之比进行计算，而 CPI 的变动规律与商品价格指数的变动规律几乎完全相同，因此 REX 关于三种支出冲击的响应方式与 TOT 也几乎一样，从冲击响应图形上也可以看出，两者具有完全相同的图形，只是前者的响应幅度要弱于后者。

下面重点讨论美国公共支出冲击对我国总体经济环境的作用效果。事实上，根据本章模型的设定，美国政策冲击能够通过两个途径影响我国经济。第一个途径是收入效应，美国财政政策能够改变美国家庭的收入，进而改变家庭的消费和投资的需求；在两国模型中，家庭消费与投资既需要使用国内商品也需要进口商品，所以收入效应会直接改变美国家庭对我国商品的需要。第二个途径是替代效应，美国财政政策会改变其国内的物价水平，而物价水平会进一步影响 TOT，改变我国的国际贸易环境，从而影响两国家庭对我国商品的需求，影响我国的宏观经济。了解上述两个途径，就可以分析美国政策冲击对我国宏观变量的影响作用了。

首先观察我国净出口 (NX1)，美国政府投资冲击对我国净出口的影响总体上呈现出先降后升的态势，产生这种情况的原因是替代作用和收入作用相互反应：首先，美国政府投资使商品价格指数快速降低，TOT 下降，我国贸易条件恶化，这会降低我国净出口，即替代效应；其次，政府投资所具有的生产性长期来看会使美国家庭更富裕，这种财富效应会增加美国家庭对我国出口商品的需求，导致我国净出口上升，即收入效应。两种途径从相反方向影响我国净出口。由于政府投资需要先转化为公共资本后才能带来生产性，这就具有一定时滞，而政府投资能够在很短时间内改变美国商品价格，影响 TOT。鉴于此，我国净出口在短期内受替代效应主导，而大约 5 期以后收入效应逐渐占据主导地位。

美国政府消费冲击对我国净出口的影响则与政府投资相反，在面临消费冲击初期，美国总需求提高，CPI 迅速上升，TOT 相应上升，使我国国际贸易环境改善，净出口提高，此时收入效应占主导地位；但美国政府消费同时也会使美国家庭收入下降，降低家庭在消费上的需求，最终收入效应导致我国净出口减少。替代效应与收入效应反向作用，替代效应在短期内占据主导地位，而收入效应则在长期占据主导地位，这就导致美国政府消费冲击对我国净出口的作用效果是先促进再抑制。美国政府转移性支出冲击在短期内无法大幅度提高美国国内总需求，对物价影响不大，也就无法显著改变 TOT，长期来看也无法给美国家庭带来收入上的显著变化，因而无论从替代效应还是收入效应都无法对我国净出口产生太大影响。

再看美国公共支出冲击对我国总产出 (Y1) 会有怎样的效果。美国政府消费冲击在一开始会由于替代效应使我国总产出得到一定程度的提升；与此同时，政府消费给美国家庭带来的财富负效应也会降低对我国商品的需要。短期内替代效应主导，使我国总产出上升，但 3 期以后收入效应逐渐占主导，导致我国总产出低于稳态值以下。美国政府投资冲击带来的长期收入效应既能提高美国的总产出，也能提高我国的总产出；产生这一促进作用很大程度上得益于对参数 g_h 的赋值，该参数越大，说明美国对我国生产的商品依赖程度越大 (开放程度也越大)。本章将这一数值校准为 0.5，若美国家庭收入改变，其对我国商品需要也会产生很大改变，因而我国净出口和总产出也会受到很大影响。所以，从美国政府投资与消费冲击对我国净出口和总产出的冲击响应函数图能够发现，短期内替代作用可能占据主导，但长期来看收入作用始终是最重要的影响途径。

与总产出的变化一致，我国家庭消费 (C1) 受到美国政府投资冲击后会一直处于正向偏离稳态值的状态。从本国家庭消费的脉冲响应图中还可以发现，消费受到美国政府投资冲击的正向影响甚至要大于本国总产出受到的影响。原因其实很明显，当美国经济受到该国政府投资冲击的影响时，美国商品价格会相应下降，这样我国居民就可以支出更少的钱购买美国进口商品，因此长远来看，相比于我国总产出，我国家庭消费遭受美国财政投资冲击作用效果更大。

美国政府消费冲击则对我国家庭消费具有抑制作用，影响途径与政府投资冲击完全一样，只是沿着相反的方向。美国财政支出冲击对我国私人投资的影响模式与家庭消费几乎完全相同，原因也和家庭消费情况一样。值得注意的是，我国私人投资脉冲响应的幅度比家庭消费还要高。当面临美国政府投资冲击时，私人投资偏离稳态值最大可超过 0.1%，而家庭消费最大偏离也不到 0.045%。产生这一现象的原因在于，在投资时对商品的使用需求比起对服务的使用需求要大得多，并且两国之间仅能进行商品贸易，而不能进行服务贸易，因此私人投资受到美国财政政策冲击的影响要大于本国私人消费和本国总产出。在我国要素市场上，美国政府消费能够使我国均衡劳动力偏离稳态，但却会抑制我国资本；政府投资总体上使我国就业下降，但却能有效提升我国资本存量。

在金融体系上，美国政府消费冲击会使我国信贷市场收缩，但持续时间较短，大约一年之后就会逐渐回到稳态值；而美国政府投资会在模拟初期抑制我国信贷，之后就处于直线上升状态，并且持续较长时间。企业家财富直接与金融系统信贷额度相关，美国政府投资冲击能够使我国企业家受益；美国政府消费冲击由于替代效应能在短期内促进我国生产，同时也增加我国企业家的财富，但大约 10 期之后这种影响就会消失。美国政府投资冲击对我国企业家的影响则可以持续很长一段时间。最后，美国政府投资冲击能够降低我国 CPI，而政府消费能够促进我国 CPI 上升。

值得一提的是，按照常规的想法，美国政府投资冲击会使美国经济变好，相应地使我国外贸处境变差 (TOT 下降)，影响我国经济；相反，美国政府消费冲击会使美国经济变差，从而有利于我国外贸处境 (TOT 上升) 和我国宏观经济。换而言之，两国经济之间应该具有一种“此消彼长”的关系。但从上面的脉冲响应图中却很难看出这种关系，而且两国经济往往表现出“双赢”的态势。产生这一矛盾的原因正是在于替代效应与收入效应之间的角力。前者使两国经济此消彼长，后者则使两国经济双赢。如果只考虑两国经济之间的替代效应，则会使两国经济之间以竞争为主，很难达到双赢；一旦将收入效应考虑进来，两国的贸易关系就会变为一种既竞争又合作的关系，两国宏观经济也将由两种效应共同决定。替代效应一般在短期内占据主导地位；收入效应往往需要时滞，但长期来看一定能占据主导地位。因此，我国与美国经济在对美国财政支出工具的响应过程中，总体上表现出短期内两者此消彼长，长期来看则会双赢或者双输。

综合以上讨论，可以对美国公共支出冲击对我国宏观环境的效果做一个总结。美国政府投资冲击会使美国商品在价格上更具有竞争力，由此带来的替代效应会在模拟初期起主要作用；但是几期之后，公共资本的生产作用逐渐显示出来，美国家庭会从中获得更多收益，提升对我国产品需要，由此带来的财富效应在数期之后逐渐占据主导。因而美国公共投资对我国宏观环境作用效果表现为先抑制再促进。美国政府消费冲击则是几乎完全相反的影响途径，对我国宏观经济表现为先促进再抑制的作用。美国支付转移对我国宏观环境的作用十分接近公共消费，只是作用程度要弱得多。其实，转移支付冲击对美国宏观经济作用效果尚且较弱，何况是其对我国的跨国影响力呢？因此，当美国实施扩张性财政政策时，如果以政府投资作为政策工具，短期来看会使我国处境不利，长期来看会使中美两国的处境都变得更好；相反，如果选择政府消费或者转移支付作为政策工具，短期来看对我国经济有促进作用，长期来看对两个国家的宏观影响都不会乐观。

8.8.2 美国税收冲击

图 8-5 是美国三种税收的脉冲响应函数。三种税率冲击中，消费税率和资本税率对美国总产出的影响作用非常接近，都表现为在初期使总产出降低，5 期之后又逐渐表现为促进作用，并且消费税的影响效果要低于资本税对总产出的影响。比较出乎意料的是工资税对总产出的影响，在上一章，工资税对总产出的确具有

促进作用，影响程度却远不如另外两种税收工具。但是此处的模拟结果却显示工资税的影响程度最大。另外，美国资本税冲击对该国 CPI 通货膨胀率的影响程度较大，并且消费税和工资税冲击都能够使美国 CPI 降低，这和上一章的模拟结果基本一样。不同之处在于，此处模拟结果显示消费税的影响效果较工资税为弱。

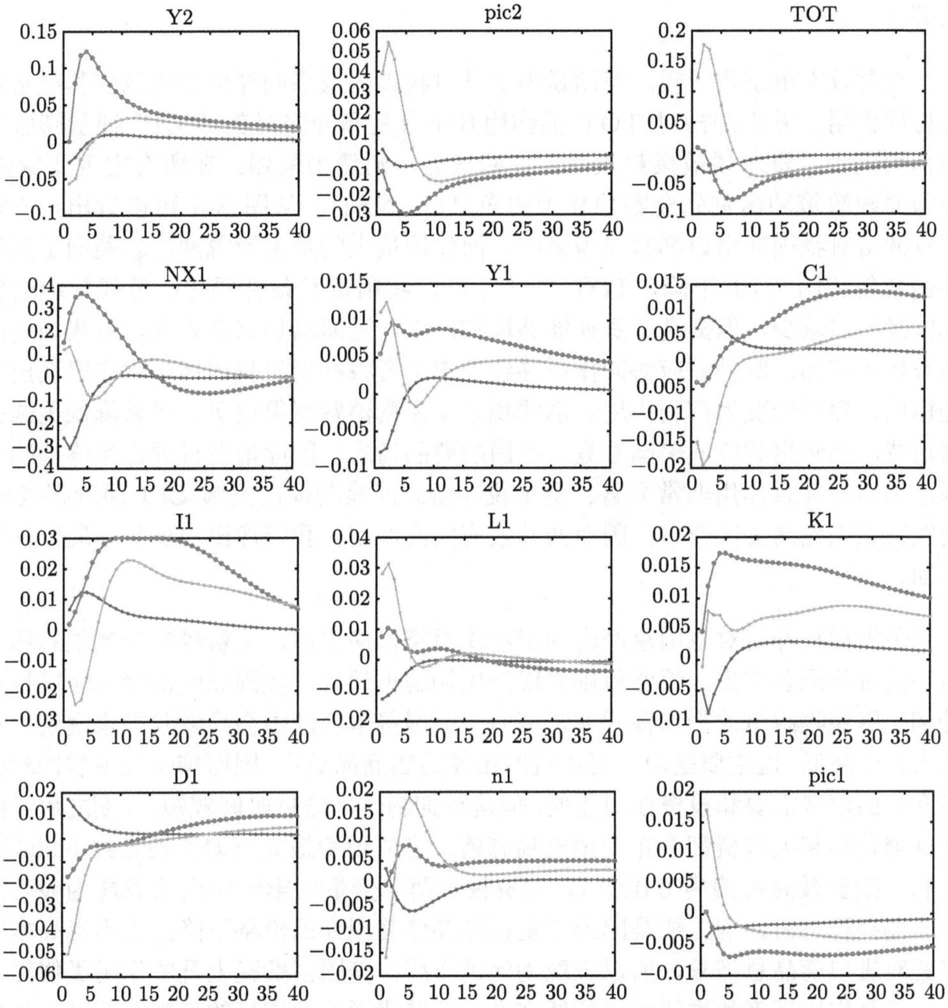

图 8-5 美国政府消费税冲击、政府工资税冲击、政府资本税冲击的脉冲响应图

—美国消费税冲击 —美国工资税冲击 —美国资本税冲击

为什么这一章工资税对宏观经济的作用要比上一章大？原因就在稳态时美国工资税率的校准值上，本章参考 Leeper 等 (2010)，将美国稳态工资税率校

准为 0.223，这一校准值是非常高的。反观我国稳态工资税率的校准值为 0.059，仅为美国的四分之一。笔者也尝试将稳态工资税率调低，工资税冲击的效果立马降低。上一章使用我国的税率校准值，因此工资税的作用不显著，这一章是两国模型，外国部分使用美国数据校准，因此美国工资税对美国宏观经济的影响十分显著。可以预期，美国工资税上升对中国宏观环境的效果也会十分显著。

与财政支出工具一样，美国税率上升对我国的效果同样由替代效应和财富效应协同作用。外生冲击对 TOT 的作用几乎总是和冲击对美国 CPI 通货膨胀率的作用同步，资本税效果最大，工资税次之，消费税最弱。在所有宏观变量中，美国财政政策冲击首先会影响我国的净出口 (NX1)。从图 8-5 可以看出，三种税收冲击对我国净出口都有显著影响，而作用最大的是工资税冲击。美国工资税冲击会使美国 CPI 下降，TOT 随之下降，我国贸易条件恶化，替代效应会使我国净出口减少，但提高工资税能够增加产出，进而增加家庭收入，对我国商品消费相应增加。两种效应协同作用导致美国工资税冲击对我国净出口先表现出促进作用，然后转变为抑制作用。消费税会使家庭消费变得更贵，显著降低美国家庭消费，当然也就降低美国家庭对我国的商品需求，因此消费税冲击始终抑制我国净出口，并且作用非常显著。资本税冲击既能显著提高美国 CPI 通货膨胀率，也能在长期提高美国产出，因而两种效应共同作用使我国净出口在稳态周围往复运动。

美国税收冲击对我国总产出的影响作用类似净出口，工资税和资本税总体上能够促进我国总产出，消费税则表现为先抑制再促进。我国家庭消费和居民投资受到美国税收政策的影响模式非常类似。美国资本税冲击会导致我国家庭消费和私人投资降低，这主要是由于资本税冲击使美国商品更贵，因而抑制我国居民对美国商品的消费需要和投资使用需要；但这种抑制作用维持时间较短，5 期之后我国家庭消费和私人投资都会正向偏离稳态值，家庭消费最大可偏离稳态约 0.008%，而私人投资最高可偏离 0.023%。工资税对两个变量的影响作用均表现为显著的正向偏离稳态值，这主要是因为工资税能够使美国商品价格下降，进而提高本国家庭对进口商品总需求，所以表现为促进作用。美国消费税上升的作用类似工资税，只是作用程度和维持时间要低许多。再看我国就业市场的表现，美国工资税和资本税冲击总体上会使我国的就业和资本产生正向偏离，而消费税则会抑制我国的就业和资本。资本税与工资税在初期对我国信贷产生阻碍效果，消费税则产生促进效果。最后，资本税会使我国的 CPI 通货膨胀率上升，消费税和工资税则起到相反的作用，由于 Taylor 规则的存在，名义无风险利率 R 总是会钉住 CPI 通货膨胀率的变化，因而两者的脉冲响应曲线保持高度一致。

8.8.3 美国政策性冲击对我国宏观经济的影响总结

以前面的冲击响应函数为基础，表 8-4 总结了美国财政政策对我国关键总体经济变量的影响效果。根据表 8-4 结果，我们对美国财政政策冲击的跨国传导机制进行一个简单的总结。需要注意的是，六种财政工具中美国政府转移性支出冲击对我国宏观经济的影响相比于另外五种政策工具十分微弱。

表 8-4 美国财政政策冲击对我国主要宏观经济变量的影响效果

我国	美国					
	财政消费冲击	财政投资冲击	转移性支出冲击	消费税冲击	工资税冲击	资本税冲击
总产出	先升后降	上升	下降	先降后升	上升	上升
私人消费	下降	上升	下降	上升	上升	先降后升
私人投资	下降	上升	下降	上升	上升	先降后升
净出口	先升后降	先降后升	下降	下降	先升后降	先降后升
就业	上升	先升后降	下降	下降	上升	上升
资本存量	先升后降	上升	下降	先降后升	上升	上升
信贷	下降	上升	上升	上升	先降后升	下降
企业家财富	先降后升	上升	下降	下降	上升	先降后升
利率	上升	下降	上升	下降	下降	先升后降
CPI 通货膨胀率	上升	下降	上升	下降	下降	先升后降

从模型设定角度来讲，本章中美两国模型之间的联系主要通过商品贸易来实现，因此美国财政政策冲击必然要通过改变中美两国对进口商品的相对需求才能对本国宏观环境产生效果。在微观经济学中，行为人对某类产品需求曲线的移动主要通过两个途径实现，其一是改变这一产品与其替代品间的相对价格，其二则是改变行为人的收入；前者为替代效应，后者为收入效应。对单一消费者是如此，对整个国家而言也是如此。因此，美国财政政策的影响如果要传导至我国，在本章模型中只能通过两个途径：其一是首先改变美国家庭收入，进而改变其对我国生产商品的需求，即收入效应；其二是改变美国商品价格，使 TOT 发生变化，进而改变中美两国家庭对两国商品的需求，即替代效应。两种效应在起作用时间和持续时间上可能会有所不同。一般替代作用产生效果较快，但是维持时间较短；相反，收入效应起作用较慢，但持续时间要长一些。所以，从前面的脉冲响应分析可以看出，替代效应往往在模拟初期占据主导地位，而收入效应则在一段时间之后才逐渐占据主导地位。

对于政府消费和转移支付这两种政策工具，主要从需求侧影响美国经济，短期内可能会使美国经济上行，也会给本国物价带来较大的上升压力，而长期来看一定会抑制总产出、消费和投资等宏观变量；鉴于此，这两种冲击在影响中国经济时，总体上收入效应会占据主导地位，替代效应可能会在冲击发生初期起作用，但这种作用会在很短时间内就消失。两种效应综合，会使我国和美国经济都表现出下行态势。上一章讨论过，政府投资冲击相当于政府消费冲击和技术冲击的结合，在短期属于需求侧冲击，在长期则属于供给侧冲击。因此该冲击会在初期从需求侧提高美国全社会总需求和物价，但随着时间推移，公共资本的生产力逐渐释放，此时总产出会持续上升，物价水平也会不断下降，美国家庭收入也会上升。在政策实施初期，替代效应会使我国贸易处于不利位置，但时间稍长，收入效应会逐渐占据主导，对我国宏观经济最终产生促进作用。

三种税收冲击中，消费税从需求侧影响美国宏观经济，而工资税和资本税从供给侧带来影响。消费税等比例增加商品和服务的价格，相当于减少美国家庭的收入，会降低美国家庭对本国商品和服务的需求以及对我国进口商品的需求。而消费税也会降低美国物价，使我国贸易环境恶化，因而替代效应与收入效应作用方向相同，对我国总产出将产生不利影响。对我国总产出不利并不代表对我国家庭部门不利，消费税使美国商品价格更便宜，这也会导致我国家庭消费和投资都增加，从这点来看，家庭的处境得到改善。但从生产角度来看，生产部门的处境并不理想，这一点从企业家财富下降也可以看出。工资税会使美国家庭收入降低。从而提供更多劳动；而资本税则会使投资收益降低，减少资本供给，因此将这两种税收工具归结为供给侧冲击。两种冲击对国外总体经济的效果比较类似，从表 8-4 也可以看出对我国宏观环境的作用效果也比较类似，短期内都是替代效应占主导，而长期则是由收入效应主导，并且这两种财政冲击对我国的影响作用要大于消费税冲击的作用。

在这一章，我们提出了一种新的建模思路，即在上一章新凯恩斯模型基础上，引入金融系统和开放经济两大重要特征。首先是金融系统特征。上一章的模型忽略了现代经济体系中起到至关重要作用的金融系统，这一章则就此进行扩展。本章参考 BGG (1999) 的文章，在模型中引入金融加速器机制。引入金融加速器以后，模型将增加三个新部门，分别是资本生产者、企业家和银行。原本由家庭做的投资决策被分到资本生产者身上，由家庭做的资本利用率决策被分到企业家身上。企业家具备管理资本的特殊能力，因此能够管理超过自身财富价值的资本，所以有动机向银行贷款以购买资本。为了引入信息不对称，金融加速器模型一般假设企业家总资产会经历异质性风险，这种风险只有企业家本人能够直接观测，银行必须支付一定审核成本之后才能观测，为了对冲这种异质性风险，银行贷款给企业家时会在无风险利率基础上增加风险升水，风险升水与企业家的财富净值负相关。当经济上行时，企业家的财富价值高，风险升水较低，贷款成本低，有动机进行更多贷款，扩大生产规模，经济规模得以进一步扩大；经济下行与经济上行时的情况完全相反。总之，金融加速器的功能就是对经济产生加速器作用，“金融加速器”这一名字也由此而来。本章在品牌生产部门和品牌发展战略的设定上与上一章完全相同，品牌资产可以提高私人要素的回报率，从而促进私人投资。在包含金融加速器的模型中，投资由企业家负责，当企业家的资本回报率由于品牌资产的正外部性得到提升时，其资产净值也将相应提高，表明企业家可以向金融中介借贷更多资金用于投资，加速经济扩张。换言之，品牌资产的存在会显著提升生产部门规模与私人投资规模，而金融加速器的存在又会放大品牌资产的规模扩张作用。

其次是开放经济特征。进一步参考 Kolasa (2009) 和 Gunter (2009) 等开放经济 DSGE 文章，将包含金融加速器机制的封闭经济模型扩展为开放经济下的两国 DSGE 模型。两个国家分别代表我国和美国。每个国家的情形与存在金融加速器的模型设定具有很大程度的相似性。为了显示出开放经济下的国际贸易环节，本章将中间商品企业区分为服务生产企业和商品生产企业，进一步假设商品可以进行国际贸易，而服务不可以。这样，家庭的总消费则由本国服务、本国商品以及外国进口商品三类消费品复合而成；总投资完全类似总消费。本章还假设无论是政府消费还是政府投资，都只能购买本国生产的商品，而不能购买进口商品，这一假设十分符合现实中各国政府对本国产品的偏好。两个国家之间的联系主要通过国际风险分摊 (International Risk Sharing) 和进出口贸易比价 (Terms of Trade, TOT) 变化来实现。当一国政府或者企业实施品牌发展战略并影响该国的家庭决策或者企业的生产决策时，就可以通过风险分摊和进出口贸易比价将政策效果传导至另外一个国家。正是这种政策效果的国际传导，使决策层面既需要考虑本国政策实施对本国经济的影响，也需要考虑外国政策实施对本国经济的影响。此外本国决策者所制定的旨在影响本国宏观经济的品牌政策，在两国模型框架下也可能会表现出与在封闭经济框架下完全不同的作用效果。在开放经济的框架下，各国政府制定品牌发展战略的过程实际上是一个本国政府、外国政府、本国企业、外国企业四方博弈的过程，复杂程度远高于封闭经济下的政策实施。随着我国经济开放程度与日俱增，企业生存环境所面临的复杂程度也在不断提升，研究这一问题无论从学术层面还是政策层面来看都有很大的价值。

上述建模思路只是启发性的，根本目的在于扩展读者的思维，跳出传统新凯恩斯模型局限性，在金融体系和开放经济这两大现代经济本质特征下分析企业和国家品牌发展战略的宏观作用效果。

8.9 金融加速器模型的动态方程组

本章引入的第一个重要特征是金融加速器。事实上，我们可以单独引入金融加速器，并且仍在封闭经济系统中进行分析。因此，本节中我们对金融加速器模型的动态方程体系进行完整表述，此时经济仍为封闭经济。

消费跨期欧拉方程：

$$\tilde{R}_t-\pi_{ct+1}=\frac{\sigma_c}{1-h}(\tilde{C}_{t+1}-h\tilde{C}_t)-\frac{\sigma_c}{1-h}(\tilde{C}_t-h\tilde{C}_{t-1})+(1-\sigma_c)\theta_c(\tilde{G}c_t-\tilde{G}c_{t+1})+\frac{\tau_c}{1+\tau_c}(\tilde{\tau}_{ct+1}-\tilde{\tau}_{ct}) \tag{8-94}$$

工资演变方程：

$$\begin{aligned}&\left[1+\beta+\frac{(1-\xi_w)(1-\beta\xi_w)}{\xi_w(1+\sigma_n\varepsilon_w)}\right]\tilde{W}_t\\&=\beta\tilde{W}_{t+1}+\tilde{W}_{t-1}+\beta\pi_{ct+1}-(1+\beta)\pi_{ct}+\pi_{ct-1}\\&\quad+\frac{(1-\xi_w)(1-\beta\xi_w)}{\xi_w(1+\sigma_n\varepsilon_w)}\left[\sigma_n\tilde{L}_t+\frac{\sigma_c}{1-h}(\tilde{C}_t-h\tilde{C}_{t-1})\right.\\&\quad\left.+\frac{\tau_w}{1-\tau_w}\tilde{\tau}_{wt}-(1-\sigma_c)\theta_c\tilde{G}c_t+\frac{\tau_c}{1+\tau_c}\tilde{\tau}_{ct}\right]\end{aligned} \tag{8-95}$$

资本生产者投资需求方程：

$$(\gamma_i-\gamma_c)\tilde{X}_t-\beta S''(\tilde{I}_{t+1}-\tilde{I}_t)=\tilde{Q}_t+\tilde{u}_{it}-S''(\tilde{I}_t-\tilde{I}_{t-1}) \tag{8-96}$$

资本积累方程：

$$\tilde{\bar{K}}_{t+1}-(1-\delta_1)\tilde{\bar{K}}_t=\delta_1\tilde{I}_t \tag{8-97}$$

企业家的投资收益率：

$$R_k(\tilde{Q}_t+\tilde{R}_{kt+1}-\pi_{ct+1})=r_k(1-\tau_k)\left(\tilde{u}_{t+1}+\tilde{r}_{kt+1}-\frac{\tau_k}{1-\tau_k}\tilde{\tau}_{kt+1}\right)+(1-\delta_1)\tilde{Q}_{t+1} \tag{8-98}$$

杠杆率的定义式：

$$\tilde{Q}_t+\tilde{\bar{K}}_{t+1}=\widetilde{\mathrm{lev}}_{t+1}+\tilde{n}_{t+1} \tag{8-99}$$

银行零利润条件：

$$\frac{\Gamma_\omega-\mu G_\omega}{\Gamma-\mu G}\bar{\omega}\tilde{\bar{\omega}}_{t+1}+\frac{\Gamma_\sigma-\mu G_\sigma}{\Gamma-\mu G}\sigma\tilde{\sigma}_t+\tilde{R}_{kt+1}-\tilde{R}_t+\widetilde{\mathrm{lev}}_{t+1}=\frac{\mathrm{lev}}{\mathrm{lev}-1}\widetilde{\mathrm{lev}}_{t+1} \tag{8-100}$$

企业家最优债务合同：

$$\left[\frac{\frac{R_k}{R}(\Gamma_\omega-\mu G_\omega)}{1-\frac{R_k}{R}(\Gamma-\mu G)}-\frac{\Gamma_\omega}{1-\Gamma}+\frac{\Gamma_{\omega\omega}-\mu G_{\omega\omega}}{\Gamma_\omega-\mu G_\omega}-\frac{\Gamma_{\omega\omega}}{\Gamma_\omega}\right]\bar{\omega}\tilde{\bar{\omega}}_{t+1}$$

$$+\left[\frac{\dfrac{R_k}{R}(\Gamma_\sigma-\mu G_\sigma)}{1-\dfrac{R_k}{R}(\Gamma-\mu G)}-\frac{\Gamma_\sigma}{1-\Gamma}+\frac{\Gamma_{\omega\sigma}-\mu G_{\omega\sigma}}{\Gamma_\omega-\mu G_\omega}-\frac{\Gamma_{\omega\sigma}}{\Gamma_\omega}\right]\sigma\tilde{\sigma}_t$$

$$+\left[1+\frac{\dfrac{R_k}{R}(\Gamma-\mu G)}{1-\dfrac{R_k}{R}(\Gamma-\mu G)}\right]\left(\tilde{R}_{kt+1}-\tilde{R}_t\right)=0 \tag{8-101}$$

企业家最优资本使用率方程:

$$(\gamma_c-\gamma_i)\tilde{X}_t+\tilde{r}_{kt}-\frac{\tau_k}{1-\tau_k}\tilde{\tau}_{kt}=\frac{a''}{a'}\tilde{u}_t \tag{8-102}$$

企业家资产净值积累方程:

$$\frac{n}{n-W^e}\tilde{n}_{t+2}=\tilde{R}_{kt+1}+\tilde{Q}_t+\tilde{\bar{K}}_{t+1}-\pi_{ct+1}-\frac{\bar{\omega}\Gamma_\omega}{1-\Gamma}\tilde{\bar{\omega}}_{t+1}-\frac{\sigma\Gamma_\sigma}{1-\Gamma}\tilde{\sigma}_t \tag{8-103}$$

企业家借贷方程:

$$\tilde{d}_t=\frac{\bar{K}}{D}(\tilde{Q}_t+\tilde{\bar{K}}_{t+1})-\frac{n}{D}\tilde{n}_{t+1} \tag{8-104}$$

企业家贷款利率方程:

$$\tilde{Z}_t=\tilde{R}_{kt+1}+\tilde{Q}_t+\tilde{\bar{K}}_{t+1}+\tilde{\bar{\omega}}_{t+1}-\frac{1}{\bar{K}-n}(\bar{K}\tilde{Q}_t+\bar{K}\tilde{\bar{K}}_{t+1}-n\tilde{n}_{t+1}) \tag{8-105}$$

银行贷款风险升水方程:

$$\begin{aligned}\tilde{R}_t^{prm}=&\frac{G_\omega\bar{\omega}}{G}\tilde{\bar{\omega}}_t+\frac{G_\sigma\sigma}{G}\tilde{\sigma}_{t-1}+\tilde{R}_{kt+1}+\tilde{Q}_t+\tilde{\bar{K}}_{t+1}\\&-\frac{1}{\bar{K}-n}(\bar{K}\tilde{Q}_t+\bar{K}\tilde{\bar{K}}_{t+1}-n\tilde{n}_{t+1})\end{aligned} \tag{8-106}$$

品牌生产企业生产函数:

$$\tilde{B}_t=\tilde{A}_{bt}+(1-\alpha_0)\tilde{L}_{bt}+\alpha_0\tilde{K}_{bt} \tag{8-107}$$

品牌生产企业生产要素之比:

$$\tilde{W}_t+\tilde{L}_{bt}=\tilde{R}_t+\tilde{K}_{bt} \tag{8-108}$$

品牌生产企业边际成本：

$$\tilde{\kappa}_{bt} = (1-\alpha_0)\tilde{W}_t + \alpha_0\tilde{R}_t - \tilde{A}_{bt} \tag{8-109}$$

服务生产企业生产函数：

$$\tilde{Y}_{st} = \tilde{A}_{st} + (1-\alpha_s)\tilde{L}_{st} + \alpha_s\tilde{K}_{st} + \theta_{bs}\tilde{B}_{st} \tag{8-110}$$

服务生产企业的生产要素之比：

$$\tilde{W}_t + \tilde{L}_{st} = \tilde{r}_{kt} + \tilde{K}_{st} \tag{8-111}$$

$$\tilde{W}_t + \tilde{L}_{st} = \tilde{B}_{st} \tag{8-112}$$

服务生产企业的真实边际成本：

$$\tilde{\kappa}_{st} = (\gamma_c - 1)\tilde{X}_t - \tilde{A}_{st} + (1-\alpha_s)\tilde{W}_t + \alpha_s\tilde{r}_{kt} \tag{8-113}$$

服务生产企业的 NKPC：

$$\pi_{st} = \frac{(1-\beta\xi_s)(1-\xi_s)}{(1+\beta)\xi_s}\tilde{\kappa}_{st} + \frac{\beta}{1+\beta}\pi_{st+1} + \frac{1}{1+\beta}\pi_{st-1} \tag{8-114}$$

商品生产企业生产函数：

$$\tilde{Y}_{ht} = \tilde{A}_{ht} + (1-\alpha_h)\tilde{L}_{ht} + \alpha_h\tilde{K}_{ht} + \theta_{bh}\tilde{B}_{ht} \tag{8-115}$$

商品生产企业的生产要素之比：

$$\tilde{W}_t + \tilde{L}_{ht} = \tilde{r}_{kt} + \tilde{K}_{ht} \tag{8-116}$$

$$\tilde{W}_t + \tilde{L}_{ht} = \tilde{B}_{ht} \tag{8-117}$$

商品生产企业的真实边际成本：

$$\tilde{\kappa}_{ht} = \gamma_c\tilde{X}_t - \tilde{A}_{ht} + (1-\alpha_h)\tilde{W}_t + \alpha_h\tilde{r}_{kt} \tag{8-118}$$

商品生产企业的 NKPC：

$$\pi_{ht} = \frac{(1-\beta\xi_h)(1-\xi_h)}{(1+\beta)\xi_h}\tilde{\kappa}_{ht} + \frac{\beta}{1+\beta}\pi_{ht+1} + \frac{1}{1+\beta}\pi_{ht-1} \tag{8-119}$$

CPI 通货膨胀率：

$$\pi_{ct} = \gamma_c\pi_{st} + (1-\gamma_c)\pi_{ht} \tag{8-120}$$

相对价格定义式：

$$\tilde{X}_t - \tilde{X}_{t-1} = \pi_{st} - \pi_{ht} \tag{8-121}$$

服务市场出清：

$$\begin{aligned}\tilde{Y}_{st} = &\gamma_c \frac{C}{Y_s}[(\gamma_c - 1)\tilde{X}_t + \tilde{C}_t] + \gamma_c \frac{Gc}{Y_s}[(\gamma_c - 1)\tilde{X}_t + \tilde{G}c_t] \\ &+ \gamma_i \frac{I}{Y_s}[(\gamma_i - 1)\tilde{X}_t + \tilde{I}_t] + \gamma_i \frac{Gi}{Y_s}[(\gamma_i - 1)\tilde{X}_t + \tilde{G}i_t]\end{aligned} \tag{8-122}$$

商品市场出清：

$$\begin{aligned}\tilde{Y}_{ht} = &(1-\gamma_c)\frac{C}{Y_h}(\gamma_c \tilde{X}_t + \tilde{C}_t) + (1-\gamma_i)\frac{I}{Y_h}(\gamma_i \tilde{X}_t + \tilde{I}_t) \\ &+ (1-\gamma_c)\frac{Gc}{Y_h}(\gamma_c \tilde{X}_t + \tilde{G}c_t) + (1-\gamma_i)\frac{Gi}{Y_h}(\gamma_i \tilde{X}_t + \tilde{G}i_t)\end{aligned} \tag{8-123}$$

资源约束：

$$\begin{aligned}Y_t = &\frac{C}{Y}\tilde{C}_t + \frac{I}{Y}\tilde{I}_t + \frac{G_i}{Y}\tilde{G}_{it} + \frac{G_c}{Y}\tilde{G}_{ct} \\ &+ \mu R_k G \frac{\bar{K}}{Y}\left[\tilde{R}_{kt-1} + \tilde{Q}_{t-1} + \tilde{\bar{K}}_t + \frac{G_\omega \bar{\omega}}{G}\tilde{\bar{\omega}}_t + \frac{G_\sigma \sigma}{G}\tilde{\sigma}_{t-1} - \pi_{ct}\right]\end{aligned} \tag{8-124}$$

劳动力市场出清：

$$\tilde{L}_t = \frac{L_s}{L}\tilde{L}_{st} + \frac{L_h}{L}\tilde{L}_{ht} + \frac{L_b}{L}\tilde{L}_{bt} \tag{8-125}$$

资本品市场出清：

$$\tilde{K}_t = \frac{K_s}{K}\tilde{K}_{st} + \frac{K_h}{K}\tilde{K}_{ht} + \frac{K_b}{K}\tilde{K}_{bt} \tag{8-126}$$

品牌资产市场出清:

$$\tilde{B}_t = \frac{B_s}{B}\tilde{B}_{st} + \frac{B_h}{B}\tilde{B}_{ht} \tag{8-127}$$

有效资本：

$$\tilde{K}_t = \tilde{u}_t + \tilde{\bar{K}}_t \tag{8-128}$$

政府预算约束：

$$\frac{Gc}{Y}\tilde{G}c_t + \frac{Gi}{Y}[(\gamma_i - \gamma_c)\tilde{X}_t + \tilde{G}i_t] + \frac{T}{Y}\tilde{T}_t + R\frac{b}{Y}(\tilde{R}_{t-1} + \tilde{b}_{t-1} - \pi_{ct})$$

$$= \frac{b}{Y}\tilde{b}_t + \tau_c \frac{C}{Y}(\tilde{\tau}_{ct} + \tilde{C}_t) + \tau_w \frac{WL}{Y}(\tilde{\tau}_{wt} + \tilde{W}_t + \tilde{L}_t)$$
$$+ \tau_k \frac{r_k K}{Y}(\tilde{\tau}_{kt} + \tilde{r}_{kt} + \tilde{u}_t + \tilde{\bar{K}}_t) \tag{8-129}$$

公共资本积累方程：

$$\tilde{K}_{gt+1} - (1-\delta_2)\tilde{K}_{gt} = \delta_2 \tilde{G}i_t \tag{8-130}$$

政府投资：

$$\tilde{G}i_t = \rho_{gi}\tilde{G}i_{t-1} + (1-\rho_{gi})(-\phi_{gi}\tilde{Y}_t - \varphi_{gi}\tilde{b}_{t-1}) + \tilde{u}_{git} \tag{8-131}$$

政府消费：

$$\tilde{G}c_t = \rho_{gc}\tilde{G}c_{t-1} + (1-\rho_{gc})(-\phi_{gc}\tilde{Y}_t - \varphi_{gc}\tilde{b}_{t-1}) + \tilde{u}_{gct} \tag{8-132}$$

转移支付：

$$\tilde{T}_t = \rho_{gt}\tilde{T}_{t-1} + (1-\rho_{gt})(-\phi_{gt}\tilde{Y}_t - \varphi_{gt}\tilde{b}_{t-1}) + \tilde{u}_{gtt} \tag{8-133}$$

消费税：

$$\tilde{\tau}_{ct} = \rho_{\tau c}\tilde{\tau}_{ct-1} + (1-\rho_{\tau c})(\phi_{\tau c}\tilde{Y}_t + \varphi_{\tau c}\tilde{b}_{t-1}) + \tilde{u}_{\tau ct} \tag{8-134}$$

工资税：

$$\tilde{\tau}_{wt} = \rho_{\tau w}\tilde{\tau}_{wt-1} + (1-\rho_{\tau w})(\phi_{\tau w}\tilde{Y}_t + \varphi_{\tau w}\tilde{b}_{t-1}) + \tilde{u}_{\tau wt} \tag{8-135}$$

资本税：

$$\tilde{\tau}_{kt} = \rho_{\tau k}\tilde{\tau}_{kt-1} + (1-\rho_{\tau k})(\phi_{\tau k}\tilde{Y}_t + \varphi_{\tau k}\tilde{b}_{t-1}) + \tilde{u}_{\tau kt} \tag{8-136}$$

货币政策：

$$\tilde{R}_t = \rho_r \tilde{R}_{t-1} + (1-\rho_r)(\phi_y \tilde{Y}_t + \phi_\pi \pi_{ct}) + \varepsilon_t^r \tag{8-137}$$

外生冲击：

$$\tilde{A}_{bt} = \theta_b \tilde{A}_{bt-1} + \varepsilon_t^b \tag{8-138}$$

$$\tilde{A}_{ht} = \theta_h \tilde{A}_{ht-1} + \eta_{hs}\tilde{A}_{st-1} + \varepsilon_t^h \tag{8-139}$$

$$\tilde{A}_{st} = \theta_s \tilde{A}_{st-1} + \eta_{sh}\tilde{A}_{ht-1} + \varepsilon_t^s \tag{8-140}$$

$$\tilde{u}_{it} = \theta_i \tilde{u}_{it-1} + \varepsilon_t^i \tag{8-141}$$

$$\tilde{u}_{git} = \theta_{gi}\tilde{u}_{git-1} + \varepsilon_t^{gi} \tag{8-142}$$

$$\tilde{u}_{gct} = \theta_{gc}\tilde{u}_{gct-1} + \varepsilon_t^{gc} \tag{8-143}$$

$$\tilde{u}_{gtt} = \theta_{gt}\tilde{u}_{gtt-1} + \varepsilon_t^{gt} \tag{8-144}$$

$$\tilde{u}_{\tau ct} = \theta_{\tau c}\tilde{u}_{\tau ct-1} + \varepsilon_t^{\tau c} \tag{8-145}$$

$$\tilde{u}_{\tau wt} = \theta_{\tau w}\tilde{u}_{\tau wt-1} + \varepsilon_t^{\tau w} \tag{8-146}$$

$$\tilde{u}_{\tau kt} = \theta_{\tau k}\tilde{u}_{\tau kt-1} + \varepsilon_t^{\tau k} \tag{8-147}$$

8.10 开放经济模型的动态方程组

这一部分给出了开放经济模型的完整动态方程组。开放经济模型也包含金融加速器特征，并且本节中的方程分为我国与美国，右上方没有带撇号的变量表示我国的变量，右上方带撇号表示美国的变量。

我国和美国欧拉方程：

$$\begin{aligned}\tilde{R}_t - \pi_{ct+1} = &\frac{\sigma_c}{1-h}(\tilde{C}_{t+1} - h\tilde{C}_t) - \frac{\sigma_c}{1-h}(\tilde{C}_t - h\tilde{C}_{t-1}) \\ &+ (1-\sigma_c)\theta_c(\tilde{G}c_t - \tilde{G}c_{t+1}) + \frac{\tau_c}{1+\tau_c}(\tilde{\tau}_{ct+1} - \tilde{\tau}_{ct})\end{aligned} \tag{8-148}$$

$$\begin{aligned}\tilde{R}'_t - \pi'_{ct+1} = &\frac{\sigma_c}{1-h}(\tilde{C}'_{t+1} - h\tilde{C}'_t) - \frac{\sigma_c}{1-h}(\tilde{C}'_t - h\tilde{C}'_{t-1}) \\ &+ (1-\sigma_c)\theta_c(\tilde{G}c'_t - \tilde{G}c'_{t+1}) + \frac{\tau'_c}{1+\tau'_c}(\tilde{\tau}'_{ct+1} - \tilde{\tau}'_{ct})\end{aligned} \tag{8-149}$$

家庭工资的 NKPC：

$$\begin{aligned}&\left[1+\beta+\frac{(1-\xi_w)(1-\beta\xi_w)}{\xi_w(1+\sigma_n\varepsilon_w)}\right]\tilde{W}_t \\ =& \beta\tilde{W}_{t+1} + \tilde{W}_{t-1} + \beta\pi_{ct+1} - (1+\beta)\pi_{ct} + \pi_{ct-1} \\ &+ \frac{(1-\xi_w)(1-\beta\xi_w)}{\xi_w(1+\sigma_n\varepsilon_w)}\left[\sigma_n\tilde{L}_t + \frac{\sigma_c}{1-h}(\tilde{C}_t - h\tilde{C}_{t-1})\right. \\ &\left.+ \frac{\tau_w}{1-\tau_w}\tilde{\tau}_{wt} - (1-\sigma_c)\theta_c\tilde{G}c_t + \frac{\tau_c}{1+\tau_c}\tilde{\tau}_{ct}\right]\end{aligned} \tag{8-150}$$

$$
\begin{aligned}
&\left[1+\beta+\frac{(1-\xi_w)(1-\beta\xi_w)}{\xi_w(1+\sigma_n\varepsilon_w)}\right]\tilde{W}_t' \\
&=\beta\tilde{W}_{t+1}'+\tilde{W}_{t-1}'+\beta\pi_{ct+1}'-(1+\beta)\pi_{ct}'+\pi_{ct-1}' \\
&\quad+\frac{(1-\xi_w)(1-\beta\xi_w)}{\xi_w(1+\sigma_n\varepsilon_w)}\left[\sigma_n\tilde{L}_t'+\frac{\sigma_c}{1-h}(\tilde{C}_t'-h\tilde{C}_{t-1}')\right. \\
&\quad\left.+\frac{\tau_w'}{1-\tau_w'}\tilde{\tau}_{wt}'-(1-\sigma_c)\theta_c\tilde{G}c_t'+\frac{\tau_c'}{1+\tau_c'}\tilde{\tau}_{ct}'\right]
\end{aligned}
\tag{8-151}
$$

资本生产者投资需求方程：

$$(\gamma_i-\gamma_c)\tilde{X}_t-\beta S''(\tilde{I}_{t+1}-\tilde{I}_t)=\tilde{Q}_t+\tilde{u}_{it}-S''(\tilde{I}_t-\tilde{I}_{t-1}) \tag{8-152}$$

$$(\gamma_i'-\gamma_c')\tilde{X}_t'-\beta S''(\tilde{I}_{t+1}'-\tilde{I}_t')=\tilde{Q}_t'+\tilde{u}_{it}'-S''(\tilde{I}_t'-\tilde{I}_{t-1}') \tag{8-153}$$

资本积累方程：

$$\tilde{\bar{K}}_{t+1}-(1-\delta_1)\tilde{\bar{K}}_t=\delta_1\tilde{I}_t \tag{8-154}$$

$$\tilde{\bar{K}}_{t+1}'-(1-\delta_1')\tilde{\bar{K}}_t'=\delta_1'\tilde{I}_t' \tag{8-155}$$

企业家的投资收益率：

$$R_k(\tilde{Q}_t+\tilde{R}_{kt+1}-\pi_{ct+1})=r_k(1-\tau_k)\left(\tilde{u}_{t+1}+\tilde{r}_{kt+1}-\frac{\tau_k}{1-\tau_k}\tilde{\tau}_{kt+1}\right)+(1-\delta_1)\tilde{Q}_{t+1} \tag{8-156}$$

$$R_k'(\tilde{Q}_t'+\tilde{R}_{kt+1}'-\pi_{ct+1}')=r_k'(1-\tau_k')\left(\tilde{u}_{t+1}'+\tilde{r}_{kt+1}'-\frac{\tau_k'}{1-\tau_k'}\tilde{\tau}_{kt+1}'\right)+(1-\delta_1')\tilde{Q}_{t+1}' \tag{8-157}$$

杠杆率的定义式：

$$\tilde{Q}_t+\tilde{\bar{K}}_{t+1}=\widetilde{\text{lev}}_{t+1}+\tilde{n}_{t+1} \tag{8-158}$$

$$\tilde{Q}_t'+\tilde{\bar{K}}_{t+1}'=\widetilde{\text{lev}}_{t+1}'+\tilde{n}_{t+1}' \tag{8-159}$$

银行零利润条件：

$$\frac{\mathit{\Gamma}_\omega-\mu G_\omega}{\mathit{\Gamma}-\mu G}\bar{\omega}\tilde{\bar{\omega}}_{t+1}+\frac{\mathit{\Gamma}_\sigma-\mu G_\sigma}{\mathit{\Gamma}-\mu G}\sigma\tilde{\sigma}_t+\tilde{R}_{kt+1}-\tilde{R}_t+\widetilde{\text{lev}}_{t+1}=\frac{\text{lev}}{\text{lev}-1}\widetilde{\text{lev}}_{t+1} \tag{8-160}$$

$$\frac{\mathit{\Gamma}_\omega-\mu G_\omega}{\mathit{\Gamma}-\mu G}\bar{\omega}'\tilde{\bar{\omega}}_{t+1}'+\frac{\mathit{\Gamma}_\sigma-\mu G_\sigma}{\mathit{\Gamma}-\mu G}\sigma'\tilde{\sigma}_t'+\tilde{R}_{kt+1}'-\tilde{R}_t'+\widetilde{\text{lev}'}_{t+1}=\frac{\text{lev}'}{\text{lev}'-1}\widetilde{\text{lev}}_{t+1}' \tag{8-161}$$

企业家最优债务合同：

$$\left[\frac{\frac{R_k}{R}(\Gamma_\omega-\mu G_\omega)}{1-\frac{R_k}{R}(\Gamma-\mu G)}-\frac{\Gamma_\omega}{1-\Gamma}+\frac{\Gamma_{\omega\omega}-\mu G_{\omega\omega}}{\Gamma_\omega-\mu G_\omega}-\frac{\Gamma_{\omega\omega}}{\Gamma_\omega}\right]\bar{\omega}\tilde{\bar{\omega}}_{t+1}$$

$$+\left[\frac{\frac{R_k}{R}(\Gamma_\sigma-\mu G_\sigma)}{1-\frac{R_k}{R}(\Gamma-\mu G)}-\frac{\Gamma_\sigma}{1-\Gamma}+\frac{\Gamma_{\omega\sigma}-\mu G_{\omega\sigma}}{\Gamma_\omega-\mu G_\omega}-\frac{\Gamma_{\omega\sigma}}{\Gamma_\omega}\right]\sigma\tilde{\sigma}_t$$

$$+\left[1+\frac{\frac{R_k}{R}(\Gamma-\mu G)}{1-\frac{R_k}{R}(\Gamma-\mu G)}\right](\tilde{R}_{kt+1}-\tilde{R}_t)=0 \tag{8-162}$$

$$\left[\frac{\frac{R'_k}{R'}(\Gamma_\omega-\mu G_\omega)}{1-\frac{R'_k}{R'}(\Gamma-\mu G)}-\frac{\Gamma_\omega}{1-\Gamma}+\frac{\Gamma_{\omega\omega}-\mu G_{\omega\omega}}{\Gamma_\omega-\mu G_\omega}-\frac{\Gamma_{\omega\omega}}{\Gamma_\omega}\right]\bar{\omega}'\tilde{\bar{\omega}}'_{t+1}$$

$$+\left[\frac{\frac{R'_k}{R'}(\Gamma_\sigma-\mu G_\sigma)}{1-\frac{R'_k}{R'}(\Gamma-\mu G)}-\frac{\Gamma_\sigma}{1-\Gamma}+\frac{\Gamma_{\omega\sigma}-\mu G_{\omega\sigma}}{\Gamma_\omega-\mu G_\omega}-\frac{\Gamma_{\omega\sigma}}{\Gamma_\omega}\right]\sigma'\tilde{\sigma}'_t$$

$$+\left[1+\frac{\frac{R'_k}{R'}(\Gamma-\mu G)}{1-\frac{R'_k}{R'}(\Gamma-\mu G)}\right](\tilde{R}'_{kt+1}-\tilde{R}'_t)=0 \tag{8-163}$$

企业家的最优资本使用率方程：

$$(\gamma_c-\gamma_i)\tilde{X}_t+\tilde{r}_{kt}-\frac{\tau_k}{1-\tau_k}\tilde{\tau}_{kt}=\frac{a''}{a'}\tilde{u}_t \tag{8-164}$$

$$(\gamma'_c-\gamma'_i)\tilde{X}'_t+\tilde{r}'_{kt}-\frac{\tau'_k}{1-\tau'_k}\tilde{\tau}'_{kt}=\frac{a''}{a'}\tilde{u}'_t \tag{8-165}$$

企业家资产净值积累方程：

$$\frac{n}{n-W^e}\tilde{n}_{t+2}=\tilde{R}_{kt+1}+\tilde{Q}_t+\tilde{\bar{K}}_{t+1}-\pi_{ct+1}-\frac{\bar{\omega}\Gamma_\omega}{1-\Gamma}\tilde{\bar{\omega}}_{t+1}-\frac{\sigma\Gamma_\sigma}{1-\Gamma}\tilde{\sigma}_t \tag{8-166}$$

$$\frac{n'}{n'-W'^e}\tilde{n}'_{t+2}=\tilde{R}'_{kt+1}+\tilde{Q}'_t+\tilde{\bar{K}}'_{t+1}-\pi'_{ct+1}-\frac{\bar{\omega}'\Gamma_\omega}{1-\Gamma}\tilde{\bar{\omega}}'_{t+1}-\frac{\sigma'\Gamma_\sigma}{1-\Gamma}\tilde{\sigma}'_t \tag{8-167}$$

企业家借贷方程：

$$\tilde{d}_t = \frac{\bar{K}}{D}(\tilde{Q}_t + \tilde{\bar{K}}_{t+1}) - \frac{n}{D}\tilde{n}_{t+1} \tag{8-168}$$

$$\tilde{d}'_t = \frac{\bar{K}'}{D'}(\tilde{Q}'_t + \tilde{\bar{K}}'_{t+1}) - \frac{n'}{D'}\tilde{n}'_{t+1} \tag{8-169}$$

企业家贷款利率方程：

$$\tilde{Z}_t = \tilde{R}_{kt+1} + \tilde{Q}_t + \tilde{\bar{K}}_{t+1} + \tilde{\bar{\omega}}_{t+1} - \frac{1}{\bar{K}-n}(\bar{K}\tilde{Q}_t + \bar{K}\tilde{\bar{K}}_{t+1} - n\tilde{n}_{t+1}) \tag{8-170}$$

$$\tilde{Z}'_t = \tilde{R}'_{kt+1} + \tilde{Q}'_t + \tilde{\bar{K}}'_{t+1} + \tilde{\bar{\omega}}'_{t+1} - \frac{1}{\bar{K}'-n'}(\bar{K}'\tilde{Q}'_t + \bar{K}'\tilde{\bar{K}}'_{t+1} - n'\tilde{n}'_{t+1}) \tag{8-171}$$

银行贷款风险升水方程：

$$\tilde{R}_t^{prm} = \frac{G_\omega\bar{\omega}}{G}\tilde{\bar{\omega}}_t + \frac{G_\sigma\sigma}{G}\tilde{\sigma}_{t-1} + \tilde{R}_{kt+1} + \tilde{Q}_t + \tilde{\bar{K}}_{t+1} - \frac{1}{\bar{K}-n}(\bar{K}\tilde{Q}_t + \bar{K}\tilde{\bar{K}}_{t+1} - n\tilde{n}_{t+1}) \tag{8-172}$$

$$\tilde{R}_t^{\prime prm} = \frac{G_\omega\bar{\omega}'}{G}\tilde{\bar{\omega}}'_t + \frac{G_\sigma\sigma'}{G}\tilde{\sigma}'_{t-1} + \tilde{R}'_{kt+1} + \tilde{Q}'_t + \tilde{\bar{K}}'_{t+1} - \frac{1}{\bar{K}'-n'}(\bar{K}'\tilde{Q}'_t + \bar{K}'\tilde{\bar{K}}'_{t+1} - n'\tilde{n}'_{t+1}) \tag{8-173}$$

品牌生产企业生产函数：

$$\tilde{B}_t = \tilde{A}_{bt} + (1-\alpha_0)\tilde{L}_{bt} + \alpha_0\tilde{K}_{bt} \tag{8-174}$$

$$\tilde{B}'_t = \tilde{A}'_{bt} + (1-\alpha'_0)\tilde{L}'_{bt} + \alpha'_0\tilde{K}'_{bt} \tag{8-175}$$

品牌生产企业生产要素之比：

$$\tilde{W}_t + \tilde{L}_{bt} = \tilde{r}_{kt} + \tilde{K}_{bt} \tag{8-176}$$

$$\tilde{W}'_t + \tilde{L}'_{bt} = \tilde{r}'_{kt} + \tilde{K}'_{bt} \tag{8-177}$$

品牌生产企业边际成本：

$$\tilde{\kappa}_{bt} = (1-\alpha_0)\tilde{W}_t + \alpha_0\tilde{r}_{kt} - \tilde{A}_{bt} \tag{8-178}$$

$$\tilde{\kappa}'_{bt} = (1-\alpha'_0)\tilde{W}'_t + \alpha'_0\tilde{r}'_{kt} - \tilde{A}'_{bt} \tag{8-179}$$

服务生产企业生产函数：

$$\tilde{Y}_{st} = \tilde{A}_{st} + (1-\alpha_s)\tilde{L}_{st} + \alpha_s\tilde{K}_{st} + \theta_{bs}\tilde{B}_{st} \tag{8-180}$$

$$\tilde{Y}'_{st} = \tilde{A}'_{st} + (1-\alpha'_s)\tilde{L}'_{st} + \alpha'_s \tilde{K}'_{st} + \theta'_{bs}\tilde{B}'_{st} \tag{8-181}$$

服务生产企业的生产要素之比：

$$\tilde{W}_t + \tilde{L}_{st} = \tilde{r}_{kt} + \tilde{K}_{st} \tag{8-182}$$

$$\tilde{W}'_t + \tilde{L}'_{st} = \tilde{r}'_{kt} + \tilde{K}'_{st} \tag{8-183}$$

$$\tilde{W}_t + \tilde{L}_{st} = \tilde{B}_{st} \tag{8-184}$$

$$\tilde{W}'_t + \tilde{L}'_{st} = \tilde{B}'_{st} \tag{8-185}$$

服务生产企业的真实边际成本：

$$\tilde{\kappa}_{st} = (\gamma_c - 1)\tilde{X}_t - \tilde{A}_{st} + (1-\alpha_s)\tilde{W}_t + \alpha_s \tilde{r}_{kt} \tag{8-186}$$

$$\tilde{\kappa}'_{st} = (\gamma'_c - 1)\tilde{X}'_t - \tilde{A}'_{st} + (1-\alpha'_s)\tilde{W}'_t + \alpha'_s \tilde{r}'_{kt} \tag{8-187}$$

服务生产企业的 NKPC：

$$\pi_{st} = \frac{(1-\beta\xi_s)(1-\xi_s)}{(1+\beta)\xi_s}\tilde{\kappa}_{st} + \frac{\beta}{1+\beta}\pi_{st+1} + \frac{1}{1+\beta}\pi_{st-1} \tag{8-188}$$

$$\pi'_{st} = \frac{(1-\beta\xi_s)(1-\xi_s)}{(1+\beta)\xi_s}\tilde{\kappa}'_{st} + \frac{\beta}{1+\beta}\pi'_{st+1} + \frac{1}{1+\beta}\pi'_{st-1} \tag{8-189}$$

商品生产企业生产函数：

$$\tilde{Y}_{ht} = \tilde{A}_{ht} + (1-\alpha_h)\tilde{L}_{ht} + \alpha_h \tilde{K}_{ht} + \theta_{bh}\tilde{B}_{ht} \tag{8-190}$$

$$\tilde{Y}'_{ft} = \tilde{A}'_{ft} + (1-\alpha'_f)\tilde{L}'_{ft} + \alpha'_f \tilde{K}'_{ft} + \theta_k \tilde{B}'_{gt} \tag{8-191}$$

商品生产企业的生产要素之比：

$$\tilde{W}_t + \tilde{L}_{ht} = \tilde{r}_{kt} + \tilde{K}_{ht} \tag{8-192}$$

$$\tilde{W}'_t + \tilde{L}'_{ft} = \tilde{r}'_{kt} + \tilde{K}'_{ft} \tag{8-193}$$

商品生产企业的真实边际成本：

$$\tilde{\kappa}_{ht} = \gamma_c \tilde{X}_t + (1-\gamma_h)\widetilde{\mathrm{TOT}}_t - \tilde{A}_{ht} + (1-\alpha_h)\tilde{W}_t + \alpha_h \tilde{r}_{kt} - \theta_k \tilde{K}_{gt} \tag{8-194}$$

$$\tilde{\kappa}'_{ft} = \gamma'_c \tilde{X}'_t - \gamma'_h \widetilde{\mathrm{TOT}}_t - \tilde{A}'_{ft} + (1-\alpha'_f)\tilde{W}'_t + \alpha'_f \tilde{r}'_{kt} - \theta_k \tilde{K}'_{gt} \tag{8-195}$$

商品生产企业的 NKPC：

$$\pi_{ht} = \frac{(1-\beta\xi_h)(1-\xi_h)}{(1+\beta)\xi_h}\tilde{\kappa}_{ht} + \frac{\beta}{1+\beta}\pi_{ht+1} + \frac{1}{1+\beta}\pi_{ht-1} \tag{8-196}$$

$$\pi'_{ft} = \frac{(1-\beta\xi_f)(1-\xi_f)}{(1+\beta)\xi_f}\tilde{\kappa}'_{ft} + \frac{\beta}{1+\beta}\pi'_{ft+1} + \frac{1}{1+\beta}\pi'_{ft-1} \tag{8-197}$$

国际风险分摊条件:

$$\begin{aligned}\widetilde{\mathrm{REX}}_t =& \frac{\sigma_c}{1-h}(\tilde{C}_t - h\tilde{C}_{t-1}) - (1-\sigma_c)\theta_c\tilde{G}c_t + \frac{\tau_c}{1+\tau_c}\tilde{\tau}_{ct} \\ & - \frac{\sigma_c}{1-h}(\tilde{C}'_t - h\tilde{C}'_{t-1}) + (1-\sigma_c)\theta_c\tilde{G}c'_t - \frac{\tau'_c}{1+\tau'_c}\tilde{\tau}'_{ct}\end{aligned} \tag{8-198}$$

真实汇率表达式:

$$\widetilde{\mathrm{REX}}_t = (\gamma_h - \gamma'_h)\widetilde{\mathrm{TOT}}_t + \gamma'_c\tilde{X}'_t - \gamma_c\tilde{X}_t \tag{8-199}$$

CPI 通货膨胀率:

$$\pi_{ct} = \gamma_c\pi_{st} + (1-\gamma_c)\pi_{ht} + (1-\gamma_h)(1-\gamma_c)(\widetilde{\mathrm{TOT}}_t - \widetilde{\mathrm{TOT}}_{t-1}) \tag{8-200}$$

$$\pi'_{ct} = \gamma'_c\pi'_{st} + (1-\gamma'_c)\pi'_{ft} - \gamma'_h(1-\gamma'_c)(\widetilde{\mathrm{TOT}}_t - \widetilde{\mathrm{TOT}}_{t-1}) \tag{8-201}$$

相对价格定义式:

$$\tilde{X}_t - \tilde{X}_{t-1} = \pi_{st} - \pi_{ht} - (1-\gamma_h)(\widetilde{\mathrm{TOT}}_t - \widetilde{\mathrm{TOT}}_{t-1}) \tag{8-202}$$

$$\tilde{X}'_t - \tilde{X}'_{t-1} = \pi'_{st} - \pi'_{ft} + \gamma'_h(\widetilde{\mathrm{TOT}}_t - \widetilde{\mathrm{TOT}}_{t-1}) \tag{8-203}$$

服务市场出清:

$$\begin{aligned}\tilde{Y}_{st} =& \gamma_c\frac{C}{Y_s}[(\gamma_c-1)\tilde{X}_t + \tilde{C}_t] + \gamma_c\frac{Gc}{Y_s}[(\gamma_c-1)\tilde{X}_t + \tilde{G}c_t] \\ & + \gamma_i\frac{I}{Y_s}[(\gamma_i-1)\tilde{X}_t + \tilde{I}_t] + \gamma_i\frac{Gi}{Y_s}[(\gamma_i-1)\tilde{X}_t + \tilde{G}i_t]\end{aligned} \tag{8-204}$$

$$\begin{aligned}\tilde{Y}'_{st} =& \gamma'_c\frac{C'}{Y'_s}[(\gamma'_c-1)\tilde{X}'_t + \tilde{C}'_t] + \gamma'_c\frac{Gc'}{Y'_s}[(\gamma'_c-1)\tilde{X}'_t + \tilde{G}c'_t] \\ & + \gamma'_i\frac{I'}{Y'_s}[(\gamma'_i-1)\tilde{X}'_t + \tilde{I}'_t] + \gamma'_i\frac{Gi'}{Y'_s}[(\gamma'_i-1)\tilde{X}'_t + \tilde{G}i'_t]\end{aligned} \tag{8-205}$$

商品市场出清：

$$\begin{aligned}\tilde{Y}_{ht} &= \gamma_h(1-\gamma_c)\mathrm{TOT}^{1-\gamma_h}\frac{C}{Y_h}[\gamma_c\tilde{X}_t+(1-\gamma_h)\widetilde{\mathrm{TOT}}_t+\tilde{C}_t]\\
&+\frac{1-n}{n}\gamma_h'(1-\gamma_c')\mathrm{TOT}^{1-\gamma_h'}\frac{C'}{Y_h}[\gamma_c'\tilde{X}_t'+(1-\gamma_h')\widetilde{\mathrm{TOT}}_t+\tilde{C}_t']\\
&+\gamma_h(1-\gamma_i)\mathrm{TOT}^{1-\gamma_h}\frac{I}{Y_h}[\gamma_i\tilde{X}_t+(1-\gamma_h)\widetilde{\mathrm{TOT}}_t+\tilde{I}_t]\\
&+\frac{1-n}{n}\gamma_h'(1-\gamma_i')\mathrm{TOT}^{1-\gamma_h'}\frac{I'}{Y_h}[\gamma_i'\tilde{X}_t'+(1-\gamma_h')\widetilde{\mathrm{TOT}}_t+\tilde{I}_t]\\
&+(1-\gamma_c)\mathrm{TOT}^{1-\gamma_h}\frac{Gc}{Y_h}[\gamma_c\tilde{X}_t+(1-\gamma_h)\widetilde{\mathrm{TOT}}_t+\tilde{G}c_t]\\
&+(1-\gamma_i)\mathrm{TOT}^{1-\gamma_h}\frac{Gi}{Y_h}[\gamma_i\tilde{X}_t+(1-\gamma_h)\widetilde{\mathrm{TOT}}_t+\tilde{G}i_t]\end{aligned}\tag{8-206}$$

$$\begin{aligned}\tilde{Y}_{ft}' &= \frac{n}{1-n}(1-\gamma_h)(1-\gamma_c)\mathrm{TOT}^{-\gamma_h}\frac{C}{Y_f'}[\gamma_c\tilde{X}_t-\gamma_h\widetilde{\mathrm{TOT}}_t+\tilde{C}_t]\\
&+(1-\gamma_h')(1-\gamma_c')\mathrm{TOT}^{-\gamma_h'}\frac{C'}{Y_f'}[\gamma_c'\tilde{X}_t'-\gamma_h'\widetilde{\mathrm{TOT}}_t+\tilde{C}_t']\\
&+\frac{n}{1-n}(1-\gamma_h)(1-\gamma_i)\mathrm{TOT}^{-\gamma_h}\frac{I}{Y_f'}[\gamma_i\tilde{X}_t-\gamma_h\widetilde{\mathrm{TOT}}_t+\tilde{I}_t]\\
&+(1-\gamma_h')(1-\gamma_i')\mathrm{TOT}^{-\gamma_h'}\frac{I'}{Y_f'}[\gamma_i'\tilde{X}_t'-\gamma_h'\widetilde{\mathrm{TOT}}_t+\tilde{I}_t']\\
&+(1-\gamma_c')\mathrm{TOT}^{-\gamma_h'}\frac{Gc'}{Y_f'}[\gamma_c'\tilde{X}_t'-\gamma_h'\widetilde{\mathrm{TOT}}_t+\tilde{G}c_t']\\
&+(1-\gamma_i')\mathrm{TOT}^{-\gamma_h'}\frac{Gi'}{Y_f'}[\gamma_i'\tilde{X}_t'-\gamma_h'\widetilde{\mathrm{TOT}}_t+\tilde{G}i_t']\end{aligned}\tag{8-207}$$

资源约束：

$$\begin{aligned}Y_t &= \frac{C}{Y}\tilde{C}_t+\frac{I}{Y}\tilde{I}_t+\frac{G_i}{Y}\tilde{G}_{it}+\frac{G_c}{Y}\tilde{G}_{ct}\\
&+\mu R_k G\frac{\bar{K}}{Y}\left[\tilde{R}_{kt-1}+\tilde{Q}_{t-1}+\tilde{\bar{K}}_t+\frac{G_\omega\bar{\omega}}{G}\tilde{\bar{\omega}}_t+\frac{G_\sigma\sigma}{G}\tilde{\sigma}_{t-1}-\pi_{ct}\right]\end{aligned}\tag{8-208}$$

$$
\begin{aligned}
Y_t' = & \frac{C'}{Y'}\tilde{C}_t' + \frac{I'}{Y'}\tilde{I}_t' + \frac{G_i'}{Y'}\tilde{G}_{it}' + \frac{G_c'}{Y'}\tilde{G}_{ct}' \\
& + \mu R_k' G \frac{\bar{K}'}{Y'}\left[\tilde{R}_{kt-1}' + \tilde{Q}_{t-1}' + \tilde{\bar{K}}_t' + \frac{G_\omega \bar{\omega}'}{G}\tilde{\bar{\omega}}_t' + \frac{G_\sigma \sigma'}{G}\tilde{\sigma}_{t-1}' - \pi_{ct}'\right]
\end{aligned}
\tag{8-209}
$$

劳动力市场出清：

$$
\tilde{L}_t = \frac{L_s}{L}\tilde{L}_{st} + \frac{L_h}{L}\tilde{L}_{ht} + \frac{L_b}{L}\tilde{L}_{bt} \tag{8-210}
$$

$$
\tilde{L}_t' = \frac{L_s'}{L'}\tilde{L}_{st}' + \frac{L_h'}{L'}\tilde{L}_{ht}' + \frac{L_b'}{L'}\tilde{L}_{bt}' \tag{8-211}
$$

资本品市场出清：

$$
\tilde{K}_t = \frac{K_s}{K}\tilde{K}_{st} + \frac{K_h}{K}\tilde{K}_{ht} + \frac{K_b}{K}\tilde{K}_{bt} \tag{8-212}
$$

$$
\tilde{K}_t' = \frac{K_s'}{K'}\tilde{K}_{st}' + \frac{K_f'}{K'}\tilde{K}_{ft}' + \frac{K_b'}{K'}\tilde{K}_{bt}' \tag{8-213}
$$

有效资本：

$$
\tilde{K}_t = \tilde{u}_t + \tilde{\bar{K}}_t \tag{8-214}
$$

$$
\tilde{K}_t' = \tilde{u}_t' + \tilde{\bar{K}}_t' \tag{8-215}
$$

品牌市场出清：

$$
\tilde{B}_t = \frac{B_s}{B}\tilde{B}_{st} + \frac{B_h}{B}\tilde{B}_{ht} \tag{8-216}
$$

$$
\tilde{B}_t' = \frac{B_s'}{B'}\tilde{B}_{st}' + \frac{B_f'}{B'}\tilde{B}_{ft}' \tag{8-217}
$$

政府预算约束：

$$
\begin{aligned}
& \frac{Gc}{Y}\tilde{G}c_t + \frac{Gi}{Y}[(\gamma_i - \gamma_c)\tilde{X}_t + \tilde{G}i_t] + \frac{T}{Y}\tilde{T}_t + R\frac{b}{Y}(\tilde{R}_{t-1} + \tilde{b}_{t-1} - \pi_{ct}) \\
= & \frac{b}{Y}\tilde{b}_t + \tau_c\frac{C}{Y}(\tilde{\tau}_{ct} + \tilde{C}_t) + \tau_w\frac{WL}{Y}(\tilde{\tau}_{wt} + \tilde{W}_t + \tilde{L}_t) + \tau_k\frac{r_k K}{Y}(\tilde{\tau}_{kt} + \tilde{r}_{kt} + \tilde{u}_t + \tilde{\bar{K}}_t)
\end{aligned}
\tag{8-218}
$$

$$
\frac{Gc'}{Y'}\tilde{G}c_t' + \frac{Gi'}{Y'}[(\gamma_i' - \gamma_c')\tilde{X}_t' + \tilde{G}i_t'] + \frac{T'}{Y'}\tilde{T}_t' + R'\frac{b'}{Y'}(\tilde{R}_{t-1}' + \tilde{b}_{t-1}' - \pi_{ct}')
$$

$$=\frac{b'}{Y'}\tilde{b}'_t+\tau'_c\frac{C'}{Y'}(\tilde{\tau}'_{ct}+\tilde{C}'_t)+\tau'_w\frac{W'L'}{Y'}(\tilde{\tau}'_{wt}+\tilde{W}'_t+\tilde{L}'_t)+\tau'_k\frac{r'_kK'}{Y'}(\tilde{\tau}'_{kt}+\tilde{r}'_{kt}+\tilde{u}'_t+\tilde{\bar{K}}'_t) \tag{8-219}$$

公共资本积累方程：

$$\tilde{K}_{gt+1}-(1-\delta_2)\tilde{K}_{gt}=\delta_2\tilde{G}i_t \tag{8-220}$$

$$\tilde{K}'_{gt+1}-(1-\delta'_2)\tilde{K}'_{gt}=\delta'_2\tilde{G}i'_t \tag{8-221}$$

政府投资：

$$\tilde{G}i_t=\rho_{gi}\tilde{G}i_{t-1}+(1-\rho_{gi})(-\phi_{gi}\tilde{Y}_t-\varphi_{gi}\tilde{b}_{t-1})+\tilde{u}_{git} \tag{8-222}$$

$$\tilde{G}i'_t=\rho'_{gi}\tilde{G}i'_{t-1}+(1-\rho'_{gi})(-\phi'_{gi}\tilde{Y}'_t-\varphi'_{gi}\tilde{b}'_{t-1})+\tilde{u}'_{git} \tag{8-223}$$

政府消费：

$$\tilde{G}c_t=\rho_{gc}\tilde{G}c_{t-1}+(1-\rho_{gc})(-\phi_{gc}\tilde{Y}_t-\varphi_{gc}\tilde{b}_{t-1})+\tilde{u}_{gct} \tag{8-224}$$

$$\tilde{G}c'_t=\rho'_{gc}\tilde{G}c'_{t-1}+(1-\rho'_{gc})(-\phi'_{gc}\tilde{Y}'_t-\varphi'_{gc}\tilde{b}'_{t-1})+\tilde{u}'_{gct} \tag{8-225}$$

转移支付：

$$\tilde{T}_t=\rho_{gt}\tilde{T}_{t-1}+(1-\rho_{gt})(-\phi_{gt}\tilde{Y}_t-\varphi_{gt}\tilde{b}_{t-1})+\tilde{u}_{gtt} \tag{8-226}$$

$$\tilde{T}'_t=\rho'_{gt}\tilde{T}'_{t-1}+(1-\rho'_{gt})(-\phi'_{gt}\tilde{Y}'_t-\varphi'_{gt}\tilde{b}'_{t-1})+\tilde{u}'_{gtt} \tag{8-227}$$

消费税：

$$\tilde{\tau}_{ct}=\rho_{\tau c}\tilde{\tau}_{ct-1}+(1-\rho_{\tau c})(\phi_{\tau c}\tilde{Y}_t+\varphi_{\tau c}\tilde{b}_{t-1})+\tilde{u}_{\tau ct} \tag{8-228}$$

$$\tilde{\tau}'_{ct}=\rho'_{\tau c}\tilde{\tau}'_{ct-1}+(1-\rho'_{\tau c})(\phi'_{\tau c}\tilde{Y}'_t+\varphi'_{\tau c}\tilde{b}'_{t-1})+\tilde{u}'_{\tau ct} \tag{8-229}$$

工资税：

$$\tilde{\tau}_{wt}=\rho_{\tau w}\tilde{\tau}_{wt-1}+(1-\rho_{\tau w})(\phi_{\tau w}\tilde{Y}_t+\varphi_{\tau w}\tilde{b}_{t-1})+\tilde{u}_{\tau wt} \tag{8-230}$$

$$\tilde{\tau}'_{wt}=\rho'_{\tau w}\tilde{\tau}'_{wt-1}+(1-\rho'_{\tau w})(\phi'_{\tau w}\tilde{Y}'_t+\varphi'_{\tau w}\tilde{b}'_{t-1})+\tilde{u}'_{\tau wt} \tag{8-231}$$

资本税：

$$\tilde{\tau}_{kt}=\rho_{\tau k}\tilde{\tau}_{kt-1}+(1-\rho_{\tau k})(\phi_{\tau k}\tilde{Y}_t+\varphi_{\tau k}\tilde{b}_{t-1})+\tilde{u}_{\tau kt} \tag{8-232}$$

$$\tilde{\tau}'_{kt}=\rho'_{\tau k}\tilde{\tau}'_{kt-1}+(1-\rho'_{\tau k})(\phi'_{\tau k}\tilde{Y}'_t+\varphi'_{\tau k}\tilde{b}'_{t-1})+\tilde{u}'_{\tau kt} \tag{8-233}$$

货币政策：

$$\tilde{R}_t = \rho_r \tilde{R}_{t-1} + (1-\rho_r)(\phi_y \tilde{Y}_t + \phi_\pi \pi_{ct}) + \varepsilon_t^r \tag{8-234}$$

$$\tilde{R}_t' = \rho_r' \tilde{R}_{t-1}' + (1-\rho_r')(\phi_y' \tilde{Y}_t' + \phi_\pi' \pi_{ct}') + \varepsilon_t^{r'} \tag{8-235}$$

外生冲击：

$$\tilde{A}_{bt} = \theta_b \tilde{A}_{bt-1} + \varepsilon_t^b \tag{8-236}$$

$$\tilde{A}_{bt}' = \theta_b' \tilde{A}_{bt-1}' + \varepsilon_t^{'b} \tag{8-237}$$

$$\tilde{A}_{st} = \theta_{as} \tilde{A}_{st-1} + \eta_{sm} \tilde{A}_{mt-1} + \varepsilon_t^{as} \tag{8-238}$$

$$\tilde{A}_{st}' = \theta_{as}' \tilde{A}_{st-1}' + \eta_{sm}' \tilde{A}_{mt-1}' + \varepsilon_t^{\prime as} \tag{8-239}$$

$$\tilde{A}_{mt} = \theta_{am} \tilde{A}_{mt-1} + \eta_{sm} \tilde{A}_{st-1} + \varepsilon_t^{am} \tag{8-240}$$

$$\tilde{A}_{mt}' = \theta_{am}' \tilde{A}_{mt-1}' + \eta_{sm}' \tilde{A}_{st-1}' + \varepsilon_t^{\prime am} \tag{8-241}$$

$$\tilde{u}_{it} = \theta_i \tilde{u}_{it-1} + \varepsilon_t^i \tag{8-242}$$

$$\tilde{u}_{it}' = \theta_i' \tilde{u}_{it-1}' + \varepsilon_t^{\prime i} \tag{8-243}$$

$$\tilde{u}_{git} = \theta_{gi} \tilde{u}_{git-1} + \varepsilon_t^{gi} \tag{8-244}$$

$$\tilde{u}_{git}' = \theta_{gi}' \tilde{u}_{git-1}' + \varepsilon_t^{\prime gi} \tag{8-245}$$

$$\tilde{u}_{gct} = \theta_{gc} \tilde{u}_{gct-1} + \varepsilon_t^{gc} \tag{8-246}$$

$$\tilde{u}_{gct}' = \theta_{gc}' \tilde{u}_{gct-1}' + \varepsilon_t^{\prime gc} \tag{8-247}$$

$$\tilde{u}_{gtt} = \theta_{gt} \tilde{u}_{gtt-1} + \varepsilon_t^{gt} \tag{8-248}$$

$$\tilde{u}_{gtt}' = \theta_{gt}' \tilde{u}_{gtt-1}' + \varepsilon_t^{\prime gt} \tag{8-249}$$

$$\tilde{u}_{\tau ct} = \theta_{\tau c} \tilde{u}_{\tau ct-1} + \varepsilon_t^{\tau c} \tag{8-250}$$

$$\tilde{u}_{\tau ct}' = \theta_{\tau c}' \tilde{u}_{\tau ct-1}' + \varepsilon_t^{\prime \tau c} \tag{8-251}$$

$$\tilde{u}_{\tau kt} = \theta_{\tau k} \tilde{u}_{\tau kt-1} + \varepsilon_t^{\tau k} \tag{8-252}$$

$$\tilde{u}'_{\tau kt} = \theta'_{\tau k}\tilde{u}'_{\tau kt-1} + \varepsilon_t^{\prime\tau k} \tag{8-253}$$

$$\tilde{u}_{\tau wt} = \theta_{\tau w}\tilde{u}_{\tau wt-1} + \varepsilon_t^{\tau w} \tag{8-254}$$

$$\tilde{u}'_{\tau wt} = \theta'_{\tau w}\tilde{u}'_{\tau wt-1} + \varepsilon_t^{\prime\tau w} \tag{8-255}$$

$$\tilde{\sigma}_t = \theta_\sigma\tilde{\sigma}_{t-1} + \varepsilon_t^\sigma \tag{8-256}$$

$$\tilde{\sigma}'_t = \theta'_\sigma\tilde{\sigma}'_{t-1} + \varepsilon_t^{\prime\sigma} \tag{8-257}$$

第四篇

累积法在人工智能算法参数估计中的应用

第 9 章

累积和计算通式及其统计学特征

本章主题

累积法是参数估计中的重要方法，由曹定爱博士在 20 世纪 90 年代提出，在计量经济学与机器学习算法中占有重要地位。本章规范性地给出普通累积和、累积算子、基本累积和等核心概念，在此基础上推导出高阶累积和的递推公式。再讨论高阶累积算子作为随机变量所具有的分布、方差、协方差等特性，特别是提出样本的高阶累积广义均值概念、解释相应的统计意义，并从数学上严格证明其所具有的稳定性。最后，证明样本高阶累积广义均值作为估计量是总体均值的无偏估计，较高阶累积广义均值具有较大的方差，且指出高阶累积算子作为统计量是最小充分统计量且与样本所含的信息保持一致。

本章组织

9.1 节对累积法进行简单介绍；
9.2 节简单介绍累积和、计算通式及其应用；
9.3 节详细介绍累积和的递推公式；
9.4 节详细介绍基本累积和概念及推导过程；
9.5 节对 k 阶累积算子的统计学特征进行介绍；
9.6 节分析样本的 k 阶累积广义样本均值；
9.7 节分析样本的 k 阶累积广义均值估计量。

9.1 累积法概览

累积法 (Accumulative Methodology) 是一种根据累积和来估计模型参数的方法；而累积和就是对原始数据序列按某种计算依据进行相应叠加后所得的结果。

累积法可追溯至 18 世纪，其理论内核最早由意大利著名数学家 P. Marchsi 提出，但 P. Marchsi 本人只提出基本思路，没有解决累积和的计算通式推导问题，使得累积计算极其复杂。因此，累积法数百年来一直没有引起学术界关注，也就无法推广应用。举个例子说明累积计算的复杂程度：要用 30 组数据求解一个变量的二阶累积和，须写出该组数据不同组合共 4960 次，其三阶累积和达到 40920 次，其四阶累积和则达到 278256 次；依次类推，其九阶累积和达到惊人的 163008020 次之多！阶数越多，计算就越复杂和烦琐，并且计算复杂程度随阶数增加呈指数式增加。这种计算灾难使得累积和求解几乎不具有实用意义，也就没有引起人们的重视，世人知之甚少。

1984 年，作者在上海财经大学读硕士研究生期间，接触到累积法相关资料，深刻认识到要完善累积法理论并推广其运用，关键是要找到计算通式。于是以寻找累积算子的各阶通式为切入点，经过艰苦求索，成功创建了累积算子表，用以寻找到累积算子的各阶通式。在此基础上，进一步创立普通累积法、间接累积法、二阶段累积法、三阶段累积法以及广义累积法等一整套估计法体系。

在参数评估领域，传统方法主要有最小二乘法、极大似然估计、矩估计、广义矩估计、贝叶斯估计等；另外，近年来非参数估计方法也受到广大学者的青睐，发展势头十分强劲。在所有方法中，应用范围最广、使用次数最多的参数估计方法当属最小二乘法，这很大程度上归因于其原理简单且评估效果较好的优点。但最小二乘法本身存在很多无法克服的问题，如计算量大，易受系统误差影响，易受测量误差相关性影响，抗“干扰”能力差，最小二乘法估计估值长度总是偏离真值，最小二乘法只考虑观测方程、完全不考虑参数有时可能满足的动力学方程等。同样，极大似然估计虽然有一些优良性，但也有其应用局限性，有时极大似然估计结果并不存在，有时结果可能并不唯一，在一些非正则条件下极大似然估计可能不相合，有时极大似然估计并不是在渐近正态 $(0, \theta)$ 上的均匀分布等。这些局限性导致了通过极大似然法估计出来的结果误差明显。另外，如果我们事先并不知道总体的概率密度，那么，我们就无法利用这种方法进行参数估计，这也是极大似然法的另一个局限性。其他参数估计方法也或多或少有其适用范围，也有其局限性。

与以最小二乘法为代表的传统参数评估体系相比，累积法体系主要有四个优点：

(1) 运算量小。累积法的出发点是在数据集成之上找一条重心线，没有“平方”这个环节；是对真实数据的处理，比如对某个变量的观测是 100，累积法是基于 100 来处理的。而最小二乘法的传统参数估计方法则是基于平方项的处理方法，将会涉及对 10000 (100^2) 的处理。处理一组数据，最小二乘法将遇到一系列的平方问题，而累积法则是原数据与对应累积算子的乘积。所以累积法的运算量较最小二乘法要小很多。

(2) 累积法的核心目的是在多维数据空间中寻求数据分布的重心线，或者想象成数据空间分布的动态天平均衡线。累积法不同于最小二乘法的误差极值化。研究表明，动态均衡线之上的估计式比误差极值化的估计式更逼真。

(3) 研究表明累积法处理集成数据的两个性质分别是总体误差最小和绝对误差为零。这可以进一步说明累积法估计式是一条无法改进的估计式，是一条最佳估计式。

(4) 累积法估计式不存在最小二乘法估计式的“单个异常残差的平方将会拉动估计式的整体偏移”问题，研究表明累积法估计式的误差空间分布的宽度要小于最小二乘法估计式的误差空间分布宽度。

累积法作为与最小二乘法等估计方法并行的一种估计方法，其完整理论体系构建具有开创性，处于世界领先水平。对作者在累积法领域所做的贡献，国内外的著名科学家给予了高度评价。其中，我国著名数学家、中国科学院院士、中国工程院院士许国志教授，著名数学家、中国科学院院士林群教授、丁夏畦教授认为：曹定爱博士创造性地发展了累积法这一新方法，得到了累积算子的各阶通式，从本质上简化了累积法的计算，使普通累积法形成一种独立而完整的新估计体系成为可能；累积法与传统的估计法，例如最小二乘法相比，具有方法简便、运算量小等明显优点，因而具有很强的应用前景。日本神户大学教授李柱锡先生将累积法评价为本学科诞生以来的又一创新。1980 年诺贝尔经济学奖得主、计量经济模型之父、美国科学院院士 Lawrance R. Klein 教授，现代统计学之父、美国科学院院士 T. W. Anderson 教授，2001 年诺贝尔经济学奖得主，美国前总统克林顿时期的“总统顾问委员会”主席、世界银行前首席经济学家 Joseph E. Stiglitz 教授，世界计量经济学会前会长 Jean-Jacques Laffont 教授等国际著名学者都肯定了作者在该项研究上的探索精神。

基于累积法在参数估计方面的优越性，越来越多的人开始使用累积法。自 1984 年作者创立累积法体系以来，累积法在国内外得到了极大的推广和应用，无论是高精尖的航空航天领域，还是普通的生产生活领域，累积法都能找到自己的应用领域并实现价值。例如用累积法处理外弹道测量数据、工程投资预算、建筑材料参数估计、物体承受能力估计等。

本章内容是本篇内容的基础，为后续章节打下理论基础。本章首先在《累积法引论》一书的基础上提出高阶普通累积和、普通累积算子、基本累积和等概念，推导出高阶普通累积和的计算通式等，根据数理统计的有关知识 (茆诗松等，1998)，规范地给出普通累积和、普通累积算子、基本累积和的概念，普通累积和、普通累积算子简称累积和、累积算子；考虑了累积和计算通式的应用，由此对累积和给予了统计学上的解释。

例如，累积和可看成样本容量为 m 的样本值 $\{x_j : j = 1, 2, \cdots, m\}$ 在样本均值下的特定推广，并指出普通累积和中系数组成的是一个高阶等差数列；同时还给出了高阶累积和递推公式；特别是，提出了样本的高阶累积广义均值这一重要概念，并对其解释了相应的统计意义，即它是样本观察值的加权平均，是总体均值的线性无偏估计。此外，讨论了高阶累积算子作为随机变量所具有的分布、方差、协方差等特性；还讨论了样本的高阶累积广义均值所具有的稳定性，即样本的高阶累积广义均值构成的随机变量序列依概率收敛于总体的均值；最后，证明了样本的高阶累积广义均值作为估计量是总体均值的无偏估计，较高阶累积广义均值具有较大的方差，并指出高阶累积算子作为统计量是最小充分统计量且与样本所含的信息是一致的。

9.2 累积和、计算通式及其应用

用 Ω 表示样本空间，$\xi=\xi(\omega)(\omega\in\Omega)$ 表示定义在 Ω 上的单值实函数，$\mathbb{F}$ 表示 Ω 中某些子集组成的 σ 代数，$\xi=\xi(\omega)$ 关于 $\mathbb{F}$ 可测，P 表示可测空间 $(\Omega,\mathbb{F})$ 上的概率分布族，则用三元组 $(\Omega,\mathbb{F},\mathrm{P})$ 表示统计结构。

累积和是对容量为 m 的样本记为 $\{\xi_i : i=1,2,\cdots,m\}$ 的观察数据，记为 $\{x_i : i=1,2,\cdots,m\}$，按照一定规则进行叠加后所得到的结果。对任意给定的样本数据 $\{x_j : j=1,2,\cdots,m\}$ 和正整数 $k=1,2,\cdots$，规定相应的累积和记为 $\sum\limits_{j=1}^{m}{}^{(k)}x_j$。

定义 9-1 设 $\xi=(\xi_1,\cdots,\xi_m)=\{\xi_j : j=1,\cdots,m\}$ 是从统计结构 $(\Omega,\mathbb{F},\mathrm{P})$ 抽取容量为 m 的一个样本，$(x_1,\cdots,x_m)=\{x_j : j=1,2,\cdots,m\}$ 是其观察值，对任意正整数 k，其统计量及相应给定的观察值如下

$$\sum_{j=1}^{m}{}^{(k)}\xi_j=\sum_{j=1}^{m}\sum_{i=1}^{j}{}^{(k-1)}\xi_i \tag{9-1}$$

$$\sum_{j=1}^{m}{}^{(k)}x_j=\sum_{j=1}^{m}\sum_{i=1}^{j}{}^{(k-1)}x_i \tag{9-2}$$

上式为其 k 阶累积算子及 k 阶累积和，其中规定

$$\sum_{j=1}^{m}{}^{(1)}x_j=\sum_{j=1}^{m}x_j=\sum_{j=1}^{m}\sum_{i=1}^{j}{}^{(0)}x_i$$

上式为一阶累积和，当 $k\geqslant 2$ 时，$\sum\limits_{j=1}^{m}{}^{(k)}x_j$ 称为高阶累积和。

需要注意如下两点：

(1) 定义 9-1 中的式 (9-1) 是对样本 $\xi=\{\xi_1,\cdots,\xi_m\}$ 进行某种加工的结果，定义在可测空间 $(\Omega,\mathbb{F})$ 上，它是一个可测映照，其值域为一维欧氏空间，因此将

其称为统计量；

(2) 样本是按一定规则从总体中抽出的一部分个体，重复抽样结构 $(\Omega^m, \mathbb{F}^m, \mathrm{P}^m)$ 相当于对一个总体进行 $m(\geqslant 2)$ 次独立抽样结果的描述，则从统计结构 $(\Omega, \mathbb{F}, \mathrm{P})$ 抽取容量为 m 的样本和从重复抽样结构抽取容量为 1 的样本所给出的信息是一样的，因此，此处样本的观察具有排列次序。

对样本 $\{\xi_j : j = 1, \cdots, m\}$ 的每一个给定样本值 $\{x_j : j = 1, \cdots, m\}$，按照 k 阶累积和的定义，直接计算 $\sum\limits_{j=1}^{m} {}^{(k)}x_j$ 比较复杂，为此，根据式 (9-1) 把计算通式改写成如下。

对 $k \geqslant 1$ 和给定的观察值 $\{x_j : j = 1, 2, \cdots, m\}$，则 k 阶累积和

$$\begin{aligned}\sum_{j=1}^{m} {}^{(k)}x_j &= \sum_{j=1}^{m} \sum_{i=1}^{j} {}^{(k-1)}x_i \\ &= \frac{1}{(k-1)!} \sum_{j=1}^{m} (m-j+1)(m-j+2)\cdots[m-j+(k-1)]x_j \\ &= \sum_{j=1}^{m} \begin{pmatrix} m-j+k-1 \\ k-1 \end{pmatrix} x_j \end{aligned} \tag{9-3}$$

其中 $\begin{pmatrix} m-j+k-1 \\ k-1 \end{pmatrix}$ 表示组合种数及

$$\sum_{j=1}^{m} \begin{pmatrix} m-j+k-1 \\ k-1 \end{pmatrix} = \begin{pmatrix} m+k-1 \\ k \end{pmatrix} \tag{9-4}$$

累积和计算通式有如下应用。

利用组合数公式 $\begin{pmatrix} m \\ n \end{pmatrix} = \begin{pmatrix} m \\ m-n \end{pmatrix}$，式 (9-3) 可写成

$$\sum_{j=1}^{m} {}^{(k)}x_j = \sum_{j=1}^{m} \begin{pmatrix} m-j+k-1 \\ k-1 \end{pmatrix} x_j = \sum_{j=1}^{m} \begin{pmatrix} m-j+k-1 \\ m-j \end{pmatrix} x_j \tag{9-5}$$

式 (9-5) 对较大的 k，计算累积和是方便的。

利用式 (9-4)、式 (9-3) 还能写成如下形式：

$$\frac{1}{\begin{pmatrix} m+k-1 \\ k \end{pmatrix}}\sum_{j=1}^{m}{}^{(k)}x_j=\sum_{j=1}^{m}\frac{\begin{pmatrix} m-j+k-1 \\ k-1 \end{pmatrix}}{\begin{pmatrix} m+k-1 \\ k \end{pmatrix}}x_j \tag{9-6}$$

且有

$$\begin{pmatrix} m-j+k-1 \\ k-1 \end{pmatrix}>0,\quad j=1,\cdots,m$$

及

$$\sum_{j=1}^{m}\begin{pmatrix} m-j+k-1 \\ k-1 \end{pmatrix}\Bigg/\begin{pmatrix} m+k-1 \\ k \end{pmatrix}=1$$

即式 (9-6) 的右边是给定的样本观察值 $\{x_j:j=1,\cdots,m\}$ 的加权平均，其中，当 $k=1$ 时，式 (9-6) 便是通常的样本均值的观察值，即

$$\frac{1}{m}\sum_{j=1}^{m}{}^{(1)}x_j=\overline{x}$$

在 $k\geqslant 2$ 时，可以给出式 (9-6) 的一个解释。

根据多项分布产生于多次独立重复试验模型，可以假定把试验重复了 $\begin{pmatrix} m+k-1 \\ k \end{pmatrix}$ 次，每次把 ξ(总体) 中取的值 $\xi_j(j=1,\cdots,m)$ 记下，有 $\begin{pmatrix} m+k-2 \\ k-1 \end{pmatrix}$ 次取到 x_1，$\begin{pmatrix} m+k-3 \\ k-1 \end{pmatrix}$ 次取到 $x_2,\cdots,\begin{pmatrix} k \\ k-1 \end{pmatrix}$ 次取到 x_{m-1}，1 次取到 x_m，则在这 $\begin{pmatrix} m+k-1 \\ k \end{pmatrix}$ 次试验中，从 ξ 中总共的取值为 $\sum_{j=1}^{m}\begin{pmatrix} m-j+k-1 \\ k-1 \end{pmatrix}x_j$。而平均每次试验对 ξ 的取值记为 $\sum_{j=1}^{m}{}^{(k)}x_j\Bigg/\begin{pmatrix} m+k-1 \\ k \end{pmatrix}$，它等于

$$\sum_{j=1}^{m}\begin{pmatrix} m-j+k-1 \\ k-1 \end{pmatrix}x_j\Bigg/\begin{pmatrix} m+k-1 \\ k \end{pmatrix}$$

其中 $\begin{pmatrix} m-j+k-1 \\ k-1 \end{pmatrix}\Bigg/\begin{pmatrix} m+k-1 \\ k \end{pmatrix}(j=1,\cdots,m)$ 是事件 $\{\xi=x_j\}$ 在这 $\begin{pmatrix} m+k-1 \\ k \end{pmatrix}$ 次试验中的频率。由于均值是在大量次数试验之下，ξ 为各次试验

中取的平均值，所以式 (9-6) 可看成，样本容量为 m 的样本 $\{x_j : j = 1, 2, \cdots, m\}$ 在样本均值下的特定推广。由此也可看出，k 阶累积和所蕴含的统计意义。

对任意给定的 $x = (x_1, x_2, \cdots, x_m)$，$x \in \mathbb{R}^m$，当 $k \geqslant 1$ 时，式 (9-3) 可写成 m 维向量内积的形式，即

$$\begin{aligned}\sum_{j=1}^{m}{}^{(k)}x_j &= \begin{pmatrix} m-j+k-1 \\ k-1 \end{pmatrix}_{j=1,\cdots,m} x^{\mathrm{T}} \\ &= \left(\begin{pmatrix} m+k-2 \\ k-1 \end{pmatrix}, \begin{pmatrix} m+k-3 \\ k-1 \end{pmatrix}, \cdots,\right. \\ &\qquad \left.\begin{pmatrix} k \\ k-1 \end{pmatrix}, \begin{pmatrix} k-1 \\ k-1 \end{pmatrix}\right) \begin{pmatrix} x_1 \\ x_2 \\ \vdots \\ x_{m-1} \\ x_m \end{pmatrix} \end{aligned} \tag{9-7}$$

注意，数列

$$\begin{pmatrix} k-1 \\ k-1 \end{pmatrix}, \begin{pmatrix} k \\ k-1 \end{pmatrix}, \cdots, \begin{pmatrix} m-2+k-1 \\ k-1 \end{pmatrix}, \begin{pmatrix} m-1+k-1 \\ k-1 \end{pmatrix}, \cdots$$

是一个 $k-1$ $(k \geqslant 1)$ 阶等差数列，我们通常所说的等差数列就是在阶数 $k=1$ 时的特殊情形。

9.3 累积和的递推公式

注意到

$$\begin{aligned}\sum_{j=1}^{m}{}^{(2)}x_j - \sum_{j=1}^{m}{}^{(1)}x_j &= \sum_{j=1}^{m}(m-j+1)x_j - \sum_{j=1}^{m}x_j \\ &= \sum_{j=1}^{m}(m-j)x_j\end{aligned}$$

可得出

$$\begin{aligned}\sum_{j=1}^{m}{}^{(2)}x_j &= \sum_{j=1}^{m}{}^{(1)}x_j + \sum_{j=1}^{m}(m-j)x_j \\ &= (m+1)\sum_{j=1}^{m}x_j - \sum_{j=1}^{m}jx_j\end{aligned}$$

对 $k \geqslant 2$，利用式 (9-3) 及组合公式 $\begin{pmatrix} m+1 \\ n \end{pmatrix} = \begin{pmatrix} m \\ n-1 \end{pmatrix} + \begin{pmatrix} m \\ n \end{pmatrix}$，有

$$\begin{aligned}
&\sum_{j=1}^{m} {}^{(k+1)}x_j - \sum_{j=1}^{m} {}^{(k)}x_j \\
=&\sum_{j=1}^{m} \begin{pmatrix} m-j+k \\ k \end{pmatrix} x_j - \sum_{j=1}^{m} \begin{pmatrix} m-j+k-1 \\ k-1 \end{pmatrix} x_j \\
=&\sum_{j=1}^{m} \begin{pmatrix} m-j+k-1 \\ k \end{pmatrix} x_j = \frac{1}{k} \sum_{j=1}^{m} (m-j) \begin{pmatrix} m-j+k-1 \\ k-1 \end{pmatrix} x_j
\end{aligned}$$

得出

$$\sum_{j=1}^{m} {}^{(k+1)}x_j = \frac{m+k}{k} \sum_{j=1}^{m} {}^{(k)}x_j - \frac{1}{k} \sum_{j=1}^{m} \begin{pmatrix} m-j+k-1 \\ k-1 \end{pmatrix} j x_j$$

进而可得到如下结果：

对 $k \geqslant 1$ 及给定的观察值 $\{x_j : j = 1, 2, \cdots, m\}$，则累积和有如下递推公式

$$\sum_{j=1}^{m} {}^{(k+1)}x_j = \frac{m+k}{k} \sum_{j=1}^{m} {}^{(k)}x_j - \frac{1}{k} \sum_{j=1}^{m} \begin{pmatrix} m-j+k-1 \\ k-1 \end{pmatrix} j x_j \tag{9-8}$$

此外，$\sum_{j=1}^{m} {}^{(k+1)}x_j$ 比 $\sum_{j=1}^{m} {}^{(k)}x_j$ 多使用了 $\begin{pmatrix} m-j+k-1 \\ k \end{pmatrix}$ 个 $x_j, j = 1, \cdots, m$，其中 $m < n$ 时，有 $\begin{pmatrix} m \\ n \end{pmatrix} = 0$，且多使用数据的数量如下 (包括重复相同的)，

$$\sum_{j=1}^{m} \begin{pmatrix} m-j+k-1 \\ k \end{pmatrix} = \begin{pmatrix} m+k-1 \\ k+1 \end{pmatrix} \tag{9-9}$$

证明　式 (9-8) 的证明如上所示，式 (9-9) 的证明如下。

$\sum_{j=1}^{m} \begin{pmatrix} m-j+k-1 \\ k \end{pmatrix}$ 是 $\sum_{j=1}^{m} {}^{(k+1)}x_j$ 比 $\sum_{j=1}^{m} {}^{(k)}x_j$ 多使用的数据量，$\sum_{j=1}^{m} {}^{(k+1)}x_j$ 与 $\sum_{j=1}^{m} {}^{(k)}x_j$ 分别共使用了 $\begin{pmatrix} m+k \\ k+1 \end{pmatrix}$ 与 $\begin{pmatrix} m+k-1 \\ k \end{pmatrix}$ 个数据，所以利用组

合公式 $\begin{pmatrix} m+1 \\ n \end{pmatrix} = \begin{pmatrix} m \\ n-1 \end{pmatrix} + \begin{pmatrix} m \\ n \end{pmatrix}$，得到

$$\begin{aligned}\sum_{j=1}^{m}\begin{pmatrix} m-j+k-1 \\ k \end{pmatrix} &= \begin{pmatrix} m+k \\ k+1 \end{pmatrix} - \begin{pmatrix} m+k-1 \\ k \end{pmatrix} \\ &= \begin{pmatrix} m+k-1 \\ k \end{pmatrix} + \begin{pmatrix} m+k-1 \\ k+1 \end{pmatrix} - \begin{pmatrix} m+k-1 \\ k \end{pmatrix} \\ &= \begin{pmatrix} m+k-1 \\ k+1 \end{pmatrix}\end{aligned}$$

即式 (9-9) 成立。

注意，当观察值 $x_j \geqslant 0, j=1,2,\cdots,m$ 时，由式 (9-9) 或递推公式的证明过程可知，累积和 $\sum\limits_{j=1}^{m}{}^{(k)}x_j$ 关于 $k \geqslant 1$ 是递增的。

9.4 基本累积和

定义 9-2 对任意的正整数 k，规定

$$\sum_{j=1}^{m}{}^{(k)} = \sum_{j=1}^{m}{}^{(k)}1 \tag{9-10}$$

为 k 阶基本累积和。

对 $k \geqslant 1$，利用式 (9-3) 和式 (9-4) 可知

$$\sum_{j=1}^{m}{}^{(k)} = \sum_{j=1}^{m}\begin{pmatrix} m-j+k-1 \\ k-1 \end{pmatrix} = \begin{pmatrix} m+k-1 \\ k \end{pmatrix} \tag{9-11}$$

式 (9-11) 是 k 阶基本累积和的计算通式，它本身也是 $k-1$ $(k \geqslant 1)$ 阶等差数列

$$\begin{pmatrix} k-1 \\ k-1 \end{pmatrix}, \begin{pmatrix} k \\ k-1 \end{pmatrix}, \cdots, \begin{pmatrix} m-2+k-1 \\ k-1 \end{pmatrix}, \begin{pmatrix} m-1+k-1 \\ k-1 \end{pmatrix}, \cdots$$

的前 m 项和的计算通式。

利用 $\begin{pmatrix} m+1 \\ n \end{pmatrix} = \begin{pmatrix} m \\ n-1 \end{pmatrix} + \begin{pmatrix} m \\ n \end{pmatrix}$，有

$$\sum_{j=1}^{m}{}^{(k+1)} = \begin{pmatrix} m+k \\ k+1 \end{pmatrix} = \begin{pmatrix} m+k-1 \\ k \end{pmatrix} + \begin{pmatrix} m+k-1 \\ k+1 \end{pmatrix}$$

即有

$$\sum_{j=1}^{m}{}^{(k+1)} = \sum_{j=1}^{m}{}^{(k)} + \begin{pmatrix} m+k-1 \\ k+1 \end{pmatrix}, \quad k \geqslant 1 \tag{9-12}$$

式 (9-12) 是 k 阶基本累积和的递推公式。

显然由式 (9-12) 可知，对给定的样本容量 m，关于任意的正数 k 均有

$$\sum_{j=1}^{m}{}^{(k+1)} \geqslant \sum_{j=1}^{m}{}^{(k)}$$

即在给定的样本容量 m 下，基本累积和对 $k \geqslant 1$ 是递增的。

9.5 k 阶累积算子的统计学特征

上面有关 k 阶累积和的公式及特性对 k 阶累积算子是适用的，下面主要从统计角度给出相应的一些式子，并做出必要的解释。

利用式 (9-3)，可得出 k 阶累积算子的计算通式，且记为

$$\begin{aligned} T_k &= T_k(\xi) = T_k(\xi_1, \cdots, \xi_m) \\ &= \sum_{j=1}^{m}{}^{(k)}\xi_j = \sum_{j=1}^{m} \begin{pmatrix} m-j+k-1 \\ k-1 \end{pmatrix} \xi_j \end{aligned} \tag{9-13}$$

显然，一维统计量 $T_k = T_k(\xi_1, \cdots, \xi_m)$ $(k \geqslant 1)$ 是 $\xi_1, \cdots, \xi_m$ 的线性函数。

用 $F_{T_k}(t)$ 表示 $T_k = T_k(\xi_1, \cdots, \xi_m)$ $(k \geqslant 1)$ 的分布函数，利用分布函数定义，可得出统计量 $\sum\limits_{j=1}^{m}{}^{(k)}\xi_j$ 的分布，即

$$\begin{aligned} F_{T_k}(t) &= P\{T_k(\xi_1, \cdots, \xi_m) \leqslant t\} = \int_{A_t} p(x)\mathrm{d}x \\ &= \int \underset{A_t}{\cdots} \int p(x_1) \cdots p(x_m)\mathrm{d}x_1 \cdots \mathrm{d}x_m \end{aligned} \tag{9-14}$$

其中，$p(x)$ 是统计结构 $(\Omega,\mathbb{F},\mathrm{P})$ 具有的或总体 ξ 的概率密度函数，积分区域 $A_t=\{x:T_k(x)\leqslant t\}$，它是 m 维欧氏空间的一个子集。

设总体 ξ 的均值为 μ，方差为 σ^2 $(\sigma>0)$，对 k $(\geqslant 1)$ 阶累积算子 $\sum\limits_{j=1}^{m}{}^{(k)}\xi_j$，利用式 (9-13) 得到其均值为

$$E\left(\sum_{j=1}^{m}{}^{(k)}\xi_j\right)=E\left(\sum_{j=1}^{m}\binom{m-j+k-1}{k-1}\xi_j\right)$$
$$=\sum_{j=1}^{m}\binom{m-j+k-1}{k-1}E\xi_j=\binom{m+k-1}{k}\mu \tag{9-15}$$

由此可见，$\sum\limits_{j=1}^{m}{}^{(k)}\xi_j$ $(k\geqslant 1)$ 是总体均值 μ 的有偏估计。但是，有

$$E\left[\sum_{j=1}^{m}{}^{(k)}\xi_j\Big/\binom{m+k-1}{k}\right]=\mu \tag{9-16}$$

即估计量 $\sum\limits_{j=1}^{m}{}^{(k)}\xi_j\Big/\binom{m+k-1}{k}$ 是总体均值 μ 的无偏估计。

同时，$\sum\limits_{j=1}^{m}{}^{(k)}\xi_j$ 的方差

$$\mathrm{Var}\left(\sum_{j=1}^{m}{}^{(k)}\xi_j\right)=\mathrm{Var}\left(\sum_{j=1}^{m}\binom{m-j+k-1}{k-1}\xi_j\right)$$
$$=\sum_{j=1}^{m}\binom{m-j+k-1}{k-1}^2\mathrm{Var}\xi_j=\sigma^2\sum_{j=1}^{m}\binom{m-j+k-1}{k-1}^2 \tag{9-17}$$

特别地，当总体 $\xi\sim N(\mu,\sigma^2)$ 时，由于多元正态分布变量的线性变换仍服从正态分布，并且正态分布由其数学期望与方差唯一确定，由式 (9-15) 和式 (9-17) 可知

$$\sum_{j=1}^{m}{}^{(k)}\xi_j\sim N\left(\mu\binom{m+k-1}{k},\sigma^2\sum_{j=1}^{m}\binom{m-j+k-1}{k-1}^2\right) \tag{9-18}$$

$\sum\limits_{j=1}^{m}{}^{(k)}\xi_j$ 的标准化变量

$$\frac{\sum_{j=1}^{m}{}^{(k)}\xi_j-\mu\begin{pmatrix}m+k-1\\k\end{pmatrix}}{\sigma\sqrt{\sum_{j=1}^{m}\begin{pmatrix}m-j+k-1\\k-1\end{pmatrix}^2}}\sim N(0,1)$$

一般情况下，只知道总体 ξ 的均值为 μ，方差为 σ^2，对给定的 $k\geqslant 1$，求不出统计量 $\sum_{j=1}^{m}{}^{(k)}\xi_j$ 的确切分布，只能利用寻求渐近分布的大样本方法，即利用 m 充分大时的极限分布，作为 $\sum_{j=1}^{m}{}^{(k)}\xi_j$ 的近似 (抽样) 分布。严格来说，利用中心极限定理判断随机变量 $\sum_{j=1}^{m}{}^{(k)}\xi_j$ 是否近似服从正态分布，必须对给定的 $k\geqslant 1$，把 $\sum_{j=1}^{m}{}^{(k)}\xi_j$ 看成 $\begin{pmatrix}m+k-1\\k\end{pmatrix}$ 个独立随机变量，且每个变量的单独作用微不足道，以及各变量的作用要相对均匀。这样看来，$\sum_{j=1}^{m}{}^{(k)}\xi_j$ 似乎并不满足中心极限定理关于随机变量可以表示为大量独立随机变量之和的要求。但是，可以把 $\xi_1,\cdots,\xi_m,\xi_{m+1},\cdots,\xi_{\mathrm{C}_{m+k-1}^k}$ 看成对随机变量 ξ 的观察结果，它们的取值具有随机性，每一个个体都有同等、独立被抽出的机会，并不排斥它们的取值会有相同的观察结果。因此，$\sum_{j=1}^{m}{}^{(k)}\xi_j$ 近似地可表示 $\begin{pmatrix}m+k-1\\k\end{pmatrix}$ 个独立随机变量之和。这样，通过中心极限定理可知，

$$\frac{\sum_{j=1}^{m}{}^{(k)}\xi_j-E\left[\sum_{j=1}^{m}{}^{(k)}\xi_j\right]}{\sqrt{\mathrm{Var}\left[\sum_{j=1}^{m}{}^{(k)}\xi_j\right]}}=\frac{\sum_{j=1}^{m}{}^{(k)}\xi_j-\mu\begin{pmatrix}m+k-1\\k\end{pmatrix}}{\sigma\sqrt{\sum_{j=1}^{m}\begin{pmatrix}m-j+k-1\\k-1\end{pmatrix}^2}}\xrightarrow{L}N(0,1)$$

对整数 $k,l=1,2,\cdots,\sum_{j=1}^{m}{}^{(k)}\xi_j$ 与 $\sum_{j=1}^{m}{}^{(l)}\xi_j$ 的协方差为

$$\mathrm{Cov}\left(\sum_{j=1}^{m}{}^{(k)}\xi_j,\sum_{j=1}^{m}{}^{(l)}\xi_j\right)$$

$$= \mathrm{Cov}\left(\sum_{j=1}^{m}\begin{pmatrix} m-j+k-1 \\ k-1 \end{pmatrix}\xi_j, \sum_{j=1}^{m}\begin{pmatrix} m-j+l-1 \\ l-1 \end{pmatrix}\xi_j\right)$$

$$= \sum_{j=1}^{m}\mathrm{Cov}\left(\begin{pmatrix} m-j+k-1 \\ k-1 \end{pmatrix}\xi_j, \begin{pmatrix} m-j+l-1 \\ l-1 \end{pmatrix}\xi_j\right)$$

$$= \sum_{j=1}^{m}\begin{pmatrix} m-j+k-1 \\ k-1 \end{pmatrix}\begin{pmatrix} m-j+l-1 \\ l-1 \end{pmatrix}\mathrm{Cov}(\xi_j, \xi_j)$$

$$= \sigma^2\sum_{j=1}^{m}\begin{pmatrix} m-j+k-1 \\ k-1 \end{pmatrix}\begin{pmatrix} m-j+l-1 \\ l-1 \end{pmatrix}$$

即

$$\mathrm{Cov}\left(\sum_{j=1}^{m}{}^{(k)}\xi_j, \sum_{j=1}^{m}{}^{(l)}\xi_j\right)$$

$$= \sigma^2\sum_{j=1}^{m}\begin{pmatrix} m-j+k-1 \\ k-1 \end{pmatrix}\begin{pmatrix} m-j+l-1 \\ l-1 \end{pmatrix}, \quad k, l = 1, 2, \cdots$$

由此可见，对 $k, l = 1, 2, \cdots, l \neq k$，$\sum_{j=1}^{m}{}^{(k)}\xi_j$ 与 $\sum_{j=1}^{m}{}^{(l)}\xi_j$ 并非不相关。

9.6 样本的 k 阶累积广义样本均值

利用式 (9-6) 给出如下定义。

定义 9-3 对任意的正整数 $k \geqslant 2$，$\xi = (\xi_1, \cdots, \xi_m) = \{\xi_j : j = 1, \cdots, m\}$ 是从统计结构 $(\Omega, \mathbb{F}, \mathrm{P})$ 抽取容量为 m 的一个样本，$x = (x_1, \cdots, x_m) = \{x_j : j = 1, \cdots, m\}$ 是它的观察值，称下列统计量及相应的值

$$\frac{1}{\begin{pmatrix} m+k-1 \\ k \end{pmatrix}}\sum_{j=1}^{m}{}^{(k)}\xi_j = \sum_{j=1}^{m}\frac{\begin{pmatrix} m-j+k-1 \\ k-1 \end{pmatrix}}{\begin{pmatrix} m+k-1 \\ k \end{pmatrix}}\xi_j$$

$$\frac{1}{\begin{pmatrix} m+k-1 \\ k \end{pmatrix}}\sum_{j=1}^{m}{}^{(k)}x_j = \sum_{j=1}^{m}\frac{\begin{pmatrix} m-j+k-1 \\ k-1 \end{pmatrix}}{\begin{pmatrix} m+k-1 \\ k \end{pmatrix}}x_j$$

分别为样本 $\{\xi_j : j = 1, \cdots, m\}$ 的 k ($\geqslant 2$) 阶累积广义均值和相应的观察值，且分别记为

$$\overline{T}_k(\xi) = \sum_{j=1}^{m} {}^{(k)}\xi_j \bigg/ \binom{m+k-1}{k} \tag{9-19}$$

和

$$\overline{T}_k(x) = \sum_{j=1}^{m} {}^{(k)}x_j \bigg/ \binom{m+k-1}{k} \tag{9-20}$$

其中

$$\sum_{j=1}^{m} \binom{m-j+k-1}{k-1} \bigg/ \binom{m+k-1}{k} = 1 \tag{9-21}$$

特别地，记

$$\overline{T}_1(\xi) = \overline{\xi}$$
$$\overline{T}_1(x) = \overline{x}$$

通常把 $\overline{T}_k(x)$ 也称为样本 $\{x_j : j = 1, \cdots, m\}$ 的 k ($\geqslant 2$) 阶累积广义均值。

注意，在这里定义的样本 $\{\xi_j : j = 1, \cdots, m\}$ 的 k 阶累积广义均值，不是均值，而是随机变量，它应该有自己的分布、均值、方差等。样本的 k ($\geqslant 2$) 阶累积广义均值在样本数量较小时，具有实用基础。

现在对给定的 $k \geqslant 1$，考虑由样本 $\{\xi_j : j = 1, \cdots, m\}$ 的 k 阶累积广义均值构成的随机变量序列

$$\overline{T}_k(\xi) = \sum_{j=1}^{m} {}^{(k)}\xi_j \bigg/ \binom{m+k-1}{k}, \quad m = 1, 2, \cdots \tag{9-22}$$

当 $m \to \infty$ 时，$\overline{T}_k(\xi)$ 的收敛情况。

同样，设总体 ξ 的均值为 μ，方差为 σ^2 ($\sigma > 0$)，对给定的 $k \geqslant 1$，由式 (9-17)，得出

$$\begin{aligned}\operatorname{Var}[\overline{T}_k(\xi)] &= \operatorname{Var}\left[\sum_{j=1}^{m} {}^{(k)}\xi_j \bigg/ \binom{m+k-1}{k}\right] \\ &= \sigma^2 \sum_{j=1}^{m} \left[\binom{m-j+k-1}{k-1} \bigg/ \binom{m+k-1}{k}\right]^2\end{aligned} \tag{9-23}$$

由式 (9-23) 进一步得到

$$\operatorname{Var}\left[\sum_{j=1}^{m} {}^{(k)}\xi_j \bigg/ \binom{m+k-1}{k}\right]$$

$$
\begin{aligned}
&= k^2\sigma^2 \sum_{j=1}^{m} \frac{[m-j+(k-1)]^2[m+(k-2)]^2\cdots(m-j+1)^2}{[m+(k-1)]^2[m+(k-2)]^2\cdots(m+1)^2m^2} \\
&= k^2\sigma^2 \frac{1}{[m+(k-1)]^2[m+(k-2)]^2\cdots(m+1)^2m^2} \\
&\quad \times \{[m+(k-2)]^2[m+(k-3)]^2\cdots m^2+[m+(k-3)]^2\cdots m^2(m-1)^2 \\
&\quad +\cdots+k^2\cdots 2^2+(k-1)^2\cdots 1^2\} \\
&= k^2\sigma^2\Big[\frac{1}{(m+k-1)^2}+\frac{(m-1)^2}{(m+k-1)^2(m+k-2)^2}+\cdots \\
&\quad +\frac{k^2\cdots 2^2+(k-1)^2\cdots 1^2}{[m+(k-1)]^2[m+(k-2)]^2\cdots(m+1)^2m^2}\Big]
\end{aligned}
$$

因此，对给定的 $k \geqslant 1$，当 $m\to\infty$ 时，

$$
\mathrm{Var}\left[\sum_{j=1}^{m}{}^{(k)}\xi_j \Big/ \binom{m+k-1}{k}\right] \to 0
$$

且由式 (9-16)，利用切比雪夫不等式 (注意，随机变量 $\overline{T}_k(\xi)$ 满足切比雪夫不等式的条件)，对任意正数 ε，有

$$
P\left\{\left|\sum_{j=1}^{m}{}^{(k)}\xi_j \Big/ \binom{m+k-1}{k} - \mu\right| < \varepsilon\right\} \geqslant 1 - \frac{\mathrm{Var}\left[\sum_{j=1}^{m}{}^{(k)}\xi_j \Big/ \binom{m+k-1}{k}\right]}{\varepsilon^2}
$$

再令 $m\to\infty$，且注意到概率不能大于 1，得到

$$
\lim_{m\to\infty} P\left\{\left|\sum_{j=1}^{m}{}^{(k)}\xi_j \Big/ \binom{m+k-1}{k} - \mu\right| < \varepsilon\right\} = 1
$$

即

$$
\sum_{j=1}^{m}{}^{(k)}\xi_j \Big/ \binom{m+k-1}{k} \xrightarrow{P} \mu
$$

换言之，上面的证明得出如下命题。

命题 9-1　样本 $\{\xi_j : j = 1, \cdots, m\}$ 的 k 阶累积广义均值构成的随机变量序列 (9-22) 依概率收敛于总体 ξ 的均值 μ。

命题 9-1 说明 k 阶累积广义均值具有稳定性。

9.7　样本的 k 阶累积广义均值估计量

由数理统计知识可知，参数估计的概念相当广泛，原则上任何统计量都可以作为未知参数 (总体均值也称为总体的未知参数) 的估计量。现在设总体 ξ 的均值为 μ，方差为 σ^2 $(\sigma > 0)$，要用样本的 k $(\geqslant 2)$ 阶累积广义均值来估计 μ。为此，利用式 (9-16) 可得

$$E(\overline{T}_k(\xi)) = \mu$$

即有如下命题。

命题 9-2　样本 $\{\xi_j : j = 1, \cdots, m\}$ 的 k $(\geqslant 2)$ 阶累积广义均值是总体均值 μ 的线性无偏估计。

值得注意的是，改变样本观察的排列次序不会改变 $\overline{T}_1(\xi) = \overline{\xi}$ 的值，但是对 $\overline{T}_k(\xi)(k > 1)$ 来说，改变样本观察的排列次序后，其值会发生变化。但是，这并不影响样本 $\{\xi_j : j = 1, \cdots, m\}$ 的 k $(\geqslant 2)$ 阶累积广义均值的相合性，可知 $\overline{T}_k(\xi)$ 作为总体均值 μ 的矩估计，它是 μ 的相合估计。

对多数 (非) 参数统计问题，样本均值作为总体均值的矩估计，是一致最小方差无偏估计，当然也是一致最小方差线性无偏估计或最佳线性无偏估计。

命题 9-3　在样本均值是总体均值的一致最小方差无偏估计的情况下，那么，对 $k \geqslant 2$，应该有

$$\mathrm{Var}(\overline{T}_k(\xi)) \geqslant \mathrm{Var}(\overline{T}_1(\xi)) = \mathrm{Var}(\overline{\xi}) \tag{9-24}$$

事实上，由式 (9-17) 可推导出如下

$$\mathrm{Var}(\overline{T}_k(\xi)) = \sigma^2 \sum_{j=1}^{m} \left[\binom{m-j+k-1}{k-1} \Big/ \binom{m+k-1}{k} \right]^2$$

而

$$\mathrm{Var}(\overline{\xi}) = \sigma^2 / m$$

令

$$a_j = \binom{m-j+k-1}{k-1} \Big/ \binom{m+k-1}{k}, \quad j = 1, \cdots, m$$

利用几个数的算术平均值的绝对值不超过这些数的均方根，即

$$\left|\sum_{j=1}^{m} a_j \Big/ m\right| \leqslant \sqrt{\sum_{j=1}^{m} a_j^2 \Big/ m}$$

等号成立仅当 $a_1 = a_2 = \cdots = a_m$ 时，于是由式 (9-21) 可知

$$1/m < \sqrt{\sum_{j=1}^{m} a_j^2 \Big/ m}$$

则有

$$1/m < \sum_{j=1}^{m} a_j^2$$

由此得到

$$\mathrm{Var}(\overline{T}_k(\xi)) > \mathrm{Var}(\overline{T}_1(\xi))$$

即式 (9-24) 成立。

在多数参数统计问题中，$T_1(\xi) = \sum\limits_{j=1}^{m} {}^{(1)}\xi_j = \sum\limits_{j=1}^{m} \xi_j$ 是可估参数 μ 的完备充分统计量，由于适当地使用充分统计量可以降低无偏估计的方差，得到的无偏估计是一致最小方差无偏估计，可知，μ 的一致最小方差无偏估计存在，即为 $\overline{T}_1(\xi)$，而 $\overline{T}_1(\xi)$ 在几乎处处的意义下是唯一的，因此

命题 9-4

$$\mathrm{Var}(\overline{T}_k(\xi)) > \mathrm{Var}(\overline{T}_1(\xi)) \quad (k \geqslant 2)$$

当样本容量为 m 时，可以通过式 (9-23) 验证，

$$\mathrm{Var}(\overline{T}_k(\xi)) < \mathrm{Var}(\overline{T}_{k+1}(\xi)) \tag{9-25}$$

即有

命题 9-5 对 $k \geqslant 1$，$\overline{T}_k(\xi)$ 比 $\overline{T}_{k+1}(\xi)$ 更有效。

换句话说，k 较大，$\mathrm{Var}(\overline{T}_k(\xi))$ 也较大，即适当地使用充分统计量 ($\overline{T}_k(\xi)$ 是充分统计量) 也可以降低无偏估计的方差。

同时利用式 (9-17)，有

命题 9-6

$$\mathrm{Var}(T_k(\xi)) < \mathrm{Var}(T_{k+1}(\xi)) \tag{9-26}$$

事实上

$$\operatorname{Var}(T_k(\xi))=\sigma^2\sum_{j=1}^{m}\begin{pmatrix} m-j+k-1\\ k-1\end{pmatrix}^2$$

$$\operatorname{Var}(T_k(\xi))=\sigma^2\sum_{j=1}^{m}\begin{pmatrix} m-j+k\\ k\end{pmatrix}^2$$

而

$$\begin{pmatrix} m-j+k\\ k\end{pmatrix}\Big/\begin{pmatrix} m-j+k-1\\ k-1\end{pmatrix}=\frac{m-j+k}{k}\geqslant 1,\quad j=1,\cdots,m$$

知

$$\begin{pmatrix} m-j+k-1\\ k-1\end{pmatrix}^2\leqslant\begin{pmatrix} m-j+k\\ k\end{pmatrix}^2,\quad j=1,\cdots,m$$

且等式仅当 $j=m$ 时成立，所以式 (9-26) 成立。

由上面的证明可以立刻得出：

对较大的 $k,l=1,2,\cdots$，$\operatorname{Cov}\left(\sum_{j=1}^{m}{}^{(k)}\xi_j,\sum_{j=1}^{m}{}^{(l)}\xi_j\right)$ 也较大，即 $\sum_{j=1}^{m}{}^{(k)}\xi_j$ 与 $\sum_{j=1}^{m}{}^{(l)}\xi_j$ 的协方差关于 k，l 是递增的。

按照定义 9-1，利用的是容量为 m 的样本 $\{\xi_j:j=1,2,\cdots,m\}$ 进行叠加后，使用样本中样品的次数增大了，信息量是否也增大了？由于统计量具有压缩数据功能，是对样本的加工，它不可能比样本本身提供更多的信息，那么会减少信息吗？样本经过加工，得到统计量 $T_k=T_k(\xi)$，它也含有如总体均值 μ 的信息。那么统计量 T_k 中和样本 ξ 中所含的信息是否一样多？同样，由数理统计知识可知，若能由统计量的值恢复样本，则这种统计量不会损失有关 θ 的信息，并在统计中把不损失信息的统计量称为充分统计量。

已经知道 $T_1=\sum_{j=1}^{m}{}^{(1)}\xi_j=\xi_1+\xi_2+\cdots+\xi_m$ 是总体均值 μ 的充分统计量，而对任意给定的 $k\geqslant 1$，$\sum_{j=1}^{m}{}^{(k)}\xi_j$ 是 $\xi_1,\cdots,\xi_m$ 的线性函数，即由式 (9-13)

$$T_k=\sum_{j=1}^{m}{}^{(k)}\xi_j=\sum_{j=1}^{m}\begin{pmatrix} m-j+k-1\\ k-1\end{pmatrix}\xi_j$$

$$= \begin{pmatrix} m+k-2 \\ k-1 \end{pmatrix} \xi_1 + \begin{pmatrix} m+k-3 \\ k-1 \end{pmatrix} \xi_2 + \cdots + k\xi_{m-1} + \xi_m$$

显然，T_1 与 T_k 之间是一对一变换，利用充分统计量的一对一变换仍是充分统计量这一结论，立刻知 $\sum_{j=1}^{m} {}^{(k)}\xi_j \ (k \geqslant 1)$ 是总体均值 μ 的充分统计量。此外，由于 T_1 与 T_k 的一对一变换 (虽然没有确定的表达式关系)，它们所产生的子 σ 代数是相同的，在压缩数据上的功能相同，T_1 是最小充分统计量，即它是最能压缩数据的。因此，对 $T_k = \sum_{j=1}^{m} {}^{(k)}\xi_j \ (k \geqslant 2)$ 来说，它也是最小充分统计量。由此可知，样本的 k 阶累积广义样本均值是最小充分统计量。

利用数理统计学中的结论：若统计结构 $(\Omega, \mathbb{F}, \{P_\theta : \theta \in \Theta\})$ 上的 Fisher 信息 $I(\theta)$ 存在，统计量 $T(\xi)$ 的诱导统计结构 $(T, \Re_T, \{P_T : P_\theta \in \mathrm{P}\})$ 上的 Fisher 信息 $I_T(\theta)$ 存在，$I_T(\theta) = I(\theta)$ 的充分必要条件是 $T(\xi)$ 是充分统计量。它表明，当且仅当 $T(\xi)$ 是充分统计量时，$T(\xi)$ 所含的信息与样本一致。由此可知，$T_k = \sum_{j=1}^{m} {}^{(k)}\xi_j (k \geqslant 2)$ 及 $\overline{T}_k(\xi) = \sum_{j=1}^{m} {}^{(k)}\xi_j \Bigg/ \begin{pmatrix} m+k-1 \\ k \end{pmatrix}$ 所含的信息与样本 $\{\xi_j : j = 1, 2, \cdots, m\}$ 所含的信息是一致的。

第 10 章

累积法参数估计理论

本章主题

累积法本质上是一种参数估计方法，本章重点介绍累积法的参数估计理论。首先通过累积和方法把多元线性回归模型严格转化为普通累积法方程组，定义普通累积法线性模型及其正规方程和普通累积法估计；强调普通累积法实际上不是一种处理随机误差项，而是直接去估计普通累积法线性模型中的未知参数的方法。从而得出样本的 l $(l=1,\cdots,k)$ 阶累积广义均值的几何中心在由普通累积法估计所求的经验线性回归图形上的结论。由此提出另一种普通累积法估计方法，即样本的 l 阶累积广义均值的几何中心估计方法；同时，进行普通累积法估计与最小二乘法估计性质的比较；此外，还给出对应于普通累积法估计方法的残差向量、残差平方和、修正的剩余方差及其残差率、总残差与总残差率等概念。本章对最小二乘法推出一些新的结论，这些结果建立在普通累积法及普通累积法估计方法的基础之上。

本章组织

10.1 节对普通累积法方程组进行推导；
10.2 节详细介绍两种模型之间的相互关系；
10.3 节讨论 β 的普通累积法估计及几何中心估计法；
10.4 节说明普通累积法估计 $\hat{\beta}_C$ 的性质及误差方差 σ^2 估计；
10.5 节介绍样本的 l 阶累积广义均值的几何中心与经验回归函数。

10.1 普通累积法方程组

本章参照有关数理统计的基本概念、参数估计理论、最小二乘法知识，建立了累积法估计理论。首先通过累积和方法把多元线性回归模型严格地转化为普通累积法方程组，定义普通累积法线性模型，指出其随机误差向量的方差矩阵是对称、正定、非奇异的；再讨论普通累积法线性模型与多元线性回归模型之间的联系，说明普通累积法线性模型包含多元线性回归模型中的信息，且得出这两个模型中设计矩阵与具有相同的秩的结论。然后，对照最小二乘法与普通累积法线性模型，给出普通累积法线性模型的正规方程和普通累积法估计定义，强调普通累积法估计方法实际上不是处理随机误差项，而是直接去估计普通累积法线性模型中未知参数的一种方法；并且，利用普通累积法线性模型的正规方程显然比利用最小二乘法时的正规方程来估计参数更容易。

假设样本 $(x_{j1},x_{j2},\cdots,x_{jn};Y_j)$，$j=1,2,\cdots,m$ 的 l $(l=1,\cdots,k)$ 阶累积广义均值的定义，通过普通累积法估计是其正规方程的解，得出样本的 l 阶累积广义均值的几何中心 (记为 $(\overline{T_l}(\overline{x}_1),\cdots,\overline{T_l}(\overline{x}_n);\overline{T_l}(Y))$) 处于由累积法估计所求的经验线性回归图形之上的重要结论。由此得出另一种普通累积法估计法，即样本的 l 阶累积广义均值的几何中心估计法，简称为几何中心估计法，且保证了累积法估计法与几何中心估计法等价，说明累积法估计法在几何意义上就是寻找一条经验线性回归“直线”几何中心的方法。

之后，进行累积法估计法与最小二乘法估计性质的比较，得出如下结论：前者是多元线性回归模型中参数的线性无偏估计，后者是多元线性回归模型中参数的唯一的最佳线性无偏估计，前者的方差不小于后者的方差。另外，由于累积法估计法不处理随机误差项，按照通常残差的定义，其残差均为零，则残差平方和的结果也为零，特定地给出了对应于普通累积法估计法的残差向量、残差平方和及其剩余方差等概念，并与最小二乘法估计的相应概念进行了比较。前者的残差与最小二乘法估计定义的残差具有一定的可比性和联系，其期望、方差也具有类似的特征，前者的残差与普通累积法估计是线性相关的，而后者的残差与其估计却不相关，但两者的剩余方差都是误差方差 σ^2 的无偏估计。

最后，在前面内容基础上推导出新的结论，证明样本 $(x_{j1},\cdots,x_{jn})(j=1,2,\cdots,m)$ 的 l 阶累积广义均值与其对应于经验回归函数值 Y_j 的 l 阶累积广义均值构成的中心 $(\overline{T}_l(\overline{x}_1),\cdots,\overline{T}_l(\overline{x}_n);\overline{T}_l(\overline{Y}))$，$l=1,\cdots,k$ 均在由最小二乘法估计所求的经验线性回归图形上；也证明了 $(\overline{T}_l(\overline{x}_1),\cdots,\overline{T}_l(\overline{x}_n);\overline{T}_l(\overline{Y})),l=1,\cdots,k$“近似地”在由累积法估计法所求的经验线性回归图形上的结论；还证明了对最小二乘法估计来说，$\overline{T}_1(\overline{\hat{Y}})=\overline{T}_1(Y)=\overline{Y}$ 成立。此外，对给定的样本 $(x_{j1},x_{j2},\cdots,x_{jn};Y_j)$，$j=1,2,\cdots,m$，$(\overline{x}_1,\cdots,\overline{x}_n;\overline{Y})$ 为其几何中心，则下式成立

$$\hat{\beta}_0'+\hat{\beta}_1'\overline{x}_1+\hat{\beta}_2'\overline{x}_2+\cdots+\hat{\beta}_n'\overline{x}_n=\hat{\beta}_0+\hat{\beta}_1\overline{x}_1+\hat{\beta}_2\overline{x}_2+\cdots+\hat{\beta}_n\overline{x}_n$$

其中等式左边 $\hat{\beta}_0',\hat{\beta}_1',\hat{\beta}_2',\cdots,\hat{\beta}_n'$ 表示的是普通累积法估计，右边则是最小二乘法

估计。特别地，对一元线性回归方程有 $\hat{\beta}_0' + \hat{\beta}_1'\overline{x}_1 = \hat{\beta}_0 + \hat{\beta}_1\overline{x}_1$。以上这些结论不仅丰富了最小二乘法的内容，在理论上也保证了累积法估计法及最小二乘法估计对未知参数估计结果具有一致性。设有如下多元线性回归模型，

$$Y = \beta_0 + \beta_1 X_1 + \cdots + \beta_n X_n + \varepsilon \tag{10-1}$$

根据对 $X_1, X_2, \cdots, X_n$ 和 Y 进行的 m 次独立观察，即要用样本观察值或 m 期数据

$$(x_{j1}, x_{j2}, \cdots, x_{jn}; Y_j), \quad j = 1, 2, \cdots, m$$

来估计模型中的参数 $\beta_0, \beta_1, \cdots, \beta_n$。样本回归方程为

$$Y_j = \beta_0 + \beta_1 x_{j1} + \cdots + \beta_n x_{jn} + \varepsilon_j, \quad j = 1, 2, \cdots, m \tag{10-2}$$

随机误差 ε 在第 $j\ (= 1, 2, \cdots, m)$ 次观察时所取的值 ε_j 满足

$$\begin{cases} E\varepsilon_j = 0, \\ 0 < \mathrm{Var}\varepsilon_j = \sigma^2 < \infty, \\ E(e_j e_l) = 0, \quad j, l = 1, 2, \cdots, m, \quad j \neq l \end{cases} \tag{10-3}$$

式 (10-2) 用矩阵可表述为

$$Y_{(m)} = X\beta + \varepsilon \tag{10-4}$$

这里,观察向量 $Y_{(m)} = \begin{bmatrix} Y_1 \\ Y_2 \\ \vdots \\ Y_m \end{bmatrix}$,$m\times(n+1)$ 的设计矩阵 $X = \begin{bmatrix} 1 & x_{11} & \cdots & x_{1n} \\ 1 & x_{21} & \cdots & x_{2n} \\ \vdots & \vdots & & \vdots \\ 1 & x_{m1} & \cdots & x_{mn} \end{bmatrix}$,

未知参数向量 $\beta = \begin{bmatrix} \beta_0 \\ \beta_1 \\ \vdots \\ \beta_n \end{bmatrix}$，随机误差向量 $\varepsilon = \begin{bmatrix} \varepsilon_1 \\ \varepsilon_2 \\ \vdots \\ \varepsilon_m \end{bmatrix}$。

由式 (10-2) 和式 (10-3) 确定的回归模型

$$\begin{cases} Y_{(m)} = X\beta + \varepsilon, \\ E\varepsilon = 0, \quad \mathrm{Var}\varepsilon = \sigma^2 I_m \end{cases}$$

称为线性回归模型，简记为 $(Y_{(m)}, X\beta, \sigma^2 I_m)$，也称为高斯–马尔可夫模型。现在，把式 (10-2) 的 m 个方程相加，根据累积和的定义得到

$$\sum_{j=1}^{m}{}^{(1)}Y_j = \beta_0 \sum_{j=1}^{m}{}^{(1)} + \beta_1 \sum_{j=1}^{m}{}^{(1)}x_{j1} + \cdots + \beta_n \sum_{j=1}^{m}{}^{(1)}x_{jn} + \sum_{j=1}^{m}{}^{(1)}\varepsilon_j$$

随后把上式两边中的 m 换成 j，j 换成 i，再对 j 从 $1,2,\cdots,m$ 求和，同样按累积和的定义得到

$$\begin{aligned}\sum_{j=1}^{m}{}^{(2)}Y_j &= \sum_{j=1}^{m}\sum_{i=1}^{j}{}^{(1)}Y_i\\ &= \sum_{j=1}^{m}\left(\beta_0\sum_{i=1}^{j}{}^{(1)} + \beta_1\sum_{i=1}^{j}{}^{(1)}x_{i1} + \cdots + \beta_n\sum_{i=1}^{j}{}^{(1)}x_{in} + \sum_{i=1}^{j}{}^{(1)}\varepsilon_i\right)\\ &= \beta_0\sum_{j=1}^{m}{}^{(2)} + \beta_1\sum_{j=1}^{m}{}^{(2)}x_{j1} + \cdots + \beta_n\sum_{j=1}^{m}{}^{(2)}x_{jn} + \sum_{j=1}^{m}{}^{(2)}\varepsilon_j\end{aligned}$$

类似方法，依次可得到 $k \geqslant 2$ 阶累积和为

$$\begin{aligned}\sum_{j=1}^{m}{}^{(k)}Y_j &= \sum_{j=1}^{m}\sum_{i=1}^{j}{}^{(k-1)}Y_i\\ &= \sum_{j=1}^{m}\left(\beta_0\sum_{i=1}^{j}{}^{(k-1)} + \beta_1\sum_{i=1}^{j}{}^{(k-1)}x_{i1} + \cdots + \beta_n\sum_{i=1}^{j}{}^{(k-1)}x_{in} + \sum_{i=1}^{j}{}^{(k-1)}\varepsilon_i\right)\\ &= \beta_0\sum_{j=1}^{m}{}^{(k)} + \beta_1\sum_{j=1}^{m}{}^{(k)}x_{j1} + \cdots + \beta_n\sum_{j=1}^{m}{}^{(k)}x_{jn} + \sum_{j=1}^{m}{}^{(k)}\varepsilon_j\end{aligned}$$

定义 10-1 在式 (10-2) 与式 (10-3) 条件下，根据累积样本数据和上述累积方法构造的方程组

$$\left\{\begin{aligned}&\sum_{j=1}^{m}{}^{(1)}Y_j = \beta_0\sum_{j=1}^{m}{}^{(1)} + \beta_1\sum_{j=1}^{m}{}^{(1)}x_{j1} + \cdots + \beta_n\sum_{j=1}^{m}{}^{(1)}x_{jn} + \sum_{j=1}^{m}{}^{(1)}\varepsilon_j,\\ &\sum_{j=1}^{m}{}^{(2)}Y_j = \beta_0\sum_{j=1}^{m}{}^{(2)} + \beta_1\sum_{j=1}^{m}{}^{(2)}x_{j1} + \cdots + \beta_n\sum_{j=1}^{m}{}^{(2)}x_{jn} + \sum_{j=1}^{m}{}^{(2)}\varepsilon_j,\\ &\cdots\cdots\\ &\sum_{j=1}^{m}{}^{(k)}Y_j = \beta_0\sum_{j=1}^{m}{}^{(k)} + \beta_1\sum_{j=1}^{m}{}^{(k)}x_{j1} + \cdots + \beta_n\sum_{j=1}^{m}{}^{(k)}x_{jn} + \sum_{j=1}^{m}{}^{(k)}\varepsilon_j\end{aligned}\right. \tag{10-5}$$

称为普通累积法方程组，其中假定 $k \geqslant n+1$，普通累积法方程组所构成的方法也

称为普通累积法。记

$$Y^{(k)}=\begin{bmatrix}\sum\limits_{j=1}^{m}{}^{(1)}Y_j\\ \sum\limits_{j=1}^{m}{}^{(2)}Y_j\\ \vdots\\ \sum\limits_{j=1}^{m}{}^{(k)}Y_j\end{bmatrix},\quad X^{(k)}=\begin{bmatrix}\sum\limits_{j=1}^{m}{}^{(1)} & \sum\limits_{j=1}^{m}{}^{(1)}x_{j1} & \cdots & \sum\limits_{j=1}^{m}{}^{(1)}x_{jn}\\ \sum\limits_{j=1}^{m}{}^{(2)} & \sum\limits_{j=1}^{m}{}^{(2)}x_{j1} & \cdots & \sum\limits_{j=1}^{m}{}^{(2)}x_{jn}\\ \vdots & \vdots & & \vdots\\ \sum\limits_{j=1}^{m}{}^{(k)} & \sum\limits_{j=1}^{m}{}^{(k)}x_{j1} & \cdots & \sum\limits_{j=1}^{m}{}^{(k)}x_{jn}\end{bmatrix}$$

$$\beta=\begin{bmatrix}\beta_0\\ \beta_1\\ \vdots\\ \beta_n\end{bmatrix},\quad \varepsilon^{(k)}=\begin{bmatrix}\sum\limits_{j=1}^{m}{}^{(1)}\varepsilon_j\\ \sum\limits_{j=1}^{m}{}^{(2)}\varepsilon_j\\ \vdots\\ \sum\limits_{j=1}^{m}{}^{(k)}\varepsilon_j\end{bmatrix}=\begin{bmatrix}\varepsilon_{(1)}\\ \varepsilon_{(2)}\\ \vdots\\ \varepsilon_{(k)}\end{bmatrix}$$

其中记 $\varepsilon_{(l)}=\sum\limits_{j=1}^{m}{}^{(l)}\xi_j$，$l=1,2,\cdots,k$，则方程组 (10-5) 可用矩阵的形式描述为

$$Y^{(k)}=X^{(k)}\beta+\varepsilon^{(k)} \tag{10-6}$$

根据式 (10-3)，随机误差向量 $\varepsilon^{(k)}$ 满足

$$E(\varepsilon^{(k)})=\begin{bmatrix}E\left(\sum\limits_{j=1}^{m}{}^{(1)}\varepsilon_j\right)\\ E\left(\sum\limits_{j=1}^{m}{}^{(2)}\varepsilon_j\right)\\ \vdots\\ E\left(\sum\limits_{j=1}^{m}{}^{(k)}\varepsilon_j\right)\end{bmatrix}=\begin{bmatrix}0\\ 0\\ \vdots\\ 0\end{bmatrix}=0 \tag{10-7}$$

由累积法基础理论可知 $\sum\limits_{j=1}^{m}{}^{(1)}\varepsilon_j,\sum\limits_{j=1}^{m}{}^{(2)}\varepsilon_j,\cdots,\sum\limits_{j=1}^{m}{}^{(k)}\varepsilon_j$ 之间不相关，以及利

用 $\sum\limits_{j=1}^{m}\begin{pmatrix} m-j+k-1 \\ k-1 \end{pmatrix}=\begin{pmatrix} m+k-1 \\ k \end{pmatrix}$，经计算，知 $\varepsilon^{(k)}$ 的方差或协方差矩阵为

$$\begin{aligned}
&\operatorname{Var}(\varepsilon^{(k)})\\
&=\operatorname{Cov}(\varepsilon^{(k)},\varepsilon^{(k)})\\
&=E[(\varepsilon^{(k)}-E(\varepsilon^{(k)}))(\varepsilon^{(k)}-E(\varepsilon^{(k)}))^{\mathrm{T}}]\\
&=\begin{bmatrix}
\operatorname{Var}(\varepsilon_{(1)}) & \operatorname{Cov}(\varepsilon_{(1)},\varepsilon_{(2)}) & \cdots & \operatorname{Cov}(\varepsilon_{(1)},\varepsilon_{(k)})\\
\operatorname{Cov}(\varepsilon_{(2)},\varepsilon_{(1)}) & \operatorname{Var}(\varepsilon_{(2)}) & \cdots & \operatorname{Cov}(\varepsilon_{(2)},\varepsilon_{(k)})\\
\vdots & \vdots & & \vdots\\
\operatorname{Cov}(\varepsilon_{(k)},\varepsilon_{(1)}) & \operatorname{Cov}(\varepsilon_{(k)},\varepsilon_{(2)}) & \cdots & \operatorname{Var}(\varepsilon_{(k)})
\end{bmatrix}\\
&=\sigma^2\begin{bmatrix}
\sum\limits_{j=1}^{m}(\mathrm{C}_{m-j}^{0})^2 & \mathrm{C}_{m+1}^{2} & \cdots & \mathrm{C}_{m+k-1}^{k}\\
\mathrm{C}_{m+1}^{2} & \sum\limits_{j=1}^{m}(\mathrm{C}_{m+1-j}^{1})^2 & \cdots & \sum\limits_{j=1}^{m}\mathrm{C}_{m+1-j}^{1}\mathrm{C}_{m+(k-1)-j}^{k-1}\\
\vdots & \vdots & & \vdots\\
\mathrm{C}_{m+k-1}^{k} & \sum\limits_{j=1}^{m}\mathrm{C}_{m+1-j}^{1}\mathrm{C}_{m+(k-1)-j}^{k-1} & \cdots & \sum\limits_{j=1}^{m}(\mathrm{C}_{m+(k-1)-j}^{k-1})^2
\end{bmatrix}
\end{aligned}$$

显然，协方差矩阵 $\operatorname{Cov}(\varepsilon^{(k)},\varepsilon^{(k)})$ 是对称的，且是正定的。记

$$\Sigma^{(k)}=\begin{bmatrix}
\sum\limits_{j=1}^{m}(\mathrm{C}_{m-j}^{0})^2 & \mathrm{C}_{m+1}^{2} & \cdots & \mathrm{C}_{m+k-1}^{k}\\
\mathrm{C}_{m+1}^{2} & \sum\limits_{j=1}^{m}(\mathrm{C}_{m+1-j}^{1})^2 & \cdots & \sum\limits_{j=1}^{m}\mathrm{C}_{m+1-j}^{1}\mathrm{C}_{m+(k-1)-j}^{k-1}\\
\vdots & \vdots & & \vdots\\
\mathrm{C}_{m+k-1}^{k} & \sum\limits_{j=1}^{m}\mathrm{C}_{m+1-j}^{1}\mathrm{C}_{m+(k-1)-j}^{k-1} & \cdots & \sum\limits_{j=1}^{m}(\mathrm{C}_{m+(k-1)-j}^{k-1})^2
\end{bmatrix} \tag{10-8}$$

则它是 $k\times k$ 对称的正定矩阵，且 $\varepsilon^{(k)}$ 的方差为

$$\operatorname{Var}(\varepsilon^{(k)})=\operatorname{Cov}(\varepsilon^{(k)},\varepsilon^{(k)})=\sigma^2\Sigma^{(k)} \tag{10-9}$$

这样，$\operatorname{Var}(\varepsilon^{(k)})=\sigma^2\Sigma^{(k)}\neq\sigma^2 I_k$ 是非奇异方差。

由式 (10-7) 和式 (10-9) 知 $Y^{(k)}$ 的数学期望和方差分别为

$$\begin{cases} EY^{(k)} = X^{(k)}\beta, \\ \mathrm{Var}Y^{(k)} = \mathrm{Var}(\varepsilon^{(k)}) = \sigma^2\Sigma^{(k)} \end{cases} \tag{10-10}$$

定义 10-2　由式 (10-6)、式 (10-7) 和式 (10-9) 所确定的模型称为普通累积法线性模型，记为 $(Y^{(k)}, X^{(k)}\beta, \sigma^2\Sigma^{(k)})$，简称累积法线性模型。

为方便，式 (10-6) 也称为普通累积法线性模型。

对普通累积法线性模型 $(Y^{(k)}, X^{(k)}\beta, \sigma^2\Sigma^{(k)})$，所要考虑的统计推断问题与线性回归模型 $(Y_{(m)}, X\beta, \sigma^2 I_m)$ 相同，即要根据所得到的样本数据 $(x_{j1}, x_{j2}, \cdots, x_{jn}; Y_j)$，$j = 1, 2, \cdots, m$ 对未知参数 β 和误差方差 σ^2 进行估计，对因变量 Y 进行预测等。

10.2　两种模型的关系

现在对 $k \times (n+1)(k \geqslant n+1)$ 矩阵 $X^{(k)}$ 与 $m \times (n+1)(m \geqslant n+1)$ 矩阵 X 进行比较。

由累积和计算通式知

$$\sum_{j=1}^{m}{}^{(l)}x_{ji} = \left(\binom{m+l-2}{l-1}, \binom{m+l-3}{l-1}, \cdots, \binom{l}{l-1}, \binom{l-1}{l-1}\right)\begin{pmatrix} x_{1i} \\ x_{2i} \\ \vdots \\ x_{m-1,i} \\ x_{mi} \end{pmatrix} \tag{10-11}$$

$$l = 1, 2, \cdots, k, \quad i = 0, 1, 2, \cdots, n$$

其中 $i = 0$ 时，记 $x_0 = (x_{10}, x_{20}, \cdots, x_{m0})^{\mathrm{T}} = (1, 1, \cdots, 1)^{\mathrm{T}}$，于是

$$X^{(k)} = ZX \tag{10-12}$$

其中

$$Z = \begin{bmatrix} \mathrm{C}_{m-1}^0 & \mathrm{C}_{m-2}^0 & \cdots & \mathrm{C}_0^0 \\ \mathrm{C}_m^1 & \mathrm{C}_{m-1}^1 & \cdots & \mathrm{C}_1^1 \\ \vdots & \vdots & & \vdots \\ \mathrm{C}_{m+k-2}^{k-1} & \mathrm{C}_{m+k-3}^{k-1} & \cdots & \mathrm{C}_{k-1}^{k-1} \end{bmatrix} \tag{10-13}$$

它是 $k \times m$ 矩阵。于是有

$$\mathrm{ran}(X^{(k)}) = \mathrm{ran}(ZX) \leqslant \min\{\mathrm{ran}X, \mathrm{ran}Z\} = \mathrm{ran}X$$

但是，式 (10-11) 表明，$X^{(k)}$ 中第 $l\ (=1,2,\cdots,k)$ 行第 $i\ (=0,1,2,\cdots,n)$ 列元素是矩阵 Z 中第 l 行与 X 中第 i 列的对应元素乘积的和，从而 $X^{(k)}$ 中第 i 列中每一元素均是 X 中第 i 列所有元素的一个线性组合，并且 $X^{(k)}$ 按行构成的向量组即由 k 个 $n+1$ 维行向量所组成，可以由 X 按行构成的向量即 m 个 $n+1$ 维行向量所组成的向量组线性表示。如果回归变量 $X_1, X_2, \cdots, X_n$ 之间是独立不相关的，那么 X 可按列构成的向量记为

$$X = (x_0, x_1, x_2, \cdots, x_n)$$

其中 $x_0 = (1, 1, \cdots, 1)^{\mathrm{T}}$，$x_i = (x_{1i}, x_{2i}, \cdots, x_{mi})^{\mathrm{T}}$，$i = 1, \cdots, n$。这时，$x_0, x_1, x_2, \cdots, x_n$ 之间是相互独立无关的，也即 m 维列向量组 $x_0, x_1, x_2, \cdots, x_n$ 是线性无关的，其充分必要条件 (因为 $m \geqslant n+1$) 为

$$\mathrm{ran}X = n+1$$

按照式 (10-11)，当 $X^{(k)}$ 按列构成的向量记为

$$X^{(k)} = (x_0^k, x_1^k, x_2^k, \cdots, x_n^k)$$

时，则 k 维列向量组 $x_0^k, x_1^k, x_2^k, \cdots, x_n^k (k \geqslant n+1)$ 也具有向量组 $x_0, x_1, x_2, \cdots, x_n$ 的特性；换言之，若 $\mathrm{ran}X = n+1$，也应有

$$\mathrm{ran}(X^{(k)}) = n+1$$

综上所述，可总结出如下命题。

命题 10-1 矩阵 $X^{(k)}$ 与 X 具有相同的秩，即

$$\mathrm{ran}(X^{(k)}) = \mathrm{ran}X \tag{10-14}$$

此外，由式 (10-11) 可直接得出

$$\begin{cases} Y^{(k)} = ZY_{(m)}, \\ \varepsilon^{(k)} = Z\varepsilon \end{cases}$$

即得出

$$\begin{cases} Y^{(k)} = ZY_{(m)}, \\ X^{(k)} = ZX, \\ \varepsilon^{(k)} = Z\varepsilon \end{cases} \tag{10-15}$$

式 (10-15) 反映 $Y^{(k)}$, $X^{(k)}$ 及 $\varepsilon^{(k)}$ 包含 $Y_{(m)}$, X 及 ε 中的所有信息。

注意到，Z 是 $k \times m$ 的矩阵，Z^{T} 为 $m \times k$ 的矩阵，$m \geqslant n+1$ 且 $k \geqslant n+1$，由命题 10-1 可得

$$\text{ran}(X^{(k)}) = \text{ran}(ZX) = \text{ran}X$$

由上式可推导出

$$\text{ran}(X^{(k)}) \leqslant \text{ran}Z \leqslant \min\{k, m\}$$

当 $\text{ran}X = n+1$ 时

$$\text{ran}Z = \min\{k, m\} \tag{10-16}$$

即矩阵 Z 为满秩矩阵 (直观上，Z 中不为 0 的子式最高阶为 $\min\{k, m\}$)。

用 Z 左乘式 (10-4) 两边，得

$$ZY_{(m)} = ZX\beta + Z\varepsilon$$

利用式 (10-15)，其结果就是式 (10-6)，即

$$Y^{(k)} = X^{(k)}\beta + \varepsilon^{(k)}$$

如果取 $k = m$ ($\geqslant n+1$)，即矩阵 Z 是非奇异的，这时由式 (10-15) 可知

$$\begin{cases} Y_{(m)} = Z^{-1}Y^{(k)}, \\ X = Z^{-1}X^{(k)}, \\ \varepsilon = Z^{-1}\varepsilon^{(k)} \end{cases} \tag{10-17}$$

利用式 (10-17)，则式 (10-4) 可写成

$$Z^{-1}Y^{(k)} = Z^{-1}X^{(k)}\beta + Z^{-1}\varepsilon^{(k)} \tag{10-18}$$

矩阵 Z 在建立模型 $(Y^{(k)}, X^{(k)}\beta, \sigma^2\Sigma^{(k)})$ 与 $(Y_{(m)}, X\beta, \sigma^2 I_m)$ 之间的联系及推导其性质的过程中，以及在估计未知参数的过程中都将发挥重要的作用。

以下部分主要讨论 $\text{ran}X = n+1$，且取 $k = n+1$ 的普通累积法方程组 (10-5) 关于未知参数 $\beta_0, \beta_1, \cdots, \beta_n$ 的估计问题。

10.3 β 的普通累积法估计及几何中心估计法

在线性模型 $(Y_{(m)}, X\beta, \sigma^2 I_m)$ 中使用最小二乘法所得到的正规方程为

$$(X^{\mathrm{T}}X)\beta = X^{\mathrm{T}}Y_{(m)} \tag{10-19}$$

在 $\text{ran}X = n+1$，即 X 是列满秩的矩阵情况下，上式的解是唯一的，它是模型 $(Y_{(m)}, X\beta, \sigma^2 I_m)$ 关于 β 的唯一最小二乘法估计，即为

$$\hat{\beta}_L = (X^{\mathrm{T}}X)^{-1}X^{\mathrm{T}}Y_{(m)} \tag{10-20}$$

正规方程 (10-19) 的坐标形式为

$$\begin{cases} m\beta_0+\left(\sum_{j=1}^{m}x_{j1}\right)\beta_1+\cdots+\left(\sum_{j=1}^{m}x_{jn}\right)\beta_n=\sum_{j=1}^{m}Y_j, \\ \left(\sum_{j=1}^{m}x_{j1}\right)\beta_0+\left(\sum_{j=1}^{m}x_{j1}^2\right)\beta_1+\cdots+\left(\sum_{j=1}^{m}x_{j1}x_{jn}\right)\beta_n=\sum_{j=1}^{m}x_{j1}Y_j, \\ \cdots\cdots \\ \left(\sum_{j=1}^{m}x_{jn}\right)\beta_0+\left(\sum_{j=1}^{m}x_{jn}x_{j1}\right)\beta_1+\cdots+\left(\sum_{j=1}^{m}x_{jn}^2\right)\beta_n=\sum_{j=1}^{m}x_{jn}Y_j \end{cases} \tag{10-21}$$

β 的最小二乘法估计 $\hat{\beta}_L=(\hat{\beta}_0,\hat{\beta}_1,\cdots,\hat{\beta}_n)^{\mathrm{T}}$ 是正规方程 (10-19) 的解，可以得到

$$\begin{cases} m\hat{\beta}_0+\left(\sum_{j=1}^{m}x_{j1}\right)\hat{\beta}_1+\cdots+\left(\sum_{j=1}^{m}x_{jn}\right)\hat{\beta}_n=\sum_{j=1}^{m}Y_j, \\ \left(\sum_{j=1}^{m}x_{j1}\right)\hat{\beta}_0+\left(\sum_{j=1}^{m}x_{j1}^2\right)\hat{\beta}_1+\cdots+\left(\sum_{j=1}^{m}x_{j1}x_{jn}\right)\hat{\beta}_n=\sum_{j=1}^{m}x_{j1}Y_j, \\ \cdots\cdots \\ \left(\sum_{j=1}^{m}x_{jn}\right)\hat{\beta}_0+\left(\sum_{j=1}^{m}x_{jn}x_{j1}\right)\hat{\beta}_1+\cdots+\left(\sum_{j=1}^{m}x_{jn}^2\right)\hat{\beta}_n=\sum_{j=1}^{m}x_{jn}Y_j \end{cases} \tag{10-22}$$

定义 10-3 在普通累积法线性模型 $(Y^{(k)},X^{(k)}\beta,\sigma^2\Sigma^{(k)})$ 中，当 $k=n+1$，且 $X^{(k)}$ 是非奇异的，则称

$$Y^{(k)}=X^{(k)}\beta \tag{10-23}$$

为该模型的正规方程，并定义

$$\hat{\beta}_C=(X^{(k)})^{-1}Y^{(k)} \tag{10-24}$$

为未知参数 (向量) β 的普通累积法估计，简称累积法估计，由式 (10-24) 得出累积法估计的方法称为普通累积法估计法。

这样定义普通累积法估计法，实际上是不处理随机误差项，而直接去估计线性模型 $(Y^{(k)},X^{(k)}\beta,\sigma^2\Sigma^{(k)})$ 中的未知参数 β。

定义的正规方程 (10-24) 的解是唯一的，它是式 (10-23) β 的唯一的普通累积法估计。

注意，定义 10-3 中并没有要求 $k=m$。事实上，由于 m 表示独立观察的次数，k 为累积和的最高阶数，$X^{(k)}$ 按行构成的向量组即由 k 个 $n+1$ 维行向量所

组成，可以由 X 按行构成的向量即由 m 个 $n+1$ 维行向量所组成的向量组线性表出，若前 k 个向量组线性无关，则有 $k \leqslant m$。

对应于式 (10-23)，其坐标形式为

$$\left\{\begin{array}{l}\sum\limits_{j=1}^{m}{}^{(1)}Y_j=\beta_0\sum\limits_{j=1}^{m}{}^{(1)}+\beta_1\sum\limits_{j=1}^{m}{}^{(1)}x_{j1}+\cdots+\beta_n\sum\limits_{j=1}^{m}{}^{(1)}x_{jn},\\ \sum\limits_{j=1}^{m}{}^{(2)}Y_j=\beta_0\sum\limits_{j=1}^{m}{}^{(2)}+\beta_1\sum\limits_{j=1}^{m}{}^{(2)}x_{j1}+\cdots+\beta_n\sum\limits_{j=1}^{m}{}^{(2)}x_{jn},\\ \qquad\qquad\cdots\cdots\\ \sum\limits_{j=1}^{m}{}^{(k)}Y_j=\beta_0\sum\limits_{j=1}^{m}{}^{(k)}+\beta_1\sum\limits_{j=1}^{m}{}^{(k)}x_{j1}+\cdots+\beta_n\sum\limits_{j=1}^{m}{}^{(k)}x_{jn}\end{array}\right. \tag{10-25}$$

式 (10-25) 与式 (10-21) 比较，有下面特点：式 (10-25) 与式 (10-21) 中的第一个方程是同一个方程，对其余的 n 个方程来说，式 (10-21) 中的未知参数 $\beta_i(i=0,1,\cdots,n)$ 的系数是相应观察值的交叉积的求和，而式 (10-25) 中只是相应观察值的求和，这样，利用式 (10-25) 来求 β 的累积法估计显然比利用式 (10-21) 求 β 的最小二乘法估计要容易。

为方便，把 β 的普通累积法估计也记为 $\hat{\beta}_C=(\hat{\beta}_0,\hat{\beta}_1,\cdots,\hat{\beta}_n)^{\mathrm{T}}$。这样，$(\hat{\beta}_0,\hat{\beta}_1,\cdots,\hat{\beta}_n)^{\mathrm{T}}$ 有时表示的是最小二乘法估计 $\hat{\beta}_L$，有时表示的是普通累积法估计 $\hat{\beta}_C$，可从上下文的叙述中加以区别。

由普通累积法估计 $\hat{\beta}_C=(\hat{\beta}_0,\hat{\beta}_1,\cdots,\hat{\beta}_n)^{\mathrm{T}}$ 是正规方程 (10-25) 的解，同样有

$$\left\{\begin{array}{l}\sum\limits_{j=1}^{m}{}^{(1)}Y_j=\hat{\beta}_0\sum\limits_{j=1}^{m}{}^{(1)}+\hat{\beta}_1\sum\limits_{j=1}^{m}{}^{(1)}x_{j1}+\cdots+\hat{\beta}_n\sum\limits_{j=1}^{m}{}^{(1)}x_{jn},\\ \sum\limits_{j=1}^{m}{}^{(2)}Y_j=\hat{\beta}_0\sum\limits_{j=1}^{m}{}^{(2)}+\hat{\beta}_1\sum\limits_{j=1}^{m}{}^{(2)}x_{j1}+\cdots+\hat{\beta}_n\sum\limits_{j=1}^{m}{}^{(2)}x_{jn},\\ \qquad\qquad\cdots\cdots\\ \sum\limits_{j=1}^{m}{}^{(k)}Y_j=\hat{\beta}_0\sum\limits_{j=1}^{m}{}^{(k)}+\hat{\beta}_1\sum\limits_{j=1}^{m}{}^{(k)}x_{j1}+\cdots+\hat{\beta}_n\sum\limits_{j=1}^{m}{}^{(k)}x_{jn}\end{array}\right. \tag{10-26}$$

定义 10-4　定义

$$\overline{T}_l(Y)=\sum_{j=1}^{m}{}^{(l)}Y_j\bigg/\binom{m+l-1}{l},\quad l=1,\cdots,k$$

$$\overline{T}_l(\overline{x}_i)=\sum_{j=1}^{m}{}^{(l)}x_{ji}\Bigg/\begin{pmatrix} m+l-1\\ l\end{pmatrix},\quad l=1,\cdots,k,\ \ i=1,\cdots,n$$

分别为样本 $(x_{j1},x_{j2},\cdots,x_{jn};Y_j)$，$j=1,2,\cdots,m$ 的 l 阶累积广义均值 (包括均值)。由

$$\sum_{j=1}^{m}{}^{(l)}=\sum_{j=1}^{m}\begin{pmatrix} m-j+l-1\\ l-1\end{pmatrix}=\begin{pmatrix} m+l-1\\ l\end{pmatrix},\quad l=1,\cdots,k$$

并用 $\begin{pmatrix} m+l-1\\ l\end{pmatrix}$，$l=1,\cdots,k$ 依次分别去乘式 (10-25) 和式 (10-26) 中的第 l 个方程，分别得到

$$\begin{cases}\overline{T}_1(Y)=\beta_0+\beta_1\overline{T}_1(\overline{x}_1)+\cdots+\beta_n\overline{T}_1(\overline{x}_n),\\ \overline{T}_2(Y)=\beta_0+\beta_1\overline{T}_2(\overline{x}_1)+\cdots+\beta_n\overline{T}_2(\overline{x}_n),\\ \qquad\cdots\cdots\\ \overline{T}_k(Y)=\beta_0+\beta_1\overline{T}_k(\overline{x}_1)+\cdots+\beta_n\overline{T}_k(\overline{x}_n)\end{cases}\tag{10-27}$$

$$\begin{cases}\overline{T}_1(Y)=\hat{\beta}_0+\hat{\beta}_1\overline{T}_1(\overline{x}_1)+\cdots+\hat{\beta}_n\overline{T}_1(\overline{x}_n),\\ \overline{T}_2(Y)=\hat{\beta}_0+\hat{\beta}_1\overline{T}_2(\overline{x}_1)+\cdots+\hat{\beta}_n\overline{T}_2(\overline{x}_n),\\ \qquad\cdots\cdots\\ \overline{T}_k(Y)=\hat{\beta}_0+\hat{\beta}_1\overline{T}_k(\overline{x}_1)+\cdots+\hat{\beta}_n\overline{T}_k(\overline{x}_n)\end{cases}\tag{10-28}$$

显然，式 (10-27) 和式 (10-28) 分别是式 (10-25) 和式 (10-26) 的同解方程组。由式 (10-28) 可得出如下结论。

命题 10-2 在定义 10-3 下，即式 (10-23) 和式 (10-24) 条件下，样本 $(x_{j1},x_{j2},\cdots,x_{jn};Y_j)$，$j=1,2,\cdots,m$ 的 l 阶累积广义均值的几何中心 $(\overline{T}_l(\overline{x}_1),\cdots,\overline{T}_l(\overline{x}_n);\overline{T}_l(Y))$，$l=1,\cdots,k$ 在 (经验) 线性回归

$$\hat{Y}=\hat{\beta}_0+\hat{\beta}_1X_1+\hat{\beta}_2X_2+\cdots+\hat{\beta}_nX_n\tag{10-29}$$

图形上，在这里，$\hat{\beta}_0,\hat{\beta}_1,\cdots,\hat{\beta}_n$ 是 $\beta_0,\beta_1,\cdots,\beta_n$ 的普通累积法估计。

该命题的结果表明，定义 10-3 的普通累积法估计方法从几何意义上讲，找出样本 $(x_{j1},x_{j2},\cdots,x_{jn};Y_j)$，$j=1,2,\cdots,m$ 的 l 阶累积广义均值的几何中心 $(\overline{T}_l(\overline{x}_1),\cdots,\overline{T_l}(\overline{x}_n);\overline{T}_l(Y))$，$l=1,\cdots,k$ 所在的“直线”，该直线就是估计出的经验线性回归“直线”，且可对随机变量 Y 做出估计。

式 (10-27) 实际上也包括式 (10-28)，给出了求未知参数向量 β 的普通累积法估计的另一种等价于式 (10-25) 或式 (10-24) 的方法，称它为未知参数向量 β 的

样本 $(x_{j1},x_{j2},\cdots,x_{jn};Y_j)$，$j=1,2,\cdots,m$ 的一阶累积广义均值的几何中心估计法，简称为几何中心估计法，得出的估计也称为普通累积法估计。

10.4 普通累积法估计的性质及误差方差估计

在线性模型 $(Y^{(k)},X^{(k)}\beta,\sigma^2\Sigma^{(k)})$ 中，假定 $k=n+1<m$ 且 $\text{ran}(X^{(k)})=n+1$，对照 β 的最小二乘法估计 $\hat{\beta}_L=(X^{\text{T}}X)^{-1}X^{\text{T}}Y_{(m)}$，可以得出 β 的普通累积法估计 $\hat{\beta}_C=(X^{(k)})^{-1}Y^{(k)}$ 的一些性质。

性质 10-1 $\hat{\beta}_C$ 是 β 的一个线性无偏估计。

证明 由式 (10-24) 知 $\hat{\beta}_C$ 是 β 的线性估计，且由式 (10-10) 可知

$$\begin{aligned}E\hat{\beta}_C&=E[(X^{(k)})^{-1}Y^{(k)}]=(X^{(k)})^{-1}E[Y^{(k)}]\\&=(X^{(k)})^{-1}X^{(k)}\beta=\beta\end{aligned}$$

即 $\hat{\beta}_C$ 是 β 的无偏估计。

理论上，未知参数向量 β 的线性无偏估计不止一个，此处具体给出了实例，即 $\hat{\beta}_L$ 和 $\hat{\beta}_C$ 都是 β 的线性无偏估计。

性质 10-2 $\hat{\beta}_C$ 的方差为 $\sigma^2(X^{(k)})^{-1}\Sigma^{(k)}[(X^{(k)})^{-1}]^{\text{T}}$。

证明 利用式 (10-10)，立刻得到

$$\begin{aligned}\text{Var}\hat{\beta}_C&=\text{Cov}(\hat{\beta}_C,\hat{\beta}_C)\\&=\text{Cov}((X^{(k)})^{-1}Y^{(k)},(X^{(k)})^{-1}Y^{(k)})\\&=(X^{(k)})^{-1}\text{Cov}(Y^{(k)},Y^{(k)})[(X^{(k)})^{-1}]^{\text{T}}\\&=\sigma^2(X^{(k)})^{-1}\Sigma^{(k)}[(X^{(k)})^{-1}]^{\text{T}}\end{aligned}$$

在上面的推导中，利用式 (10-15)，可以得到

$$\begin{cases}\text{Cov}(Y^{(k)},Y^{(k)})=\text{Cov}(ZY_{(m)},ZY_{(m)})=\sigma^2ZZ^{\text{T}},\\ \text{Var}\hat{\beta}_C=\sigma^2[(ZX)^{-1}Z][(ZX)^{-1}Z]^{\text{T}}\end{cases}\tag{10-30}$$

$$\Sigma^{(k)}=ZZ^{\text{T}}\tag{10-31}$$

式 (10-31) 表明 ZZ^{T} 是 $k\times k$ 对称的正定矩阵。

注意，未知参数 β 的最小二乘法估计 $\hat{\beta}_L$ 的方差是

$$\text{Var}\hat{\beta}_L=\sigma^2(X^{\text{T}}X)^{-1}$$

$\hat{\beta}_L$ 是 β 唯一的最佳线性无偏估计，也是一致最小方差线性无偏估计。

命题 10-3 在 $k=n+1\leqslant m$ 且 $\mathrm{ran}(X^{(k)})=n+1$ 的条件下，则有

$$\mathrm{Var}\hat{\beta}_C \geqslant \mathrm{Var}\hat{\beta}_L \tag{10-32}$$

证明

$$\begin{aligned}\mathrm{Var}\hat{\beta}_C &= E[(\hat{\beta}_C-\beta)(\hat{\beta}_C-\beta)^{\mathrm{T}}]\\ &= E\{[(\hat{\beta}_C-\hat{\beta}_L)+(\hat{\beta}_L-\beta)][(\hat{\beta}_C-\hat{\beta}_L)+(\hat{\beta}_L-\beta)]^{\mathrm{T}}\}\\ &= E[(\hat{\beta}_C-\hat{\beta}_L)(\hat{\beta}_C-\hat{\beta}_L)^{\mathrm{T}}]+\mathrm{Var}\hat{\beta}_L+2E[(\hat{\beta}_C-\hat{\beta}_L)(\hat{\beta}_L-\beta)^{\mathrm{T}}]\end{aligned}$$

因为 $E\hat{\beta}_C=\beta$，$E\hat{\beta}_L=\beta$，$E(\hat{\beta}_C-\hat{\beta}_L)=0$，且利用式 (10-15) 有

$$\hat{\beta}_C=(ZX)^{-1}ZY_{(m)} \tag{10-33}$$

于是

$$\begin{aligned}&E[(\hat{\beta}_C-\hat{\beta}_L)(\hat{\beta}_L-\beta)^{\mathrm{T}}]\\ &=\mathrm{Cov}(\hat{\beta}_C-\hat{\beta}_L,\hat{\beta}_L)\\ &=\mathrm{Cov}([(ZX)^{-1}Z-(X^{\mathrm{T}}X)^{-1}X^{\mathrm{T}}]Y_{(m)},(X^{\mathrm{T}}X)^{-1}X^{\mathrm{T}}Y_{(m)})\\ &=[(ZX)^{-1}ZA-(X^{\mathrm{T}}X)^{-1}X^{\mathrm{T}}]\mathrm{Cov}(Y_{(m)},Y_{(m)})[(X^{\mathrm{T}}X)^{-1}X^{\mathrm{T}}]^{\mathrm{T}}\\ &=\sigma^2 I_m[(ZX)^{-1}(ZX)(X^{\mathrm{T}}X)^{-1}-(X^{\mathrm{T}}X)^{-1}]\\ &=0\end{aligned}$$

从而有 $\mathrm{Var}\hat{\beta}_C\geqslant\mathrm{Var}\hat{\beta}_L$，而等号成立当且仅当 $E[(\hat{\beta}_C-\hat{\beta}_L)(\hat{\beta}_C-\hat{\beta}_L)^{\mathrm{T}}]=0$。

$\mathrm{Var}\hat{\beta}_C\geqslant\mathrm{Var}\hat{\beta}_L$ 表示 $\mathrm{Var}\hat{\beta}_C-\mathrm{Var}\hat{\beta}_L$ 是非负定的矩阵。式 (10-32) 说明最小二乘法估计 $\hat{\beta}_L$ 比普通累积法估计 $\hat{\beta}_C$ 更“集中”在 β 处，$\hat{\beta}_L$ 比 $\hat{\beta}_C$ 更有效。

在线性模型 $(Y^{(k)},X^{(k)}\beta,\sigma^2\Sigma^{(k)})$ 中，假定 $k=n+1<m$ 且 $\mathrm{ran}(X^{(k)})=n+1$，同样要考虑未知参数 σ^2 的估计。

由定义 10-3 给出 β 的普通累积法估计 $\hat{\beta}_C=(X^{(k)})^{-1}Y^{(k)}$，因为不处理随机误差项，使得

$$Y^{(k)}-X^{(k)}\hat{\beta}_C=Y^{(k)}-X^{(k)}(X^{(k)})^{-1}Y^{(k)}=0$$

即有

$$X^{(k)}\beta+\varepsilon^{(k)}-X^{(k)}\hat{\beta}_C=Y^{(k)}-X^{(k)}\hat{\beta}_C=0$$

这样，通常定义的残差向量为零向量。因此，给出

定义 10-5　称

$$R_C = Y_{(m)} - X\hat{\beta}_C = (Y_1 - \hat{Y}_1, \cdots, Y_m - \hat{Y}_m)^{\mathrm{T}} \tag{10-34}$$

为对应于普通累积法估计的残差向量，其中

$$e_j = Y_j - \hat{Y}_j = Y_j - \hat{\beta}_0 - \hat{\beta}_1 x_{j1} - \cdots - \hat{\beta}_n x_{jn}, \quad j = 1, \cdots, m \tag{10-35}$$

$\hat{\beta}_0, \hat{\beta}_1, \cdots, \hat{\beta}_n$ 是 $\beta_0, \beta_1, \cdots, \beta_n$ 的普通累积法估计。

上面的定义建立了普通累积法的残差与通过最小二乘法估计定义的残差之间的可比较性及其联系，即有

$$R_C - R_0 = X(\hat{\beta}_L - \hat{\beta}_C) \tag{10-36}$$

其中，在线性模型 $(Y_{(m)}, X\beta, \sigma^2 I_m)$ 中利用最小二乘法时

$$R_0 = Y_{(m)} - X\hat{\beta}_L = (Y_1 - \hat{Y}_1, \cdots, Y_m - \hat{Y}_m)^{\mathrm{T}}$$

由式 (10-24) 和式 (10-15)，计算式 (10-33) 可得

$$R_C = Y_{(m)} - X\hat{\beta}_C = [I_m - X(ZX)^{-1}Z]Y_{(m)} = M_C Y_{(m)} \tag{10-37}$$

且

$$R_C = [I_m - X(ZX)^{-1}Z]\varepsilon = M_C\varepsilon \tag{10-38}$$

其中

$$\begin{aligned}
R_C &= Y_{(m)} - X\hat{\beta}_C \\
&= X\beta + \varepsilon - X(ZX)^{-1}Z(X\beta + \varepsilon) \\
&= X\beta + \varepsilon - X(ZX)^{-1}(ZX)\beta - X(ZX)^{-1}Z\varepsilon \\
&= \varepsilon - X(ZX)^{-1}Z\varepsilon = M_C\varepsilon
\end{aligned}$$

在这里，$M_C = I_m - X(ZX)^{-1}Z$，它不是对称矩阵，而是幂等矩阵。因为

$$\begin{aligned}
M_C^{\mathrm{T}} &= I_m - Z^{\mathrm{T}}[(ZX)^{-1}]^{\mathrm{T}}X^{\mathrm{T}} \\
&= M_C + X(ZX)^{-1}Z - [X(ZX)^{-1}Z]^{\mathrm{T}} \neq M_C
\end{aligned}$$

而

$$M_C^2 = (I_m - X(ZX)^{-1}Z)(I_m - X(ZX)^{-1}Z)$$

$$= I_m - 2X(ZX)^{-1}Z + X(ZX)^{-1}(ZX)(ZX)^{-1}Z$$
$$= I_m - X(ZX)^{-1}Z = M_C$$

定义 10-6 称

$$R_C^2 = R_C^{\mathrm{T}}R_C = (Y_{(m)} - X\hat{\beta}_C)^{\mathrm{T}}(Y_{(m)} - X\hat{\beta}_C)$$
$$= \sum_{j=1}^{m} e_j^2 = \sum_{j=1}^{m}(Y_j - \hat{\beta}_0 - \hat{\beta}_1 x_{j1} - \cdots - \hat{\beta}_n x_{jn})^2 \tag{10-39}$$

为残差平方和或剩余平方和。

残差平方和越小，说明所求得的回归模型是与样本数据拟合得越好的模型。

对最小二乘法估计来说，它的残差 R_0 与 $\hat{\beta}_L$ 是不相关的，在这里 R_C 与 $\hat{\beta}_C$ 却是“线性相关”的。

命题 10-4 在 $k = n+1 < m$ 且 $\mathrm{ran}(X^{(k)}) = n+1$ 的条件下，$\mathrm{Cov}(R_C, \hat{\beta}_C) \neq 0$。

证明 利用式 (10-33) 和式 (10-36)，考虑

$$\mathrm{Cov}(R_C, \hat{\beta}_C) = \mathrm{Cov}(M_C Y_{(m)}, (ZX)^{-1}ZY_{(m)})$$
$$= M_C \mathrm{Var}(Y_{(m)})[(ZX)^{-1}Z]^{\mathrm{T}} = \sigma^2 M_C Z^{\mathrm{T}}[(ZX)^{-1}]^{\mathrm{T}}$$

假设 $\mathrm{Cov}(R_C, \hat{\beta}_C) = 0$，即有

$$M_C Z^{\mathrm{T}}[(ZX)^{-1}]^{\mathrm{T}} = [I_m - X(ZX)^{-1}Z]Z^{\mathrm{T}}[(ZX)^{-1}]^{\mathrm{T}}$$
$$= [Z^{\mathrm{T}} - X(ZX)^{-1}ZZ^{\mathrm{T}}][(ZX)^{-1}]^{\mathrm{T}} = 0$$

从而，利用式 (10-31) 可得

$$Z^{\mathrm{T}} = X(ZX)^{-1}\Sigma^{(k)}[(ZX)^{-1}]^{\mathrm{T}}$$

用 Z 左乘上式两边得

$$\Sigma^{(k)} = \Sigma^{(k)}[(ZX)^{-1}]^{\mathrm{T}}$$

推导出

$$\Sigma^{(k)}[I_k - (ZX)^{-1}] = 0$$

因为 $\Sigma^{(k)}$ 是 $k \times k$ $(k = n+1)$ 对称的正定矩阵，则 $(\Sigma^{(k)})^{-1}$ 也是正定矩阵，有

$$(\Sigma^{(k)})^{-1}\Sigma^{(k)}[I_k - (ZX)^{-1}] = (\Sigma^{(k)})^{-1}0 = 0$$

于是得出

$$(ZX)^{-1} = (X^{(k)})^{-1} = I_k$$

这显然是一个不可能的结果，该矛盾恰好说明，只能有 $\mathrm{Cov}(R_C, \hat{\beta}_C) \neq 0$。

性质 10-3 (1)$ER_C = 0$；(2)$\mathrm{Var}R_C = \sigma^2 M_C M_C^{\mathrm{T}}$。

证明 (1) 利用性质 10-1，知

$$ER_C = E(Y_{(m)} - X\hat{\beta}_C) = X\beta - X\beta = 0$$

(2) 由式 (10-38) 知

$$\begin{aligned}\mathrm{Var}R_C &= \mathrm{Cov}(M_C\varepsilon, M_C\varepsilon)\\ &= M_C(\mathrm{Var}\varepsilon)M_C^{\mathrm{T}} = M_C\sigma^2 I_m M_C^{\mathrm{T}}\\ &= \sigma^2 M_C M_C^{\mathrm{T}}\end{aligned}$$

为估计 σ^2，由式 (10-3)，即

$$E(\varepsilon_i\varepsilon_j) = 0, \quad E\varepsilon_i^2 = \sigma^2, \quad i, j = 1, 2, \cdots, m, i \neq j$$

通过式 (10-38) 可知

$$\begin{aligned}ER_C^2 &= E[(M_C\varepsilon)^{\mathrm{T}}(M_C\varepsilon)] = E[\varepsilon^{\mathrm{T}} M_C^{\mathrm{T}} M_C \varepsilon]\\ &= E\left(\sum_{i=1}^{m}\sum_{j=1}^{m} m'_{ij}\varepsilon_i\varepsilon_j\right) = \sigma^2 \sum_{i=1}^{m} m'_{ii}\end{aligned}$$

其中令 $M_C^{\mathrm{T}} M_C = (m'_{ij})_{m\times m}$，它是对称矩阵，$\sum\limits_{i=1}^{m} m'_{ii}$ 是 $M_C^{\mathrm{T}} M_C$ 的主对角线上的元素之和，称为方阵 $M_C^{\mathrm{T}} M_C$ 的迹，记为 $\mathrm{tr}(M_C^{\mathrm{T}} M_C)$。

利用矩阵迹的性质及式 (10-38)，

$$\begin{aligned}ER_C^2 &= \sigma^2\mathrm{tr}(M_C^{\mathrm{T}} M_C) = \sigma^2\mathrm{tr}(M_C M_C^{\mathrm{T}})\\ &= \sigma^2\mathrm{tr}\{I_m - X(ZX)^{-1}Z - [X(ZX)^{-1}Z]^{\mathrm{T}} + [X(ZX)^{-1}Z][X(ZX)^{-1}Z]^{\mathrm{T}}\}\\ &= \sigma^2\{m - \mathrm{tr}(X(ZX)^{-1}Z) - \mathrm{tr}([X(ZX)^{-1}Z]^{\mathrm{T}})\\ &\quad + \mathrm{tr}(X(ZX)^{-1}Z[X(ZX)^{-1}Z]^{\mathrm{T}})\}\\ &= \sigma^2\{m - 2\mathrm{tr}[(ZX)^{-1}ZX] + \mathrm{tr}(X(ZX)^{-1}Z[X(ZX)^{-1}Z]^{\mathrm{T}})\}\end{aligned}$$

$$= \sigma^2\{m - 2\mathrm{tr}(I_{n+1}) + \mathrm{tr}(X(ZX)^{-1}Z[X(ZX)^{-1}Z]^{\mathrm{T}})\}$$

$$= \sigma^2\{m + \mathrm{tr}(X(ZX)^{-1}Z[X(ZX)^{-1}Z]^{\mathrm{T}}) - 2(n+1)\} \tag{10-40}$$

其中 $\mathrm{tr}(X(ZX)^{-1}Z[X(ZX)^{-1}Z]^{\mathrm{T}})$ 等于 $m \times m$ 矩阵 $X(ZX)^{-1}Z$ 中所有元素的平方和，且

$$\mathrm{tr}(M_C) = m - (n+1)$$

$$\mathrm{tr}(M_C) = \mathrm{ran}(M_C)$$

这恰好验证了，对任意的幂等矩阵，它的秩与其迹相等。

定义 10-7 称估计量

$$\frac{R_C^2}{m + \mathrm{tr}(X(ZX)^{-1}Z[X(ZX)^{-1}Z]^{\mathrm{T}}) - 2(n+1)}$$

为普通累积法估计的剩余方差，记为

$$\hat{\sigma}_C^2 = \frac{R_C^2}{m + \mathrm{tr}(X(ZX)^{-1}Z[X(ZX)^{-1}Z]^{\mathrm{T}}) - 2(n+1)} \tag{10-41}$$

普通累积法估计的剩余方差作为误差方差 σ^2 的估计，由式 (10-40) 得出。

性质 10-4 在定义 10-7 中，普通累积法估计的剩余方差 $\hat{\sigma}_C^2$ 是线性模型 $(Y^{(k)}, X^{(k)}\beta, \sigma^2\Sigma^{(k)})$ 中误差方差 σ^2 的无偏估计。

σ^2 的估计 $\hat{\sigma}_C^2$ 是建立在 β 的普通累积法估计 $\hat{\beta}_C$ 上并导出的，也称它为误差方差 σ^2 的普通累积法估计。

计算 $\mathrm{tr}(X(ZX)^{-1}Z[X(ZX)^{-1}Z]^{\mathrm{T}})$ 并不容易，可以验证

$$\mathrm{tr}(X(ZX)^{-1}Z[X(ZX)^{-1}Z]^{\mathrm{T}}) > n+1$$

定义 10-8 称估计量

$$\hat{\sigma}_{Cr}^2 = \frac{R_C^2}{m - (n+1)} \tag{10-42}$$

为修正的剩余方差。

$\hat{\sigma}_{Cr}^2$ 作为误差方差 σ^2 的估计，不是 σ^2 的无偏估计。在给定样本 $(x_{j1}, \cdots, x_{jn}; Y_j)(j = 1, 2, \cdots, m)$ 的情况下，$\hat{\sigma}_{Cr}^2 > \hat{\sigma}_C^2$。

10.5 样本的 l 阶累积广义均值的几何中心与经验回归函数

这部分同样假定 $k=n+1<m$。

$$\hat{Y}_j=\hat{\beta}_0+\hat{\beta}_1x_{j1}+\cdots+\hat{\beta}_nx_{jn},\quad j=1,2,\cdots,m \tag{10-43}$$

是随机变量 Y 关于自变量 $X_1,X_2,\cdots,X_n$ 的经验回归函数 (与式 (10-29) 形式相同)。

$$\hat{Y}=\hat{\beta}_0+\hat{\beta}_1X_1+\hat{\beta}_2X_2+\cdots+\hat{\beta}_nX_n$$

在点 $(x_{j1},\cdots,x_{jn})$ 处的函数值，即每个样本点 $(x_{j1},\cdots,x_{jn};Y_j)(j=1,2,\cdots,m)$ 都满足经验回归方程，在这里 $\hat{\beta}_0,\hat{\beta}_1,\cdots,\hat{\beta}_n$ 是 $\beta_0,\beta_1,\cdots,\beta_n$ 的最小二乘法估计。

类似于所构成的普通累积法方程组 (10-5) 的方法，对式 (10-43) 可以得到如下方程组

$$\begin{cases}\sum\limits_{j=1}^{m}{}^{(1)}\hat{Y}_j=\hat{\beta}_0\sum\limits_{j=1}^{m}{}^{(1)}+\hat{\beta}_1\sum\limits_{j=1}^{m}{}^{(1)}x_{j1}+\cdots+\hat{\beta}_n\sum\limits_{j=1}^{m}{}^{(1)}x_{jn},\\ \sum\limits_{j=1}^{m}{}^{(2)}\hat{Y}_j=\hat{\beta}_0\sum\limits_{j=1}^{m}{}^{(2)}+\hat{\beta}_1\sum\limits_{j=1}^{m}{}^{(2)}x_{j1}+\cdots+\hat{\beta}_n\sum\limits_{j=1}^{m}{}^{(2)}x_{jn},\\ \qquad\cdots\cdots\\ \sum\limits_{j=1}^{m}{}^{(k)}\hat{Y}_j=\hat{\beta}_0\sum\limits_{j=1}^{m}{}^{(k)}+\hat{\beta}_1\sum\limits_{j=1}^{m}{}^{(k)}x_{j1}+\cdots+\hat{\beta}_n\sum\limits_{j=1}^{m}{}^{(k)}x_{jn}\end{cases} \tag{10-44}$$

它与式 (10-26) 形式相同。对照式 (10-28)，立刻得出

$$\begin{cases}\overline{T}_1(\overline{\hat{Y}})=\hat{\beta}_0+\hat{\beta}_1\overline{T}_1(\overline{x}_1)+\cdots+\hat{\beta}_n\overline{T}_1(\overline{x}_n),\\ \overline{T}_2(\overline{\hat{Y}})=\hat{\beta}_0+\hat{\beta}_1\overline{T}_2(\overline{x}_1)+\cdots+\hat{\beta}_n\overline{T}_2(\overline{x}_n),\\ \qquad\cdots\cdots\\ \overline{T}_k(\overline{\hat{Y}})=\hat{\beta}_0+\hat{\beta}_1\overline{T}_k(\overline{x}_1)+\cdots+\hat{\beta}_n\overline{T}_k(\overline{x}_n)\end{cases} \tag{10-45}$$

其中

$$\overline{T}_l(\overline{\hat{Y}})=\sum_{j=1}^{m}{}^{(l)}\hat{Y}_j\bigg/\begin{pmatrix}m+l-1\\ l\end{pmatrix},\quad l=1,\cdots,k$$

定义为经验回归函数值式 (10-43) 的 l 阶累积广义均值

$$\overline{T}_l(\overline{x}_i)=\sum_{j=1}^{m}{}^{(l)}x_{ji}\bigg/\begin{pmatrix}m+l-1\\ l\end{pmatrix},\quad l=1,\cdots,k,\ \ i=1,\cdots,n$$

是定义 10-4 中定义的 l 阶累积广义均值。

上面的推导，可叙述为：

命题 10-5 样本 $(x_{j1},\cdots,x_{jn})(j=1,2,\cdots,m)$ 的 l 阶累积广义均值与其对应于经验回归函数值 $\hat{Y}_j$ 的 l 阶累积广义均值构成的中心 $(\overline{T}_l(\overline{x}_1),\cdots,\overline{T}_l(\overline{x}_n);\overline{T}_l(\overline{\hat{Y}}))$，$l=1,\cdots,k$ 均在 (经验) 线性回归

$$\hat{Y}=\hat{\beta}_0+\hat{\beta}_1X_1+\hat{\beta}_2X_2+\cdots+\hat{\beta}_nX_n$$

图形上，其中 $\hat{\beta}_0,\hat{\beta}_1,\cdots,\hat{\beta}_n$ 是 $\beta_0,\beta_1,\cdots,\beta_n$ 的最小二乘法估计。

已经知道对线性模型 $(Y_{(m)},X\beta,\sigma^2I_m)$ 来说，样本 $(x_{j1},x_{j2},\cdots,x_{jn};Y_j)$，$j=1,2,\cdots,m$ 的几何中心 $(\overline{x}_1,\cdots,\overline{x}_n;\overline{Y})=(\overline{T}_1(\overline{x}_1),\cdots,\overline{T}_1(\overline{x}_n);\overline{T}_1(Y))$ 在 (经验) 线性回归图形上，其中 $\hat{\beta}_0,\hat{\beta}_1,\cdots,\hat{\beta}_n$ 是 $\beta_0,\beta_1,\cdots,\beta_n$ 的最小二乘法估计，那么可立刻知

$$(\overline{T}_1(\overline{x}_1),\cdots,\overline{T}_1(\overline{x}_n);\overline{T}_1(Y))=(\overline{T}_1(\overline{x}_1),\cdots,\overline{T}_1(\overline{x}_n);\overline{T}_1(\overline{\hat{Y}}))$$

正式叙述为

推论 对最小二乘法估计来说

$$\overline{T}_1(\overline{\hat{Y}})=\overline{T}_1(Y)=\overline{Y} \tag{10-46}$$

成立。

式 (10-46) 在实际计算中是有用的。

如果残差 $e_j=Y_j-\hat{Y}_j\ (j=1,2,\cdots,m)$ 的绝对值都较小时，用 Y_j 替代 $\hat{Y}_j$，即用

$$\overline{T}_l(Y)=\sum_{j=1}^{m}{}^{(l)}Y_j\bigg/\binom{m+l-1}{l},\quad l=2,\cdots,k$$

代替

$$\overline{T}_l(\overline{\hat{Y}})=\sum_{j=1}^{m}{}^{(l)}\hat{Y}_j\bigg/\binom{m+l-1}{l}$$

这时，近似地有样本 $(x_{j1},x_{j2},\cdots,x_{jn};Y_j)$，$j=1,2,\cdots,m$ 的 l 阶累积广义均值的几何中心 $(\overline{T}_l(\overline{x}_1),\cdots,\overline{T}_l(\overline{x}_n);\overline{T}_l(Y))$，$l=2,\cdots,k$ 在经验线性回归图形上，其中 $\hat{\beta}_0,\hat{\beta}_1,\cdots,\hat{\beta}_n$ 是 $\beta_0,\beta_1,\cdots,\beta_n$ 的最小二乘法估计。

在命题 10-5 的推导中，只要把 $\hat{\beta}_0,\hat{\beta}_1,\cdots,\hat{\beta}_n$ 是 $\beta_0,\beta_1,\cdots,\beta_n$ 的最小二乘法估计换成普通累积法估计，类似得到

命题 10-6 样本 $(x_{j1},\cdots,x_{jn})(j=1,2,\cdots,m)$ 的 l 阶累积广义均值与其对应于经验回归函数值 $\hat{Y}_j$ 的 l 阶累积广义均值构成的中心 $(\overline{T}_l(\overline{x}_1),\cdots,\overline{T}_l(\overline{x}_n);$

$\overline{T}_l(\overline{\hat{Y}})), l=1,2,\cdots,k$ “近似地” 在 (经验) 线性回归

$$\hat{Y}=\hat{\beta}_0+\hat{\beta}_1X_1+\hat{\beta}_2X_2+\cdots+\hat{\beta}_nX_n$$

图形上，其中 $\hat{\beta}_0,\hat{\beta}_1,\cdots,\hat{\beta}_n$ 是 $\beta_0,\beta_1,\cdots,\beta_n$ 的普通累积法估计。

命题 10-5 与命题 10-6 具有的不同之处在于后者是 “近似地”。

因为 $\hat{Y}$ 是 Y 的点估计，只要残差平方和尽可能小，得出 $\beta_0,\beta_1,\cdots,\beta_n$ 的估计后，略去了随机误差项 ε，再通过得到 (经验) 线性回归方程来进行估计的；而在普通累积法估计的情况下，由于它不处理随机误差项，按照对残差 $e_j=Y_j-\hat{Y}_j$ 的讨论，其残差平方和的结果会为零，这样与所述的 (经验) 线性回归方程有所差别。因此，命题 10-6 中的 “近似地” 是指，样本 $(x_{j1},x_{j2},\cdots,x_{jn};Y_j)$，$j=1,2,\cdots,m$ 的 l 阶累积广义均值的几何中心在 (经验) 线性回归图形上是有误差的。此外，这里的 “近似地” 也可能含有某一 l 阶累积广义均值的几何中心的确就在 (经验) 线性回归图形上。

如果要通过实例来检验命题 10-5 或者命题 10-6，必须先求出 $\beta=(\beta_0,\beta_1,\cdots,\beta_n)^{\mathrm{T}}$ 的最小二乘法估计 $\hat{\beta}_L=(\hat{\beta}_0,\hat{\beta}_1,\cdots,\hat{\beta}_n)^{\mathrm{T}}$ 或者是普通累积法估计 $\hat{\beta}_C=(\hat{\beta}_0,\hat{\beta}_1,\cdots,\hat{\beta}_n)^{\mathrm{T}}$，然后利用式 (10-43) 计算出 $\hat{Y}_j$ $(j=1,2,\cdots,m)$，再计算 $(\overline{T}_l(\overline{x}_1),\cdots,\overline{T}_l(\overline{x}_n);\overline{T}_l(Y))$，$l=1,\cdots,k$，最后会得出相应命题的结论；对后者来说，由式 (10-28) 看出，却不一定要先得出 $\beta=(\beta_0,\beta_1,\cdots,\beta_n)^{\mathrm{T}}$ 的普通累积法估计 $\hat{\beta}_C=(\hat{\beta}_0,\hat{\beta}_1,\cdots,\hat{\beta}_n)^{\mathrm{T}}$，因为它不涉及 $\hat{Y}_j$ $(j=1,2,\cdots,m)$，只要直接计算样本 $(x_{j1},x_{j2},\cdots,x_{jn};Y_j)$，$j=1,2,\cdots,m$ 的 l 阶累积广义均值的几何中心 $(\overline{T}_l(\overline{x}_1),\cdots,\overline{T}_l(\overline{x}_n);\overline{T}_l(Y))$，$l=1,\cdots,k$，便可检验出该命题的正确性。式 (10-28) 是求 $\beta=(\beta_0,\beta_1,\cdots,\beta_n)^{\mathrm{T}}$ 的普通累积法估计的另一种等价方法，即几何中心估计法。

总之，通过它们在理论上可以进行最小二乘法估计与普通累积法估计的一些比较。由命题 10-2 和命题 10-5 的说明，既然样本 $(x_{j1},x_{j2},\cdots,x_{jn};Y_j)$，$j=1,2,\cdots,m$ 的几何中心 $(\overline{x}_1,\cdots,\overline{x}_n;\overline{Y})$ 在 (经验) 线性回归

$$\hat{Y}=\hat{\beta}_0+\hat{\beta}_1X_1+\hat{\beta}_2X_2+\cdots+\hat{\beta}_nX_n$$

图形上，其中 $\hat{\beta}_0,\hat{\beta}_1,\cdots,\hat{\beta}_n$ 是 $\beta_0,\beta_1,\cdots,\beta_n$ 的普通累积法估计或最小二乘法估计，于是有

命题 10-7 对给定的样本 $(x_{j1},x_{j2},\cdots,x_{jn};Y_j)$，$j=1,2,\cdots,m$，$(\overline{x}_1,\cdots,\overline{x}_n;\overline{Y})$ 为其几何中心，则

$$\hat{\beta}_0'+\hat{\beta}_1'\overline{x}_1+\hat{\beta}_2'\overline{x}_2+\cdots+\hat{\beta}_n'\overline{x}_n=\hat{\beta}_0+\hat{\beta}_1\overline{x}_1+\hat{\beta}_2\overline{x}_2+\cdots+\hat{\beta}_n\overline{x}_n \tag{10-47}$$

成立，其中上式左边 $\hat{\beta}_0',\hat{\beta}_1',\hat{\beta}_2',\cdots,\hat{\beta}_n'$ 表示普通累积法估计，右边的则是最小二乘法估计。

特别地，对一元线性回归方程有

$$\hat{\beta}_0' + \hat{\beta}_1'\overline{x}_1 = \hat{\beta}_0 + \hat{\beta}_1\overline{x}_1 \tag{10-48}$$

式 (10-47) 或式 (10-48) 在比较普通累积法估计和最小二乘法估计中，对所求出的经验线性回归方程是否都“对”，给出了一种检验的方法。

因此，以命题 10-2、命题 10-5 和命题 10-6 为基础，理论上保证了普通累积法估计与最小二乘法估计对多元线性回归模型中未知参数估计结果的一致性。

这一章中我们着重介绍了累积法的参数估计理论，内容主要包括通过累积和方法把多元线性回归模型严格转化为普通累积法方程组，定义普通累积法线性模型及它的正规方程和普通累积法估计，并得出样本的 l $(l = 1, \cdots, k)$ 阶累积广义均值的几何中心在由普通累积法估计所求得的经验线性回归图形上的结论。在此基础上，我们提出了另一种普通累积法估计法，即样本的 1 阶累积广义均值的几何中心估计法。另外，我们还进行普通累积法估计与最小二乘法估计性质的比较。通过本章内容，读者应该已经对累积法方程组的推导以及参数估计过程有大致了解，下一章将重点讨论广义累积法和累积法的工具变量法。

第 11 章

广义累积法估计和累积法的工具变量法

本章主题

本章在前两章的基础上讨论累积法方程组涉及随机误差项的有关未知参数的估计方法问题，提出对应于广义最小二乘法的广义累积法估计以及普通累积法线性模型是一种广义高斯–马尔可夫模型。在本章最后部分，证明建立普通累积法线性模型与线性回归模型联系的矩阵 Z 确实是工具变量矩阵；指出普通累积法估计法是对多元线性回归模型中未知参数进行估计的一种工具变量法，由该工具变量法得出的参数估计是未知参数的线性无偏估计，且这一工具变量法的参数估计与普通累积法估计相同，并具有一致的方差。

本章组织

11.1 节探讨最小二乘法估计与广义最小二乘法的关系；
11.2 节详细介绍累积法线性模型与高斯–马尔可夫模型的定义；
11.3 节论证累积法线性模型是一种广义高斯–马尔可夫模型；
11.4 节讨论工具变量法与累积法估计的相互关联。

11.1 最小二乘法估计与广义最小二乘法

在第 9 章中，我们从统计学角度讨论了高阶累积算子作为随机变量所具有的分布、方差、协方差等特性，提出样本的高阶累积广义均值概念，并解释相应的统计学意义，赋予累积和具有样本的意义等新的内涵。进一步，在第 10 章，我们则通过累积和方法把多元线性回归模型转化为普通累积法方程组，定义普通累积法线性模型及它的正规方程和普通累积法估计，及其样本的 l ($l = 1, \cdots, k$) 阶累积广义均值的几何中心在由普通累积法估计所求的经验线性回归图形上的结论，由此提出另一种普通累积法估计法，即样本的 l 阶累积广义均值的几何中心估计法，并在普通累积法估计法的基础上对最小二乘法推出一些新的结论。前两章只强调普通累积法估计法实际上是不处理随机误差项，而直接去估计普通累积法线性模型中的未知参数的方法；对处理随机误差项并没有展开讨论，本章将对此进行进一步分析。

设多元线性回归模型为

$$Y = \beta_0 + \beta_1 X_1 + \cdots + \beta_n X_n + \varepsilon \tag{11-1}$$

根据对 $X_1, X_2, \cdots, X_n$ 和 Y 进行的 m 次独立观察，即要用样本观察值或 m 期数据

$$(x_{j1}, x_{j2}, \cdots, x_{jn}; Y_j), \quad j = 1, 2, \cdots, m$$

来估计模型中的参数 $\beta_0, \beta_1, \cdots, \beta_n$。样本回归方程为

$$Y_j = \beta_0 + \beta_1 x_{j1} + \cdots + \beta_n x_{jn} + \varepsilon_j, \quad j = 1, 2, \cdots, m \tag{11-2}$$

随机误差 ε 在第 j $(= 1, 2, \cdots, m)$ 次观察时所取的值 ε_j 满足

$$\begin{cases} E\varepsilon_j = 0, \\ 0 < \mathrm{Var}\varepsilon_j = \sigma^2 < \infty, \\ E(e_j e_l) = 0, \quad j, l = 1, 2, \cdots, m, \quad j \neq l \end{cases} \tag{11-3}$$

式 (11-2) 用矩阵可表述为

$$Y_{(m)} = X\beta + \varepsilon \tag{11-4}$$

其中观察向量 $Y_{(m)} = \begin{bmatrix} Y_1 \\ Y_2 \\ \vdots \\ Y_m \end{bmatrix}$，$m \times (n+1)$ 的设计矩阵 $X = \begin{bmatrix} 1 & x_{11} & \cdots & x_{1n} \\ 1 & x_{21} & \cdots & x_{2n} \\ \vdots & \vdots & & \vdots \\ 1 & x_{m1} & \cdots & x_{mn} \end{bmatrix}$，

未知参数向量 $\beta = \begin{bmatrix} \beta_0 \\ \beta_1 \\ \vdots \\ \beta_n \end{bmatrix}$，随机误差向量 $\varepsilon = \begin{bmatrix} \varepsilon_1 \\ \varepsilon_2 \\ \vdots \\ \varepsilon_m \end{bmatrix}$。这时，式 (11-3) 可进一步表示为

$$E\varepsilon = \begin{bmatrix} E\varepsilon_1 \\ E\varepsilon_2 \\ \vdots \\ E\varepsilon_m \end{bmatrix} = \begin{bmatrix} 0 \\ 0 \\ \vdots \\ 0 \end{bmatrix} = 0$$

和

$$\begin{aligned}\mathrm{Var}\varepsilon &= \mathrm{Cov}(\varepsilon,\varepsilon) = E[(\varepsilon - E\varepsilon)(\varepsilon - E\varepsilon)^{\mathrm{T}}] \\ &= \begin{bmatrix} \mathrm{Var}\varepsilon_1 & \mathrm{Cov}(\varepsilon_1,\varepsilon_2) & \cdots & \mathrm{Cov}(\varepsilon_1,\varepsilon_m) \\ \mathrm{Cov}(\varepsilon_2,\varepsilon_1) & \mathrm{Var}\varepsilon_2 & \cdots & \mathrm{Cov}(\varepsilon_2,\varepsilon_m) \\ \vdots & \vdots & & \vdots \\ \mathrm{Cov}(\varepsilon_m,\varepsilon_1) & \mathrm{Cov}(\varepsilon_m,\varepsilon_2) & \cdots & \mathrm{Var}\varepsilon_m \end{bmatrix} \\ &= \sigma^2 I_m\end{aligned}$$

其中 I_m 是 $m \times m$ 单位矩阵。

$$\mathrm{Var}\varepsilon = \mathrm{Cov}(\varepsilon,\varepsilon) = \sigma^2 I_m \tag{11-5}$$

上式也被称为异方差。

由式 (11-4) 可知 $Y_{(m)}$ 的数学期望和方差分别为

$$\begin{cases} EY_{(m)} = X\beta, \\ \mathrm{Var}Y_{(m)} = \mathrm{Cov}(\varepsilon,\varepsilon) = \sigma^2 I_m \end{cases} \tag{11-6}$$

由式 (11-2) 和式 (11-3) 确定的回归模型记为

$$\begin{cases} Y_{(m)} = X\beta + \varepsilon, \\ E\varepsilon = 0, \quad \mathrm{Var}\varepsilon = \sigma^2 I_m \end{cases}$$

上面的式子被称为多元线性回归模型，可以表示为 $(Y_{(m)}, X\beta, \sigma^2 I_m)$，其他文献也将上面的式子称为高斯–马尔可夫模型。

在线性模型 $(Y_{(m)}, X\beta, \sigma^2 I_m)$ 中，如果

$$\begin{aligned}\left\|Y_{(m)} - X\hat{\beta}\right\|^2 &= \min_{\beta} \left\|Y_{(m)} - X\beta\right\|^2 \\ &= \min_{\beta}(Y_{(m)} - X\beta)^{\mathrm{T}}(Y_{(m)} - X\beta)\end{aligned} \tag{11-7}$$

则称统计量 $\hat{\beta}$ 为 β 的最小二乘法估计，且记为 $\hat{\beta}_L = (\hat{\beta}_0, \hat{\beta}_1, \cdots, \hat{\beta}_n)^{\mathrm{T}}$。

利用最小二乘原理得出线性模型 $(Y_{(m)}, X\beta, \sigma^2 I_m)$ 的正规方程为

$$(X^{\mathrm{T}}X)\beta = X^{\mathrm{T}}Y_{(m)} \tag{11-8}$$

当 $\mathrm{ran}X = n+1$ 时，正规方程式 (11-8) 的解是唯一的，它就是式 (11-7) 的 β 唯一的最小二乘法估计，即

$$\hat{\beta}_L = (X^{\mathrm{T}}X)^{-1}X^{\mathrm{T}}Y_{(m)} \tag{11-9}$$

在线性模型 $(Y_{(m)}, X\beta, \sigma^2 I_m)$ 中，若存在异方差性，即 $\mathrm{Var}Y = \sigma^2 I_m$ 条件不成立，但 $EY_{(m)} = X\beta$ 成立。此时，因为上述的最小二乘法和无偏性只涉及一阶矩，并不需要二阶矩所具有的性质。同样利用最小二乘法，得出的最小二乘法估计式 (11-9)，仍然是 β 的线性无偏估计；然而 $\hat{\beta}_L$ 一般不是 β 的最佳线性无偏估计，因为最佳线性无偏估计涉及二阶矩的性质。

在线性模型 $(Y_{(m)}, X\beta, \sigma^2 I_m)$ 中，注意到 ε 的协方差矩阵 $\mathrm{Cov}(\varepsilon, \varepsilon)$ 是非负定的，若将条件 $\mathrm{Var}Y_{(m)} = \sigma^2 I_m$ 改为 $\mathrm{Var}Y_{(m)} = \mathrm{Cov}(\varepsilon, \varepsilon) = \sigma^2 \Sigma$，且 Σ 为已知的 $m \times m$ 正定阵，则形成了所谓的广义高斯–马尔可夫模型。

在广义高斯–马尔可夫模型中，由正定性可知，存在 $m \times m$ 非奇异对称方阵 A，使得 $\Sigma = A^2$，这时作线性变换

$$\begin{cases} \widetilde{Y}_{(m)} = A^{-1} Y_{(m)}, \\ \widetilde{X} = A^{-1} X \end{cases}$$

则

$$\begin{cases} E\widetilde{Y}_{(m)} = A^{-1} E Y_{(m)} = A^{-1} X\beta = \widetilde{X}\beta, \\ \mathrm{Var}\widetilde{Y}_{(m)} = \mathrm{Cov}(A^{-1} Y_{(m)}, A^{-1} Y_{(m)}) \\ \qquad = A^{-1} \mathrm{Var}Y_{(m)} (A^{-1})^{\mathrm{T}} = \sigma^2 A^{-1} \Sigma A^{-1} \\ \qquad = \sigma^2 I_m \end{cases}$$

这样，$(Y_{(m)}, X\beta, \sigma^2 I_m)$ 称为高斯–马尔可夫模型，即线性模型。对该模型利用最小二乘法，得到 β 的最小二乘法估计，记为 $\widetilde{\beta}$，则

$$\widetilde{\beta} = (\widetilde{X}^{\mathrm{T}} \widetilde{X})^{-1} \widetilde{X}^{\mathrm{T}} \widetilde{Y}_{(m)} = (X^{\mathrm{T}} \Sigma^{-1} X)^{-1} X^{\mathrm{T}} \Sigma^{-1} Y_{(m)} \tag{11-10}$$

式 (11-10) 称为 β 的广义最小二乘法估计或加权最小二乘法估计，其相应的估计方法称为广义最小二乘法或一般化最小二乘法。

由 $\hat{\beta}_L$ 的方差为 $\sigma^2 (X^{\mathrm{T}} X)^{-1}$，可得到广义 (或加权) 最小二乘法估计 $\widetilde{\beta}$ 的方差为

$$\mathrm{Var}\widetilde{\beta} = \sigma^2 (\widetilde{X}^{\mathrm{T}} \widetilde{X})^{-1} = \sigma^2 (X^{\mathrm{T}} \Sigma^{-1} X)^{-1} \tag{11-11}$$

广义最小二乘法估计 $\widetilde{\beta}$ 具有类似于 $\hat{\beta}_L$ 的其他所有性质，特别地，$\widetilde{\beta}$ 是 β 唯一的最佳线性无偏估计。

11.2 累积法线性模型与高斯–马尔可夫模型

定义 11-1 根据式 (11-2) 和式 (11-3) 下，由累积样本数据和累积方法构造的方程组

$$
\begin{cases}
\sum\limits_{j=1}^{m}{}^{(1)}Y_j = \beta_0\sum\limits_{j=1}^{m}{}^{(1)} + \beta_1\sum\limits_{j=1}^{m}{}^{(1)}x_{j1} + \cdots + \beta_n\sum\limits_{j=1}^{m}{}^{(1)}x_{jn} + \sum\limits_{j=1}^{m}{}^{(1)}\varepsilon_j, \\
\sum\limits_{j=1}^{m}{}^{(2)}Y_j = \beta_0\sum\limits_{j=1}^{m}{}^{(2)} + \beta_1\sum\limits_{j=1}^{m}{}^{(2)}x_{j1} + \cdots + \beta_n\sum\limits_{j=1}^{m}{}^{(2)}x_{jn} + \sum\limits_{j=1}^{m}{}^{(2)}\varepsilon_j, \\
\cdots\cdots \\
\sum\limits_{j=1}^{m}{}^{(k)}Y_j = \beta_0\sum\limits_{j=1}^{m}{}^{(k)} + \beta_1\sum\limits_{j=1}^{m}{}^{(k)}x_{j1} + \cdots + \beta_n\sum\limits_{j=1}^{m}{}^{(k)}x_{jn} + \sum\limits_{j=1}^{m}{}^{(k)}\varepsilon_j
\end{cases}
\tag{11-12}
$$

也被称为普通累积法方程或者普通累积法，其中 $k \geqslant n+1$。记

$$
Y^{(k)} = \begin{bmatrix} \sum\limits_{j=1}^{m}{}^{(1)}Y_j \\ \sum\limits_{j=1}^{m}{}^{(2)}Y_j \\ \vdots \\ \sum\limits_{j=1}^{m}{}^{(k)}Y_j \end{bmatrix}, \quad
X^{(k)} = \begin{bmatrix} \sum\limits_{j=1}^{m}{}^{(1)} & \sum\limits_{j=1}^{m}{}^{(1)}x_{j1} & \cdots & \sum\limits_{j=1}^{m}{}^{(1)}x_{jn} \\ \sum\limits_{j=1}^{m}{}^{(2)} & \sum\limits_{j=1}^{m}{}^{(2)}x_{j1} & \cdots & \sum\limits_{j=1}^{m}{}^{(2)}x_{jn} \\ \vdots & \vdots & & \vdots \\ \sum\limits_{j=1}^{m}{}^{(k)} & \sum\limits_{j=1}^{m}{}^{(k)}x_{j1} & \cdots & \sum\limits_{j=1}^{m}{}^{(k)}x_{jn} \end{bmatrix}
$$

$$
\beta = \begin{bmatrix} \beta_0 \\ \beta_1 \\ \vdots \\ \beta_n \end{bmatrix}, \quad
\varepsilon^{(k)} = \begin{bmatrix} \sum\limits_{j=1}^{m}{}^{(1)}\varepsilon_j \\ \sum\limits_{j=1}^{m}{}^{(2)}\varepsilon_j \\ \vdots \\ \sum\limits_{j=1}^{m}{}^{(k)}\varepsilon_j \end{bmatrix} = \begin{bmatrix} \varepsilon_{(1)} \\ \varepsilon_{(2)} \\ \vdots \\ \varepsilon_{(k)} \end{bmatrix}
$$

其中记 $\varepsilon_{(l)} = \sum\limits_{j=1}^{m}{}^{(l)}\xi_j$，$l = 1, \cdots, k$，则方程组 (11-12) 的矩阵形式描述为

$$
Y^{(k)} = X^{(k)}\beta + \varepsilon^{(k)} \tag{11-13}
$$

根据式 (11-3) 随机误差向量 $\varepsilon^{(k)}$ 满足

$$E(\varepsilon^{(k)}) = \begin{bmatrix} E\left(\sum_{j=1}^{m} {}^{(1)}\varepsilon_j\right) \\ E\left(\sum_{j=1}^{m} {}^{(2)}\varepsilon_j\right) \\ \vdots \\ E\left(\sum_{j=1}^{m} {}^{(k)}\varepsilon_j\right) \end{bmatrix} = \begin{bmatrix} 0 \\ 0 \\ \vdots \\ 0 \end{bmatrix} = 0 \tag{11-14}$$

由上一章内容知

$$\begin{aligned}
&\mathrm{Var}(\varepsilon^{(k)}) \\
&= \mathrm{Cov}(\varepsilon^{(k)}, \varepsilon^{(k)}) \\
&= E[(\varepsilon^{(k)} - E(\varepsilon^{(k)}))(\varepsilon^{(k)} - E(\varepsilon^{(k)}))^{\mathrm{T}}] \\
&= \begin{bmatrix} \mathrm{Var}(\varepsilon_{(1)}) & \mathrm{Cov}(\varepsilon_{(1)}, \varepsilon_{(2)}) & \cdots & \mathrm{Cov}(\varepsilon_{(1)}, \varepsilon_{(k)}) \\ \mathrm{Cov}(\varepsilon_{(2)}, \varepsilon_{(1)}) & \mathrm{Var}(\varepsilon_{(2)}) & \cdots & \mathrm{Cov}(\varepsilon_{(2)}, \varepsilon_{(k)}) \\ \vdots & \vdots & & \vdots \\ \mathrm{Cov}(\varepsilon_{(k)}, \varepsilon_{(1)}) & \mathrm{Cov}(\varepsilon_{(k)}, \varepsilon_{(2)}) & \cdots & \mathrm{Var}(\varepsilon_{(k)}) \end{bmatrix} \\
&= \sigma^2 \begin{bmatrix} \sum_{j=1}^{m} (\mathrm{C}_{m-j}^{0})^2 & \mathrm{C}_{m+1}^{2} & \cdots & \mathrm{C}_{m+k-1}^{k} \\ \mathrm{C}_{m+1}^{2} & \sum_{j=1}^{m} (\mathrm{C}_{m+1-j}^{1})^2 & \cdots & \sum_{j=1}^{m} \mathrm{C}_{m+1-j}^{1} \mathrm{C}_{m+(k-1)-j}^{k-1} \\ \vdots & \vdots & & \vdots \\ \mathrm{C}_{m+k-1}^{k} & \sum_{j=1}^{m} \mathrm{C}_{m+1-j}^{1} \mathrm{C}_{m+(k-1)-j}^{k-1} & \cdots & \sum_{j=1}^{m} (\mathrm{C}_{m+(k-1)-j}^{k-1})^2 \end{bmatrix}
\end{aligned}$$

协方差矩阵 $\mathrm{Cov}(\varepsilon^{(k)}, \varepsilon^{(k)})$ 是对称的，且是正定的。记

$$\varSigma^{(k)} = \begin{bmatrix} \sum_{j=1}^{m} (\mathrm{C}_{m-j}^{0})^2 & \mathrm{C}_{m+1}^{2} & \cdots & \mathrm{C}_{m+k-1}^{k} \\ \mathrm{C}_{m+1}^{2} & \sum_{j=1}^{m} (\mathrm{C}_{m+1-j}^{1})^2 & \cdots & \sum_{j=1}^{m} \mathrm{C}_{m+1-j}^{1} \mathrm{C}_{m+(k-1)-j}^{k-1} \\ \vdots & \vdots & & \vdots \\ \mathrm{C}_{m+k-1}^{k} & \sum_{j=1}^{m} \mathrm{C}_{m+1-j}^{1} \mathrm{C}_{m+(k-1)-j}^{k-1} & \cdots & \sum_{j=1}^{m} (\mathrm{C}_{m+(k-1)-j}^{k-1})^2 \end{bmatrix} \tag{11-15}$$

它是 $k \times k$ 对称的正定矩阵，且 $\varepsilon^{(k)}$ 的方差

$$\mathrm{Var}(\varepsilon^{(k)}) = \mathrm{Cov}(\varepsilon^{(k)}, \varepsilon^{(k)}) = \sigma^2 \Sigma^{(k)} \tag{11-16}$$

$\mathrm{Var}(\varepsilon^{(k)}) = \sigma^2 \Sigma^{(k)} \neq \sigma^2 I_k$ 是非奇异方差。

由式 (11-14) 和式 (11-16) 可知 $Y^{(k)}$ 的数学期望和方差分别为

$$\begin{cases} EY^{(k)} = X^{(k)}\beta, \\ \mathrm{Var}Y^{(k)} = \mathrm{Var}(\varepsilon^{(k)}) = \sigma^2 \Sigma^{(k)} \end{cases} \tag{11-17}$$

定义 11-2　请参见定义 10-2。

利用上一章内容，对 $k\times(n+1)(k \geqslant n+1)$ 矩阵 $X^{(k)}$ 与 $m\times(n+1)(m \geqslant n+1)$ 矩阵 X 进行比较，知

$$X^{(k)} = ZX \tag{11-18}$$

其中

$$Z = \begin{bmatrix} \mathrm{C}_{m-1}^0 & \mathrm{C}_{m-2}^0 & \cdots & \mathrm{C}_0^0 \\ \mathrm{C}_m^1 & \mathrm{C}_{m-1}^1 & \cdots & \mathrm{C}_1^1 \\ \vdots & \vdots & & \vdots \\ \mathrm{C}_{m+k-2}^{k-1} & \mathrm{C}_{m+k-3}^{k-1} & \cdots & \mathrm{C}_{k-1}^{k-1} \end{bmatrix} \tag{11-19}$$

它是 $k \times m$ 矩阵，$m \geqslant n+1$ 且 $k \geqslant n+1$，

$$\mathrm{ran}(X^{(k)}) \leqslant \mathrm{ran}Z \leqslant \min\{k, m\}$$

并且有结论：矩阵 $X^{(k)}$ 与 X 具有相同的秩，即

$$\mathrm{ran}(X^{(k)}) = \mathrm{ran}X$$

此外知

$$\begin{cases} Y^{(k)} = ZY_{(m)}, \\ \varepsilon^{(k)} = Z\varepsilon \end{cases}$$

即得出

$$\begin{cases} Y^{(k)} = ZY_{(m)}, \\ X^{(k)} = ZX, \\ \varepsilon^{(k)} = Z\varepsilon \end{cases} \tag{11-20}$$

上式反映 $Y^{(k)}$, $X^{(k)}$ 及 $\varepsilon^{(k)}$ 包含有 $Y_{(m)}$, X 及 ε 中的信息。

定义 11-3 在普通累积法线性模型 $(Y^{(k)}, X^{(k)}\beta, \sigma^2\Sigma^{(k)})$ 中，当 $k=n+1$，且 $X^{(k)}$ 是非奇异的，则称

$$Y^{(k)} = X^{(k)}\beta \tag{11-21}$$

为该模型的正规方程，并定义

$$\hat{\beta}_C = (X^{(k)})^{-1}Y^{(k)} \tag{11-22}$$

式 (11-22) 的解是唯一的，由上一章内容可知，$\hat{\beta}_C$ 是 β 的一个线性无偏估计。

11.3 累积法线性模型是广义高斯–马尔可夫模型

上面已指出 $\mathrm{Var}\varepsilon^{(k)} = \sigma^2\Sigma^{(k)} \neq \sigma^2 I_k$ 不是奇异方差，即在普通累积法线性模型 $(Y^{(k)}, X^{(k)}\beta, \sigma^2\Sigma^{(k)})$ 中存在异方差性，其中 $Y^{(k)}$ 是 k 维列向量，$X^{(k)}$ 是 $k\times(n+1)$ 矩阵，未知参数 β 是 $n+1$ 维列向量，随机误差向量 $\varepsilon^{(k)}$ 是 k 维列向量。但是，由式 (11-17) 中的第一式，即 $EY^{(k)} = X^{(k)}\beta$ 成立，那么，普通累积法估计和无偏性同样只涉及一阶矩，并不需要二阶矩所具有的性质。因此，直接不考虑随机误差项，利用式 (11-21)，即 $Y^{(k)} = X^{(k)}\beta$，只要 $X^{(k)}$ 是非奇异的，就可得出普通累积法估计式 (11-22)，即 $\hat{\beta}_C = (X^{(k)})^{-1}Y^{(k)}$，它是 β 的线性无偏估计。虽然 $\hat{\beta}_C$ 不是 β 的最佳线性无偏估计，当然最佳线性无偏估计涉及二阶矩的性质。

此外，普通累积法线性模型 $(Y^{(k)}, X^{(k)}\beta, \sigma^2\Sigma^{(k)})$ 中，随机误差项 $\varepsilon^{(k)}$ 的协方差阵 $\mathrm{Cov}(\varepsilon^{(k)}, \varepsilon^{(k)}) = \sigma^2\Sigma^{(k)}$ 是正定的，其中 $\Sigma^{(k)}$ 是对称的 $k\times k$ 正定矩阵，且 $\mathrm{Var}\,Y^{(k)} = \mathrm{Var}\,\varepsilon^{(k)} = \sigma^2\Sigma^{(k)}$。因此，结合 $EY^{(k)} = X^{(k)}\beta$ 成立，可知普通累积法线性模型实质是一种广义高斯–马尔可夫模型。

对广义高斯–马尔可夫模型 $(Y^{(k)}, X^{(k)}\beta, \sigma^2\Sigma^{(k)})$，存在 $k\times k$ 方阵 A，使得 $\Sigma^{(k)} = A^2$，经过如下变换

$$\begin{cases} \widetilde{Y}^{(k)} = A^{-1}Y^{(k)}, \\ \widetilde{X}^{(k)} = A^{-1}X^{(k)} \end{cases}$$

于是

$$\begin{cases} E\widetilde{Y}^{(k)} = A^{-1}EY^{(k)} = A^{-1}X^{(k)}\beta = \widetilde{X}^{(k)}\beta, \\ \mathrm{Var}\,\widetilde{Y}^{(k)} = \mathrm{Cov}(A^{-1}Y^{(k)}, A^{-1}Y^{(k)}) \\ \qquad = A^{-1}\mathrm{Var}\,Y^{(k)}(A^{-1})^{\mathrm{T}} = \sigma^2 A^{-1}\Sigma^{(k)}A^{-1} \\ \qquad = \sigma^2 I_k \end{cases}$$

这样，$(\widetilde{Y}^{(k)}, \widetilde{X}^{(k)}\beta, \sigma^2 I_k)$ 成为一个高斯–马尔可夫模型，对该模型利用最小二乘法，即由式 (11-9)，可得到相应的 β 的最小二乘法估计，记为

$$\begin{aligned}\widetilde{\beta}_C &= ((\widetilde{X}^{(k)})^{\mathrm{T}}\widetilde{X}^{(k)})^{-1}(\widetilde{X}^{(k)})^{\mathrm{T}}\widetilde{Y}^{(k)} \\ &= [(X^{(k)\mathrm{T}})(\varSigma^{(k)})^{-1}X^{(k)}]^{-1}(X^{(k)})^{\mathrm{T}}(\varSigma^{(k)})^{-1}Y^{(k)} \end{aligned} \tag{11-23}$$

为区别于广义最小二乘法估计，把上式称为 β 的广义累积法估计，其相应的估计方法称为广义累积法估计法或一般化累积法估计法。

类似于式 (11-11)，可知广义累积法估计 $\widetilde{\beta}_C$ 的方差为

$$\mathrm{Var}\ \widetilde{\beta}_C = \sigma^2(\widetilde{X}^{\mathrm{T}}\widetilde{X})^{-1} = \sigma^2[X^{(k)}(\varSigma^{(k)})^{-1}X^{(k)}]^{-1} \tag{11-24}$$

广义累积法估计 $\widetilde{\beta}_C$ 具有类似于最小二乘法估计 $\hat{\beta}_L$ 的其他所有性质，特别地，$\widetilde{\beta}_C$ 是 β 唯一的最佳线性无偏估计。

需要指出的是:

(1) 在应用广义最小二乘法时，存在要如何计算 $\varSigma$ 的问题。其方法是，首先对 $Y_{(m)} = X\beta + \varepsilon$ 应用普通最小二乘法，得到随机项的估计量 $\hat{\varepsilon}$，再通过 $\hat{\varepsilon}_1, \cdots, \hat{\varepsilon}_m$ 得出 $\hat{\varSigma}$，以此作为 $\varSigma$ 的估计。但是，使用广义累积法时，因为 $\varSigma^{(k)}$ 是已知的，直接由式 (11-23) 即可得出 β 的广义累积法估计。

(2) 利用 $(Y^{(k)}, X^{(k)}\beta, \sigma^2\varSigma^{(k)})$ 与 $(Y_{(m)}, X\beta, \sigma^2 I_m)$ 模型关系，当 $\mathrm{ran}(X^{(k)}) = n+1$ 时，且取 $k = m(\geqslant n+1)$，利用式 (11-20) 且采用普通最小二乘法的正规方程即式 (11-8)，且由式 (11-9) 得出对应于模型 $(Y^{(k)}, X^{(k)}\beta, \sigma^2\varSigma^{(k)})$ 中 β 的唯一最小二乘法估计 (也记为 $\hat{\beta}_L$) 为

$$\hat{\beta}_L = [(X^{(k)})^{\mathrm{T}}(ZZ^{\mathrm{T}})^{-1}X^{(k)}]^{-1}(X^{(k)})^{\mathrm{T}}(ZZ^{\mathrm{T}})^{-1}Y^{(k)} \tag{11-25}$$

利用上一章中 $\varSigma^{(k)} = ZZ^{\mathrm{T}}$，上式变为式 (11-23)。虽然，利用式 (11-23) 并不要求条件 $k = m$ 成立。

11.4 工具变量法与累积法估计

工具变量法是联立方程式估计中常用的单方程估计方法。它是很广泛的一类估计方法，例如间接最小二乘法、二阶段最小二乘法都是工具变量法中的特定方法。间接最小二乘法，工具变量法与二阶段最小二乘法遵循的共同原则是:

(1) 设法消除结构方程中由内生解释变量引起的解释变量与随机误差项相关性;

(2) 在估计某个结构方程时，尽可能利用该方程中未包含变量提供的信息;

(3) 以最小二乘法原理为核心。

此外，在线性回归模型 $(Y_{(m)}, X\beta, \sigma^2 I_m)$ 中，通常假设普通变量 $X_1, X_2, \cdots, X_n$ 之间是独立不相关的，如果这一假设不成立，它们之间存在相关性，且相关程度较大，便发生了多元共线性的问题。这时，利用工具变量法中称为的“狭义的工具变量法”来对多元线性单方程模型的未知参数进行估计。

应用工具变量法得到的参数估计量具有如下特征：

在小样本下是有偏的，在大样本下是渐近无偏的，且估计值的分布集中在真实的结构参数附近，其具体实例也可参考李子奈和叶阿忠 (1992) 的文献。

本部分主要对多元共线性情况进行讨论。说明矩阵 Z 确实是工具变量矩阵。那么，普通累积法估计法就是对多元线性回归模型中未知参数进行估计的一种工具变量法。

已经知道用 X^{T} 去左乘方程 $Y_{(m)} = X\beta + \varepsilon$ 的两边，得 $X^{\mathrm{T}}Y_{(m)} = X^{\mathrm{T}}X\beta + X^{\mathrm{T}}\varepsilon$。

若 $E(X^{\mathrm{T}}\varepsilon) = 0$，得到正规方程 $X^{\mathrm{T}}Y_{(m)} = X^{\mathrm{T}}X\beta$，解正规方程得出 β 的最小二乘法估计，$\hat{\beta}_L = (X^{\mathrm{T}}X)^{-1}X^{\mathrm{T}}Y_{(m)}$，即式 (11-9)，其中 $\mathrm{ran}\, X = n+1$。现在，如果普通变量 $X_1, X_2, \cdots, X_n$ 中出现随机变量，一个或多个普通变量与随机误差项相关，则 $E(X^{\mathrm{T}}\varepsilon) \neq 0$，对 $X^{\mathrm{T}}Y_{(m)} = X^{\mathrm{T}}X\beta + X^{\mathrm{T}}\varepsilon$ 采用普通最小二乘法估计所得到的估计 $\hat{\beta}$ 将是有偏的，因为

$$
\begin{aligned}
E\hat{\beta} &= E[(X^{\mathrm{T}}X)^{-1}X^{\mathrm{T}}Y_{(m)}] = (X^{\mathrm{T}}X)^{-1}E[X^{\mathrm{T}}X\beta + X^{\mathrm{T}}\varepsilon] \\
&= (X^{\mathrm{T}}X)^{-1}(X^{\mathrm{T}}X)\beta + E(X^{\mathrm{T}}\varepsilon) \neq \beta
\end{aligned}
$$

矩阵

$$
Z = \begin{bmatrix}
\mathrm{C}_{m-1}^{0} & \mathrm{C}_{m-2}^{0} & \cdots & \mathrm{C}_{0}^{0} \\
\mathrm{C}_{m}^{1} & \mathrm{C}_{m-1}^{1} & \cdots & \mathrm{C}_{1}^{1} \\
\vdots & \vdots & & \vdots \\
\mathrm{C}_{m+k-2}^{k-1} & \mathrm{C}_{m+k-3}^{k-1} & \cdots & \mathrm{C}_{k-1}^{k-1}
\end{bmatrix}
$$

建立了普通累积法模型 $(Y^{(k)}, X^{(k)}\beta, \sigma^2\Sigma^{(k)})$ 与线性回归模型 $(Y_{(m)}, X\beta, \sigma^2 I_m)$ 之间的联系，即有

$$
\begin{cases}
Y^{(k)} = ZY_{(m)}, \\
X^{(k)} = ZX, \\
\varepsilon^{(k)} = Z\varepsilon
\end{cases}
$$

因此，它在估计未知参数的过程中将发挥重要的作用。

将 $m \times (n+1)$ 矩阵 X 记为列向量的形式，即

$$X = (x_0, x_1, x_2, \cdots, x_n)$$

其中 $x_0 = (1, 1, \cdots, 1)^{\mathrm{T}}$，$x_i = (x_{1i}, x_{2i}, \cdots, x_{mi})^{\mathrm{T}}$，$i = 1, \cdots, n$。因为普通累积法估计法的条件取 $k = n+1$，则 $k \times m$ 矩阵 Z 记为行向量的形式，即为

$$Z = (z_0, z_1, z_2, \cdots, z_n)^{\mathrm{T}}$$

其中 $z_0 = (1, 1, \cdots, 1)$，行向量 z_i $(i = 1, \cdots, k-1)$ 的构成不言而喻。这时，$z_0, z_1, z_2, \cdots, z_n$ 都有 m 个观察值，只要看成是给定的，且 $z_0, z_1, z_2, \cdots, z_n$ 显然是相互独立无关的，从而无多元共线性的问题。

一个矩阵成为工具变量矩阵的必要条件，即必须符合的三个条件，对 Z，显然有：

(1) $E(Z\varepsilon) = ZE\varepsilon = 0$;

(2) $E(ZX) = E(X^{(k)}) = X^{(k)}$，且由 $\operatorname{ran}(X^{(k)}) = \operatorname{ran} X = n+1$，$k = n+1$，知 $X^{(k)}$ 是非奇异矩阵；

(3) $E(ZZ^{\mathrm{T}}) = \Sigma^{(k)}$ ，且它是 $(n+1) \times (n+1)$ 对称的正定矩阵，自然是非奇异矩阵。

因此，Z 是工具变量矩阵。另外，利用式 (11-20)，用 Z 去左乘线性回归模型

$$Y_{(m)} = X\beta + \varepsilon$$

两边，得

$$ZY_{(m)} = ZX\beta + Z\varepsilon \tag{11-26}$$

得到 β 的估计，记为

$$\hat{\beta}_{IV} = (ZX)^{-1} ZY_{(m)}$$

上式就是多元线性回归模型工具变量法的参数估计。同时可得出如下结论。

$\hat{\beta}_{IV}$ 是 β 的线性无偏估计。事实上，$\hat{\beta}_{IV}$ 显然是一线性估计。由

$$\begin{aligned}\hat{\beta}_{IV} &= (ZX)^{-1}(ZX)\beta + (ZX)^{-1}(Z\varepsilon) \\ &= \beta + (ZX)^{-1}(Z\varepsilon)\end{aligned}$$

从而，利用必须符合的条件 (1) 和 (2)，得

$$\begin{aligned}E(\hat{\beta}_{IV}) &= \beta + E[(ZX)^{-1}(Z\varepsilon)] \\ &= \beta + X^{(k)}0 = \beta\end{aligned}$$

即 $\hat{\beta}_{IV}$ 是 β 的无偏估计。因为 $\hat{\beta}_{IV}-\beta=(ZX)^{-1}(Z\varepsilon)$，且利用条件 (2) 和 (3)，则 $\hat{\beta}_{IV}$ 的方差

$$\begin{aligned}\text{Var}\,(\hat{\beta}_{IV}) &= E[(\hat{\beta}_{IV}-\beta)(\hat{\beta}_{IV}-\beta)^{\mathrm{T}}] \\ &= E\{(ZX)^{-1}(Z\varepsilon)(Z\varepsilon)^{\mathrm{T}}[(ZX)^{-1}]^{\mathrm{T}}\} \\ &= E[(ZX)^{-1}]E(Z\varepsilon\varepsilon^{\mathrm{T}}Z^{\mathrm{T}})E[(XZ)^{-1}]^{\mathrm{T}} \\ &= \sigma^2(X^{(k)})^{-1}\Sigma^{(k)}[(X^{(k)})^{-1}]^{\mathrm{T}} \qquad (11\text{-}27)\end{aligned}$$

而式 (11-25) 就是普通累积法线性模型，即

$$Y^{(k)}=X^{(k)}\beta+\varepsilon^{(k)}$$

由此得到 β 的估计是普通累积法估计，即

$$\hat{\beta}_C=(X^{(k)})^{-1}Y^{(k)}$$

这样得出

$$\hat{\beta}_C=\hat{\beta}_{IV}$$

$\hat{\beta}_C$ 的方差为

$$\sigma^2(X^{(k)})^{-1}\Sigma^{(k)}[(X^{(k)})^{-1}]^{\mathrm{T}}$$

它与 $\hat{\beta}_{IV}$ 的方差即式 (11-27) 是一致的。

因此，在线性回归模型 $(Y_{(m)},X\beta,\sigma^2I_m)$ 中 $\text{ran}\,X=n+1$，$E(X^{\mathrm{T}}\varepsilon)\neq 0$ 及在普通累积法线性模型中取 $k=n+1$ 的条件下，普通累积法估计法是对多元线性回归模型中未知参数进行估计的一种工具变量法，其中由式 (11-19) 给出的矩阵 Z 是工具变量矩阵。

第 12 章

联立方程组参数估计的累积法体系建立

本章主题

累积法具有与最小二乘法同样的参数估计效果，普通累积法估计法 (几何中心估计法) 同样可以用在联立方程模型中对参数进行估计，即可以建立间接累积估计法，二阶段累积估计法和三阶段累积估计法。

本章组织

12.1 节对间接普通累积法估计理论进行阐述；
12.2 节讨论二阶段普通累积法；
12.3 节对三阶段普通累积法进行简单介绍；
12.4 节讨论普通累积法的计算机实现。

12.1 间接普通累积法估计理论

所谓间接估计法，就是利用适当的统计方法得到结构式方程

$$AY + BX = e$$

中结构参数的估计值后，再考虑对简化式方程

$$Y = \Pi X + \varepsilon$$

利用结构式参数和简化式参数之间的参数关系体系

$$\Pi = -A^{-1}B$$

间接得出简化式参数估计。

但是，间接最小二乘法恰好对结构式方程进行估计，其模型为

$$A_0B_0 + B_0X_0 = e_0$$

在上式中进行参数估计的过程中，不直接应用普通最小二乘法，而是先在简化式模型进行，模型如下

$$Y_0 = \Pi X + \varepsilon$$

利用普通最小二乘法得到 $\hat{\Pi}$，随后计算得出结构参数的估计值 $\hat{A}_0$ 与 $\hat{B}_0$。

间接最小二乘法是联立方程式模型的一种单一方程估计方法，每次用于结构模型的一个方程，但该方程必须是识别确切的 (恰好识别的)。如果结构式模型中的每一个结构方程都是识别确切的，即模型是识别确切的，这时不必对每个结构方程逐次使用间接最小二乘法，而是可对整个模型采用间接最小二乘法，即对简化式方程 $Y = \Pi X + \varepsilon$ 采用普通最小二乘法得到 $\hat{\Pi}$。此时矩阵 A 是非奇异的，可再由参数关系体系 $-A\Pi = B$ 计算出结构式方程 $AY + BX = e$ 在 A 与 B 的关系。

对简化式方程应用普通最小二乘法得出的简化式参数估计量，具有最小二乘法估计量的性质，如具有线性性、无偏性及最小方差性等性质。

在上述间接最小二乘法的估计中，只要把应用普通最小二乘法估计的步骤，换成普通累积法的估计，所得出的估计方法，称为间接普通累积法。

12.1.1 间接普通累积法估计的基本步骤

间接普通累积法估计法类似于间接最小二乘法，是单一方程估计法，每次应用于结构模型的一个方程。其步骤如下：

第一步：判断结构式模型是不是识别确切的 (恰好识别的)；

第二步：求出结构式模型 $AY + BX = e$ 的简化型，即 $Y = \Pi X + \varepsilon$，也即把估计的结构方程所包含的内生变量表示为模型中全部先决变量和随机项的函数；

第三步：在满足普通累积法估计法使用对误差项的通常假设的前提下，使用普通累积法估计模型的简化系数，得出简化式参数的估计值；必要时，即方程表示的模型不正确或残差具有某种规律性时，可用多级普通累积法估计法逼近正确的模型或模型简化型的系数；

第四步：得出简化型系数后，根据参数的关系式体系 $-A\Pi = B$，计算结构方程的参数，再将各参数代入模型体系中。

用数学语言描述 (与间接最小二乘法相同) 如下。

对联立方程式模型的第 j $(j = 1, \cdots, m)$ 个方程，其正规形式可写成

$$Y_j = a_{j1}Y_1 + \cdots + a_{j(j-1)}Y_{j-1} + a_{j(j+1)}Y_{j+1} + \cdots + a_{jm_j}Y_{m_j} + b_{j1}X_1 + \cdots + b_{jn_j}X_{n_j} + e_j \tag{12-1}$$

其中 m_j ($\leqslant m$) 表示它所含的内生变量的个数，n_j ($\leqslant n$) 表示它所含的先决变量的个数。得出 $Y_1,\cdots,Y_{m_j}$ 相应的简化式模型为

$$A_0Y_0+B_0X_0=e_0 \tag{12-2}$$

$$Y_0=\varPi X_0+\varepsilon \tag{12-3}$$

其中

$$Y_0=(Y_j,Y_1,\cdots,Y_{j-1},Y_{j+1},\cdots,Y_{m_j})^{\mathrm{T}}$$
$$X_0=(X_1,\cdots,X_{n_j})^{\mathrm{T}}$$
$$A_0=(1,-a_{j1},\cdots,-a_{j(j-1)},-a_{j(j+1)},\cdots,a_{jm_j})$$
$$B_0=(-b_{j1},\cdots,-b_{jn_j})$$

此时，参数关系体系为

$$-A_0\varPi_1=B_0 \tag{12-4}$$
$$-A_0\varPi_2=0 \tag{12-5}$$

其中

$$\varPi_1=\begin{bmatrix}\pi_{11} & \cdots & \pi_{1n_j}\\ \vdots & & \vdots\\ \pi_{m_j1} & \cdots & \pi_{m_jn_j}\end{bmatrix},\quad \varPi_2=\begin{bmatrix}\pi_{1,n_j+1} & \cdots & \pi_{1n}\\ \vdots & & \vdots\\ \pi_{m_j,n_j+1} & \cdots & \pi_{m_jn}\end{bmatrix}$$

对式 (12-3) 采用普通累积法估计法得到 $\hat{\varPi}$，然后由式 (12-5) 计算 A_0，再由式 (12-4) 计算 B_0。

12.1.2　间接普通累积法估计的使用范围

间接普通累积法估计法必须在满足下列条件的范围内使用：

(1) 结构方程模型中的每一个方程必须是识别确切的；

(2) 简化型方程的随机变量必须满足普通累积法估计法的假定；

(3) 模型中的外生变量必须不是完全共线性的；

(4) 宏观变量必须予以正确的归类。

12.1.3　间接普通累积法估计量的特性

在间接普通累积法估计使用的范围内，使用它来估计模型的系数，这种间接普通累积法估计量与普通累积法估计量的性质相同，即具有以下特性：

(1) 线性特征；

(2) 无偏性；

(3) 渐近有效性；

(4) 唯一性。

12.1.4 实例

观察如下商品市场模型，即联立方程式为

$$\begin{cases} P = \alpha_0 + \alpha_1 Q + \alpha_2 Y + \varepsilon_1, \\ Q = \beta_0 + \beta_1 P + \beta_2 X + \varepsilon_2 \end{cases} \tag{12-6}$$

其中第一个方程式是需求函数，第二个方程式是供给函数，P 表示价格，Q 表示供给量，Y 表示收入，X 表示支出，P 和 Q 是内生变量，Y 和 X 是先决变量；α_0，α_1，α_2，β_0，β_1 和 β_2 为结构参数；ε_1，ε_2 分别为第一方程式、第二方程式中的随机误差项。结构式模型为

$$\begin{bmatrix} 1 & -\alpha_1 \\ -\beta_1 & 1 \end{bmatrix} \begin{bmatrix} P \\ Q \end{bmatrix} + \begin{bmatrix} -\alpha_0 & 0 & -\alpha_2 \\ -\beta_0 & -\beta_2 & 0 \end{bmatrix} \begin{bmatrix} 1 \\ X \\ Y \end{bmatrix} = \begin{bmatrix} \varepsilon_1 \\ \varepsilon_2 \end{bmatrix}$$

根据结构式识别条件，可知联立方程式是识别确切的。

因为，在结构式模型中，内生变量的个数 $m=2$，先决变量的个数 $n=2$；需求方程所包含的内生变量的个数 $m_1=2$，所包含的先决变量的个数 $n_1=1$，从而不包含的变量数是

$$m - m_1 + n - n_1 = 2 - 2 + 2 - 1 = 1$$

同时

$$\text{ran}(A_1, B_1) = \text{ran}([-\beta_2]) = 1 = m - 1$$

且有 $n - n_1 = m_1 - 1$，因此，该方程是可识别的，且是识别确切的；对供给方程来说，它所包含的内生变量的个数 $m_2 = 2$，所包含的先决变量的个数 $n_2 = 1$，从而它不包含的变量数是

$$m - m_2 + n - n_2 = 2 - 2 + 2 - 1 = 1$$

且

$$\text{ran}(A_2, B_2) = \text{ran}([-\alpha_2]) = 1 = m - 1$$

同样也有 $n - n_2 = m_2 - 1$，这样供给需求方程是可识别的，且是识别确切的。所以联立方程式是识别确切的。

用 t 表示时期或样本数据指标，$t = 1, 2, \cdots, T$，T 表示总的时期数或样本容量。对联立方程式 (12-6)，得到样本数据

$$(Q_t, P_t, Y_t, X_t), \quad t = 1, 2, \cdots, 30$$

具体列入表 12-1 中，样本的构造可用联立方程式来表述。

$$\begin{cases} P_t = \alpha_0 + \alpha_1 Q_t + \alpha_2 Y_t + \varepsilon_{1t}, \\ Q_t = \beta_0 + \beta_1 P_t + \beta_2 X_t + \varepsilon_{2t} \end{cases} \tag{12-7}$$

表 12-1　经济数据

时期 t	供需 Q_t/万斤	价格 P_t/万元	收入 Y_t/万元	支出 X_t/万元
1	566.4	8.44	190	126
2	635.2	7.12	202	167
3	740	9.6	276	207
4	881.6	17.76	384	237
5	904.8	14.48	394	265
6	899.2	12.52	387	272
7	970.8	13.28	436	304
8	104.6	15.56	487	328
9	1076.5	14.76	509	349.5
10	1117.6	15.16	537	368
11	1176.4	15.04	576	398
12	1201.2	15.92	594	406
13	1188.8	11.28	578	423
14	1238.6	11.16	609	447
15	1349.6	11.76	686	501
16	1329.6	12.56	674	487
17	1366.8	11.48	697	511
18	1392.2	7.92	708	541.5
19	1447.7	9.13	747	563.2
20	1780.8	19.88	987	676
21	1645.6	23.56	903	590
22	1565.2	16.12	837	589
23	1579.6	27.76	866	536
24	1514	13.2	798	576
25	1667.4	23.46	917	603
26	1749.9	19.32	965	663
27	1792.6	14.96	986	706
28	1875.2	11.52	1036	765
29	1928	10.2	1069	798
30	1996.6	12.76	1121	821

注：1 斤 = 0.5 千克。

现在对式 (12-7) 的参数进行间接普通累积法估计。

第一步：求结构式模型 (12-7) 的简化型模型。经计算得出

$$\begin{cases} P_t = \dfrac{\alpha_0 + \alpha_1\beta_0}{1-\alpha_1\beta_1} + \dfrac{\alpha_2}{1-\alpha_1\beta_1}Y_t + \dfrac{\alpha_1\beta_2}{1-\alpha_1\beta_1}X_t + \dfrac{\varepsilon_{1t} + \alpha_1\varepsilon_{2t}}{1-\alpha_1\beta_1}, \\ Q_t = \dfrac{\alpha_0\beta_1 + \beta_0}{1-\alpha_1\beta_1} + \dfrac{\alpha_2\beta_1}{1-\alpha_1\beta_1}Y_t + \dfrac{\beta_2}{1-\alpha_1\beta_1}X_t + \dfrac{\beta_1\varepsilon_{1t} + \varepsilon_{2t}}{1-\alpha_1\beta_1} \end{cases} \tag{12-8}$$

令

$$\pi_{10} = \frac{\alpha_0 + \alpha_1\beta_0}{1-\alpha_1\beta_1}, \quad \pi_{11} = \frac{\alpha_2}{1-\alpha_1\beta_1}$$

$$\pi_{12} = \frac{\alpha_1\beta_2}{1-\alpha_1\beta_1}, \quad v_{1t} = \frac{\varepsilon_{1t} + \alpha_1\varepsilon_{2t}}{1-\alpha_1\beta_1}$$

$$\pi_{20} = \frac{\alpha_0\beta_1 + \beta_0}{1-\alpha_1\beta_1}, \quad \pi_{21} = \frac{\alpha_2\beta_1}{1-\alpha_1\beta_1}$$

$$\pi_{22} = \frac{\beta_2}{1-\alpha_1\beta_1}, \quad v_{2t} = \frac{\beta_1\varepsilon_{1t} + \varepsilon_{2t}}{1-\alpha_1\beta_1}$$

除去上面含有 v_{1t} 和 v_{2t} 的式子外，余下的式子组成参数的关系式体系。则式 (12-6) 和式 (12-8) 可分别写成

$$\begin{cases} P = \pi_{10} + \pi_{11}Y + \pi_{12}X + v_1, \\ Q = \pi_{20} + \pi_{21}Y + \pi_{22}X + v_2 \end{cases} \tag{12-9}$$

和

$$\begin{cases} P_t = \pi_{10} + \pi_{11}Y_t + \pi_{12}X_t + v_{1t}, \\ Q_t = \pi_{20} + \pi_{21}Y_t + \pi_{22}X_t + v_{2t} \end{cases} \tag{12-10}$$

的形式，且式 (12-9) 用矩阵表示为

$$\begin{bmatrix} P \\ Q \end{bmatrix} = \begin{bmatrix} \pi_{10} & \pi_{11} & \pi_{12} \\ \pi_{20} & \pi_{21} & \pi_{22} \end{bmatrix} \begin{bmatrix} 1 \\ Y \\ X \end{bmatrix} + \begin{bmatrix} v_1 \\ v_2 \end{bmatrix}$$

第二步：采用几何中心估计法估计简化型模型 (12-9) 中的参数，分别得出 π_{10}，π_{11} 和 π_{12} 及 π_{20}，π_{21} 和 π_{22} 的普通累积法估计值分别是

$$\hat{\pi}_{10} = 8.0927, \quad \hat{\pi}_{11} = 0.1880, \quad \hat{\pi}_{12} = -0.2534$$

及

$$\hat{\pi}_{20} = 311.2087, \quad \hat{\pi}_{21} = 1.8873, \quad \hat{\pi}_{22} = -0.5451$$

得出对应于简化型模型的经验回归方程组为

$$\begin{cases} \hat{P} = 8.0927 + 0.188Y - 0.2534X, \\ \hat{Q} = 311.2087 + 1.8873Y - 0.5451 \end{cases} \tag{12-11}$$

第三步：计算结构方程的参数，得出结构式模型的经验回归方程组。

利用参数的关系式体系知

$$8.0927 = \frac{\alpha_0 + \alpha_1\beta_0}{1-\alpha_1\beta_1}, \quad 0.188 = \frac{\alpha_2}{1-\alpha_1\beta_1}$$

$$-0.2534 = \frac{\alpha_1\beta_2}{1-\alpha_1\beta_1}, \quad 311.2087 = \frac{\alpha_0\beta_1 + \beta_0}{1-\alpha_1\beta_1}$$

$$1.8873 = \frac{\alpha_2\beta_1}{1-\alpha_1\beta_1}, \quad -0.5451 = \frac{\beta_2}{1-\alpha_1\beta_1}$$

由此，可以得出结构参数 α_0，α_1 和 α_2 及 β_0，β_1，β_2 和 β_3 的唯一估计值 (这是识别确切的情况)：

$$\hat{\alpha}_0 = -136.5789, \quad \hat{\alpha}_1 = 0.4649, \quad \hat{\alpha}_2 = -0.6893$$

及

$$\hat{\beta}_0 = 229.9675, \quad \hat{\beta}_1 = 10.0388, \quad \hat{\beta}_2 = 1.9987$$

从而得出结构式模型式 (12-6) 的经验回归方程组

$$\begin{cases} \hat{P} = -136.5789 + 0.4649\hat{Q} - 0.6893Y, \\ \hat{Q} = 229.9675 + 10.0388\hat{P} + 1.9987X \end{cases} \tag{12-12}$$

根据表 12-1 中的数据，由式 (12-10) 计算得到下式，其中残差

$$e_{1t} = P_t - \hat{P}_t, \quad e_{2t} = Q_t - \hat{Q}_t, \quad t = 1, 2, \cdots, 30$$

对简化型模型 (12-9) 经验回归方程组中的两估计式，其 (间接) 普通累积法估计的总残差分别为

$$\sum_{t=1}^{30} |e_{1t}| = |-3.4443| + |3.3369| + \cdots + |1.9607| = 64.0603$$

$$\sum_{t=1}^{30} |e_{2t}| = |-34.7131| + |33.7884| + \cdots + |20.2551| = 670.2231$$

对应的总残差率分别是

$$\sum_{t=1}^{30}|e_{1t}|\Big/\sum_{t=1}^{30}P_t = 64.0603/427.67 = 0.1498$$

$$\sum_{t=1}^{30}|e_{2t}|\Big/\sum_{t=1}^{30}Q_t = 670.2231/39622.5 = 0.0169$$

在这里还可以利用多级普通累积法估计法使得总残差 $\sum_{t=1}^{30}|\mu_{1t}|$ 相对 $\sum_{t=1}^{30}|e_{1t}|$ 较小，此处不再继续。

因此，间接普通累积法估计法用于估计识别确切的模型，具有较好的效果。同时，从此例中也可看出，如果应用间接最小二乘法进行估计，其计算量较大，也比较麻烦。因而，间接普通累积法估计法像间接最小二乘法一样，可以成为估计识别确切的联立方程模型的方法之一。

12.2 二阶段普通累积法估计

二阶段普通累积法估计法是仿照二阶段最小二乘法建立的。二阶段最小二乘法在估计经典的线性联立方程式模型时，具有如下特点。

没有间接最小二乘法那么烦琐，只需经过两个步骤就可以解决模型中参数的估计。其中第一步是消除估计误差的处理，第二步是正式进行有关结构方程的系数估计；只要联立方程式模型是可识别的，它所估计的系数能合乎一致性的准则，在统计上就是可靠的；它是一种有限信息估计的方法。

间接最小二乘法适用于识别确切的结构方程的参数估计。但是，在实际的联立方程式模型中，经常出现当 $n-n_j=m_j-1$，即第 j $(j=1,\cdots,m)$ 个结构方程是识别有余的，这时使用间接最小二乘法就无能为力，进而类似 12.1 节提出的间接普通累积法估计法也不能取到应有的估计效果。

二阶段最小二乘法是一种既适用于识别确切的，又适用于识别有余的结构方程参数估计的一种单方程方法，也是应用最多的一种联立方程式模型参数估计方法。当然，模型是识别确切的时，利用间接最小二乘法 (或间接普通累积法估计法) 要比使用二阶段最小二乘法简单。所谓单方程估计方法，是对模型中每一个结构方程逐一估计其参数的方法。

因为二阶段最小二乘法中的第一阶段，是对模型的简化式方程使用普通最小二乘法，以便得到内生变量的估计量；其第二阶段，是把出现在结构方程右端的内生变量用在第一阶段得到的估计值代替，使之由随机变量变为确定的量，再对结构方程应用普通最小二乘法，得到结构参数的估计。因此，把二阶段最小二乘法中使用普通最小二乘法换成应用普通累积法估计法或几何中心估计法，自然可以提出二阶段普通累积法估计法。

12.2.1　二阶段普通累积法的建立

一般地，考察结构模型 $AY + BX = e$ 的简化式模型，即将联立方程式中的每个内生变量表示为先决变量与随机变量的函数形式时，其第 j $(j = 1, \cdots, m)$ 个简化式方程可写成

$$Y_j = \pi_{j1}X_1 + \pi_{j2}X_2 + \cdots + \pi_{jn}X_n + \varepsilon_j, \quad j = 1, \cdots, m \tag{12-13}$$

式 (12-13) 用矩阵表示为

$$Y = \Pi X + \varepsilon$$

其中

$$\Pi = \begin{bmatrix} \pi_{11} & \pi_{12} & \cdots & \pi_{1n} \\ \pi_{21} & \pi_{22} & \cdots & \pi_{2n} \\ \vdots & \vdots & & \vdots \\ \pi_{m1} & \pi_{m2} & \cdots & \pi_{mn} \end{bmatrix}, \quad \varepsilon = \begin{bmatrix} \varepsilon_1 \\ \varepsilon_2 \\ \vdots \\ \varepsilon_m \end{bmatrix}$$

在这里，m 表示内生变量个数，n 表示先决变量 (外生变量) 个数。简化式参数 π_{ji} $(j = 1, \cdots, m; i = 1, \cdots, n)$ 显示先决变量对内生变量直接和间接影响的总度量，是在考虑到相互依赖的内生变量之间相互影响之后所得的结果；其随机变量项 ε_j 与结构式方程中随机变量项 e 和结构方程中参数 β (结构模型中用 B 表示内生变量的结构参数，它是 $m \times n$ 矩阵) 有关，写成如下形式

$$\varepsilon_j = f_j(e_1, \cdots, e_m; \beta_1, \cdots, \beta_n), \quad j = 1, \cdots, m$$

由于随机变量项 ε_j 与结构式方程中随机变量项相关，所以它将导致普通累积法估计中出现联立方程式的偏差和不一致性。因此，首先对模型的简化式方程使用普通累积法估计法或几何中心估计法，即对模型中的先决变量进行回归，得出内生变量的估计 $\hat{Y}_j$，$j = 1, \cdots, m$；然后把估计值 $\hat{Y}_j$，$j = 1, \cdots, m$ 作为原方程中确定的量，即代替 Y_j，再对结构方程应用普通累积法估计法或几何中心估计法，得到结构参数的估计。

上述类似于二阶段最小二乘法的方法，称为二阶段普通累积法估计法，简称二阶段累积法估计法。

12.2.2 二阶段普通累积法估计法的步骤

第一步：确定结构式模型识别的情况。

第二步：对结构式模型的第 j $(j=1,\cdots,m)$ 个正规形式的方程，可写成

$$
\begin{aligned}
Y_j = {} & \alpha_{j1}Y_1 + \cdots + \alpha_{j(j-1)}Y_{j-1} + \alpha_{j(j+1)}Y_{j+1} + \cdots + \alpha_{jm_j}Y_{m_j} \\
& + \beta_{j1}X_1 + \cdots + \beta_{jn_j}X_{n_j} + e_j, \quad j=1,\cdots,m
\end{aligned} \tag{12-14}
$$

其中用 α 表示先决变量 (外生变量) 的系数，用 β 表示内生变量的系数，m_j $(\leqslant m)$ 表示它所含的内生变量的个数，n_j $(\leqslant n)$ 表示它所含的先决变量的个数；求出其简化式方程

$$
Y_j = \beta_{j1}X_1 + \beta_{j2}X_2 + \cdots + \beta_{jn_j}X_{n_j} + e_j, \quad j=1,\cdots,m
$$

第三步：利用普通累积法估计法或几何中心估计法逐一求出各简化式方程的系数估计值，必要时应用多级普通累积法估计，即得出估计值为 $\hat{\pi}_{ji}$，$j=1,\cdots,m$，$i=1,\cdots,n_j$。

第四步：用估计值 $\hat{\pi}_{ji}$ 和所有先决变量的观察值记为 $X_i=(x_{i1},\cdots,x_{jT})$，其中用 T $(T\geqslant m+n)$ 来表示样本容量或进行的独立观察次数，并通过简化式方程求出内生变量的估计值 $\hat{Y}_{jt}$，$j=1,\cdots,m$，$t=1,\cdots,T$。

第五步：把估计值 $\hat{Y}_{jt}$ 代入结构式方程中，并求出变换后的方程

$$
\begin{aligned}
Y_j = {} & \alpha_{j1}\hat{Y}_1 + \cdots + \alpha_{j(j-1)}\hat{Y}_{j-1} + \alpha_{j(j+1)}\hat{Y}_{j+1} + \cdots + \alpha_{jm_j}\hat{Y}_{m_j} \\
& + \beta_{j1}X_1 + \cdots + \beta_{jn_j}X_{n_j} + e_j, \quad j=1,\cdots,m
\end{aligned}
$$

再利用普通累积法估计法得出结构参数的估计；其中在结构式模型 $AY+BX=e$ 中，当矩阵 A 是非奇异的，可得到 $Y=-A^{-1}BX+A^{-1}e$ 即为简化式模型 $Y=\Pi X+e$ 的形式，这时的参数关系体系为 $\Pi=-A^{-1}B$ 且 $\varepsilon=A^{-1}e$；如果有必要利用多级普通累积法估计法或几何中心估计法进一步使得其结构参数估计的总残差较小。

12.2.3 二阶段普通累积法估计量的特征

对于过度识别 (识别有余) 的联立方程模型，运用二阶段普通累积法估计其模型参数，其估计量具有以下特征：

(1) 无论大样本或者小样本，普通累积法估计法或几何中心估计法 (包括多级普通累积法估计法的结合) 的使用，可使其估计量的总残差率趋近于零；

(2) 二阶段普通累积法估计量因为普通累积法估计法的特征具有无偏的特性，且二阶段累积法估计量可以由内生变量或者外生变量线性表出；

(3) 在满足普通累积法估计法的有关假定下，二阶段普通累积法估计量具有渐近有效性；

(4) 类似于普通累积法估计法或几何中心估计法，间接二阶段累积法估计量具有唯一性。

12.2.4　二阶段累积法估计法的使用前提

对照二阶段最小二乘法，二阶段累积法估计法只能在以下条件下使用：

(1) 二阶段普通累积法估计法适用于估计过度识别的联立方程式模型中的系数，当然也适用于估计识别确切的联立方程式模型中的系数；

(2) 对结构方程式模型中的随机误差项 e，尽管在使用普通累积法估计法时不直接考虑，但实际上是存在随机误差项的，即它满足

$$\begin{cases} Ee = 0, \\ \mathrm{Var}e = \sigma^2 I_m \end{cases}$$

的条件，因为这是使用最小二乘法的前提。此外，随机误差项还必须与整个模型的先决变量不相关；对应地，在简化式模型中的随机误差项也满足

$$\begin{cases} E\varepsilon = 0, \\ \mathrm{Var}\varepsilon = \sigma^2 I_m \end{cases}$$

且随机误差项 ε 也必须与整个模型的先决变量不相关；

(3) 上面已指出样本容量或进行的独立观察次数 T 要满足 $T \geqslant m+n$ 的条件。

12.2.5　实例

考察如下国民经济的简单模型

$$\begin{cases} C = \alpha_0 + \alpha_1 Y + e_1, \\ I = \beta_0 + \beta_1 P + e_2, \\ Y = C + I + G + e_3 \end{cases} \tag{12-15}$$

其中 C 表示消费额，Y 表示国民收入，I 表示投资，P 表示利润，G 表示政府支出；C，I 与 Y 为内生变量，P 和 G 为先决变量；α_0,α_1,β_0,β_1 为相应结构方程中的参数，e_1, e_2, e_3 为随机干扰项或误差项。

式 (12-15) 的结构式模型为

$$\begin{bmatrix} 1 & 0 & -\alpha_1 \\ 0 & 1 & 0 \\ -1 & -1 & 1 \end{bmatrix}\begin{bmatrix} C \\ I \\ Y \end{bmatrix} + \begin{bmatrix} -\alpha_0 & 0 & 0 \\ -\beta_0 & -\beta_1 & 0 \\ 0 & 0 & -1 \end{bmatrix}\begin{bmatrix} 1 \\ P \\ G \end{bmatrix} = \begin{bmatrix} e_1 \\ e_2 \\ e_3 \end{bmatrix}$$

根据结构式识别条件，识别上面的联立方程式。另外模型中，内生变量数量为 3，先决变量数量为 2；第一个方程内生变量数目为 2，先决变量数目为 0，从而下式成立

$$m-m_1+n-n_1=3-2+2-0=3$$

同时

$$\operatorname{ran}((A_1,B_1))=\operatorname{ran}\left(\begin{bmatrix}1 & -\beta_1 & 0\\ -1 & 0 & -1\end{bmatrix}\right)=2=m-1$$

因此，该方程是可识别的，且由 $n-n_1>m_1-1$，知它是识别有余的 (过度识别)；对第二个方程来说，它所包含的内生变量的个数 $m_2=1$，所包含的先决变量的个数 $n_2=1$，从而它不包含的变量数是

$$m-m_2+n-n_2=3-1+2-1=3$$

且

$$\operatorname{ran}(A_2,B_2)=\operatorname{ran}\left(\begin{bmatrix}1 & -\alpha_1 & 0\\ -1 & 1 & -1\end{bmatrix}\right)=2=m-1$$

同样有 $n-n_2>m_2-1$，这样第二个方程是可识别的，且是识别有余的；对第三个方程，它所包含的内生变量的个数 $m_3=3$，所包含的先决变量的个数 $n_3=1$，它不包含的变量数是

$$m-m_3+n-n_3=3-3+2-1=1$$

而

$$\operatorname{ran}(A_2,B_2)=\operatorname{ran}\left(\begin{bmatrix}0\\ -\beta_1\end{bmatrix}\right)=1<m-1$$

按照结构式模型的识别条件，它似乎是不可识别。但是，由于它是平衡方程，不存在识别问题。所以可断定联立方程式是识别有余的 (所得到结构参数的估计值可能不止一种)。

现在用 t 记为独立观察指标，$t=1,2,\cdots,11$，模型的各变量的观察数据如表 12-2，得到样本的联立方程式

$$\begin{cases}C_t=\alpha_0+\alpha_1 Y_t+e_{1t},\\ I_t=\beta_0+\beta_1 P_t+e_{2t},\\ Y_t=C_t+I_t+G_t+e_{3t}\end{cases}\tag{12-16}$$

表 12-2　经济资料　　(单位：十亿元)

时期 t	C_t	I_t	Y_t	P_t	G_t	$\hat{Y}_t$
1	311	75	484	29	97	485.1484
2	325	75	504	27	104	498.3804
3	335	72	520	27	113	524.349
4	355	83	560	31	122	564.1892
5	375	87	591	33	128	588.4374
6	401	94	632	38	137	631.7455
7	433	108	685	47	144	683.1544
8	466	121	750	50	162	745.4953
9	492	116	794	47	185	801.4558
10	537	126	866	50	203	863.7967
11	584	139.5	950	61.5	219	949.844

在表 12-2 中已列入后面要计算的预测值 $\hat{Y}_t$，$t=1,2,\cdots,11$。

通过变换得到式 (12-15) 和式 (12-16) 的简化型分别为

$$\begin{cases} C=\dfrac{\alpha_0-\alpha_1\beta_0}{1-\alpha_1}+\dfrac{\alpha_1\beta_1}{1-\alpha_1}P+\dfrac{\alpha_1}{1-\alpha_1}G+\varepsilon_1, \\ Y=\dfrac{\alpha_0+\beta_0}{1-\alpha_1}+\dfrac{\beta_1}{1-\alpha_1}P+\dfrac{1}{1-\alpha_1}G+\varepsilon_2 \end{cases} \tag{12-17}$$

和

$$\begin{cases} C_t=\dfrac{\alpha_0-\alpha_1\beta_0}{1-\alpha_1}+\dfrac{\alpha_1\beta_1}{1-\alpha_1}P_t+\dfrac{\alpha_1}{1-\alpha_1}G_t+\varepsilon_{1t}, \\ Y_t=\dfrac{\alpha_0+\beta_0}{1-\alpha_1}+\dfrac{\beta_1}{1-\alpha_1}P_t+\dfrac{1}{1-\alpha_1}G_t+\varepsilon_{2t} \end{cases} \tag{12-18}$$

令

$$\begin{cases} \pi_{10}=\dfrac{\alpha_0-\alpha_1\beta_0}{1-\alpha_1},\ \pi_{11}=\dfrac{\alpha_1\beta_1}{1-\alpha_1}P_t,\ \pi_{12}=\dfrac{\alpha_1}{1-\alpha_1}G_t, \\ \pi_{20}=\dfrac{\alpha_0+\beta_0}{1-\alpha_1},\ \pi_{21}=\dfrac{\beta_1}{1-\alpha_1}P_t,\ \pi_{22}=\dfrac{1}{1-\alpha_1}G_t \end{cases} \tag{12-19}$$

即为参数的关系式体系。这时，式 (12-17) 和式 (12-18) 可分别写成

$$\begin{cases} C=\pi_{10}+\pi_{11}P+\pi_{12}G+\varepsilon_1, \\ Y=\pi_{20}+\pi_{21}P+\pi_{22}G+\varepsilon_2 \end{cases} \tag{12-20}$$

和

$$\begin{cases} C_t=\pi_{10}+\pi_{11}P_t+\pi_{12}G_t+\varepsilon_{1t}, \\ Y_t=\pi_{20}+\pi_{21}P_t+\pi_{22}G_t+\varepsilon_{2t} \end{cases} \tag{12-21}$$

且式 (12-20) 用矩阵表示为

$$\begin{bmatrix} C \\ Y \end{bmatrix} = \begin{bmatrix} \pi_{10} & \pi_{11} & \pi_{12} \\ \pi_{20} & \pi_{21} & \pi_{22} \end{bmatrix} \begin{bmatrix} 1 \\ P \\ G \end{bmatrix} + \begin{bmatrix} \varepsilon_1 \\ \varepsilon_2 \end{bmatrix}$$

为此，首先，利用几何中心估计法估计式 (12-21) 中的第二个方程 (国民收入函数)，π_{20}，π_{21} 和 π_{22} 的普通累积法估计值分别是

$$\hat{\pi}_{20} = 104.6655, \quad \hat{\pi}_{21} = 3.4679 \quad 和 \quad \hat{\pi}_{22} = 2.8854$$

得出对应于简化型模型式 (12-20) 中的第二个方程的经验回归方程为

$$\hat{Y} = 104.6655 + 3.4679P + 2.8854G \tag{12-22}$$

利用式 (12-22) 计算预测值 $\hat{Y}_t$，$t = 1, 2, \cdots, 11$，已列入表 12-2 中。

其次，用 $\hat{Y}_t$ 替代 Y_t，$t = 1, 2, \cdots, 11$，估计式 (12-15) 中的第一个方程 (消费函数)，即为

$$C = \alpha_0 + \alpha_1 \hat{Y} + e_1 \tag{12-23}$$

同样利用几何中心估计法，于是对应式 (12-23) 的经验回归方程为

$$\hat{C} = 29.862 + 0.5842\hat{Y} \tag{12-24}$$

对式 (12-15) 中的第二个方程 (投资函数)，即

$$I = \beta_0 + \beta_1 P + e_2 \tag{12-25}$$

它本身只是先决变量 P 的线性方程，可以直接使用普通累积法估计其参数。对应式 (12-25) 的经验回归方程为

$$\hat{I} = 17.131 + 2.0614P \tag{12-26}$$

综上所述，由式 (12-22)、式 (12-24) 和式 (12-26) 及式 (12-15) 的第三个 (平衡) 方程得到对应式 (12-15) 的联立方程式的回归估计式为

$$\begin{cases} \hat{C} = 29.862 + 0.5842\hat{Y}, \\ \hat{I} = 17.131 + 2.0614P, \\ \hat{Y} = 104.6655 + 3.4679P + 2.8854G, \\ \hat{Y} = \hat{C} + \hat{I} + G \end{cases} \tag{12-27}$$

利用式 (12-22)、式 (12-24) 和式 (12-26) 及表 12-2 可得出二阶段普通累积法估计的残差分析。其中残差

$$e_{Ct}=C_t-\hat{C}_t,\quad e_{It}=I_t-\hat{I}_t,\quad e_{Yt}=Y_t-\hat{Y}_t,\quad t=1,2,\cdots,11$$

由表 12-2 及前面相应的计算结果进行比较 (主要是样本均值与观察值的均值)：

$$\sum_{t=1}^{11}{}^{(1)}C_t=4614,\quad \sum_{t=1}^{11}{}^{(1)}\hat{C}_t=4603.6553$$

$$\bar{T}_1(C)=\bar{C}=419.4545,\quad \bar{T}_1(\hat{C})=\bar{\hat{C}}=418.5141$$

$$\sum_{t=1}^{11}{}^{(1)}I_t=1096.5,\quad \sum_{t=1}^{11}{}^{(1)}\hat{I}_t=1096.5042$$

$$\bar{T}_1(I)=\bar{I}=99.6818,\quad \bar{T}_1(\hat{I})=\bar{\hat{I}}=99.6822$$

$$\sum_{t=1}^{11}{}^{(1)}Y_t=7336,\quad \sum_{t=1}^{11}{}^{(1)}\hat{Y}_t=7335.995$$

$$\bar{T}_1(Y)=666.9091,\quad \bar{T}_1(\hat{Y})=666.9086$$

可知都分别相当接近，因此，用二阶段普通累积法估计法来估计的效果是不错的。

此外，消费额 C、投资 I 和国民收入 Y 的总残差分别为

$$\sum_{t=1}^{11}|e_{Ct}|=|-2.2857|+|3.9842|+\cdots+|-0.7609|=39.8789$$

$$\sum_{t=1}^{11}|e_{It}|=|-1.9131|+|2.2097|+\cdots+|-4.4086|=29.1878$$

$$\sum_{t=1}^{11}|e_{Yt}|=|-1.1484|+|5.6196|+\cdots+|0.1561|=34.2888$$

对应的总残差率分别是

$$\sum_{t=1}^{11}|e_{Ct}|\Big/\sum_{t=1}^{11}C_t=39.8789/4614=0.0086$$

$$\sum_{t=1}^{11}|e_{It}|\Big/\sum_{t=1}^{11}I_t=29.1878/1096.5=0.02662$$

$$\sum_{t=1}^{11}|e_{Yt}|\bigg/\sum_{t=1}^{11}Y_t = 34.2888/7336 = 0.0047$$

由此说明用二阶段普通累积法估计法的拟合效果也相当不错。

由于应用二阶段最小二乘法进行过度识别的联立方程式模型中参数的估计，其计算量较大，也比较麻烦，且普通累积法估计具有最小二乘法估计同样的优点，因而，二阶段普通累积法估计法同二阶段最小二乘法一样，可以成为估计过度识别的联立方程模型参数的方法之一。

12.3 三阶段普通累积法估计

在联立方程式模型中，几乎可以肯定任一方程的随机扰动项与其他方程中的随机扰动项是相关的。三阶段最小二乘法是为了解决提出的联立方程式模型中各结构方程随机扰动项之间相关问题而发展起来的一种系统估计方法。三阶段最小二乘法对参数估计涉及整个联立方程式模型中的全部信息。三阶段最小二乘法的基本思路是：在系统地对每个结构方程应用二阶段最小二乘法进行参数估计的基础上，产生一组随机项的估计值，并用其来估计系统中随机项的协方差矩阵；然后利用广义最小二乘法同时估计整个结构方程系统。三阶段最小二乘法实际上是在二阶段最小二乘法的基础上再应用广义最小二乘法。如果联立方程式模型中的每个方程都是识别确切的，则三阶段最小二乘法估计就是二阶段最小二乘法估计。三阶段最小二乘法估计程序中不但包含了二阶段最小二乘法过程中的所有信息，而且还兼容到协方差矩阵 $\varSigma$ 的信息。如果 $\varSigma$ 是一个对角矩阵，主对角线之外的其他各元素均为零，那么，进行二阶段最小二乘法程序即可得出结构参数 $\varPi$ 的估计。

同样，很容易将二阶段最小二乘法的情形扩展到三阶段，进而提出三阶段普通累积估计法。

12.3.1 三阶段普通累积法估计法的使用前提

三阶段普通累积法估计法类似于三阶段最小二乘法，应该在以下前提下使用，才能取得较好的估计效果：

(1) 确切地了解整个模型体系的变量类型及其所形成的数学关系的具体形式；

(2) 联立方程式模型中的每个方程的随机项不存在序列相关；

(3) 联立方程式模型中各个关系式的随机变量是同时相关的，如果各个关系式中的随机变量是独立的，则三阶段累积法估计法简化为二阶段累积法估计法；

(4) 联立方程式模型是识别有余的，如果某些方程是识别不足 (即从简化式得到的信息无法估计所有的结构参数) 的，这时要加以确定，使之成为可识别的；或者略去这些方程，在使用恒等式和定义方程而消去方程组中的有关变量后，也把这些恒等式和所定义的方程略去；

(5) 采用三阶段普通累积法估计法需要同时估计所有的参数，因此，样本容量或观察数据的数目至少要多于方程组中的所有参数数量。

12.3.2　三阶段普通累积法估计法参数估计量的特性

三阶段普通累积法估计法类似于三阶段最小二乘法，也是联立方程式模型的一种概念清楚、应用方便的系统估计方法，其参数估计量具有良好的统计学性质，主要有如下优点 (其证明略去)：

(1) 三阶段普通累积法估计法的参数估计量是有偏的，但是具有一致估计性；

(2) 三阶段普通累积法估计法的估计量比二阶段普通累积法估计法的估计量更有效。

12.3.3　三阶段普通累积法估计法的步骤

三阶段普通累积法估计法作为二阶段普通累积法估计法的推广，涉及普通累积法估计法或几何中心估计法在三个阶段的使用；前两个阶段除了处理联立方程组中所用方程的简化型外，与二阶段普通累积法估计法相同，三阶段是对一组变换了的方程组再应用普通累积法估计法或几何中心估计法，其中所要求的变换是由前一阶段中的简化型剩余求得的。其具体过程如下：

第一步：对联立方程式模型

$$AY + BX = e$$

经变换后求出简化型模型

$$Y = \mathit{\Pi} X + \varepsilon \tag{12-28}$$

其中

$$Y = \begin{bmatrix} Y_1 \\ Y_2 \\ \vdots \\ Y_m \end{bmatrix}, \quad X = \begin{bmatrix} X_1 \\ X_2 \\ \vdots \\ X_n \end{bmatrix}, \quad \varepsilon = \begin{bmatrix} \varepsilon_1 \\ \varepsilon_2 \\ \vdots \\ \varepsilon_m \end{bmatrix}$$

$$\mathit{\Pi} = \begin{bmatrix} \pi_{11} & \pi_{12} & \cdots & \pi_{1n} \\ \pi_{21} & \pi_{22} & \cdots & \pi_{2n} \\ \vdots & \vdots & & \vdots \\ \pi_{m1} & \pi_{m2} & \cdots & \pi_{mn} \end{bmatrix}$$

Y 是内生变量向量，X 是先决变量向量，ε 是随机干扰项向量，m 为内生变量数，n 为先决变量数，Π 表示简化式参数矩阵；

第二步：用普通累积法估计法或几何中心估计法估计式 (12-28)，

$$\hat{\pi}_{ji}, \quad j=1,\cdots,m, \quad i=1,\cdots,n;$$

第三步：利用

$$\hat{Y}_j=\hat{\pi}_{j1}X_1+\hat{\pi}_{j2}X_2+\ \cdots+\hat{\pi}_{jn}X_n, \quad j=1,\cdots,m$$

计算 $\hat{Y}_j$，$j=1,\cdots,m$；

第四步：把内生变量的各个估计值 $\hat{Y}_j$，$j=1,\cdots,m$ 代入每个结构方程中，即有

$$\begin{aligned}Y_j=&\alpha_{j1}\hat{Y}_1+\cdots+\alpha_{j(j-1)}\hat{Y}_{j-1}+\alpha_{j(j+1)}\hat{Y}_{j+1}+\cdots+\alpha_{jm}\hat{Y}_{m_j}\\&+\beta_{j1}X_1+\cdots+\beta_{jn}X_n+e_j, \quad j=1,\cdots,m\end{aligned}\tag{12-29}$$

并对式 (12-29) 中的各个方程利用普通累积法估计法或几何中心估计法估计结构参数

$$\alpha_{ji}, \quad j,i=1,\cdots,m; \quad \beta_{ji}, \quad j=1,\cdots,m, \quad i=1,\cdots,n$$

得出其估计值为

$$\hat{\alpha}_{ji}, \quad j,i=1,\cdots,m; \quad \hat{\beta}_{ji}, \quad j=1,\cdots,m, \quad i=1,\cdots,n$$

即得出估计后的模型体系

$$\begin{aligned}Y_j=&\hat{\alpha}_{j1}\hat{Y}_1+\cdots+\hat{\alpha}_{j(j-1)}\hat{Y}_{j-1}+\hat{\alpha}_{j(j+1)}\hat{Y}_{j+1}+\cdots+\hat{\alpha}_{jm}\hat{Y}_{m_j}\\&+\hat{\beta}_{j1}X_1+\cdots+\hat{\beta}_{jn}X_n+e_j, \quad j=1,\cdots,m\end{aligned}\tag{12-30}$$

第五步：以式 (12-30) 估计各个方程中的随机误差，经计算得出一组误差值 e_{ji}，$j=1,\cdots,m$，$i=1,\cdots,n$，在此基础上计算误差项的方程、协方差，其计算公式如下

$$\mathrm{Cov}(\hat{e}_j,\hat{e}_i)=\frac{1}{n}\sum_{t=1}^{n}e_{jt}e_{it}, \quad j=1,\cdots,m$$

第六步：利用误差项的方程、协方差，变换原结构方程，然后用普通累积法估计法或几何中心估计法估计其系数，即第三次应用普通累积法估计法或几何中心估计法。

三阶段普通累积法估计法和其他估计方程组的方法一样，计算量比较复杂，所需要的数据也很多，通常尽量不使用，除非在单一方程式不能用来估计模型参数时，才使用三阶段普通累积法估计法。

12.4　普通累积法的计算机实现

12.4.1　普通累积法的基本原理

对于 n 组资料 $\{(x_t, y_t) : t = 1, 2, \cdots, n\}$，我们来估计它所反映的一元方程模型的参数。设要估计的一元方程模型为

$$y_t = \beta_0 + \beta_1 x_t + \varepsilon_t$$

其中 β_0 和 β_1 为两个未知参数。我们施加累积算子时，累积和的最高阶数为 2，那么

$$\begin{cases} \sum\limits_{t=1}^{n}{}^{(1)} y_t = \beta_0 \sum\limits_{t=1}^{n}{}^{(1)} + \beta_1 \sum\limits_{t=1}^{n}{}^{(1)} x_t + \sum\limits_{t=1}^{n}{}^{(1)} \varepsilon_t, \\ \sum\limits_{t=1}^{n}{}^{(2)} y_t = \beta_0 \sum\limits_{t=1}^{n}{}^{(2)} + \beta_1 \sum\limits_{t=1}^{n}{}^{(2)} x_t + \sum\limits_{t=1}^{n}{}^{(2)} \varepsilon_t \end{cases}$$

如果矩阵 $\Delta = \begin{vmatrix} \sum\limits_{t=1}^{n}{}^{(1)} & \sum\limits_{t=1}^{n}{}^{(1)} x_t \\ \sum\limits_{t=1}^{n}{}^{(2)} & \sum\limits_{t=1}^{n}{}^{(2)} x_t \end{vmatrix}$ 是可逆的，那么 $\begin{bmatrix} \beta_0 \\ \beta_1 \end{bmatrix}$ 的普通累积法估计是

$$\hat{\beta} = \begin{bmatrix} \hat{\beta}_0 \\ \hat{\beta}_1 \end{bmatrix} = \begin{bmatrix} \sum\limits_{t=1}^{n}{}^{(1)} & \sum\limits_{t=1}^{n}{}^{(1)} x_t \\ \sum\limits_{t=1}^{n}{}^{(2)} & \sum\limits_{t=1}^{n}{}^{(2)} x_t \end{bmatrix}^{-1} \begin{bmatrix} \sum\limits_{t=1}^{n}{}^{(1)} y_t \\ \sum\limits_{t=1}^{n}{}^{(2)} y_t \end{bmatrix}$$

12.4.2　利用 Excel 实现普通累积法的求解

1. Excel 函数解释

1) 相对引用、绝对引用与混合引用

相对引用——复制公式时地址跟着发生变化，如在 C1 单元格中输入公式：=A1+B1，当将公式复制到 C2 单元格时则变为：=A2+B2，当将公式复制到 D1 单元格时变为：=B1+C1，依次类推。

绝对引用——复制公式时地址不会跟着发生变化，如 C1 单元格有公式：=$A$1+$B$1，当将公式复制到 C2 单元格时仍为：=$A$1+$B$1，当将公式复制到 D1 单元格时仍为：=$A$1+$B$1。

混合引用——复制公式时地址的部分内容跟着发生变化，如 C1 单元格有公式：=$A1+A$1，当将公式复制到 C2 单元格时变为：=$A2+B$1，当将公式复制到 D1 单元格时变为：=$A1+C$1。

总之，加上了绝对地址符 “\$” 的列标和行号为绝对地址，将公式向旁边复制时不会发生变化，没有加上绝对地址符的列标和行号为相对地址，在公式向旁边复制时会跟着发生变化。

2) 求和函数 SUM

用途：返回某一单元格区域中所有数字之和。语法：SUM(number1，number2，···)，number1，number2，··· 为需要求和的数值 (包括逻辑值及文本表达式)、区域或引用，或者 SUM(A:B)，其中 A, B 表示单元格地址。例如：如果 A1=1, A2=2, A3=3，则公式 “=SUM(A1:A3)” 返回 6，即 1+2+3=6。

3) 矩阵运算

矩阵运算函数是 Excel 进行矩阵计算的专用模块。常用的函数有 “TRANSPOSE” “MMULT”“MINVERSE”“MDETERM” 等，分别用来计算矩阵的转置、乘法、逆矩阵和行列式等。例如，设矩阵 A 为 $\begin{bmatrix} 2 & 5 & 7 \\ 8 & 2 & 4 \\ 1 & 3 & 9 \end{bmatrix}$，矩阵 B 为 $\begin{bmatrix} 1 & 3 & 8 \\ 4 & 1 & 9 \\ 2 & 2 & 6 \end{bmatrix}$，则在 Excel 单元格任意位置中输入相应数据，如在 B2:D4 中分别输入 2、5、7、8、2、4、1、3 和 9，在 F2:H4 中分别输入 1、3、8、4、1、9、2、2 和 6，选定 B7:D9 共 9 个单元格，此时不要单击以防单元格被取消选定，然后直接键入函数 “=TRANSPOSE (B2:D4)”，同时按下 Ctrl+Shift 键后再按 “回车” 键，即可在 B7:D9 中输出矩阵 A 的转置矩阵；同样，如果键入函数 “=MMULT(B2:D4, F2:H4)” 后按下 Ctrl+Shift 并按下 “回车” 键则会得到矩阵 A 和 B 的乘积；键入函数 “=MINVERSE(B2:D4)” 后按下 Ctrl+Shift 并按下 “回车” 键则会得到矩阵 A 的逆矩阵；在任一单元格中键入函数 “=MDETERM(B2:D4)” 后直接按 “回车” 键即可得到矩阵 A 的行列式。特别注意的是在 Excel 输出矩阵运算结果时不能直接按 “回车” 键，而是同时按下 Ctrl+Shift+Enter 组合键才能输出正确结果，如果输出的是非矩阵运算结果，则直接按下 “回车” 键即可。

2. 利用 Excel 实现普通累积法的例子

例 12-1 据统计资料知，我国 1952—1957 年工农业总产值如表 12-3 所示，试估计这一时期我国工农业发展的相关模型。

表 12-3 我国 1952—1957 年工农业总产值

(单位：亿元，按 1952 年不变价格计算)

年份	工业总产值	农业总产值
1952	343.9	483.9
1953	447	499.1
1954	519.7	515.7
1955	548.7	555.4
1956	703.6	582.9
1957	783.9	603.5

方法 1：普通累积法

根据题意，设拟合的模型为 $y = b_0 + b_1 x + \varepsilon$，累积和的排列如下：

数据	一阶累积和	二阶累积和	
x1	x1	x1	⋯
x2	x1+x2	x1+(x1+x2)	⋯
x3	x1+x2+x3	x1+(x1+x2)+(x1+x2+x3)	⋯
⋮	⋮	⋮	

根据上述关系，在 Excel 中输入数据，运用相应的函数进行求解。具体步骤如下：

(1) 在 A2，B2，C2，⋯，分别输入“年份”，“工业总产值 y”，“农业总产值 x”，“x 一阶”，“x 二阶”，⋯。

(2) 在 A3—A8 分别输入 1952—1957，在 B3—B8 分别输入工业总产值的数据，在 C3—C8 分别输入农业总产值的数据。

(3) 在 D3 输入“=SUM($C$3:$C3)”，然后按住自动填充柄向下拉，直至 D8 单元格，这样就完成了 x 的一阶累积和。

(4) 在 E3 输入“=SUM($D$3:$D3)”，同样的方法可得到 x 的二阶累积和。

(5) 在 F3 输入“=SUM($B$3:$B3)”，然后按住自动填充柄向下拉，直至 F8 单元格，得到 y 的一阶累积和。

(6) 在 G3 输入“=SUM($F$3:$F3)”，同样的方法可得到 y 的二阶累积和。

(7) 在 H3—H8 输入 1，在 I3 输入“=SUM($H$3:$H3)”，然后按住自动填充柄向下拉，直至 I8 单元格，得到一阶基本累积和，在 J3 输入“=SUM($I$3:$I3)”，同样的方法可得到二阶基本累积和。

(8) 在 B10 输入“=I8”，在 B11 输入“=J8”，在 C10 输入“=D8”，在 C11 输入“=E8”。表示矩阵 A 的元素。

(9) 选定 F10：G11，输入“=MINVERSE(B10:C11)”，然后同时按 Shift + Ctrl + Enter，得到矩阵 A 的逆矩阵。

(10) 在 J10 输入“=F8”，在 J11 输入“G8”，得到向量 Y。

(11) 选定 B13：B14，输入“=MMULT(F10:G11,J10:J11)”，表示将矩阵 A 的逆与向量 Y 相乘，得到 $b_0 = -1263.82$ 和 $b_1 = 3.3729$，即为回归方程的系数。至此，得到 x 与 y 的关系为

$$y_t = b_0 + b_1 x_t + \varepsilon_t = -1263.82 + 3.3729 x_t + \varepsilon_t$$

方法 2：最小二乘法

运用 Excel 中 “数据分析” 工具中的 “回归” 功能可以实现最小二乘法估计回归参数。具体步骤如下：

(1) 将数据输入 Excel 表格中，在 A1 中输入 “年份”，B1 中输入 “工业总产值 y”，C1 中输入 “农业总产值 x”，然后在相应位置分别输入数据。如图 12-1 所示。

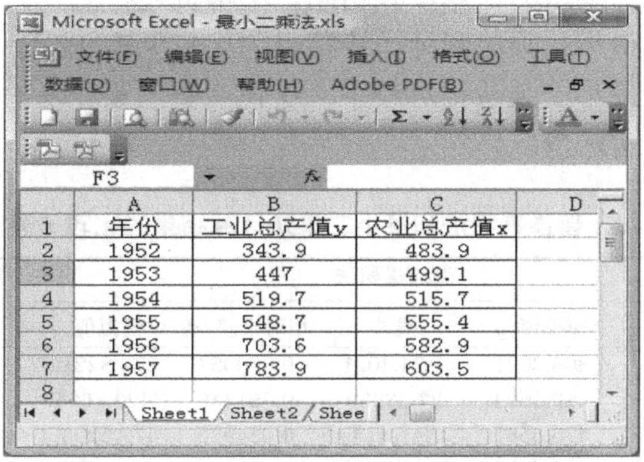

图 12-1 最小二乘法的 Excel 实现 (I)

(2) 单击 “工具”—“数据分析”—“回归”，打开回归选项卡，输入如图 12-2 所示的参数值，然后单击 “确定”。

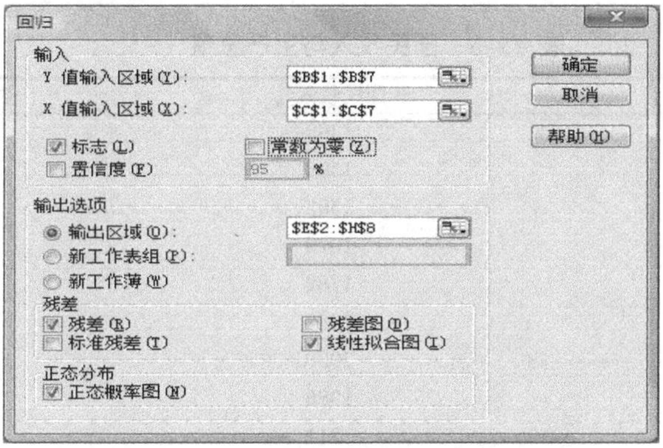

图 12-2 最小二乘法的 Excel 实现 (II)

(3) 在输出区域内，会生成如下所示表格 (部分)：

	Coefficients	标准误差	t-stat	P-value
Intercept	−1220.3691	212.1613	−5.75208	0.004529
农业总产值 x	3.29239763	0.391544	8.408754	0.001095

由上述表格可知，回归系数 (保留有效数字)$b_0 = -1220.37$，$b_1 = 3.2924$，即回归方程为

$$y_t = b_0 + b_1 x_t + \varepsilon_t = -1220.37 + 3.2924 x_t + \varepsilon_t$$

方法 3：最大似然法

该方法与最小二乘法的计算步骤相同，不再赘述。

普通累积法和最小二乘法两种计算结果的比较见表 12-4。通过比较发现，普通累积法的残差比最小二乘法相对较小，这说明普通累积法的预测值较最小二乘法的预测值更符合实际情况。

表 12-4 普通累积法和最小二乘法计算结果的比较 (例 12-1)

年份	实际值 y	普通累积法			最小二乘法		
		模拟值 y	残差	相对误差/%	模拟值 y	残差	相对误差/%
1952	343.9	368.3021	−24.4021	0.070957	372.822127	−28.9221	0.0841004
1953	447	419.5694	27.43059	0.061366	422.86657	24.13343	0.05398978
1954	519.7	475.5587	44.1413	0.084936	477.520371	42.17963	0.08116149
1955	548.7	609.4608	−60.7608	0.110736	608.228557	−59.5286	0.10849017
1956	703.6	702.2141	1.385851	0.00197	698.769492	4.830508	0.00686542
1957	783.9	771.6948	12.20516	0.01557	766.592883	17.30712	0.02207822

例 12-2 国民收入与生产总值之间呈线性关系。试根据表 12-5 所给的资料，估计该国国民收入与生产总值之间的相关关系。

表 12-5 国民收入与生产总值 (单位：亿元)

年份	国民收入 y	生产总值 x
1972	1309	2490
1973	1508	2779
1974	1603	3078
1975	1679	3898
1976	1782	3972
1977	1987	4111
1978	2030	4399
1979	1986	4776
1980	2311	5611
1981	2418	5867
1982	2107	5503
1983	2993	6786
1984	3024	7038

分析：根据题意，设拟合模型为 $y = b_0 + b_1 x + \varepsilon$，同例 12-1 的步骤一样，在 Excel 中输入相应的数据和函数。

方法 1：普通累积法

通过普通累积法可得 $b_0 = 460.80$，$b_1 = 0.3440$，对应的模型为

$$y_t = 460.80 + 0.3440x_t + \varepsilon_t$$

方法 2：最小二乘法

通过最小二乘法可得 $b_0 = 433.45$，$b_1 = 0.3499$，对应的回归方程为

$$y_t = 433.45 + 0.3499x_t + \varepsilon_t$$

两种方法的计算结果见表 12-6。

表 12-6 普通累积法和最小二乘法计算结果的比较 (例 12-2)

年份	实际值 y	普通累积法			最小二乘法		
		模拟值 y	残差	相对误差/%	模拟值 y	残差	相对误差/%
1972	1309.0	1317.388	8.387767	0.006408	1304.715	4.3	0.003274
1973	1508.0	1416.807	91.19326	0.060473	1405.838	102.2	0.067747
1974	1603.0	1519.666	83.33418	0.051986	1510.46	92.5	0.057729
1975	1679.0	1801.754	122.7543	0.073112	1797.384	−118.4	0.070509
1976	1782.0	1827.211	45.21103	0.025371	1823.277	−41.3	0.023163
1977	1987.0	1875.028	111.9715	0.056352	1871.914	115.1	0.057919
1978	2030.0	1974.103	55.89657	0.027535	1972.688	57.3	0.028233
1979	1986.0	2103.795	117.7953	0.059313	2104.603	−118.6	0.059719
1980	2311.0	2391.044	80.04391	0.034636	2396.775	−85.8	0.037116
1981	2418.0	2479.111	61.11055	0.025273	2486.351	−68.4	0.028268
1982	2107.0	2353.891	246.8908	0.117176	2358.985	−252.0	0.119594
1983	2993.0	2795.256	197.744	0.066069	2807.916	185.1	0.061839
1984	3024.0	2881.947	142.0534	0.046975	2896.093	127.9	0.042297

参考文献

艾丰. 1997. 品牌价值比较研究的理论探讨 [J]. 企业文化, (4): 3.

曹定爱. 2011. 累积法理论 [M]. 北京: 科学出版社.

曹定爱, 张顺明. 1998a. 估算经济计量模型结构参数的累积法 [J]. 数量经济技术经济研究, 15(11): 35-38.

曹定爱, 张顺明. 1998b. 累积法体系: 经济计量学新方法研究 [J]. 贵州财经大学学报, (5): 26-34.

曹定爱, 张顺明. 1999. 累积法引论 [M]. 北京: 科学出版社.

陈昆亭, 龚六堂. 2004. 中国经济增长的周期与波动的研究——引入人力资本后的 RBC 模型 [J]. 经济学 (季刊), (3): 803-818.

陈昆亭, 龚六堂, 邹恒甫. 2004. 什么造成了经济增长的波动, 供给还是需求: 中国经济的 RBC 分析 [J]. 世界经济, (4): 3-11, 80.

池仁勇, 李瑜娟, 刘娟芳. 2014. 基于多维评价指标体系的集群品牌发展驱动模式研究——对浙江集群品牌的经验分析 [J]. 科技进步与对策, 31(19): 69-74.

樊明太. 2004a. 金融结构及其对货币传导机制的影响 [J]. 经济研究, (7): 27-37.

樊明太. 2004b. 金融结构与货币传导机制: 一个资产组合一般均衡分析框架 [J]. 数量经济技术经济研究, (8): 114-126.

范二平. 2013. 品牌价值提升策略探讨 [J]. 企业经济, 32(1): 21-24.

范秀成. 2000. 品牌权益及其测评体系分析 [J]. 南开管理评论, 3(1): 9-15.

高辉. 2007. 品牌形象理论和实证研究述评 [J]. 现代管理科学, (1): 90-91, 108.

耿琦. 2013. 基于品牌发展模式的中国茶叶品牌战略研究 [D]. 合肥: 安徽大学.

顾乃华, 李江帆. 2006. 中国服务业技术效率区域差异的实证分析 [J]. 经济研究, (1): 46-56.

古扎拉蒂. 2000. 计量经济学基础 [M]. 北京: 中国人民大学出版社.

汉密尔顿. 1999. 时间序列分析 [M]. 北京: 中国社会科学出版社.

洪秀华. 2010. 零售企业自有品牌发展研究 [J]. 科技和产业, 10(5): 48-51, 61.

侯成琪, 龚六堂. 2014. 部门价格粘性的异质性与货币政策的传导 [J]. 世界经济, 37(7): 23-44.

胡爱华. 2012. 基于新凯恩斯 DSGE 模型的我国财政政策效应分析 [D]. 武汉: 华中科技大学.

黄赜琳. 2005. 中国经济周期特征与财政政策效应——一个基于三部门 RBC 模型的实证分析 [J]. 经济研究, (6): 27-39.

黄赜琳, 朱保华. 2015. 中国的实际经济周期与税收政策效应 [J]. 经济研究, 50(3): 4-17, 114.

贾俊雪, 郭庆旺. 2012. 财政支出类型、财政政策作用机理与最优财政货币政策规则 [J]. 世界经济, 35(11): 3-30.

江红艳, 武越天, 孙配贞. 2018. 品牌标识形状对品牌延伸评价的影响机制研究 [J]. 南大商学评论, (4): 104-122.

金中夏, 洪浩. 2013. 开放经济条件下均衡利率形成机制——基于动态随机一般均衡模型 (DSGE) 对中国利率变动规律的解释 [J]. 金融研究, (7): 46-60.

康立, 龚六堂. 2014. 金融摩擦、银行净资产与国际经济危机传导——基于多部门 DSGE 模型分析 [J]. 经济研究, 49(5): 147-159.

冷志明. 2004. "中华老字号" 品牌发展滞后原因及其对策研究 [J]. 北京工商大学学报 (社会科学版), 19(1): 55-57, 63.

李浩, 胡永刚, 马知遥. 2007. 国际贸易与中国的实际经济周期——基于封闭与开放经济的 RBC 模型比较分析 [J]. 经济研究, (5): 17-26, 41.

李园园, 李桂华, 张会龙. 2019. 企业社会责任、技术创新与品牌价值 [J]. 中国科技论坛, (3): 71-79.

李子奈, 叶阿忠. 2012. 级应用计量经济学 [M]. 北京: 清华大学出版社.

林细细, 龚六堂. 2007. 生产性公共开支经济中政府债务的福利损失 [J]. 管理世界, (8): 4-11, 22, 171.

刘斌. 2008. 我国 DSGE 模型的开发及在货币政策分析中的应用 [J]. 金融研究, (10): 1-21.

刘斌. 2009. 物价水平的财政决定理论与实证研究 [J]. 金融研究, (8): 35-51.

刘斌. 2016. 动态随机一般均衡模型及其应用 [M]. 北京: 中国金融出版社.

刘颖颖. 2016. 品牌承诺对品牌危机信息的抵御作用——双重态度模型的视角 [D]. 广州: 暨南大学.

刘宗明, 李春琦. 2013. 劳动交易成本、选择性路径依赖与劳动就业动态 [J]. 管理世界, (2): 18-31, 187.

陆娟. 2003. 企业品牌发展阶段战略研究 [J]. 财经论丛 (浙江财经学院学报), (3): 80-85.

罗为. 2009. 品牌权益测评体系研究路径与进展 [J]. 广东商学院学报, (2): 34-39, 66.

罗子明. 2001. 品牌形象的构成及其测量 [J]. 北京工商大学学报 (社会科学版), 16(4): 19-22.

马华. 1999. 品牌的价值 [J]. 商业研究, (8): 3.

梅冬州, 龚六堂. 2012. 经常账户调整的福利损失——基于两国模型的分析 [J]. 管理世界, (4): 33-46, 187.

穆俊峰, 穆俊秋. 2010. 中国农产品品牌发展现状及其存在问题分析 [J]. 吉林农业, (8): 15-16.

欧阳友权. 2012. 中国文化品牌发展报告 (2012)[M]. 北京: 社会科学文献出版社.

瞿原, 邓维斌, 胡峰, 等. 2018. 基于 Spark 的点排序识别聚类结构算法 [J]. 计算机科学, 45(1): 97-102.

孙婵娟, 梅丽霞. 2016. 品牌价值的评估方法问题研究及对策分析 [J]. 中国资产评估, (9): 44-48.

孙日瑶, 宋宪华. 2014. 以乐为本: 文化产品消费属性的规范研究 [J]. 中国文化产业评论, (1): 19.

唐国兴. 1988. 计量经济学——理论、方法和模型 [M]. 上海: 复旦大学出版社.

唐梅. 2014. 品牌信任对品牌延伸评价的影响 [D]. 天津: 天津大学.

田阳, 王海忠, 柳武妹, 等. 2014. 品牌承诺能抵御负面信息吗?——自我调节导向的调节作用 [J]. 心理学报, 46(6): 864-875.

仝冰. 2010. 货币、利率与资产价格 [D]. 北京: 北京大学.

王爱俭, 王璟怡. 2014. 宏观审慎政策效应及其与货币政策关系研究 [J]. 经济研究, 49(4): 17-31.

王成荣, 邹珊刚. 2005. 论品牌价值的来源及构成 [J]. 商业研究, (9): 7-10.

王国静, 田国强. 2014. 政府支出乘数 [J]. 经济研究, 49(9): 4-19.

王文甫. 2010. 价格粘性、流动性约束与中国财政政策的宏观效应——动态新凯恩斯主义视角 [J]. 管理世界, (9): 11-25, 187.
魏文忠. 2007. 零售品牌形象构成要素的实证研究 [D]. 济南: 山东大学.
伍德里奇. 2003. 计量经济学导论——现代观点 [M]. 北京: 中国人民大学出版社.
谢治春. 2010. 强势金融品牌特征与我国商业银行品牌发展 [J]. 上海金融, (7): 76-80.
许基南. 2005. 品牌竞争力研究 [M]. 北京: 经济管理出版社.
许志伟, 薛鹤翔, 罗大庆. 2011. 融资约束与中国经济波动——新凯恩斯主义框架内的动态分析 [J]. 经济学 (季刊), 10(1): 83-110.
杨勇. 2008. 中国服务业全要素生产率再测算 [J]. 世界经济, (10): 46-55.
易丹辉. 2002. 数据分析与 Eviews 应用 [M]. 北京: 中国统计出版社.
张传统. 2015. 农产品区域品牌发展研究 [D]. 北京: 中国农业大学.
张传忠. 2002. 品牌价值的评估方法略论 [J]. 价格理论与实践, (9): 29-31.
张开, 龚六堂. 2017. 多部门模型中的政府支出乘数 [J]. 华中科技大学学报 (社会科学版), 31(3): 98-107.
张倩肖. 2007. 外商直接投资、市场竞争及对我国制造业的技术外溢效应——基于随机前沿生产函数的分析 [J]. 经济学家, (3): 60-65.
张强. 2014. 高级计量经济学及 Stata 应用 [M]. 北京: 高等教育出版社.
张寿, 于清文. 1984. 计量经济学 [M]. 上海: 上海交通大学出版社.
张曙临. 2000. 品牌价值的实质与来源 [J]. 湖南师范大学社会科学学报, 29(2): 38-42.
张晓峒. 2003. 计量经济学软件 Eviews 使用指南 [M]. 天津: 南开大学出版社.
张晓峒. 2005. 计量经济学基础 [M]. 天津: 南开大学出版社.
张燚, 张锐, 刘进平. 品牌价值来源及其理论评析 [J]. 预测, 2010, 29(5): 74-80.
张自然. 2010. 中国生产性服务业的技术进步研究——基于随机前沿分析法 [J]. 贵州财经学院学报, (2): 35-41.
张佐敏. 2013. 财政规则与政策效果——基于 DSGE 分析 [J]. 经济研究, (1):13.
赵平, 裘晓东. 2002. 品牌价值评估方法 [J]. 中外管理导报, 14(5): 44-45.
钟科, 王海忠. 2015. 品牌拉伸效应: 标识形状对产品时间属性评估和品牌评价的影响 [J]. 南开管理评论, 18(1): 64-76.
周志华. 2016. 机器学习 [M]. 北京: 清华大学出版社.
朱军, 姚军. 2017. 中国公共资本存量的再估计及其应用——动态一般均衡的视角 [J]. 经济学 (季刊), 16(3): 32.
朱平芳. 2004. 现代计量经济学 [M]. 上海: 上海财经大学出版社.
邹至庄. 1988. 经济计量学 [M]. 北京: 中国友谊出版公司.
AAKER J L. 1997. Dimensions of brand personality[J]. Journal of Marketing Research, 34: 347-356.
ABDI H, WILLIAMS L J. 2010. Principal component analysis[J]. Wiley Interdisciplinary Reviews Computational Statistics, 2(4): 433-459.
ACKLEY D H, HINTON G E, SEJNOWSKI T J. 1985. A learning algorithm for boltzmannmachines[J]. Cognitive Science, 9(1): 147-169.
ADOLFSON M, LASÉEN S, LINDÉ J, et al. 2008. Monetary policy trade-offs in an estimated open-economy DSGE model[J]. Journal of Economic Dynamics and Control, 42(14510): 33-49.

ALAIN G, BENGIO Y. 2014. What regularized auto-encoders learn from the data generating distribution[J]. Journal of Machine Learning Research, 15(1): 3563-3593. I

ALEXANDRO A, POLLACK B L. 2020. What makes a brand interesting? Why care?[J]. Journal of Consumer Marketing, 37(5): 501-510.

ÁLVAREZ L J. 2008. What do micro price data tell us on the validity of the new Keynesian Phillips curve?[J]. Economics-The Open-Access, Open-Assessment E-Journal. 19(2): 1-36.

AMBLER T, BAYLISS R I, IOANNIDES A, ROSE S. 2000. Brands on the brain: Neuro-images of advertising[J]. Business Strategy Review, 11(3): 17-30.

BACHMAN P, PRECUP D. 2015. Variational generative stochastic networks with Collaborative shaping[C]. Proceedings of the 32th International Conference on Machine Learning, Lille: JMLR. org..

BACKUS D K, KEHOE P J, KYDLAND F E. 1992. International real business cycles[J]. Journal of Political Economy, 100(4): 745-775.

BACON P L, BENGIO E, PINEAU J, et al. 2015. Conditional computation in neural networks using a decision-theoretic approach[C]. The 2nd Multidisciplinary Conference on Reinforcement Learning and Decision Making, Edmonton: RLDM.

BAGNELL J A, BRADLEY D M. 2008. Differentiable sparse coding[C]. Proceedings of the 21st International Conference on Neural Information Processing Systems, Vancouver: Curran Associates Inc..

BAHL L R, BROWN P, DE SOUZA P V, et al. 1987. Speech recognition with continuous-parameter hidden Markov models[J]. Computer, Speech and Language, 2(3): 219-234.

BALDI P, SADOWSKI P, WHITESON D. 2014. Searching for exotic particles in high-energy physics with deep learning[J]. Nature communications, 5(3): 24-53.

BALLARD D H, HINTON G E, SEJNOWSKI T J. 1983. Parallel vision computation[J]. Nature, 306(11): 21-26.

BARLOW H B. 1989. Unsupervised learning[J]. Neural Computation, 1(5): 295-311.

BARRON A E. 1993. Universal approximation bounds for superpositions of a Sigmoidal function[J]. IEEE Transaction on Information Theory, 39(3): 930-945.

BARTHOLOMEW D J. 1987. Latent Variable Models and Factor Analysis[M]. Oxford: Oxford University Press.

BAXTER M, KING R G. 1993. Fiscal policy in general equilibrium[J]. American Economic Review, 83(3): 315-334.

BELEZNAI C, FRÜHSTÜCK B, BISCHOF H. 2006. Human tracking by fast mean shift mode seeking[J]. Journal of Multimedia, 1(1): 365-401.

BELKIN M, NIYOGI P. 2003. Laplacian eigenmaps for dimensionality reduction and data representation[J]. Neural Computation, 15(6): 1373-1396.

BENGIO Y, FRASCONI P, SIMARD P. 1993. The problem of learning long-term dependencies in recurrent networks[C]. IEEE International Conference on Neural Networks, San Francisco: IEEE Press.

BENGIO Y, MONPERRUS M. 2005. Non-local manifold tangent learning[C]. Proceedings of the 18th International Conference on Neural Information Processing Systems, Montreal: MIT Press.

BENGIO Y, DUCHARME R, VINCENT P, et al. 2003. A Neural probabilistic language models[J]. The Journal of Machine Learning Research, 3(6): 1137-1155.

BENGIO Y, SIMARD P, FRASCONI P. 1994. Learning long-term dependencies with gradient descent is difficult[J]. IEEE Transactions on Neural Networks, 5(2): 157-166.

BERGIN P R. 2003. Putting the "New Open Economy Macroeconomics" to a test[J]. Journal of International Economics, 60(1): 3-34.

BERNANKE B, GERTLER M. 2015. Agency costs, collateral, and business fluctuations[J]. NBER Working Paper Series, No. 1986.

BERNANKE B, GERTLER M, GILCHRIST S. 1996. The financial accelerator and the flight to quality[J]. Review of Economics & Statistics, 78(1): 1-15.

BERNANKE B, GERTLER M, GILCHRIST S. 1999. The financial accelerator in a quantitative business cycle framework[J]. Handbook of Macroeconomics, 1: 1341-1393.

BHARADWAJ N, HANSSENS D M, RAO R K S. 2020. Corporate brand value and cash holdings[J]. Journal of Brand Management, 27(4): 408-420.

BISHOP C M. 1995. Regularization and complexity control in feed-forward networks[J]. Artificial Neural Networks, 1: 141-148.

BLANCHARD O J, KAHN C M. 1980. The solution of linear difference models under rational expectations [J]. Econometrica, 48(5): 1305-1311.

BORGATTI S P, MEHRA A, BRASS D J, et al. 2009. Network analysis in the social [J]. Sciences, 323(5916): 892-895.

BOUREAU Y, PONCE J, LECUN Y. 2010. A theoretical analysis of feature pooling in vision algorithms[C]. Proceedings of the 27th International Conference on Machine Learning, Lille: JMLR. org..

BREIMAN L. 1994. Bagging predictors[J]. Machine Learning, 24(2): 123-140.

BREIMAN L. 2001. Random forests[J]. Machine Learning, 45(1): 5-32.

BREIMAN L, FRIEDMAN J, STONE C J, et al. 1984. Classification and Regression Tree[M]. London: Chapman & Hall/CRC.

BRODLEY C E, UTGOFF P E. 1995. Multivariate decision tree[J]. Machine Learning, 19(1): 45-77.

BROWN P F, PIETRA V J D, DESOUZA P V, LAI J C, et al. 1992. Class-based n-gram models of natural language[J]. Computational Linguistics, 18(4), 467-479.

BROWN V L, GISSEL J L, NEELY D G. 2016. Audit quality indicators: Perceptions of junior-level auditors[J]. Managerial Auditing Journal, 31(8): 949-980.

CALOMIRIS C W, RAMIREZ C D. 1996. The role of financial relationships in the history of American corporate finance[J]. Journal of Applied Corporate Finance, 9(2): 52-73.

CALVO G A. 1983. Staggered prices in a utility-maximizing framework[J]. Journal of Monetary Economics, 12(3): 383-398.

CARRILLO J A, POILLY C. 2013. How do financial frictions affect the spending multiplier during a liquidity trap?[J]. Review of Economic Dynamics, 16(2): 296-311.

CARUANA R. 1993. Multitask connectionist learning[J]. Proceedings of Connectionist Models Summer School, 9: 372-379.

CARVALHO C. 2006. Heterogeneity in price stickiness and the real effects of monetary shocks[J]. Frontiers in Macroeconomics, 6(3): 1320.

CASASANTO D, BORODITSKY L. 2008. Time in the mind: Using space to think about time[J]. Cognition, 106(2): 579-593.

CASSANDRA F, DEBRA G, BILL M, et al. 2018. Customer brand Co-Creation Behavior: Conceptualization and empirical validation[J]. Marketing Intelligence & Planning, 36(3): 334-348.

CHAE B, LI X P, ZHU R. 2013. Judging product effectiveness from perceived spatial proximity[J]. Journal of Consumer Research, 40(2): 317-335.

CHANDOLA V, BANERJEE A, KUMAR V. 2009. Anomaly detection: A survey[J]. ACM Computing Surveys (CSUR), 41(3): 1-58.

CHAPELLE O, SCHÖLKOPF B, ZIEN A. 2006. Semi-supervised Learning[M]. Cambridge, MA: MIT Press.

CHAWLA N V, BOWYER K W, HALL L O, et al. 2002. SMOTE: Synthetic minority over-sampling technique[J]. Journal of Artificial Intelligence Research, 16: 321-357.

CHEN S F, GOODMAN J T. 1999. An empirical study of smoothing techniques for language modeling[J]. Computer, Speech and Language, 13(4): 359-393.

CHEN T, LI M, LI Y, et al. 2015. MXNet: A flexible and efficient machine learning library for heterogeneous distributed systems[J]. Statistics, 23(4): 23-29.

CHEN Y, LUO T, LIU S, et al. 2014. DaDianNao: A machine-learning supercomputer[C]. 2014 47th Annual IEEE/ACM International Symposium on Microarchitecture, Cambrige, UK: IEEE.

CHO K, RAIKO T, ILIN A. 2010. Enhanced gradient and adaptive learning rate for training restricted Boltzmann machines[C]. The 2010 International Joint Conference on Neural Networks (IJCNN), Barcelona: IEEE.

CHO K, VAN MERRIËNBOER B, GULCEHRE C, BOUGARES F, et al. 2014. Learning phrase representations using RNN encoder-decoder for statistical machine translation[C]. Proceedings of the Empiricial Methods in Natural Language Processing (EMNLP2014), Barcelona, Spain: IEEE.

CHRISTIANO L J, EICHENBAUM M S. 1992. Liquidity effects, monetary policy, and the business cycle[J]. Discussion Paper/Institute for Empirical Macroeconomics.

CHRISTIANO L J, EICHENBAUM M, EVANS C L. 2005. Nominal rigidities and the dynamic effects of a shock to monetary policy[J]. Journal of Political Economy, 113(1): 1-45.

CHRISTIANO L J, EICHENBAUM M, REBERO S. 2011a. When is the government spending multiplier large?[J]. Journal of Political Economy, 119(1): 78-121.

CHRISTIANO L J, MOTTO R, ROSTAGNO M. 2010. Financial factors in economic fluctuations[J]. European Central Bank Working Paper Series, No. 1192.

CHRISTIANO L J, TRABANDT M, WALENTIN K. 2011b. Introducing financial frictions and unemployment into a small open economy model[J]. Journal of Economic Dynamics & Control, 35(12): 1999-2041.

CHUNG J, GÜLÇEHRE Ç, CHO K, et al. 2015a. Gated feedback recurrent neural networks[C]. Proceedings of the 32nd International Conference on Machine Learning, Lille: JMLR.

CHUNG J, KASTNER K, DINH L, et al. 2015b. A recurrent latent variable model for sequential data[J]. Computer Science, 35(8): 1340-1353.

CIRESAN D, MEIER U, MASCI J, et al. 2012. Multi-column deep neural network for traffic sign classification[J]. Neural Networks, 32(22): 333-338.

CLOWER R. 1967. A reconsideration of the microfoundations of monetary theory[J]. Economic Inquiry, 6(1): 1-8.

COOLEY T F, HANSEN G D. 1988. The inflation tax in a real business cycle model[J]. RCER Working Papers, 79(4): 733-748.

CORTES C, VAPNIK V. 1995. Support vector networks[J]. Machine Learning, 20(3): 273-297.

COURVILLE A, BERGSTRA J, BENGIO Y. 2011. Unsupervised models of images by spike-and-slab RBMs[C]. Proceedings of the 28th International Conference on Machine Learning, Bellevue, WA: Morgan Kaufmann.

COURVILLE A, DESJARDINS G, BERGSTRA J, et al. 2014. The spike-and-slab RBM and extensions to discrete and sparse data distributions[J]. Pattern Analysis and Machine Intelligence, IEEE Transactions on, 36(9): 1874-1887.

COVER T M, HART P E. 1953. Nearest neighbor pattern classification[J]. IEEE Transactions on Information Theory, 13(1): 21-27.

COX D R. 1958. The regression analysis of binary sequences[J]. J. Roy. Stat. Soc. B., 20(2): 215-242.

COX D, PINTO N. 2011. Beyond simple features: A large-scale feature search approach to unconstrained face recognition[C]. Automatic Face & Gesture Recognition and Workshops(FG 2011), Santa Barbara, CA: IEEE.

CRICK F H C, MITCHISON G. 1983. The function of dream sleep[J]. Nature, 304(5922): 111-114.

DAHL G E, RANZATO M, MOHAMED A, et al. 2010. Phone recognition with the mean-covariance restricted Boltzmann machine[C]. Proceedings of the 23rd International Conference on Neural Information Processing Systems, Vancouver: Curran Associates Inc..

DANZIGER L. 1999. A dynamic economy with costly price adjustments[J]. American Economic Review, 89(4): 878-901.

DAVIS A, RUBINSTEIN M, WADHWA N, et al. 2014. The visual microphone: Passive recovery of sound from video[J]. ACM Transactions on Graphics, 33(4): 1-10.

DAYAN P. 1991. Reinforcement comparison[J]. Connectionist Models, 1(1): 45-51.

DEAN J, CORRADO G, MONGA R, et al. 2012. Large scale distributed deep networks[C]. Proceedings of the 25th International Conference on Neural Information Processing Systems, Vancouver: Curran Associates Inc..

DEFAYS D. 1977. An efficient algorithm for a complete-link method[J]. The Computer Journal, 20(4): 364-366.

DEJONE D N, DAVE C. 2011. Structural Macroeconometrics[M]. New Jersey: Princeton University Press.

DEMPSTER A P, LAIRD N M, RUBIN D B. 1977. Maximum likelihood from incomplete data via the EM algorithm[J]. Journal of the Royal Statistical Society(Series B) , 39(1): 1-38.

DENG J, BERG A C, LI K, et al. 2010a. What does classifying more than 10000 image categories tell us?[C]. Proceedings of the 11th European Conference on Computer Vision: Part V, Berlin: Springer-Verlag.

DENG L, SELTZER M, YU D, et al. 2010b. Binary coding of speech spectrograms using a deep auto-encoder[C]. Interspeech 2010, Chiba, Conference of the International Speech Communication Association.

DENG L, YU D. 2014. Deep learning methods and applications[J]. Foundations and Trends in Signal Processing, 3(9): 390-413.

DING C H Q, HE X. 2004. Cluster structure of K-means clustering via principal component analysis[C]. Advances in Knowledge Discovery and Data Mining, 8th Pacific-Asia Conference, Sydney: DBLP.

DIXIT A K, STIGLITZ J E. 1977. Monopolistic competition and optimum product diversity: Reply[J]. American Economic Review, 67(5): 961-963.

DULL S, PIOTROSKI S A. 2011. Brand value management[P]. US: US7870018, 01 月 11 日.

ENGEL C M, MATSUMOTO A. 2014. Portfolio choice in a monetary open-economy DSGE model[J]. NBER Working Paper Series, No. 12214.

ERHAN D, BENGIO Y, COURVILLE A, et al. 2010. Why does unsupervised pre-training help deep learning?[C]. Proceedings of the 13th International Conference on Artificial Intelligence and Statistics, Sardinia: J. Machine Learning Res..

ESTER M, KRIEGEL H P, SANDER J, et al. 1996. A density-based algorithm for discovering clusters in large spatial databases with noise[C]. Proceedings of the Second International Conference on Knowledge Discovery and Data Mining (KDD-96), New Jersey: AAAI Press.

EVANS C L. 1992. Productivity shocks and real business cycles[J]. Journal of Monetary Economics, 29(2): 191-208.

FANG H, GUPTA S, IANDOLA F, et al. 2015. From captions to visual concepts and back[C]. 2015 IEEE Conference on Computer Vision and Pattern Recognition (CVPR), Boston, MA: IEEE.

FARABET C, COUPRIE C, NAJMAN L, et al. 2013. Learning hierarchical features for scene labeling[J]. IEEE Transactions on Pattern Analysis and Machine Intelligence, 35(8): 1915-1929.

FARABET C, LECUN Y, KAVUKCUOGLU K, et al. 2011. Large-scale FPGA-based Convolutional Networks[M]. London: Cambridge University Press.

FINN M G. 2012. Is all government capital productive? [J]. Economic Quarterly - Federal Reserve Bank of Richmond, 79(3): 53-80.

FIRST I, KHETRIWAL D S. 2010. Exploring the relationship between environmental orientation and brand value: Is there fire or only smoke?[J]. Business Strategy & the Environment, 19(2): 90-103.

FISHER D H, SCHLIMMER J C. 1988. Concept simplification and prediction accuracy[C]. International Conference on Machine Learning. DBLP.

FISHER R A. 1936. The use of multiple measurements in taxonomic problems[J]. Annals of Eugenics, 7(2): 179-188.

FORNI L, MONTEFORTE L, SESSA L. 2009. The general equilibrium effects of fiscal policy: Estimates for the Euro Area[J]. Journal of Public Economics, 93(3): 559-585.

FRASCONI P, GORI M, SPERDUTI A. 1998. A general framework for adaptive processing of data structures[J]. IEEE Transactions on Neural Networks, 9(5): 768-786.

FREUND Y. 1995. Boosting a weak learning algorithm by majority[J]. Information and Computation, 121(2): 256-285.

FREUND Y, SCHAPIRE R E. 1996. Game theory, on-line prediction and boosting[C]. Proceedings of the 9th Annual Conference on Computational Learning Theory, Madison, WI: Association for Computing Machinery.

FREY B J. 1998. Graphical Models for Machine Learning and Digital Communication[M]. Cambridge, MA: MIT Press.

FRISTON K J, FRITH C D, LIDDLE P F, et al. 1993. Functional connectivity: The principal-component analysis of large(PET) data sets[J]. Journal of Cerebral Blood Flow & Metabolism, 13(1): 5-14.

GAJANOVA L, NADANYIOVA M, LAZAROIU G. 2020. Specifics in brand value sources of customers in the banking industry from the psychographic point of view[J]. Central European Business Review, 9(2): 1-18.

GALÍ J. 2008. Monetary Policy, Inflation, and the Business Cycle[M]. New Jersey: Princeton University Press.

GALÍ J, GERTLER M. 2000. Inflation dynamics: A structural econometric analysis[J]. Journal of Monetary Economics, 44(2): 195-222.

GALÍ J, VALLES J, LOPEZ-SALIDO J D. 2007. Understanding the effects of government spending on consumption[J]. Journal of the European Economic Association, 5(1): 227-270.

GAMBACORTA L, SIGNORETTI F M. 2014. Should monetary policy lean against the wind? An analysis based on a DSGE model with banking[J]. Journal of Economic Dynamics & Control, 43: 146-174.

GERTLER M, SALA L, TRIGARI A. 2008. An estimated monetary DSGE model with unemployment and staggered nominal wage bargaining[J]. Journal of Money Credit & Banking, 40(8): 1713-1764.

GERTLER M, TRIGARI A. 2009. Unemployment fluctuations with staggered nash wage bargaining[J]. Journal of Political Economy, 117(1): 38-86.

GHAHRAMANI Z, HINTON G E. 2005. The EM algorithm for mixtures of factor analyzers[J]. Journal of Multivariate Analysis, 95(2): 370-384.

GILCHRIST S, LEAHY J V. 2002. Monetary policy and asset prices[J]. Journal Monetary Economics, 49(1): 75-97.

GIUDICE M D, MANERA V, KEYSERS C. 2009. Programmed to learn? The Ontogeny of mirror neurons[J]. Developmental Science, 12(2): 350-363.

GOLDFARB A, LU Q, MOORTHY S. 2009. Measuring brand value in an equilibrium framework[J]. Marketing Science, 28(1): 69-86.

GOODFELLOW I J. 2010. Technical report: Multidimensional, downsampled convolution for autoencoders[R]. Montreal: Université de Montréal.

GOODFELLOW I J. 2014. On Distinguishability criteria for estimating generative models[R]. International Conference on Learning Representations, Scottsdale, AR: Workshops Track.

GOODFELLOW I J, COURVILLE A, BENGIO Y. 2011. Spike-and-slab sparse coding for unsu-pervised feature discovery[C]. NIPS Workshop on Challenges in Learning Hierarchical Models.

GOODFELLOW I J, COURVILLE A, BENGIO Y. 2013a. Scaling up spike-and-slab models for unsupervised feature learning[J]. IEEE Transactions on Pattern Analysis & Machine Intelligence, 42(5): 1902-1914.

GOODFELLOW I J, MIRZA M, COURVILLE A, et al. 2013b. Multi-prediction deep Boltzmann machines[C]. Proceedings of the 26th International Conference on Neural Information Processing Systems, Lake Tahoe, NV: Curran Associates Inc..

GOODFELLOW I J, MIRZA M, XIAO D, et al. 2013c. An empirical investigation of catastrophic forgetting in gradient-based neural networks[J]. Computer Science, 84(12): 1387-1391.

GOODFELLOW I J, POUGET-ABADIE J, MIRZA M, et al. 2014a. Generative adversarial networks[J]. Advances in Neural Information Processing Systems, 3: 2672-2680.

GOODFELLOW I J, POUGET-ABADIE J, MIRZA M, et al. 2014b. Generative adversarial nets[C]. Proceedings of the 27th International Conference on Neural Information Processing Systems, Montreal: MIT Press.

GOODFELLOW I J, WARDE-FARLEY D, MIRZA M, et al. 2013d. Maxout networks[C]. International Conference on Machine Learning.

GOODFRIEND M, McCALLUM B. 2007. Banking and interest rates in monetary policy analysis: A quantitative exploration[J]. Journal of Monetary Economics, 54(5): 1480-1507.

GRAF H P, JACKEL L D. 1989. Analog electronic neural network circuits[J]. Circuits and Devices Magazine, IEEE, 5(4): 44-49.

GRAVES A. 2011. Practical variational inference for neural networks[C]. Proceedings of the 24th International Conference on Neural Information Processing Systems, Granada: Curran Associates Inc..

GRAVES A. 2012. Supervised Sequence Labelling with Recurrent Neural Networks[M]. Switzerland: Springer.

GRAVES A, FERNANDEZ S, GOMEZ F J, et al. 2006. Connectionist temporal classification: Labelling unsegmented sequence data with recurrent neural networks[C]. Proceedings of the 23th International Conference on Machine Learning, PA: ICML.

GUNTER U, FADINGER H, BERGER S. 2009. Macroeconomic interdependence in a two-country DSGE model under diverging interest-rate rules[D]. Vienna: University of Vienna, 273: 178-184.

HALL D. 2013. HOW TO. CLAIM INTEREST RATE SWAPS. [J]. Caterer & Hotelkeeper, 203(4803): 67.

HAN S L, SUNG H S. 2008. Industrial brand value and relationship performance in business Markets: A general structural equation model[J]. Industrial Marketing Management, 37(7): 807-818.

HANSEN G D. 1985. Indivisible labor and the business cycle[J]. Journal of Monetary Economics, 16(3): 309-327.

HANSEN G D, PRESCOTT E C. 1993. Did technology shocks cause the 1990-1991 recession?[J]. American Economic Review, 83(2): 280-286.

HENDERSON P W, COTE J A, LEONG S M, et al. 2003. Building strong brands in asia: Selecting the visual components of image to maximize brand strength[J]. International Journal of Research in Marketing, 20(4): 297-313.

HERVE A, WILLIAMS L J. 2010. Principal component analysis[J]. Wiley Interdisciplinary Reviews Computational Statistics, 2(4): 433-459.

HINTON G. 2009. Deep belief networks[J]. Scholarpedia, 4(5): 5947.

HINTON G, VINYALS O, DEAN J. 2015. Distilling the knowledge in a neural network[J]. Computer Science, 14(7): 38-39.

HINTON G E. 1989. Connectionist learning procedures[J]. Artificial Intelligence, 40(1): 185-234.

HINTON G E. 1990. Mapping part-whole hierarchies into connectionist networks[J]. Artificial Intelligence, 46(1): 47-75.

HINTON G E. 1999. Products of experts[C]. Proceedings of the 9th International Conference on Artificial Neural Networks (ICANN), Edinburgh: IEEE.

HINTON G E. 2002. Training products of experts by minimizing contrastive divergence[J]. Neural Computation, 14(8): 1771-1800.

HINTON G E. 2007a. Learning multiple layers of representation[J]. Trends in Cognitive Sciences, 11(10): 428-434.

HINTON G E. 2007b. To recognize shapes, first learn to generate images[J]. Progress in Brain Research, 165(6): 535-547.

HINTON G E. 2010. A practical guide to training restricted Boltzmann machines[D]. Toronto: University of Toronto.

HINTON G E, MCCLELLAND J L. 1987. Learning representations by recirculation[C]. Conference and Workshop on Neural Information Processing Systems.

HOCHREITER S, SCHMIDHUBER J. 1997. Long short-term memory[J]. Neural Computation, 9(8): 1735-1780.

IRELAND P N. 2004. Technology shocks in the new Keynesian model[J]. Review of Economics & Statistics, 86(4): 923-936.

JACOBS R A, JORDAN M I, NOWLAN S J, et al. 1991. Adaptive mixtures of local experts[J]. Neural Computation, (3): 79-87.

JAEGER H, HAAS H. 2004. Harnessing nonlinearity: Predicting chaotic systems and saving energy in wireless communication[J]. Science, 304(5667): 78-80.

JAEGER H, LUKOSEVICIUS M, POPOVICI D, et al. 2007. Optimization and applications of echo state networks with leaky-integrator neurons[J]. Neural Networks, 20(3): 335-352.

JAIN V, MURRAY J F, ROTH F, et al. 2007. Supervised learning of image restoration with convolutional networks[C]. 2007 IEEE 11th International Conference on Computer Vision, Rio de Janeiro: IEEE.

JIANG G, HE H, XIE P, et al. 2017. Stacked multilevel-denoising autoencoders: A new representation learning approach for wind turbine gearbox fault diagnosis[J]. IEEE Transactions on Instrumentation and Measurement, 66(9): 2391-2402.

JOHNSON I, PLUMBLEY M. 2000. Online connectionist Q-learning produces unreliable performance with a synonym finding task[C]. Proceedings of the IEEE-INNS-ENNS International Joint Conference on Neural Networks, Como: IEEE.

JOHNSTON J, DINARDO J. 1997. Econometric Methods [M]. New York: McGraw-Hill.

JOLLIFFE I T. 2002. Pincipal component analysis[J]. Journal of Marketing Research, 25(4): 513-535.

JONES R. 2005. Finding sources of brand value: Developing a stakeholder model of brand equity[J]. Journal of Brand Management, 13(1): 10-32.

KAMAKURA W A , RUSSELL G. 1993. Measuring brand value with scanner data[J]. International Journal of Research in Marketing, 10(1): 9-22.

KASHYAP A K , Stein J C , Wilcox D W . 1993. Monetary policy and credit conditions: Evidence from the composition of external finance[J]. American Economic Review, 83(1): 78-98.

KATZ S M. 1987. Estimation of probabilities from sparse data for the language model component of a speech recognizer[J]. IEEE Transactions on Acoustics, 35(3): 400-401.

KELLER K L, LEHMANN D R. 2006. Brands and branding: Research findings and future priorities[J]. Marketing Science, 25(6): 740-759.

KERIN R A, SETHURAMAN R. 1998. Exploring the brand value-shareholder value nexus for consumer goods companies[J]. Journal of the Academy of Marketing Science, 26(4): 260.

KINGMA D P. 2013. Fast gradient-based inference with continuous latent variable models in Auxiliary form[J]. Computer Science, 13(6): 533-571.

KINGMA D P, WELLING M. 2014. Auto-encoding variational Bayes[C]. 2nd International Conference on Learning Representations, New York: ArXiv. Org.

KIYOTAKI N, MOORE J. 1997. Credit cycles[J]. Journal of Political Economy, 105(2): 211-248.

KLEIN P. 2000. Using the generalized schur form to solve a multivariate linear rational expectations model[J]. Journal of Economic Dynamics & Control, 24(10): 1405-1423.

KOLASA M. 2009. Structural heterogeneity or asymmetric shocks? Poland and the Euro Area through the Lens of a two-country DSGE model[J]. Economic Modelling, 26(6): 1245-1269.

KRZHEVSKY A, SUTSKEVER I, HINTON G E. 2012. ImageNet classification with deep convolutional neural networks[C]. Proceedings of the 25th International Conference on Neural Information Processing Systems, New York: Curran Associates Inc..

KUMAR A, IRSOY O, ONDRUSKA P, et al. 2015. Ask me anything: Dynamic memory networks for natural language processing[C]. Proceedings of the 33rd International Conference on Machine Learning, New York: JMLR org..

KUMHOF M, MUIR D, MURSULA S, et al. 2010. The global integrated monetary and fiscal model (GIMF)-theoretical structure[R]. IMF Working Papers, 10(10/34).

KYDLAND F E, PRESCOTT E C. 1982. Time to build and aggregate fluctuations[J]. Econometrica, 50(6): 1345-1370.

LAFFERTY J, McCALLUM A, PEREIRA F, et al. 2001. Conditional random fields: Probabilistic models for segmenting and labeling sequence data[C]. Proceedings of the 18th International Conference on Machine Learning, Montreal: Morgan Kaufmann.

LECUN Y. 1986. Learning Processes in an Asymmetric Threshold Network[M]. Berlin: Springer-Verlag.

LECUN Y. 1987. Modéles connexionistes del'apprentissage[D]. Paris: Université de Paris.

LECUN Y, BENGIO Y, HINTON G. 2015. Deep learning[J]. Nature, 521: 436-444.

LECUN Y, BOSER B, DENKER J, et al. 2014. Backpropagation applied to handwritten zip code recognition[J]. Neural Computation, 1(4): 541-551.

LECUN Y, BOTTON L, BENGIO Y, et al. 2001. Gradient-based Learning Applied to Document Recognition[M]. Piscataway, NJ: IEEE Press.

LECUN Y, JACKEL L D, BOSER B, et al. 1989. Handwritten digit recognition: Applications of neural network chips and automatic learning[J]. IEEE Communications Magazine, 27(11): 41-46.

LECUN Y, KAVUKCUOGLU K, FARABET C. 2010. Convolutional networks and applications in vision[C]. Proceedings of 2010 IEEE International Symposium on Circuits and Systems (ISCAS), Paris: IEEE.

LEEPER E M, PLANTE M, TRAUM N. 2010. Dynamics of fiscal financing in the United States[J]. Journal of Econometrics, 156(2): 304-321.

LIU H, SUN F, FANG B, et al. 2018. Cross-modal zero-shot-learning for tactile Object recognition[J]. IEEE Transactions on Systems Man & Cybernetics Systems, 50(7): 2466-2474.

LIU X Y, WU J, ZHOU Z H. 2009. Exploratory under-samping for class-imbalance learning[J]. IEEE Transactions on Systems, Man, and Cybernetics-Part B: Cybernetics, 39(2): 539-550.

LONG J B, PLOSSER C I. 1983. Real business cycles[J]. Journal of Political Economy, 91(1): 39-69.

LUCAS R E. 1973. Some international evidence on output-inflation tradeoffs[J]. American Economic Review, 63(3): 326-334.

LUCAS R E. 1976. Econometric policy evaluation: A critique[C]//Brunner K, Meltzer A. The Phillips Curve and Labor Markets, Camegie-Rochester Conference Series on Public Policy, 1976, 1: 19-46.

LUCAS R E, STOKEY N L. 1987. Money and interest in a cash-in-advance economy[J]. Econometrica, 55(3): 491-513.

MAATEN L V D, HINTON Ge E. 2008. Visualizing data using t-SNE[J]. Journal of Machine Learning Research, 9(2605): 2579-2605.

MACQUEEN J B. 1967. Some methods for classification and analysis of multivariate observations[C]. Proceedings of 5th Berkeley Symposium on Mathematical Statistics and Probability, Berkeley: University of California Press.

MANKIW N G, REIS R. 2002. Sticky information versus sticky prices: A proposal to replace the new Keynesian Phillips curve[J]. Quarterly Journal of Economics, 117(4): 1295-1328.

MARQUARDT D W. 1963. An algorithm for least-squares estimation of non-linear parameters[J]. Journal of the Society of Industrial and Applied Mathematics, 11(2): 431-441.

MASE S. 1995. Consistency of the maximum pseudo-likelihood estimator of continuous state space Gibbsian processes[J]. The Annals of Applied Probability, 5(3): 603-612.

MCCANDLESS G T. 2008. The ABCs of RBCs[M]. Massachusetts: Harvard University Press.

MCCLELLAND J, RUMELHART D, HINTON G. 1995. The appeal of parallel distributed processing[J]. Computation & intelligence, 15: 305-341.

MENDOZA E G. 1991. Real business cycles in a small open economy[J]. American Economic Review, 81(4): 797-818.

MENDOZA E G, RAZIN A, TESAR L L. 1994. Effective tax rates in macroeconomics: Cross-country estimates of tax rates on factor incomes and consumption[J]. Journal of Monetary Economics, 34(3): 297-323.

MERTENS K, RAVN M O. 2012. Empirical evidence on the aggregate effects of anticipated and unanticipated US tax policy shocks[J]. American Economic Journal Economic Policy, 4(2): 145-181.

MIAO Y, METZE F, RAWAT S. 2014. Deep maxout networks for low-resource speech recognition[C]. IEEE Automatic Speech Recognition & Understanding.

MINSKY M L, PAPERT S A. 1969. Perceptrons: An Introduction to Computational Geometry[M]. Cambridge: MIT Press.

MNIH V, BADIA A P, MIRZA M, et al. 2016. Asynchronous methods for deep reinforcement learning[C]. Proceedings of the 33th International Conference on Machine Learning, New York: ICMS.

MODIGLIANI F, MILLER M H. 1959. The cost of capital, corporation finance and the theory of investment[J], American Economic Review, 261-297.

MOORMAN C, DIEHL K, BRINBERG D, et al. 2004. Subjective knowledge, search locations, and consumer choice[J]. Journal of Consumer Research. 31(3): 673-680.

MORTENSEN D T, PISSARIDES C A. 1994. Job creation and job destruction in the theory of unemployment[J]. Review of Economic Studies, 61(3): 397-415.

MORTENSEN D T, PISSARIDES C A. 1998. Technological progress, job creation, and job destruction[J] . Review of Economic Dynamics1, 4: 733-753.

MOUSSOURIS J. 1974. Gibbs and Markov random systems with constraints[J]. Journal of Statistical Physics, 10(1): 11-33.

MOZER M C. 1997. Induction of multiscale temporal structure[C]. Morgan Kaufmann Publishers Inc..

MURPHY K P. 2012. Machine Learning: a Probabilistic Perspective[M]. Cambridge: MIT Press.

MURTHY S K, KASIF S, SALZBERG S. 1994. A system for induction of oblique decision trees[J]. Journal of Artificial Intelligence Research, 2: 1-32.

NAKAMURA E, STEINSSON J. 2010. Monetary non-neutrality in a multi-sector menu cost model[J]. Social Science Electronic Publishing, 125(3): 961-1013.

NEAL R M. 1992. Connectionist learning of belief networks[J]. Artificial Intelligence, 56: 71-113.

OBSTFELD M, ROGOFF K. 1995. The intertemporal approach to the current account[J]. Handbook of International Economics, 3.

OSINDERO S, HINTON G E. 2007. Modeling image patches with a directed hierarchy of Markov random fields[C]. Advancesin Neural Information Processing Systems (NIPS'07), Cambridge, MA: MIT Press.

PEARL J. 1985. Bayesian networks: A model of self-activated memory for evidential reasoning [C]. Proceedings of the 7th Conference of the Cognitive Science Society, Irvine, CA: PLOS Genetics.

PEARSON K. 1901. On lines and planes of closest fit to systems of points in space[J]. Philosophical Magazine, 2(11): 559-572.

PETERSON R A, JEONG J. 2010. Exploring the impact of advertising and R&D Expenditures on corporate brand value and firm-level financial performance[J]. Journal of the Academy of Marketing Science, 38(6): 677-690.

PISSARIDES C A. 2000. Equilibrium Unemployment Theory[M]. Massachusetts: MIT Press.

PREACHER K J, RUCHER D D, HAYREW A F. 2007. Addressing Moderated Mediation Hypotheses: Theory, Methods, and Prescriptions[M]. Kansas: Multivariate Behavioral Research.

PRESCOTT E C. 1986. Theory ahead of business cycle measurement[R]. New York: Federal Reserve Bank of Minneapolis, 11-44.

QUINLAN J R. 1986. Induction of decision trees[J]. Machine Learning, 1(1): 81-106.

QUINLAN J R. 1993. C4.5: Programs for Machine Learning[M]. San Mateo, CA: Morgan Kaufmann.

RABANAL P. 2007. Does inflation increase after a monetary policy tightening? Answers based on an estimated DSGE model[J]. Journal of Economic Dynamics & Control, 31(3): 906-937.

RADFORD A, METZ L, CHINTALA S. 2015. Unsupervised representation learning with deep convolutional generative adversarial networks[J]. Computer Science, 15(11): 434-469.

RANZATO M, POULTNEY C, CHOPRA S, et al. 2007. Efficient learning of sparse representations with an energy-based model[C]. Proceedings of the 20th International Conference on Neural Information Processing Systems, Granada: Curran Associates Inc..

REBELO S. 2010. Real business cycle models: Past, present, and future[J]. Scandinavian Journal of Economics, 107(2): 217-238.

REIS R. 2010. Inattentive producers[J]. Review of Economic Studies, 73(3): 793-821.

RIFAI S, VINCENT P, MULLER X, et al. 2011. Contractive auto-encoders: Explicit invariance during feature extraction[C]. Proceedings of the 28th International Conference on Machine Learning, Bellevue, WA: Morgan Kaufmann.

RODRÍGUEZ-LÓPEZ M E, BARRIO-GARCÍO S D, ALCÁNTARA-PILAR J M. 2020. Formation of Customer-based brand equity via authenticity[J]. International Journal of Contemporary Hospitality Management, 32(2): 815-834.

ROSENBLATT F. 1958. The perceptron: A probabilistic model for information storage and organization in the brain[J]. Psychological Review, 65(9): 386-408.

ROSNBLATT M. 1956. Remarks on some nonparametric estimates of a density function[J]. The Annals of Mathematical Statistics, 27(3): 832-837.

ROTEMBERG J J. 1982a. Monopolistic price adjustment and aggregate output[J]. Review of Economic Studies, 49(4): 517-531.

ROTEMBERG J J. 1982b. Sticky prices in the United States[J]. Journal of Political Economy, 90(6): 1187-1211.

ROTEMBERG J J. 2005. Customer anger at price increases, changes in the frequency of price adjustment and monetary policy[J]. Journal of Monetary Economics, 52(4): 829-852.

ROWEIS S T, SAUL L K. 2000. Nonlinear dimensionality reduction by locally linear embedding[J]. Science, 290(5500): 2323-2326.

RUMELHART D E, HINTON Ge E, WILLIAMS R J. 1986. Learning internal representations by back-propagating errors[J]. Nature, 323(99): 533-536.

SALAKUTDINOV R, HINTON G E. 2009. Deep Boltzmann machines[C]. Proceedings of the 12th Conference on Artificial Intelligence and Statistics, Clearwater Beach, FL: JMLR.

SCHIMMER J C, FISHER D. 1986. A case study of incremental concept induction[C]. Proceedings of 5th National Conference on Artificial Intelligence, Philadelphia, PA: AAAI.

SCHLOSSBERG H. 1990. Brand value can be worth more than physical assets[J]. Marketing News, 32(5): 746-759.
SCHÖKOPF B. 1998. Nonlinear component analysis as a kernel eigenvalue problem[J]. Neural Computation, 10: 1299-1319.
SCHULTZ D E, BARNES B E, SCHULTZ H F, et al. 2009. Building Customer-Brand Relationships[M]. New York: M. E. Sharpe Inc..
SHI J B, MALIK J. 2000. Normalized cuts and image segmentation[J]. IEEE Transactions on PAMI, 22(8): 888-905.
SIBSON R. 1973. SLINK: An optimally efficient algorithm for the single-link cluster method[J]. The Computer Journal. British Computer Society, 16(1): 30-34.
SIDRAUSKI M. 1969. Rational choice and patterns of growth[J]. Journal of Political Economy, 77(4): 575-585.
SILVER D, HUANG A, MADDISON C J, et al. 2016. Mastering the game of go with deep neural networks and tree search[J]. Nature, 529: 484-489
SILVER D, LEVER G, HEESS N, et al. 2014. Deterministic policy gradient algorithms[C]. Proceedings of the 31th International Conference on Machine Learning, Pasadena, CA: Morgan Kaufmann.
SIMON F, TOSSAN V. 2018. Does brand-consumer social sharing matter? A Relational framework of customer engagement to brand-hosted social media[J]. Journal of Business Research, 85: 175-184.
SIMS C A. 1980. Macroeconomics and reality[J]. Econometrica, 48(1): 1-48.
SIMS C A. 2002. Solving linear rational expectations models[J]. Computational Economics, 20(1): 1-20.
SLOBODYAN S, WOUTERS R. 2009. Learning in an estimated medium-scale DSGE model[J]. Journal of Economic Dynamics & Control, 136(1): 26-46.
SMETS F, WOUTERS R. 2004. Forecasting with a Bayesian DSGE model: An application to the Euro Area[J]. Journal of Common Market Studies, 42(4): 841-867.
SMETS F, WOUTERS R. 2005. Comparing shocks and frictions in US and Euro Area business cycles: A Bayesian DSGE approach[J]. Journal of Applied Econometrics, 20(2): 161-183.
SMETS F, WOUTERS R. 2007. Shocks and frictions in the US business cycles: A Bayesian approach[J]. American Economic Review, 97(3): 586-606.
SOHL-DICKSTEIN J, WEISS E A, MAHESWARNATHAN N, et al. 2015. Deep unsupervised learning using nonequilibrium thermodynamics[C]. Proceedings of the 32nd International Conference on Machine Learning, Lille France: JMLR. org.
SOHN K, ZHOU G, LEE H. 2013. Learning and selecting features jointly with point-wise gated Boltzmann machines[C]. Proceedings of the 30th International Conference on Machine Learning, Atlanta GA: JMLR. org.
STÄHLER N, THOMAS C. 2012. FiMod: A DSGE model for fiscal policy simulations[J]. Economic Modelling, 29(2): 239-261.
STEENKAMP J E M, BATRA R, ALDEN D L. 2003. How perceived brand globalness creates brand value[J]. Journal of International Business Studies, (34): 53-65.

STRATONOVICH R L. 1960. Conditional Markov processes[J]. Theory of Probability and its Applications, 5(2): 156-178.

SUN X W, ZHOU H B. 2010. Experiments with two new Boosting algorithms[J]. Intelligent Information Management, 2(6): 386-390.

SUN Y, LI S, BONINI N, et al. 2011. Graph-framing effects in decision making[J]. Journal of Behavioral Decision Making, 25(5): 491-501.

SUTSKEVER I, VINYALS O, QUOC V L. 2014. Sequence to sequence learning with neural networks[C]. Proceedings of the 27th International Conference on Neural Information Processing Systems, Montreal: MIT Press.

SUTTON R. 1988. Learning to predict by the methods of temporal differences[J]. Machine Learning, 3(1): 9-44.

TAYLOR J B. 1980. Aggregate dynamics and staggered contracts[J]. Journal of Political Economy, 88(1): 1-23.

TENENBAUM J B, DE SILVA V, LANGFORD J C. 2000. A global geometric framework for nonlinear dimensionality reduction[J]. Science, 290(5500): 2319-2323.

THEURER C P, TUMASJAN A, WELPE I M, et al. 2018. Employer branding: A brand equity-based literature review and research agenda: brand equity-based employer branding[J]. International Journal of Management Reviews, 20(1): 155-179.

TOWNSEND R M. 1979. Optimal contracts and competitive markets with costly state verification[J]. Journal of Economic Theory, 21(2): 265-293.

UHLIG H. 1999. A toolkit for analyzing nonlinear dynamic stochastic models easily[J]. Discussion Paper, 97: 30-62.

UTGOFF P E, BERKMAN N C, CLOUSE J A. 1997. Decision tree induction based on efficient tree restructuring[J]. Machine Learning, 29(1): 5-4.

VAN HASSELT H. 2011. Double Q-learning[J]. Advances in Neural Information Processing Systems, 23: 2613-2622.

VERDÚ S. 2004. Information theory, inference, and learning algorithms[J]. IEEE Transactions on Information Theory, 50(10): 2544-2545.

VIDAL R, MA Y, SASTRY S. 2005. Generalized principal component analysis (GPCA)[J]. IEEE Trans. Pattern Anal. Mach. Intell., 27(12): 1945-1959.

VINCENT P, LAROCHELLE H, BENGIO Y, et al. 2008. Extracting and composing robust features with denoising auto encoders[C]. Proceedings of the 25th International Conference on Machine Learning, Helsinki: Morgan Kaufmann.

VINCENT P, LAROCHELLE H, LAJOIE I, et al. 2010. Stacked denoising autoencoders: Learning useful representations in a deep network with a local denoising criterion[J]. Journal of Machine Learning Research, 11(12): 3371-3408.

WALSH V. 2003. A theory of magnitude: Common cortical metrics of time, space and quantity[J]. Trends in Cognitive Sciences. 7(11): 483-488.

WARD J H. 1963. Hierarchical grouping to optimize an objective function[J]. Journal of the American Statistical Association, 58 (301): 236-244.

WATKINS C J C H. 1989. Learning from delayed rewards[D]. England: Cambridge University.

WEINBERGER K Q, SAUL L K. 2009. Distance metric learning for large margin nearest neighbor classification[J]. Journal of Machine Learning Research, 10(1): 207-244.

WILLIAM H. Greene. 2001. 计量经济分析 [M]. 4 版. 北京: 清华大学出版社.

WILLIAMS R J. 1992. Simple statistical gradient-following algorithms for connectionist reinforcement learning[J]. Machine Learning, 8(3): 229-256.

WOLD S. 1987. Principal component analysis[J]. Chemometrics & Intelligent Laboratory Systems, 2(1): 37-52.

WOODFORD M. 2003. Interest and Prices: Foundations of a Theory of Monetary Policy[M]. New Jersey: Princeton University Press.

WU Y, TA N H, PENG J, et al. 2019. Deep reinforcement learning of energy management with continuous control strategy and traffic information for a series-parallel plug-in hybrid electric bus[J]. Applied Energy, 247: 454-466.

YEUNG M, RAMASAMY B. 2008. Brand value and firm performance nexus: Further empirical evidence[J]. Journal of Brand Management, 15(5): 322-335.

ZHANG Y, SONG B, ZHANG P. 2017. Social behavior study under pervasive social networking based on decentralized deep reinforcement learning[J]. Journal of Network and Computer Applications, 86: 72-81.

ZHU R J. 2013. ARGO J. Exploring the impact of various shaped seating arrangements on persuasion[J]. Journal of Consumer Research, 40(2): 336-349.

ZHU X, GOLDERG A B. 2009. Introduction to semi-supervised learning (synthesis lectures on artificial intelligence and machine learning)[J]. Synthesis Lectures on Artificial Intelligence & Machine Learning, 3(1): 1-130.

ZOU H, TIBSHIRANI H R. 2006. Sparse principal component analysis[J]. Journal of Computational and Graphical Statistics, 15(2): 265-286.

附录 A　品牌战略及其发展趋势

A.1　品牌理论的产生与演化

“品牌”这个词来源于古斯堪的那维亚语 brandr，意思是“灼烧”，指的是生产者燃烧印章烙印到产品。最古老的通用品牌是在印度，吠陀时代 (约公元前 1500~前 600 年) 被称为“Chyawanprash”，广泛应用于印度和其他许多国家，以受人尊敬的哲人 Chyawan 命名。品牌理论研究与发展经历了一个相对长期的过程。其历程如下：

1870 年以前，为品牌观念时代。

1870~1900 年，主要是个体生产者拥有消费品品牌。

1915~1928 年，主要在广告方面突出了品牌的宣传，有了新的管理方式，即品牌由职能部门管理。

1930~1945 年，出现了品牌经理，诞生了品牌管理系统。

1950~1960 年，许多企业开始尝试实施品牌管理系统，特别是消费品企业，重塑品牌忠诚，品牌管理和品牌战略在市场战略中的地位和作用充分体现了出来，有学者开始对品牌管理理论进行研究。

1960~1980 年，品牌经理制在全球盛行。

20 世纪 80 年代~90 年代初，出现品牌整合，品牌资产盛行。

20 世纪 90 年代以来，品牌战略和品牌管理成为公司战略和管理的重要新领域，主要围绕如何做好品牌管理。这阶段，生态学和品牌学的交叉学科——品牌生态学被提出。从理论上讲，品牌生态学是网络经济时代各种具体品牌思想、方法及先进品牌管理技术的集成、综合和创新。品牌生态学将成为解决企业品牌复杂性问题的一门指导性科学。品牌理论最近被注入猎头行业，很多猎头都在创造自己的品牌，例如知名猎头烽火猎聘公司。

自 20 世纪以来，品牌与科技尤其是与传播技术的紧密结合，促使品牌开始逐步走向成熟。在品牌理论产生之前的这一萌芽阶段，世界各著名广告公司的定位纷纷从广告版经纪人逐渐向提供全面品牌服务的信息咨询公司转变；同时品牌传播的形式也层出不穷，例如，除报纸、杂志、广播、电视外，霓虹灯广告、路牌广告、购物点广告、邮递广告以及空中广告在欧美甚为流行；品牌策划与创意更是广泛被使用。实业界的这些操作带来了对品牌理论研究极大的社会需求。

品牌学的理论准备阶段从 20 世纪 50 年代至 20 世纪 90 年代。这一时期，大体又经历了三个子阶段，即古典品牌理论阶段 (20 世纪 50 年代至 20 世纪 80 年代)、现代品牌理论阶段 (20 世纪 80 年代末至 20 世纪 90 年代，主要以品牌资产理论的提出为标志) 和当代品牌理论阶段 (20 世纪 90 年代末至今，主要以品牌关系理论的深入研究为标志)。

古典品牌理论阶段是品牌学理论的最初形成阶段，在这一子阶段，首先侧重于从品牌的定义、命名、标识、商标等方面对品牌的内涵和外延进行规范研究；其次，从塑造角度提出了许多具有战略性意义的品牌理论，如独特销售主张理论、品牌生命周期理论、品牌形象理论、品牌个性理论、品牌定位理论、品牌延伸理论等。从品牌实践的角度来说，在 1950 年至 1960 年期间，许多企业特别是消费品企业实施了品牌管理系统和重塑品牌忠诚活动，同时品牌管理和品牌战略在市场战略中的地位和作用也日益显现出来；在 1960 年至 1980 年期间，品牌经理制开始在全球范围内盛行。

现代品牌理论阶段是品牌学理论的深化发展阶段，主要包括品牌权益 (资产、价值) 理论、品牌权益 (资产、价值) 管理理论和品牌权益 (资产、价值) 管理运作模型等三个方面的内容。

首先，品牌权益 (资产、价值) 理论。20 世纪 80 年代末、90 年代初开始，品牌权益 (资产、价值) 理论研究成为新的、重大的学术热点领域。目前，在国外文献中，有 Brand Credit (品牌信用)、Brand Equity (品牌资产) 和 Brand Value(品牌价值) 等几个与品牌资产有关的概念。总体来说，它们之间的关系为：品牌资产是从资产分类的财务会计角度对品牌的静态描述，属于结果性概念；品牌权益描述的是品牌资产形成的动态过程以及各个影响因素之间的相互作用，属于过程性和关系性概念；而品牌价值是从哲学和经济学本源上描述品牌资产能够存在的根本原因，为品牌资产和品牌权益的研究奠定理论基础，属于原因性概念。

其次，品牌权益 (资产、价值) 管理理论。随着对品牌权益、资产和价值概念及其理论研究的深入，人们认识到，为保证品牌权益、资产或价值的有效形成和长期发展，必须设立专门的组织机构和规范的操作指南对其进行管理。为此，品牌权益、资产和价值管理理论研究应运而生。

最后，品牌权益 (资产、价值) 管理运作模型。在上述品牌权益、资产和价值管理研究的基础上，实践界特别是咨询界，围绕如何做好品牌权益 (资产、价值) 管理研究，提出了不少运作模型，例如奥美国际的“品牌管家”(Brand Stewardship)、萨奇的“全球品牌策略”、电通的“品牌传播”、达彼思的“品牌轮盘”(Brand Wheel)、智威汤逊的“全方位品牌建设”(Total Branding) 等。总体来说，在此阶段，品牌开始上升为公司战略和管理中重大的新兴领域。

当代品牌理论阶段是品牌学理论的全面发展阶段，除古典品牌理论、现代品牌理论进一步创新、完善和相互渗透之外，主要包括品牌关系和品牌力理论、品牌塑造方法、战略性品牌管理理论、范畴性品牌理论 (源于品牌的外延不断扩展) 及其他新兴品牌思想等内容。在品牌的创造过程中，如果顺应了消费者认知机制以及那些先于被创造的品牌而存在的人的知识体系，例如顺应了目标消费者的世界观、价值观以及她们的文化、消费习惯等等各种用来类别化解析模式的知识体系，那么，这个新品牌就容易获得成功而成为强势品牌，否则就可能在消费者“遗忘”机制的作用下消失。

A.2 品牌理论的发展

2015 年，品牌中国战略规划院成立伊始，组织召开了研究工作会，提出创建中国特色的品牌理论，与会同志分别做了专题报告。比如：“关于品牌中国战略规划院开展研究工作的思考”(樊明太)、“新地理经济学视野下的品牌成长：基于我国省际空间面板数据实证分析”(曹琦) 以及 “创立品牌系统工程学的思考”(曹定爱)。

自 19 世纪早期近代品牌概念诞生以来，一直把它作为一个社科概念，其实它更应该是一个工程的概念。随着计算技术的高速发展，大数据作为流行概念普及开来，让交易行为中的信息不对称性越来越显著，这些都是创立品牌系统工程学的原动力。这门学科的显著特征就是 “科学化、系统化、工程化、学科化”，而 “科学化” 则包括了 “可描述、可设计、可推导、可计算、可应用” 等方面的内涵，主要表现形式就是仿真系统的建立。累积法在系统仿真领域将会有广泛应用空间，将探讨品牌系统的仿真理论和方法，并推动品牌仿真系统的应用，寻求品牌发展系统的优化解和解析解。

品牌是有品质的牌子；品牌价值是交易价格的溢出；推动品牌建设的目的就是实现交易溢出的最大化，也就是构建一个多维条件下交易溢出的目标函数。比如有两个生产要素 7 和 9，按常规组合生产可能性是 $7 \times 9 = 63$；组合很好的情况下是 $7^9 = 40353607$，而最大的组合值是 $(7!)^{(9!)} = 5040^{362880}$ ，这就是通过品牌效应实现核聚变，“!” 就是核聚变的因子。品牌战略就是通过科学的系统方法对目标函数求解，实现最大化。实现路径就是将大数据、物联网、区块链和人工智能融为一体，利用现代计算技术进行系统集成和有机运行。

A.3 大数据对企业品牌战略的影响

A.3.1 大数据对品牌战略的挑战

进入新世纪以来，信息传播技术革命在世界范围内狂飙突进，新媒体及其引领的媒体融合深刻影响、改造人们的生活、交往和行为方式，同时也必然对消费文化的观念、内容和形态产生重要而深远的影响。而消费文化又在很大程度上决定着品牌的价值以及品牌的战略方式。在这一巨大变革的背景下，企业的品牌建设过程与战略过程也遇到了如下六个新的挑战。

(1) 消费者获取信息的方式发生变化。互联网普及之前，企业掌握了信息优势以及主动权，而消费者几乎不掌握信息；这种信息的不对称使消费者往往处于弱势的一方。现在，互联网的普及以及移动网络的发展使消费者可以随时上网，获得大量信息，使消费者与企业拥有同样多的信息，两者处于同等的地位。同时，互联网也使企业与消费者的联系更加紧密。因此，互联网使企业与顾客处于互利共生的状态。

(2) 企业能够获取的数据量呈现爆炸式增长。大数据时代，数据规模与数据量增速都达到了前所未有的程度。与此同时，数据的碎片化与数据种类的多样性导致数据可用性降低，品牌想要获得有价值的数据难度也相应增大。因此，对于企业品牌建设来说，如何有效地分析和管理数据，并由此来研究消费者的行为特征，成为非常重要的问题。

(3) 消费者的使用设备从个人计算机端转向移动端。智能手机的出现以及移动互联网高速发展，使消费者的上网工具逐渐由传统的个人计算机转向手机或者其他移动设备。在全球范围内，手机访问量已经占据所有在线活动的四分之三。在我国，这一转变趋势更为显著。品牌如何在手机等移动端上与消费者进行沟通，成为未来重要的课题。

(4) 人们的消费需求倾向于通过一站式购物来解决。现在，消费者的在线消费行为十分活跃，这主要是因为网上购物十分方便。随着越来越多的传统品牌进入电子商务领域，消费者的购物也越发倾向于一站式。在这一背景下，企业应将心思放在如何为他们的消费者提供更加个性化，更让消费者满意的商品上。

(5) 消费者对于品牌的偏好与重视程度下降。过去，消费者在购物时十分重视品牌，一些知名品牌往往具有大量忠实的消费者。现在，消费者则更加重视产品价格与购物的方便程度，对品牌的意识与偏好度则有所下降。这也为企业的品牌打造与品牌战略提出了挑战。

(6) 了解消费者的收入至关重要。消费者的购物习惯很大程度上依赖于自身的收入水平。对于企业而言，了解消费者的收入具有十分重大的战略意义。如果能将顾客按照收入水平分组，则可以有效地对不同收入段的顾客推荐不同的商品。这也为企业如何有效收集与管理消费者的收入数据流提出了挑战。

A.3.2 大数据的发展催生品牌战略的转变

传统企业品牌战略的主题是品牌宣传，这是一种以企业为主导进行品牌的单向宣传，而消费者则处于被动接受企业品牌信息的地位的品牌战略方式。这种战略方式从空间上看是由一点到多点，并且多点之间由联系很少的单向线性结构进行关联；从时间上看则具有一定的继起性，企业先宣传，消费者后接收。在互联网与大数据背景下，企业的品牌战略方式则转变为品牌对话。在品牌对话的过程中，企业通过大数据分析了解不同消费者的偏好与行为，然后针对不同的消费者进行沟通，传输品牌的理念与价值；而消费者也不再处于被动接受的地位，而是具有高度的主动性与企业交流。从空间上看，这种战略方式具有从一点辐射，多点之间紧密联系的多向网状结构特点；从时间上看，企业与消费者的对话是同时发生的，不再具有继起性。随着传统媒体向自媒体过度，品牌战略的定义与方法就被几何级数地拓展开了，品牌战略的透明度与难度也被层层放大了。这个时代的品牌战略的主题应该从“品牌宣传”转向“品牌对话”。

国际著名品牌战略专家唐 • 舒尔茨教授认为，信息爆炸式增长的大数据时代，传统的战略理念应该被 SIVA 理念所替代，即解决方案 (Solutions)、信息 (Information)、价值 (Value) 以及途径口 (Access)。唐 • 舒尔茨表示消费者在表达需求，不断寻找、修正并最终确定自己的解决方案的过程，实际上就是一个在 S-I-V-A 构成的网络路径中不断地调整方向、选择新路径并最终找到入口 (A) 的过程。消费者在这个历程中的每一次驻足和跳转，都是战略者和消费者建立品牌沟通的机会；战略者需要利用和把握好每一次个性化的品牌对话机会，为消费者提供实时信息支持，帮助消费者缩短决策路径，快速找到入口。唐 • 舒尔茨的 SIVA 战略理论也告诉我们，品牌的价值源于消费者，面对当前“碎片化”大数据环境，企业应将关注的重点从产品转向消费者，从企业控制变为消费者响应，从说服消费者购买转变为加深消费者对品牌的理解。

A.3.3 大数据对品牌战略的意义

大数据时代已经来临，资产、技术、规模都退出了竞争主位，“数据”才是公司的真正资本。企业对品牌的战略方式，也因大数据而产生巨大改变，也必须因此做出恰当的调整。大数据改变的是思维方式，让我们从因果关系的串联思维转变为相关关系的并联思维，也让品牌传播思路与路径发生了转变。大数据也可以使企业不受时间限制地对消费者进行 360 度全方位观察，使消费者的整个人生都可能被追踪、下载、分析。同样，网络上客户的评价数据构成了影响品牌创建的重要数据体系。大数据为品牌对话提供了技术基础，海量数据的搜集、存储、管理、分析、挖掘与运用都自成体系。换言之，大数据技术能使大量非结构化的、不均匀分布的数据被捕捉、存储和分析，人们可以利用这些资料来解释各种现象背后的深层次原因，预测事物的发展趋势，以便企业及时调整战略策略，获得与消费者之间更加频繁的交互对话。

利用大数据进行品牌战略可以分为两类：一类是基于运营体系或平台系统的

数据挖掘与应用，如供应链系统数据分析、淘宝数据魔方、卓越亚马逊消费者行为分析；另一类是基于媒体信息的挖掘与应用，如微博战略、微信公众账号战略等，也即任何受众在接触媒体时都会留下痕迹，有痕迹就可以被监测、被分析。

通过以上方式获得的数据可以为企业细分受众进行精准定位提供基础，但在具体的操作中，企业需要经历数据收集、数据分析、消费者智能、个性化品牌传递、衡量结果五个具体的阶段。因此，在这个全新的技术领域，企业需要雇佣专业人才来进行操作和管理。大数据技术为企业进行品牌战略提供了新的有效方式，但同时也对企业的自身本领提出了新的要求。在互联网上，客户会留下痕迹，企业也会留有脚印，透明的环境对双方而言是公平的。因此，虚假粉饰逃不过顾客的眼睛，企业要树立真正的品牌，必须要内外兼修，真正全面了解顾客并满足其需求。

进入 21 世纪，我国企业首先经历了互联网普及带来的变革，这次变革的结果是电子商务的蓬勃发展。而现在，企业正在经历大数据技术发展带来的变革。大数据变革，使企业的品牌战略策略发生了重大的改变，既给品牌的发展带来了机遇，也带来了挑战。能否成功抵挡住大数据变革带来的挑战，抓住大数据变革带来的机遇，从而使企业自身的品牌在这一浪潮下发展壮大，决定着我国能否成功将“中国品牌”推向国际，从国际产业链低端向高端发展，实现我国经济的成功转型。

A.4 品牌战略的趋势是人工智能

从理论层面来看，AI 在品牌传播管理方面的应用缺少系统的理论支撑，特别是关于品牌舆情监控和品牌危机应对，是一个广泛涉及多种学科的综合研究领域，从宏观的概念体系到具体的数据模型都需研究和突破。企业经营与互联网联系日益紧密，电商产业更是日益离不开互联网与新媒体，品牌管理亦是如此。AI 传播与运用已经渗透到现代生活的方方面面与各个行业，特别是品牌企业，AI 已经渗透到其日常产品开发的监测及未来的智能化产品研发中，渗透到了其整个战略与售后服务中，但是相关研究没有跟上。互联网及新媒体的交互性等特征给普通大众发表意见提供了多种平台，信息不再是单向度的传播与只能被动地接受，消费者对于品牌的评判以及网络购物留下的各种痕迹信息，都为品牌管理提供大量有用的数据基础，而这方面相关研究没有跟上，品牌管理上也没有跟上，同时，网民汇聚而成的舆论往往让政府、品牌企业与传统媒体不得不重视并顺应这种声音，表现在品牌负面信息的传播上，往往让品牌管理者不知所措，事先事中找不到成熟的应对舆情策略作为借鉴。

实用研究往往滞后于事物的发展，例如对于互联网及其基础上衍生的各种新媒体对于传统媒体的冲击，业界找不到有效的应对办法。AI 时代的来临，使得上述问题更为严重。

从现有研究来看，对于 AI 的研究主要集中在就具体的问题如何进行数据收集、清洗和存储，如何建立有效的模型来对数据进行分类，如何建立可行的分析方法对数据进行结论处理等。

虽然近年来对于品牌管理的研究不少，也是研究的重点之一，但是从品牌舆情角度来研究品牌管理的论著不多，从 AI 这个角度来研究品牌管理与品牌舆情监测的更少，也欠缺研究的深度，如对三鹿问题奶粉、双汇火腿肠、冠生园等品牌危机管理的研究。

虽然研究舆情是近年来的热点，也有从大数据这个视角研究舆情的，如以大数据为手段对社会热点问题的研究，但研究不深入。在大数据时代，品牌舆情监测以及品牌危机舆情监测方面的研究更少，更缺乏专注持久的研究，其主要原因在于大数据是新事物，利用大数据进行舆情监测也是新事物，而且从事大数据视域下的品牌管理与品牌舆情研究，又需要研究者懂高等数学、数理统计、计算机技术、管理学、广告学等相关知识，这无形增加了研究的难度。

鉴于上述因素，应加强大数据传播视域下品牌管理研究，这就涉及该研究的理论意义。因而，大数据之于品牌管理的理论意义在于: 从大数据传播与运用视域研究品牌管理属于新事物，相关实践经验与监测数据分析技术还有待完善，尚处于摸索发展阶段，需要在研究中找到可以用于实践的规律与理论，本研究的主要目的之一就是寻求这方面的理论突破。

品牌战略已经上升到国家战略。但推动这一战略的科学理论和技术基础是什么？品牌战略的最终业态是什么？这些一直是我们思考和研究的课题。几年来，作者牵头创立“品牌系统工程学”，尽管远未完成，但一门学科的雏形已经显现。在不久的将来，一定会奠定品牌理论的基础。在相关理论的基础上，开发相关技术并推广应用到品牌战略的各个环节，这才是我们推动品牌战略的价值所在。目前，针对品牌战略所做的宣传、评估、规划等方面的工作只是平面的，是 1.0 层级，换言之，是初步的。品牌战略应该是一个大系统，包涵众多的二级系统以及三级以至 N 级系统。

人工智能技术的开发应用是当今世界的大趋势。品牌战略的最终业态肯定也是在品牌战略中开发和应用人工智能技术，推动创立“品牌战略 AI 系统”是国家品牌战略成功与否的关键。我们经过长期努力已经初步完成“品牌战略 AI 理论与技术”的研究。目前，我们推动建设“国家品牌战略 AI 系统”项目由以下四大部分组成：

(1) 品牌大数据板块。大数据是 AI 系统建设的关键，包括数据集成、数据识别 (需要识别数据的真伪，去伪存真)、数据再生 (需要按照科学的方法查缺补漏和外推)，以及数据处理等四大环节。为此，我们先后编著了《累积法理论》(数据处理) 等著作，并实现了“扫码搜技术”(数据集成)；在此基础上进一步开发了数据识别系统和数据再生系统，构成品牌大数据板块的闭环。

(2) 评估规划板块。如何对品牌价值进行科学评估是品牌战略的关键性难题。各种评估模型都缺乏科学性，这就造成评估报告没有公信力。为此，我们创立一个由 100 多个方程构成的联立方程模型体系，最大限度地确保科学化以及它的预测功能。

在规划设计方面，我们探讨创立文件识别系统 (将文字转换成数据) 和文件生成系统 (将数据转换成文件)。将来的品牌战略规划报告可以实现由系统自动生成，实现即时性和预测性功能。除此之外还可以广泛应用于咨询服务业。

(3) 品牌孵化板块。我们在孵化提升过程中将创立品牌价值提升系统、品牌风险控制系统、品牌信用管理系统、品牌建设可视化系统。为此，我们创立了品牌大数据监测体系、动态随机 $T+N$ 仿真实验技术等等，可以为入驻基地的企业提供全程服务，也可以为基地外的企业提供远程服务。

(4) 品牌价值交易板块。我们将创建一个品牌价值交易平台，实现公平公正的价值交易，通过交易品牌的资产价值实现资产价值的品牌化提升。为此，我们创立了一个品牌价值交易模型，设计出公平公正的价值交易实现与监测系统。

经过多年研究，我们已经拥有“品牌 e 搜”、“累积法理论与技术”(品牌战略 AI 系统技术) 以及“品牌系统工程学”等十几项科学技术，这些科学技术奠定了推动建设这个国际系统的基础。随着我们研究的不断深入，科学理论与应用技术将不断完善，创建这个系统可行性将不断提高。

A.5　品牌战略 AI 系统的内涵

品牌战略 AI 系统，是基于累积法理论、品牌系统工程学、品牌战略 AI 理论与技术等一系列科学理论和技术，构建的一个国家品牌战略层面的智慧操作系统；广泛应用于各类咨询服务、风险控制、信用管理、司法服务、金融安全、证券分析、孵化仿真、远程服务等。基于该系统开发延伸服务系统，开展品牌价值交易、债务对冲、不良资产处置、大健康管理、产品溯源等集成服务。

人工智能已经从一种刚开始的理念，慢慢转化为可应用的基础，基于互联网技术带来的大数据，利用深度学习的标准算法来处理数据，同时辅助以超级计算机跟云计算的强大计算力，但其中的数学理论尚未取得突破性进展。

人工智能对大数据的处理从本质上讲是数学中的统计学，累积法作为一种参数估计的有力工具，能够推动人工智能在大数据领域的应用。累积法的三大特性 (绝对误差最小、总体误差为零、方差估计无偏移) 决定了在确定的样本空间估计值的无偏性、动态样本空间估计值的渐近无偏性，这些性质都确保了人工智能算法的有效性。

深度学习有很多不足的地方，比如依赖大样本，同时解释性很差，容易受到欺骗。当前没有更好的算法来替代，解决这些问题要对相关数学理论进行深入研究，了解大数据里面的数学结构和原理。目前，人工智能由于计算器速度限制，只能采取多层状结构解决问题，基于简单的数学分析，无法有效找出最优解，在可见的未来，如何提升量子计算机的硬件，发展更有效的数学算法，让量子人工智能与量子深度学习变成实用工具，必须依靠基础科学和应用数学的深度结合。我们推动的品牌战略 AI 系统的出发点就是依托我们在基础理论的创新和技术手段的进步。

A.6 专业人才培养是品牌战略成功的关键

品牌战略是一个庞大的系统工程，需要各方面的人才。这主要体现在高层次领军人才、创新团队和跨学科创新平台不足，基础理论、原创系统算法等方面突破较少，复合型人才培养导向性不强等。为此，在人才培养模式方面强调“复合培养”，探索以问题为导向的学科交叉人才培养模式；在课程体系建设方面强调“精密耦合”，打造品牌系统工程核心知识课程体系和应用模块课程。我们将在“品牌系统工程学”和“品牌战略 AI 理论与技术”的基础上创立“品牌经济学”“品牌保险学”“品牌信用管理学”“品牌风险控制学”“品牌评价学”“品牌孵化学”“品牌规划学”“品牌交易学”“品牌文化学”“品牌金融学”等课程。选择与大学合作创建“品牌工程”专业，进而创建“中国品牌工程学院”“中国品牌工程大学”，实现品牌工程人才的综合培养。

附录 B 人工智能在医疗大健康管理中的应用

人工智能 (Artificial Intelligence)，英文缩写为 AI。它是研究、开发用于模拟、延伸和扩展人的智能的理论、方法、技术及应用系统的一门新的技术科学。如果说“非典疫情”推动了物流配送行业的发展和行政应急体制的进步，那么“新冠肺炎疫情”必将加速实现 AI 更多应用场景的落地，助推健康医疗领域的 AI 应用和大健康产业生态圈的融合发展。在此，就 AI 在医疗大健康管理中的应用作一个初步的介绍。

B.1 大数据和 AI 在大健康中的应用领域

B.1.1 医疗大数据

大数据是 AI 的基础。如果将大数据 AI 系统作为一个工厂，那么大数据就是原材料，应用场景就是创造健康价值所必需的一系列业务元素与条件的集合，就是产品。大数据系统包括数据集成、数据识别、数据内生和数据处理四大环节。

数据集成 就是把各种数据按照一定的规律集成到一起。数据集成必须解决数据的来源问题，我们推动的大数据系统，数据源包括以下三个：

(1) 联通国家、行业等数据库。进行数据联通是可行的，数据是一种重要的资产，但是没有应用就是极大负担，因为维护数据库的成本是巨大的。目前，建设数据库趋势明显，但是应用场景有待开发。

(2) 通过爬虫技术抓取数据。网络爬虫是一个自动提取网页的程序，是搜索引擎的重要组成部分。所有被爬虫抓取的网页将会被系统存贮，通过一定的分析、过滤，并建立索引，以便之后的查询和检索；对于聚焦爬虫来说，这一过程所得到的分析结果还可能对以后的抓取过程给出反馈和指导。

(3) 品牌 e 搜数据集成。该系统是我们自创的一个数据集成系统，目前已经列入国家有关部门重点推广和应用项目。

数据识别 互联网时代每天都产生海量数据，但绝大多数都是没有价值的，如何聚焦找到有用的数据？这就需要建立数据识别系统。通过使用累积法理论构建一个识别系统，可实现数据收敛。

数据内生 在样本空间中，有很多数据原本存在，只是没有发现，通过建立数学模型可以寻找出这些隐藏的数据。同样，通过数学模型可以预测尚未发生的数据，实现数据链上的相对闭环，使得数据处理更加科学、更加系统。

数据处理 在大数据系统中，数据处理是系统核心。高新技术本质上是数学技术，核心是误差处理，累积法是最好的误差处理的方法。应用累积法理论构建数学模型进行数据处理，可以满足高效无偏的要求，实现数据处理的有效性和递延性。

附图 B-1 是作者设计并正在实施的国家品牌战略 AI 系统逻辑关系图，大数据工程中心是基础，大健康管理是重要的应用场景。

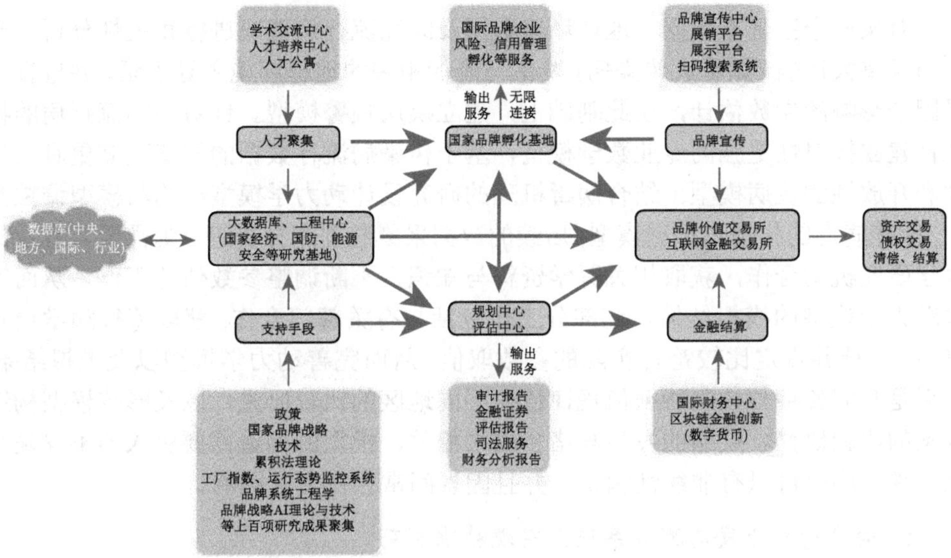

附图 B-1 国家品牌战略 AI 系统逻辑关系图

B.1.2 医疗大数据的主要类别

医疗大数据库是 AI 在医疗大健康管理中应用的基础。具体包括以下三点：

(1) 药物信息数据库。通过收集药物的基本信息、药理信息、药物临床信息、药物销售信息、医药企业信息、药物研究信息等所建立的信息数据库。

(2) 医院医生、医疗设备数据库。主要是通过对医院的调查，收集涉及与医院有关的医疗设备及低值易耗品所建立的数据库。数据库包括了医院医生、影像诊断系统、移植设备和相关附件、临床实验室设备和试剂、医院内设备、眼科设备、外科设备、物资管理产品、外科矫形设备、物理医疗设备、牙科设备、妇产科设备、一次性医疗产品等方面的信息。

(3) 癌症筛选等若干专业数据库。比如筛选与癌症有关的信息而建立的数据库。数据库包括试验性和临床肿瘤治疗；体内和体外癌症的生物化学、免疫学、生理学和生物学；诱发癌症的化学、病毒和其他因素；致癌剂的结构、突变因子的研究、突变因子的试验、导致细胞分离的生长因子和其他因素等方面的信息。

B.1.3 应用领域

主要应用方向包括：重大疫情监测控制模型系统；新药开发与测评系统；医疗事故监测与控制系统；健康经济系统工程发展模型应用系统；老年病防治模型系统等。

1. 构建重大疫情监测控制模型系统，造福人类社会

对疾病个案基本数据、地理环境数据及既往流行病情况进行相关性分析，研究仿真重大疾病 (如重大传染病) 发生与流行相关的地理环境主导因素，并进行主导因子影响的参数估计，在此基础上，建立疾病预警模型。针对不同流行病的特殊性建立针对性更强的专业数学模型，基于传染病流行数据的规律建立更具灵活性和开放性的疾病模型。结合病毒机理的研究设计动力学模型结构与模型调控参数, 改善病毒的传播和预测模型; 后续的数据采集整理和分析等，则需要与专业的医学研究机构合作，获取相关医学资料与知识，不断调整参数估计工作，从而完善动力学模型的模拟结果。这部分工作包括与有关部门合作, 获取流行病学调查资料, 估计并设定比较符合实际的参数取值, 从而完善动力学模型以及模拟结果; 最后是开展传播与控制特征值规律值在不同地区的比较研究，以及影响模型构造因素的比较研究。疾病的发生与诸多因素相关，模型的构造需要引入的不仅是线性因素，同时可以有非线性因素，并且因素间常存在交互影响。

2. 构建新药开发与测评系统，实现精准制药

精准制药是基于患者特定的病理结构而进行精准开发，实现药性与病理映射，提高治理疗效。其核心思想是确保有限的卫生资源发挥最大、最佳的产出效益。通过 AI 仿真技术对药物开发进行成本与效果、成本与效用、成本与效益以及效益与风险等综合分析，制定出科学合理的药物评价指南、合理的价格补偿机制、符合实际的药物基本目录和公费医疗用药的报销范围等，结合政府的政策规范和引导，不仅可以实现有限药物资源获得健康程度的最大化，还将引领整个社会医药研发、生产的方向和临床用药的方案、方式等，在全社会形成药物研发、生产和应用的和谐局面，统筹兼顾国家、企业和患者等多方面的利益。

3. 构建医疗事故监测与控制系统，实现精准治疗

医疗事故是一个世界性的难题，所谓难，是指医疗行业的特殊性。构建一个监测评估医疗事故控制系统是制定一个全国通用的治疗每种疾病的标准方法，建立一个能全面控制事故发生的监测网络将对医患关系的处理提供一个公平公正的平台。不仅可以避免作为隶属于卫生行政部门的医疗质量管理系统监测的“报喜不报忧”或“行政袒护”之嫌，也可纠正“监督惰性”。

4. 构建健康经济系统工程发展模型应用系统，实现精准管理

大健康经济系统工程是用系统工程的方法对国家、部门或地区宏观经济系统进行预测、规划、组织、管理、控制和调节的技术，又称宏观经济系统工程。而健康经济系统工程的主要技术是建立经济数学模型，对宏观经济系统进行定量分析和实现最优控制。健康经济系统工程从宏观上对健康经济系统实现最优控制或次优控制。它主要是应用经济数学模型来分析和研究经济系统的动态过程和结构特性，预测健康经济变量的变化规律，制定健康经济发展规划，提出国民健康经济宏观控制和调节的最优方案。由于 AI 建模和仿真技术的发展，经济数学模型具有越来越重要的作用。借助电子计算机技术，它不仅可以用来制定宏观大健康经济系统的最优控制方案，也可以针对某一控制方案寻找到最优的实现路径。

5. 构建老年病防治模型系统，解决国际性难题

构建老年病的防治模型已经成为防治老年病的重大领域之一，采用适当的老年病防治模型对老年健康状况进行合理评估，辅导实行老年病急性照料和长期照料的分层管理将对老年患者战胜疾病和全面康复起积极作用，对减少残疾、降低死亡率、降低住院费用、增加患者和家属的满意度，最终提高老年患者的生活质量和延长健康期望起到积极作用。构建 AI 仿真系统既可以进行简单的独立性分析，也可以从多层次多级别进行综合分析。总之，通过多种模型的可视化、触觉感知、记录和接口就可实时帮助医务人员诊断及处理病情。此外，AI 大健康管理系统，可以缩短用户交互路径，减少用户沟通时间；可以提升模型准确率。

B.2 AI 存在的问题及解决方向

B.2.1 AI 存在的基础理论问题

人工智能中的数学理论没有相应的突破，将会产生的问题：没有完备的数学理论用以支持大数据分析的结果；过度依赖经验的总结，而非真正来自内在的数学结构；大量的人力和算力，甚至需要超级计算机的协助；目前大数据分析的结果只适用于特定环境，缺乏迁移性和普适性；缺乏有效的算法，传统的算法直接用到大数据分析中效率不高；深度学习依赖很多大样本，同时可解释性很差，容易受到偏倚的欺骗；同样，AI 在医疗大健康领域还需要深度的技术突破，尤其是病理识别方面，受众多外部和内生因素的作用，相应病理呈高度动态随机，要进行精准识别的难度很大。人命关天，能否通过 AI 来实现手术零风险，有待实践考验。对中医而言，在一个模糊空间中实现精准化，需要相应的理论支撑。这些都是亟待多学科协同创新方能解决的相应难题。

B.2.2 解决问题的可能突破方向

当前尚未有对场景的完全把握、数据量的积累和更好的算法，解决这些问题本质上首先需要对相关数学、统计理论进行深入研究，掌握在刻画复杂场景中大数据所对应的数学结构和原理，得出孪生模型。其次，由于计算速度限制，目前人工智能，只能采取多层状结构解决问题。在可见的未来，如果采用累积法，提升量子计算机的功效，让量子人工智能与量子深度学习变成实用工具，则是一种可行的突破方向。

B.2.3 “医疗卫生管理系统工程理论”等前沿医疗理论的建立

除了在核心层的突破外，在 AI 与医学大健康管理方面，有待于构建“医疗卫生管理系统工程理论”、“数理医学”、“统计医学”和“中医逻辑学”等学科体系的建立。

可以将医药卫生学科、逻辑学科、系统工程学科、数理学科 (博弈论、运筹学等) 这四门学科之间的关系想象成一个多面体结构。这四门学科的有机组合就形成了新的学科，比如，数理医学、医药卫生管理系统工程学、医药卫生动力仿真系统理论、中医逻辑学、医药卫生控制理论等。这些新的学科和新的理论体系置于顶部。三维空间的大小就是医药卫生经济学的创新度。在三维空间中，有机的合成必将解决我们实际生活中的相关问题，比如，重大疫情监测控制系统的开发、新药开发与测评系统的软件开发、医疗事故监测与控制系统的软件开发、健康经济系统工程发展模型的建立及软件开发、老年病防治模型的建立及软件开发等。这些组合空间比现有的药物经济学、医药卫生经济学等学科更高、更精、更尖，是金光灿烂的金字塔，必将为我国社会经济的可持续发展做出重大贡献。

B.3 大健康 AI 管理的技术路径

B.3.1 医疗大数据集成：品牌 e 搜及其应用

1. 品牌 e 搜

利用大数据、人工智能、区块链、物联网等技术构建一个基于产品的“企查查”平台——品牌 e 搜。“品牌 e 搜”是由四川品牌中国规划研究中心开发的一款基于商品二维码的移动互联网应用。用户通过手机移动应用程序扫描商品上的二维码，可以查询商品的生产制造信息、规格参数、组成成分、对应标准，以及相对于标准的偏离程度；用户还能对商品进行同类对比、质量评价，既能让消费者参与对品牌的评价，又能对流通领域的商品及品牌进行有效的监督。

2. AI 技术填补大数据到信息转化路径的空白，完善产品价值

健康医疗数据多具有非结构化特性，以往的数据分析软件多针对结构化数据进行研发应用。人工智能 (自然语言处理、卷积神经网络技术和算法、机器学习与数据挖掘等) 技术的成熟与应用，开启了健康医疗的 “大数据时代”, 为如影像类的非结构化数据应用提供了可能性。

3. AI 大健康管理的仿真系统

AI 在大健康管理中的应用，通常的手段是依托大数据，构建一个仿真系统。其模型如附图 B-2。

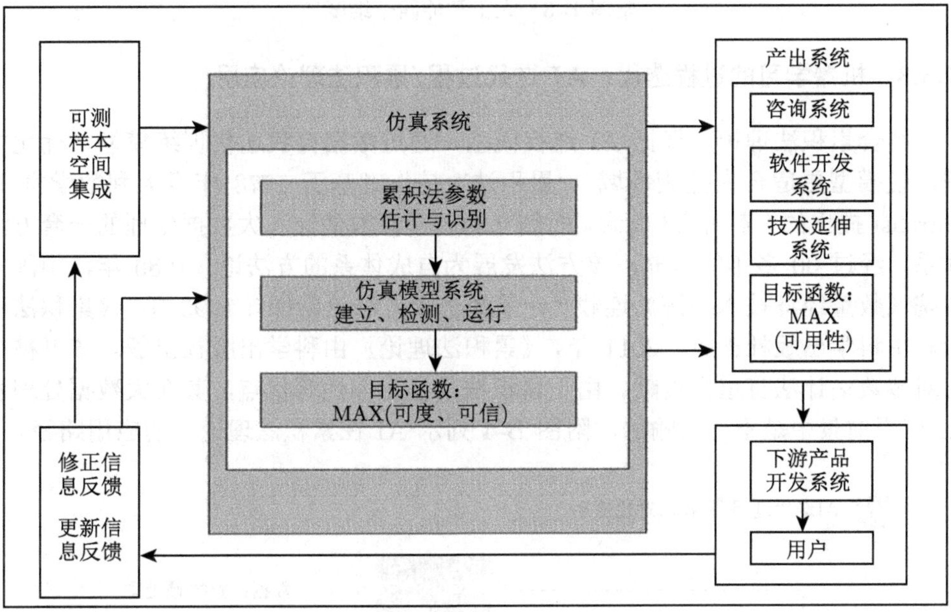

附图 B-2 AI 大健康管理示意图

医药卫生系统仿真的基本思想:

第一步，用生成元和类生成元建立宏观医药卫生系统的模型；

第二步，利用 NetLogo 等软件，给定初始时间和初始值，通过数值迭代算法描述系统的演化行为；

第三步，通过演化方程研究系统的动力学特性、通过修改初始条件、关联关系和干扰得到系统的多种演化结果；

第四步，通过对各种演化结果的评价，选择对策和制定措施。

B.3.2 AI 系统的四个维度

如附图 B-3 所示。

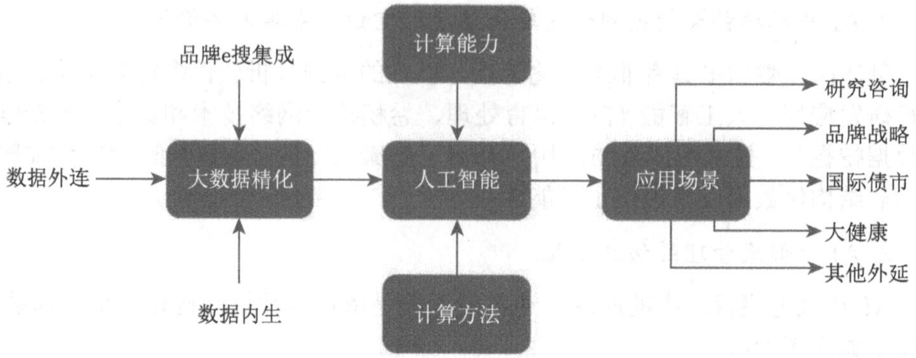

附图 B-3 人工智能四个维度

B.3.3 机器学习的过程迭代：AI 迭代过程/累积法理论应用

结合累积法理论，根据 AI 迭代模型，通过数据自我迭代训练模型，优化模型，使模型更适合大健康领域。“累积法”是作者基于 1778 年意大利数学家 P. Marchsi 提出的“累加法”概念，而创立的一套参数估计和大数据处理的一套方法体系，经过 30 多年的研究，该方法发展为自成体系的方法论。1986 年，中国社科院《数量经济技术经济》连载“计量经济学方法论新探”; 1999 年，《累积法引论》由科学出版社出版；2011 年，《累积法理论》由科学出版社出版。该书被誉为对参数估计法有重大贡献。由于累积法具备无偏性等优点，其在大数据处理和 AI 应用前景中是不言而喻的。附图 B-4 列示 AI 在累积法理论中的应用路径。

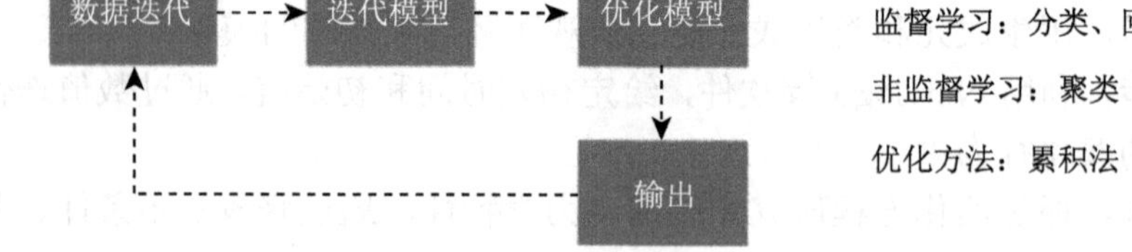

附图 B-4 AI 在累积法理论中的应用路径

B.3.4 医疗大健康 AI 管理宏观系统模型

医疗大健康 AI 管理宏观系统模型如附图 B-5 所示。

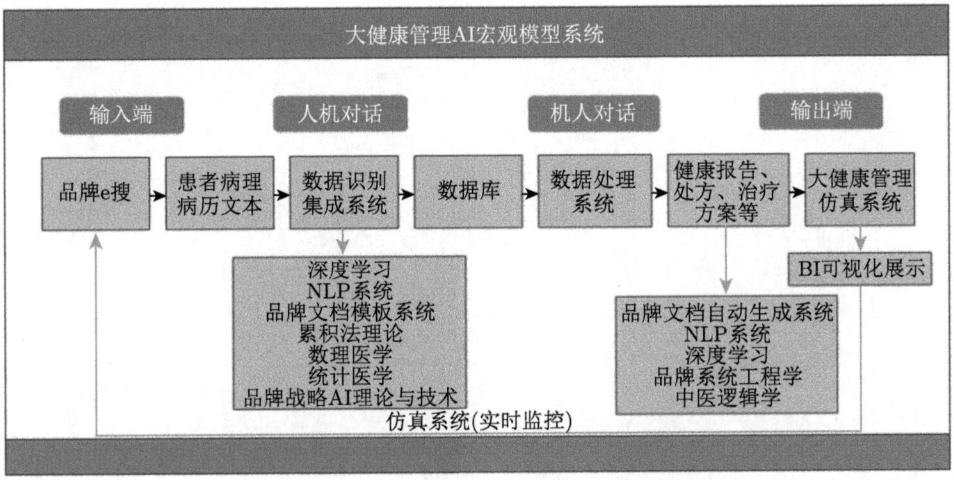

附图 B-5 医疗大健康 AI 管理宏观系统模型

B.4 结 论

大数据的 AI 算法，在提升疾病筛查、制定治疗方案、病情监测、新药研发、医院管理等多方面发挥了独特作用。同时，AI 技术改变了医疗服务模式和健康管理理念。从某种意义上说，人工智能在大健康管理中的有效应用，极大地提高了医疗生产力，降低了全社会的医疗成本，未来也将有无限的可能发生。